# और बाबासाहेब अम्बेडकर ने कहा...

# 1

# और बाबासाहेब अम्बेडकर ने कहा...

## डॉ. बाबासाहेब अम्बेडकर के आलेख एवं अभिभाषण
## (1920-1928)

## खण्ड : एक

डॉ. भीमराव रामजी अम्बेडकर

अनुवादक/सम्पादक

डॉ. एल. जी. मेश्राम 'विमलकीर्ति'

राधाकृष्ण प्रकाशन

ISBN : 978-81-8361-205-0 (सेट)

**और बाबासाहेब अम्बेडकर ने कहा...**



**पहला संस्करण** : 2008
**चौथा संस्करण** : 2021
This book is printed on **Print on Demand** Technology : 2024

**मूल्य** : ₹5550
(छह खंडों का सेट)

**प्रकाशक**
राधाकृष्ण प्रकाशन प्राइवेट लिमिटेड
जी-17, जगतपुरी, दिल्ली-110 051

**शाखाएँ** : अशोक राजपथ, साइंस कॉलेज के सामने, पटना-800 006
पहली मंजिल, दरबारी बिल्डिंग, महात्मा गांधी मार्ग, प्रयागराज-211 001
1, अनमोल सोराबजी संतुक लेन, धोबी तलाव, मरीन लाइंस, मुम्बई-400 002
वेबसाइट : www.radhakrishnaprakashan.com
ई-मेल : info@radhakrishnaprakashan.com

AUR BABASAHEB AMBEDKAR NE KAHA... (Vol. 1)
*Transleted and Edited* by Dr. L. G. Meshram 'Vimalkirti'

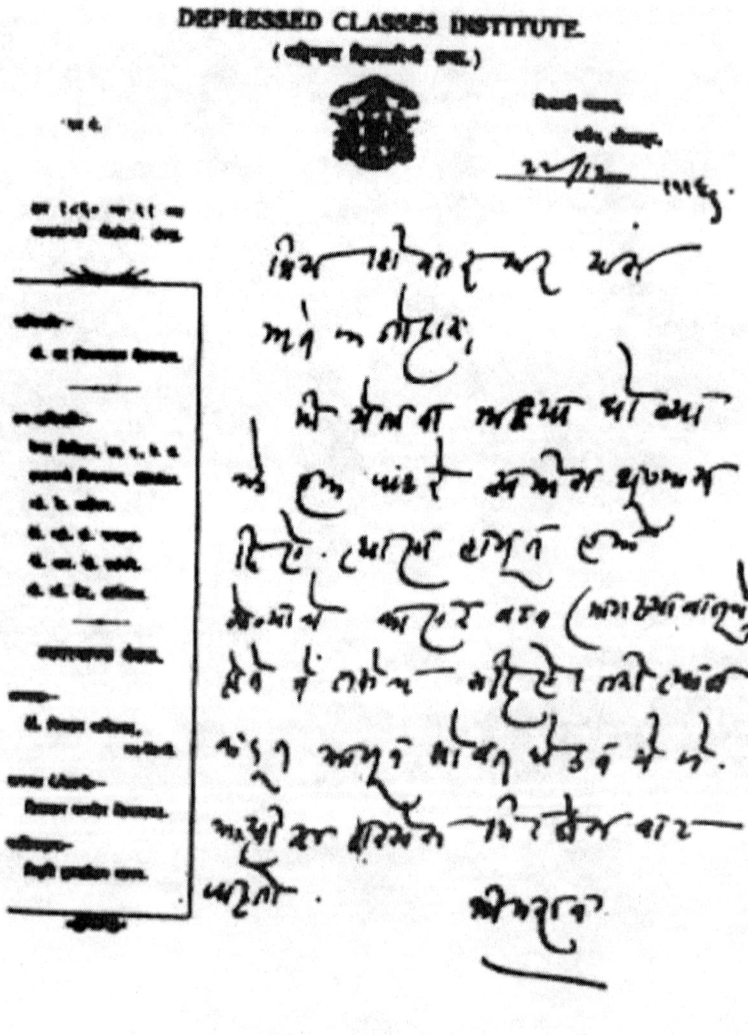

DEPRESSED CLASSES INSTITUTE.

11/7/27

This is to certify that Mr. Bharat Shankarrao Narayanrao Barve is a worker of the Bahishkrita Hitakarini Sabha an organization established for the uplift of the Depressed Classes and a canvasser for the "Bahishkrita Bharat" a paper started for safeguarding the interests of the Depressed Classes.

His duty is to travel from place to place in the Presidency in the cause of the Depressed Classes, to deliver lectures and to rouse them to strive for their betterment. I have to request that all public bodies should help him as far as possible.

B. R. Ambedkar

# प्रकाशकीय

दलित चेतना के अग्रदूत बाबासाहेब अम्बेडकर की क्रान्तिमूलक प्रेरणाओं से सारा विश्व परिचित है। आधुनिक भारत के इतिहास में जिन महापुरुषों के शब्द हमारी अमूल्य थाती हैं, उनमें डॉ. अम्बेडकर पहली पंक्ति में आते हैं। वर्ण-व्यवस्था के दुष्चक्र में फंसे भारतीय समाज के एक बड़े हिस्से को बाबासाहेब ने जिस तरह आत्मसम्मान की राह दिखाई, उससे साबित होता है कि वे सचमुच एक युगद्रष्टा थे। अपनी गहरी विश्लेषणात्मक दृष्टि और स्वानुभूत पीड़ा के मेल से उन्होंने जो बल दलित-दमित जातियों को दिया, वह आगे चलकर युग-प्रवर्तक सिद्ध हुआ।

अपने आलेखों, भाषणों और टिप्पणियों में उन्होंने बार-बार ब्राह्मणवाद की जड़ पर प्रहार किया और समाज का ध्यान उस अन्याय की तरफ दिलाया जिसे लोग सदियों से स्वाभाविक और प्राकृतिक मानते आ रहे थे। आज भी उनके शब्दों की महत्ता और प्रासंगिकता घटी नहीं है, क्योंकि अनेक कारणों से आज भी यह अन्याय भारत में मौजूद है, और इसीलिए अम्बेडकर साहित्य को बार-बार पढ़ने की जरूरत है।

**और बाबासाहेब अम्बेडकर ने कहा...** के ये पाँच खण्ड इसी उद्देश्य को ध्यान में रखकर प्रकाशित किए जा रहे हैं। इन खण्डों में डॉ. अम्बेडकर के लेखों, अभिलेखों और भाषणों को सिलसिलेवार ढंग से संकलित किया गया है। विद्वान सम्पादक डॉ. विमलकीर्ति द्वारा संकलित/अनूदित यह प्रामाणिक और अभी तक हिन्दी में अनुपलब्ध सामग्री समकालीन पाठकों को चिंतन के लिए प्रेरित करेगी तथा वर्तमान समाज-व्यवस्था और दलित चेतना के नवीन उत्कर्ष को नई रोशनी प्रदान करेगी, ऐसा हमारा विश्वास है।

**—अशोक महेश्वरी**

# भूमिका

डॉ. बाबासाहेब अम्बेडकर जिनकी वाणी ने दलित वर्ग को एक नयी चेतना का आभास कराया तथा दलित समाज को वर्षों से हो रहे उत्पीड़न से मुक्त कराया उनसे आज पूरा विश्व परिचित है। उनके 1920 से लेकर 1928 तक के लेखों, अभिलेखों, भाषणों को इस प्रथम खंड में संकलित किया गया है। आम आदमी के मन में, दिलो-दिमाग में डॉ. अम्बेडकर के साहित्य के प्रति जो आस्था है वह कोई धार्मिक साहित्य के प्रति होनेवाली आस्था जैसी आस्था नहीं है, क्योंकि डॉ. अम्बेडकर का साहित्य चाहे उनके ग्रन्थ हों, चाहे उनके लेख-आलेख हों, चाहे उनके अभिभाषण हों, वक्तव्य हों, पत्र हों या निबन्ध हों सभी में परम्परागत मान्यताओं की जड़ पर ही, मूल पर ही वज्र प्रहार है। इसलिए डॉ. अम्बेडकर के साहित्य को पढ़ना पोथी-वाचन या कथापाठ जैसा नहीं है। उनका साहित्य सनातन विकृत समाज व्यवस्था की जड़ों को निर्मूल करनेवाला साहित्य है। इसलिए कुछ लोग, खास तौर पर सनातन व्यवस्थावादी लोग उनके साहित्य को छूना भी पसन्द नहीं करते, जैसे बिजली के प्रवाह से युक्त तार को। लेकिन इस देश में और दुनिया में डॉ. अम्बेडकर को पढ़नेवालों की, उनको समझने की इच्छा रखनेवालों की संख्या आँकड़ों में बताना मुश्किल है।

जिस समाज के पास अपनी कोई विशेष पत्र-पत्रिकाएँ नहीं थीं, जिनका अक्षर ज्ञान भी नपा-तुला था, जिनकी रोजी-रोटी भी दूसरों पर निर्भर थी, जो किसी भी मानवीय प्रतिष्ठा, मान-सम्मान के हकदार नहीं थे ऐसे समाज के लोगों ने डॉ. अम्बेडकर के हर शब्द को, हर अवसर को सँभालकर के रखा जो आज डॉ. अम्बेडकर के सम्पूर्ण साहित्य के रूप में हमारे पास उपलब्ध है और जो किसी समाज विशेष या देशविशेष की ही सम्पत्ति नहीं बल्कि सम्पूर्ण विश्व मानव समुदाय की धन-सम्पत्ति है इसमें कोई सन्देह नहीं है। उन्होंने जो लिखा है और जो कुछ कहा है वह दलित-शोषित समाज को जगाने के लिए, उनको अपने मानवीय अधिकारों के प्रति सचेत करने के लिए ही लिखा है, कहा है। इसलिए उनके साहित्य का मूल्य किसी भी अन्य प्रकार के साहित्य से बहुत ही ज्यादा है।

डॉ. अम्बेडकर का अधिकांश साहित्य अंग्रेजी में है। लेकिन इसका मतलब यह भी नहीं कि उन्होंने अंग्रेजी के अलावा अन्य किसी भारतीय भाषा में लिखा ही नहीं। जैसे डॉ. अम्बेडकर का अंग्रेजी साहित्य और उनके अंग्रेजी में दिए हुए वक्तव्य महत्त्वपूर्ण हैं उसी तरह उनके मराठी में लिखे गए लेख, सम्पादकीय, टिप्पणियाँ, भाषण और

वक्तव्य भी उतने ही महत्त्वपूर्ण हैं। उनके मराठी लेख, आलेख और अभिभाषण उनके अंग्रेजी के लेखों का अनुवाद नहीं है। बल्कि उनका अपना स्वतन्त्र महत्त्व है। उनके विषय भी स्वतन्त्र हैं। अधिकांश गैर-मराठी पाठकों की यही धारणा बनी हुई है कि डॉ. अम्बेडकर ने केवल अंग्रेजी में ही लिखा है और उनके विचारों को समझने के लिए उनका अंग्रेजी साहित्य ही पर्याप्त है।

लेकिन ऐसी बात नहीं है। डॉ. अम्बेडकर का अंग्रेजी साहित्य जितना महत्त्वपूर्ण है उतना ही उनका मराठी साहित्य भी। उनके मराठी साहित्य को पढ़े बगैर हम सम्पूर्ण अम्बेडकर को सही रूप में समझ नहीं सकते। डॉ. अम्बेडकर के कुछ इक्का-दुक्का मराठी लेखों और आलेखों का हिन्दी अनुवाद हुआ है। उनके सम्पूर्ण मराठी लेख, आलेख और अभिभाषण हिन्दी पाठकों के सामने जाने चाहिए, यही सभी की इच्छा थी। और इस दिशा में मैंने पिछले छह/सात सालों से अपना अनुवाद कार्य और लेखों के संकलन का कार्य प्रारम्भ भी कर दिया था। मराठी में इस काम को सबसे पहले प्राचार्य मा.फ. गांजरे (नागपुर) ने 'डॉ. बाबासाहेब अम्बेडकरांची भाषणे' (सन् 1970 से 1978) शीर्षक से शुरू किया था और उन्होंने इसके सात खंड प्रकाशित किए थे। फिर इसी काम को अधिक विस्तार से समता प्रकाशन, नागपुर के प्रदीप गायकवाड ने (2000-2003) 'डॉ. बाबासाहेब अम्बेडकरांची भाषणे' नाम से छह खंडों में किया। फिर महाराष्ट्र सरकार ने भी 'डॉ. बाबासाहेब अम्बेडकर : रायटिंग एंड स्पीचेस' के अन्तर्गत 'डॉ. बाबासाहेब अम्बेडकरांची भाषणे' (सन् 2002) को तीन खंडों में प्रकाशित किया है। हिन्दी में इस तरह का काम इससे पहले कभी नहीं हुआ था।

मैंने उक्त मराठी संस्करणों के आधार पर और कुछ अन्य पत्र-पत्रिकाओं से डॉ. अम्बेडकर के लेखों, आलेखों, अभिभाषणों को इकट्ठा करके व उनका अनुवाद करके उनको सम्पूर्ण रूप में हिन्दी पाठकों के सामने रखने का प्रयास किया है। यह संकलन पाँच खंडों में विभाजित किया गया है। राधाकृष्ण प्रकाशन के अशोक महेश्वरी जी की इच्छा थी कि उनके प्रकाशन से डॉ. अम्बेडकर पर कुछ अच्छा काम हो। इसलिए उन्हीं की इच्छा के अनुरूप यह कार्य हुआ है। इस कार्य के लिए वास्तव में अशोक जी धन्यवाद के पात्र हैं।

**–डॉ. एल. जी. मेश्राम 'विमलकीर्ति'**

नागपुर (महाराष्ट्र)

# अनुक्रम

# अपनी बात

**शनिवार : 31 जनवरी, 1920/मूकनायक, अग्रलेख**

यदि हम लोगों ने हिन्दुस्तान के परिदृश्य की ओर और मानव समाज के तमाशे की ओर दर्शक की हैसियत से देखा तो यह देश सिर्फ असमानताओं का उद्गम-स्थल ही दिखाई देगा। यहाँ भौतिक चीजों की उपयुक्तता, बहुतायत और उनसे सम्बन्धित विशाल जनसमूह में गरीबी इतनी भयंकर है कि उसकी ओर स्वाभाविक रूप से ध्यान चला जाता है। लेकिन इस असमानता की ओर ध्यान जाते ही तुरन्त इस बात की ओर भी ध्यान आकर्षित होता है कि जो भयंकर असमानता इस देश में रहनेवाले मानव समाज में व्याप्त है वह अपनी छोटी बहन गरीबी को भी लज्जित करती है।

हिन्दुस्तानी जनता में व्याप्त असमानताएँ कई प्रकार की हैं। आमतौर पर दैहिक और मनुष्यजाति के आद्य भेद के संयोग से यहाँ उत्पन्न कई असमानताएँ हैं—काले-गोरे, ऊँचे-बौने, नुकीली नाकवाले या चपटी नाकवाले, आर्य-अनार्य, गोंड-भील, यवन-द्रविड़, अरब और ईरानी आदि भेद कुछ जगहों पर समाप्त हो गए हैं और कुछ जगहों पर आज भी मौजूद हैं। धार्मिक असमानता, कायिक और रंग भेद से उत्पन्न असमानता से भी ज्यादा गहरी है। कभी-कभी तो धार्मिक असमानता इस हद तक बढ़ जाती है कि उसकी वजह से खूनखराबा भी हो जाता है। हिन्दू, पारसी, यहूदी, मुस्लिम, ईसाई आदि धर्म धार्मिक असमानता के छोर तो हैं ही, लेकिन गहराई से देखने पर इस बात का पता चल जाता है कि हिन्दू धर्म को माननेवाले लोगों में जो असमानता है उसका स्वरूप बेहद खतरनाक है। वह जितनी खतरनाक है, उतनी ही निन्दनीय है।

हिन्दू धर्म में मान्यता है कि यह ब्राह्मण है, यह शेणवी है, यह मराठा है, यह महार है, यह चमार है, यह कायस्थ है, यह पारसी है, यह केवट है, यह वैश्य है। इस तरह की अनगिनत जातियाँ हिन्दू धर्म में समाई हुई हैं। उनमें एक धर्मत्व की भावना के बजाय विभिन्न जातीयता की भावना है। इस जातीयता की जड़ें इतनी गहरी हैं, उसके बारे में हिन्दुओं को बताने की आवश्यकता नहीं। किसी यूरोपीय ने पूछा कि आप कौन हैं! इस सवाल का जवाब अंग्रेजी, जर्मन, फ्रेंच, इटालियन आदि ढंग से दिया गया तो जवाब मिल जाता है। लेकिन हिन्दुओं की इस तरह की स्थिति नहीं है। 'मैं हिन्दू हूँ'—उनके इस जवाब में कोई जवाब नहीं होता। उनको यह बताना आवश्यक हो जाता

है कि मेरी जाति क्या है और यह बताना उनके लिए बेहद जरूरी है। मतलब यह कि, अपनी अभिप्रेत इनसानियत व्यक्त करने के लिए हर हिन्दू को अपनी असमानता को पग-पग पर जाहिर करना पड़ रहा है।

हिन्दू धर्म को माननेवाले लोगों में यह असमानता जितनी आश्चर्यजनक है, उतनी ही वह निन्दनीय भी है क्योंकि असमानता के अनुरूप व्यवहार का स्वरूप हिन्दुओं के चरित्र को बिल्कुल शोभा नहीं देता है। हिन्दू धर्म में पैदा हुई जातियाँ ऊँच-नीच की भावना से प्रेरित हैं, यह बात सभी को मालूम है। हिन्दू समाज एक मीनार है और हिन्दू धर्म की जातियाँ उसकी मंजिलें हैं। किन्तु ध्यान में रखने की बात यह है कि इस मीनार की सीढ़ियाँ नहीं हैं। इसलिए एक मंजिल से दूसरी मंजिल पर जाने के लिए यहाँ कोई रास्ता नहीं है। जो जिस मंजिल पर पैदा हुआ, उसे उसी मंजिल पर मरना है। नीचे की मंजिल का आदमी फिर कितना भी लायक हो उसे ऊपर की मंजिल में प्रवेश नहीं मिलता है। और ऊपर की मंजिल का आदमी कितना भी नालायक हो, उसे नीचे की मंजिल पर धकेलने की किसी में हिम्मत नहीं है।

स्पष्ट शब्दों में कहा जाए तो जातियों में यह जो ऊँच-नीच की भावना है, उसकी पैदाइश गुणों-दुर्गुणों की बुनियाद पर नहीं है। ऊँची जाति में पैदा हुआ आदमी, कितना भी बुरा क्यों न हो, लेकिन वह अपने-आपको ऊँचा ही समझता है। इसी प्रकार नीच जाति में पैदा हुआ आदमी कितना भी चरित्रवान क्यों न हो, लेकिन वह नीच की समझा जाता है। दूसरी बात यह है कि जिन जातियों में आपस में रोटी-बेटी का व्यवहार नहीं होता, ऐसी हर जाति एक-दूसरे के प्रति आत्मीय सम्बन्धों से रहित है, मतलब जातियाँ समाज की टूटी हुई कड़ियाँ हैं। नजदीकी सम्बन्धों की बात को यदि कुछ देर के लिए अलग रखा जाए तब भी आपस के लोकव्यवहार ऐसे नियन्त्रित हैं–कि कुछ लोगों का व्यवहार दरवाजे तक है, तो कुछ जातियाँ पूरी तरह अछूत हैं। मतलब इस जाति के आदमी ने छू लिया तो अन्य जाति के लोगों को छूत लग जाती है। छूत की वजह से इन अछूत जातियों से अन्य जाति के लोगों का शायद ही कभी व्यवहार होता है। रोटी-बेटी व्यवहार के अभाव में जो परायापन कायम हुआ है, उसने छुआछूत की भावना को इतना बढ़ावा दिया है कि इस तरह की जातियाँ हिन्दू समाज में होकर भी समाज से बाहर लगती हैं।

इस व्यवस्था की वजह से हिन्दू धर्म में ब्राह्मण, अब्राह्मण (बहुजन) और अछूत इस तरह के तीन वर्ग हैं। उसी प्रकार इस असमानता के परिणामों की ओर ध्यान दिया गया तो यह दिखाई देगा कि इसी वजह से विभिन्न जातियों पर विभिन्न प्रभाव पड़े हैं। सबमें ऊँचा ब्राह्मण वर्ग मानता है कि हम भूदेव हैं। सभी आदमियों का जन्म हमारी सेवा के लिए हुआ है। ऐसा माननेवाले भूदेव प्रचलित असमानता के पोषक ही हैं। और इसीलिए वे लोग अपने स्वनिर्मित अधिकारों से अपनी सेवा करवाकर स्वयं बेधड़क और बेझिझक मलाई खा रहे हैं। क्या इसके लिए उन्होंने खून-पसीना बहाया है? उनसे यह सवाल पूछा जाए तो उनके पास इसका कोई जवाब नहीं। ज्ञानसंचय और धर्मशास्त्रों

का लेखन इसके अलावा कुछ नहीं है। लेकिन उन धर्मशास्त्रों को भी आचार-विचारों के प्रबल अन्तर्विरोधों के रहस्य के रूप में ही मानना चाहिए। ऐसा लगता है कि ऊँचे विचार और बेहूदा आचार में मेलमिलाप करनेवाले धर्मशास्त्री मदमस्त थे क्योंकि एक तरफ सचेतन और अचेतन वस्तु को ईश्वर के रूप में होने का उपदेश देनेवाले सिद्धान्तवादियों के आचार में बेहिसाब असमानता कोई होशोहवास में होने का लक्षण नहीं है।

गलत कुछ भी क्यों न हो लेकिन इन धर्मशास्त्रों का प्रभाव लोगों के दिलो-दिमाग पर कुछ कम नहीं है। नासमझ लोग स्वयं अपने दुश्मन को भूदेव कहकर पूज रहे हैं, इस बात को कौन कबूल करेगा? विघातक धर्मभावना की कड़ी से जकड़े दुश्मन को दोस्त समझकर उनके चरणों में अन्यजन नम्र क्यों हुए! इस बात का खुलासा करने के लिए बहुत दूर जाने की आवश्यकता नहीं है।

अज्ञानी लोगों की ओर से कुछ भी किया जा सकता है, और इसीलिए ज्ञान-संचय का प्रसार न करना ब्राह्मणों की बपौती है। यही धर्म का एक बहुत बड़ा सिद्धान्त बन गया है। उसकी ठक़दारी प्राप्त करने का पाप और 'यह नहीं करना चाहिए' की ताकीद करने पर भी चोरी-छिपे ज्ञान प्राप्त करके ज्ञानी होने के बाद पहले से चले आ रहे आचार-विचारों को त्याग देने पर स्वेच्छाचारी ढंग से लिखे गए विघातक धर्मशास्त्र तलवार के बल पर ऐसे अधर्मी (?) अब्राह्मण समाज के माथे पर लाद देने के उदाहरण ब्राह्मणी सत्ता में कुछ कम नहीं हैं।

सत्ता और ज्ञान न होने की वजह से अब्राह्मण समाज के लोग पिछड़े रहे और उनका उत्थान नहीं हो सका, यह बात सही है। लेकिन उनके दुख में गरीबी कभी शरीक नहीं हुई, क्योंकि उनको खेती, व्यापार, उद्योग या नौकरी करके अपना पेट पालना मुश्किल नहीं है। लेकिन इस सामाजिक असमानता का बहुत बुरा परिणाम अछूत समाज पर पड़ा है। इस दुर्बलता, गरीबी और अज्ञान की त्रिकूटी में यह विशाल अछूत समाज दफनाया गया होगा, इसमें कोई सन्देह नहीं है।

सदियों से रग-रग में समाई हुई गुलामी की वजह से जो लाचारी पैदा हुई वही उनको पीछे खींच रही है। ऐसी स्थिति में 'जो स्थिति है वही अच्छी है', 'इससे अच्छी हालत हमारे मुकद्दर में नहीं', ऐसी समझ का बुरा अंजाम इन लोगों को समझाने के लिए तथाकथित ज्ञान के अलावा और कोई नहीं है। लेकिन आज भी उसे मिर्च-मसाले की तरह खरीदना पड़ रहा है। और गरीबी की वजह से वह दुर्लभ हुआ है। कहीं-कहीं तो खरीदने के लिए जाने पर भी वह नहीं मिलता क्योंकि ज्ञानमन्दिर में सभी अछूतों को प्रवेश मिलता हो, ऐसी बात नहीं है।

गरीबी को समाप्त करने के लिए, जब माथे पर अछूतपन का कलंक लगा हुआ हो, उन्हें पैसा कमाने का मौका या आजादी भी कहीं नहीं मिलती है। वे लोग व्यापार-उद्योग में शायद ही कहीं टिक पाते हों। मुक़द्दर (आजमाने) के लिए कहीं कोई जगह न मिलने की वजह से उन्हें जैसे-तैसे खाकर दिन गुजारने पड़ते हैं। ऐसे इन अछूत

और बहिष्कृत लोगों को यक़ीनी तौर पर बुरी हालत में फँसते देखकर हिन्दुओं के तेंतीस करोड़ भगवानों को न सही, कम-से-कम अल्लाह को तो रहम आना चाहिए। लेकिन मनुष्य जाति के अन्य प्राणियों को उनके बारे में ज्यादा-से-ज्यादा नफरत ही पैदा होगी। क्योंकि इनसानियत भी छीनकर ले जाने के बाद जो लोग उसको पाने का प्रयास नहीं करते वे लोग इन्सान नहीं बल्कि जन्तु हैं, ऐसा ही कहना पड़ेगा।

लेकिन जाल में फँसे हुए लोगों का जन्तु की तरह रहे बगैर कैसे काम चलेगा? ऐसा कहनेवाले यथास्थितिवादी लोग अछूत समाज में नहीं हैं, ऐसी बात नहीं। गरीबी की वजह से ज्ञान नहीं, ज्ञान न होने की वजह से बल नहीं, दलील सही दी जाती है, लेकिन उस तरह की दलील देनेवाले की इनसानियत को उससे हीनता प्राप्त होती है, इस बात को भूलना नहीं चाहिए। इसका पर्दाफ़ाश किए जाने में ही इनसानियत है। ऐसी इनसानियत का संचार अछूत समाज में हो रहा है यह बहुत अच्छी बात है। जब तक इस देश में प्रचलित हिन्दू धर्म के भयंकर अन्याय के लिए अपने समाज को अछूत मानने का महाभयंकर पाप करनेवाले करोड़ों अविवेकी, मूर्ख लोग हैं, तब तक अपना समाज घटिया स्थिति में ही रहनेवाला है। इस बात की समझ इस अछूत समाज के कई लोगों में आ चुकी है, ऐसा कहना कुछ गलत नहीं होगा।

इसी प्रकार उन्हें यह बात भी समझ में आ रही है कि विदेशी सरकार अपनी सलाह पर चल रही है, इस बात का लाभ उठाकर अछूत वर्ग की सही स्थिति के बारे में ऊँचे वर्ग के हिन्दुओं की ओर से किस प्रकार से गलतफहमियाँ पैदा की जा रही हैं। जातिभेद और जातिमत्सर के रोग से ग्रस्त देश में सही स्वराज आने के लिए हम अछूत वर्ग को उनके स्वतन्त्र प्रतिनिधियों के द्वारा राजनीतिक सत्ता का पर्याप्त अंश मिलना चाहिए। इस माँग का सवर्ण हिन्दुओं ने जो जबर्दस्त विरोध किया है, उस विरोध के पीछे छिपे हुए षड्यन्त्र के खिलाफ अछूत वर्ग ने शिकायत की है। इस तरह राजनीतिक सत्ता प्राप्त करके उसके बल पर सामाजिक असमानता का दबाव बरकरार रखने का प्रयास करनेवालों के षड्यन्त्र को अछूत समाज ने पहचान लिया है। यह उनमें पैदा हुई चेतना का लक्षण है।

हमारे इन अछूत लोगों पर हो रहे और आगे होनेवाले जुल्म-ज्यादतियों के विरोध के उपाय सुझाने के लिए, उनके भावी उत्थान और उनके मार्ग के सही स्वरूप की चर्चा करने के लिए अखबारों जैसा कोई अन्य माध्यम नहीं है। लेकिन मुम्बई इलाके में प्रकाशित अखबारों की ओर गौर से देखा जाए तो ऐसा दिखाई देगा कि, उनमें से अधिकांश अखबार ख़ास जातियों के हितों का रक्षण करनेवाले हैं। उनको अन्य जातियों के हितों की कोई परवाह नहीं होती। इतना ही नहीं, कभी-कभी उनके लिए हानिकारक बातें भी उन अखबारों में प्रकाशित की जाती हैं।

ऐसे अखबारवालों को हमारी इतनी ही चेतावनी है कि कोई भी एक जाति पतन की ओर गई, तो उस जाति के पतन का दाग अन्य जातियों पर भी लगेगा, इसमें कोई शक नहीं। समाज एक नाव है और जिस प्रकार नाव में बैठकर यात्रा करनेवाले यात्री

ने जानबूझकर दूसरों के नुकसान के लिए या उनमें हड़बड़ी फैलाकर तमाशा देखने के लिए या अपने ध्वंसक स्वभाव की वजह से नाव के किसी हिस्से में सूराख बनाई हो तो सारी नाव के साथ उसे भी पहले या बाद में जलसमाधि तो लेनी ही पड़ेगी। उसी तरह एक जाति का नुकसान करने से प्रत्यक्ष रूप में या परोक्ष रूप में नुकसान करनेवाली जाति का भी नुकसान होगा ही, इसमें कोई सन्देह नहीं। इसलिए अपनी जाति की भलाई चाहनेवाले अखबारवालों में दूसरों का नुकसान करके सिर्फ अपनी भलाई चाहनेवाले मूर्ख आदमी के गुण नहीं पड़ने चाहिए।

इस तरह का बुद्धिवाद कबूल करनेवाले समाचारपत्र प्रकाशित हो रहे हैं। यह बहुत अच्छी बात है कि 'दीनमित्र', 'जागरूक', 'डेक्कन रैय्यत', 'विजयी मराठा', 'ज्ञान प्रकाश', 'सुबोध पत्रिका' आदि समाचारपत्रों से अछूत समाज के सवालों की चर्चा बार-बार होती है। लेकिन ब्राह्मणेतर (अब्राह्मण) जैसी भड़कीली संज्ञा के तहत आनेवाली कई जातियों के सवालों का जिनसे प्रचार होता है उसमें अछूतों के सवालों का पूरी तरह से विचार करने व उन्हें पर्याप्त स्थान मिलना सम्भव नहीं, यह बात भी सही है। उनकी इस भयंकर स्थिति से सम्बन्धित सवालों पर बहस करने के लिए एक स्वतन्त्र समाचारपत्र चाहिए, इस बात को कोई भी कबूल करेगा। और इस अभाव को दूर करने के लिए ही इस समाचारपत्र का जन्म हुआ है।

ख़ासतौर पर अछूतों की भलाई-बुराई की चर्चा के लिए, 'सोमवंशीय मित्र', 'हिन्द नागरिक', 'विटाल विध्वंसक' जैसे अखबारों का जन्म हुआ और वे अखबार बन्द भी हो गए। फिलहाल प्रकाशित हो रहा 'बहिष्कृत भारत' जैसे-तैसे चल रहा है। लेकिन ग्राहकों की ओर से उचित प्रोत्साहन मिलता रहा तो 'मूकनायक' जैसा अख़बार कभी लड़खड़ाएगा नहीं और स्वजनोद्धार का महान कार्य करने के लिए सही रास्ता दिखाएगा। यह यक़ीन दिलाते हुए कि वह अनुभव से गलत साबित न हो, इस बात पर पूरा भरोसा करते हुए अपनी बात को मैं यहीं समाप्त करता हूँ।

# स्वतन्त्र अखबार की जरूरत

**'मूकनायक' का यशोगान, दि. 31 जनवरी 1920, अग्रलेख**

क्या करूँ अब करके मुरौवत।
अकारण यह मुँह बजाता रहा॥
नहीं इस दुनिया में कोई गूँगों में जान।
सार्थक शरमाकर नहीं भलाई॥–*तुकाराम*

हमारे बहिष्कृत लोगों पर जो अन्याय हो रहा है और आगे होनेवाली ज्यादतियों से राहत दिलाने के लिए तथा उनका भविष्य में होनेवाले विकास के असली स्वरूप की चर्चा के लिए अखबारों जैसी कोई जमीन नहीं है। लेकिन मुम्बई इलाके से प्रकाशित होनेवाले अखबारों की ओर देखने से पता चलता है कि उनमें से अधिकांश अखबार विशेष जाति के हित-सम्बन्धों की रखवाली करनेवाले हैं। उन्हें अन्य जाति के हितों की कोई परवाह नहीं होती। इतना ही नहीं, कभी-कभी उनमें हमारे खिलाफ भी बातें छापी जाती हैं। ऐसे अखबारों को हम इतना ही संकेत देना चाहते हैं कि यदि किसी एक जाति का विकास नहीं हुआ तो उसके पतन का दाग अन्य जातियों तक भी पहुँच सकता है, इसमें कोई सन्देह नहीं। समाज एक नाव है। जिस तरह नाव में यात्रा करनेवाले किसी यात्री ने जानबूझकर दूसरों का नुकसान करने के उद्देश्य से या उनमें खलबली कैसे मचती है यह देखने के लिए अपने विनाशकारी स्वभाव से यदि दूसरों के कमरे में छेद किया तो सम्पूर्ण नाव के साथ उसे भी पहले या बाद में गहरे जल की गहराई में डूबना पड़ेगा। उसी प्रकार एक जाति का नुकसान करने से प्रत्यक्ष या परोक्ष रूप में नुकसान करनेवाली जाति का भी नुकसान होगा, इसमें बिल्कुल सन्देह नहीं है। इसीलिए अपनी भलाई चाहनेवाले समाचारपत्रों को दूसरों का नुकसान करके अपनी भलाई करने की मूर्खतापूर्ण अक्ल नहीं सीखनी चाहिए। यह बुद्धिवाद जिन्हें कबूल है ऐसे भी समाचारपत्र प्रकाशित हो रहे हैं, यह बड़ी खुशी की बात है। 'दीनमित्र', 'जागरूक', 'डेक्कन रैय्यत', 'विजयी मराठा', 'ज्ञान प्रकाश', 'इन्दु प्रकाश' और 'सुबोध पत्रिका' आदि समाचारपत्रों में बहिष्कृत समाज के सवालों की चर्चा बार-बार होती है।

लेकिन 'ब्राह्मणेतर' जैसी दिखाऊ संज्ञा में आनेवाली कई जातियों के सवालों की

भी उनमें चर्चा होती है। उसमें बहिष्कृतों के सवालों का हर तरह से ऊहापोह होने के लिए पर्याप्त जगह मिलना सम्भव नहीं, यह भी एक नग्न सत्य है। उनकी दयनीय स्थिति से सम्बन्धित सवालों की चर्चा के लिए एक स्वतन्त्र अखबार चाहिए, इस बात को कोई भी स्वीकार करेगा। इस अभाव को समाप्त करने के लिए ही इस अखबार का जन्म हुआ है।

ख़ास अछूतों के हितों की चर्चा के लिए 'सोमवंशीय मित्र', 'हिन्द नागरिक', 'विटाल विध्वंसक' आदि अखबार निकले और बन्द हो गए। लेकिन ग्राहकों की ओर से उचित सहयोग मिलता रहा तो 'मूकनायक' जैसा अखबार बगैर लड़खड़ाए स्वजनोद्धार का महान कार्य करनेवालों को सही राह दिखाएगा इसमें बिल्कुल सन्देह नहीं, इस बात का आश्वासन देते हुए मैं अपने निवेदन को यहीं समाप्त कर रहा हूँ।

[ 'मूकनायक' का पहला अंक 31 जनवरी, 1920 को प्रकाशित हुआ था। इस अंक का अग्रलेख 'मनोगत' नाम से लिखा गया था। डॉ. बाबासाहेब अम्बेडकर के सार्वजनिक जीवन का प्रारम्भ 'मूकनायक' के इसी अंक से होता है। ]

# स्वराज की बराबरी सुराज से नहीं

**शनिवार : 14 फरवरी, 1920/मूकनायक, अग्रलेख**

आज तक ज्ञात भूगोल की ओर राजनीतिक दृष्टि से देखा जाए तो उसमें जो देश हैं उन्हें हम स्वयंशासित और परशासित दो मुख्य भागों में बाँट सकते हैं। स्वयंशासित देशों का कार्यभार उस देश में रहनेवाले लोगों के हाथ में होता है। लेकिन परशासित देशों की स्थिति वैसी नहीं है। उनका राजशासन विदेश के लोगों के हाथ में होता है। इस तरह के वर्गीकरण में हिन्दुस्तान जैसे देश का समावेश दूसरे वर्ग में होता है। इस देश में रहनेवाले हिन्दू, मुस्लिम, फारसी आदि लोग हैं फिर भी उनको 'हिन्दी लोग' जैसे सामान्य नाम से सम्बोधित किया जा सकता है। लेकिन इन हिन्दी लोगों पर राजनीतिक अमल चलानेवाले लोग हिन्दी नहीं हैं, मतलब हिन्दी लोग स्वयंशासित नहीं हैं। कई सालों से आज तक हिन्दुस्तान जैसा देश विदेशी सत्ता में है। इस उपजाऊ देश को काबिज करने के लिए कई पुराने पश्चिमी राष्ट्रों ने कई बार प्रयास किए हैं। रोमन और ग्रीक लोगों ने भी इस दिशा में प्रयास किया। वह असफल हुआ, लेकिन मुस्लिमों ने जो प्रयास किए उनको जबर्दस्त सफलता मिली। मुस्लिमों के हिन्दुस्तान पर हमलों के लिए जब 986 ई. में शुरुआत हुई, उन्हें इस देश में अपनी सत्ता कायम करने में बहुत समय लगा। 1193 ई. में जब पृथ्वीराज लड़ाई में मारा गया तब हिन्दू बादशाही का दिल्ली तख्त उनके हाथ से छिन गया। जिन पठान लोगों ने इस सत्ता को छीना था, उनको 1526 ई. में पानीपत में मुगल सरदार बाबर ने पराजित किया। दिल्ली की सत्ता काबिज करके उसने अपने आपको हिन्दुस्तान का बादशाह घोषित कर दिया। लेकिन सत्ता स्थापित होने के दो सौ साल के बाद ही इस मुस्लिम सार्वभौम सत्ता का पतन होना शुरू हो गया। कुछ समय तक सत्ता दक्षिण के मराठाओं के हाथ में रही। लेकिन बाद में वह सत्ता हमेशा के लिए अंग्रेजों के हाथ में चली गई। और यहाँ वह ईश्वरी कृपा से आज तक बरकरार है। इस तरह से यह इस देश का पिछला इतिहास है।

आम तौर पर राजनीति के दो उद्देश्य होते हैं। एक उद्देश्य शासन और दूसरा संस्कृति। शासन का मतलब अनुशासन या शान्ति रखना है। शान्ति भंग दो तरह से हो सकती है। विदेशी हमले से या भीतर की अव्यवस्था से। विदेशी हमले की बात–और वह कभी-कभी पैदा होती है–को दूर रखा जाए तो शासन का भीतरी व्यवस्था में

शान्ति रखना ही मुख्य उद्देश्य हो सकता है। किसी भी राष्ट्र को लीजिए उसमें वर्ग और गुट होंगे ही। इतना ही नहीं, वर्ग से वर्ग के और व्यक्ति से व्यक्ति के सामाजिक, आर्थिक, राजनीतिक और धार्मिक हितसम्बन्ध तथा अन्तर्विरोध होंगे ही। ऐसे विरोधों की वजह से एक आदमी ने या वर्ग ने अपनी भलाई के लिए दूसरे आदमी पर या वर्ग पर हावी होने की शुरुआत की या दूसरे की जान को खतरा पहुँचाया, सम्पत्ति को नुकसान पहुँचाने की कोशिश की अथवा किसी दूसरी तरह से नुकसान पहुँचाने की कोशिश की। इस तरह भीतरी शान्ति भंग होने की सम्भावना रहती है। और शान्ति के बगैर सामाजिक जीवन खतरे में पड़ जाता है और मनुष्य का दैनिक व्यवहार प्रभावित होने लगता है। ऐसी स्थिति में शासन का उद्देश्य प्रजा को अमुक मत करो और ऐसा करके शान्ति भंग करने पर सजा मिलेगी ऐसा हुक्म देना ही है। ऐसी राज्यप्रणाली को आज के युग में विवेक के आधार पर जंगली व्यवस्था कहना पड़ेगा। राष्ट्र में राज्यप्रणाली का झुकाव जितना शासन की ओर होता है उतना ही संस्कृति की ओर भी होता है। आज जो कुछ है, उससे प्रजा का उत्थान कैसे होगा, यह तय करना, उसके साधन सबको समान रूप में प्राप्त कराना, उत्थान के लिए अनुकूल स्थिति पैदा करना ही राजशासन का दूसरा उद्देश्य है और गह उद्देश्य शासन के लिए आज ज्यादा महत्त्व का हो गया है।

राज्यव्यवस्था के ये दो उद्देश्य परिस्थिति के अनुसार अलग-अलग जगह, अलग-अलग अनुपात में अमल में आते हैं। जहाँ राज्यव्यवस्था एक ख़ास वर्ग का स्वार्थ बन जाती है, फिर वह वर्ग अपनों का हो या विदेशियों का हो, वहाँ संस्कृति की बजाय शासन को ही महत्त्व प्राप्त होता है। क्योंकि शान्ति भंग होने की वजह से उनकी सत्ता को खतरा पैदा होने की सम्भावना रहती है। शान्ति आवश्यक है फिर भी शान्ति के नाम पर जुल्म-ज्यादतियाँ होना एकदम स्वाभाविक है। क्योंकि शान्ति बनाए रखने के लिए किसी-न-किसी की स्वतन्त्रता पर पाबन्दी तो लगानी ही पड़ेगी। व्यक्ति की स्वतन्त्रता पर कब पाबन्दी लगानी चाहिए और कब नहीं लगानी चाहिए इस बात का फैसला करते समय स्वतन्त्रता और स्वेच्छाचारिता में फर्क तो करना ही चाहिए। लेकिन स्वतन्त्रता बरकरार रखकर उसे स्वेच्छाचारिता में परिणत न होने देना यह इतना गम्भीर काम है कि कई मौकों पर स्वतन्त्रता का उभार समाप्त करने के लिए स्वतन्त्रता पर ही संकट आ जाता है। स्वतन्त्रता नष्ट होने पर शान्ति रहती है लेकिन व्यक्ति का विकास नहीं हो पाता। इसलिए शासन के दबाव से नुकसान ही होता है। दूसरा आरोप यह है कि सत्ताधारी विदेशी लोग अपने जाति भाइयों के हितों के लिए प्रजा के हितों की ओर ध्यान नहीं देते, बल्कि प्रजा को सताया जाता है। मतलब यह कि, एक देश पर दूसरे देश की सत्ता होने से पराधीन लोगों का शायद ही फायदा होता हो, यह बात सभी जानकारों को मंजूर है, लेकिन हिन्दुस्तान की अंग्रेज सत्ता इस बारे में अपवाद समझी जाएगी; इसमें कोई सन्देह नहीं। हिन्दुस्तान पर कई बार विदेशी हमले हुए। हमलावरों ने लोगों को बहुत सताया, कई राजनीतिक विद्रोहों की वजह से प्रजा में शान्ति असम्भव-सी थी। इस परेशान देश को ब्रिटिश सत्ता की वजह से शान्ति का लाभ हुआ है, इसे हम क्या व्यर्थ की चीज

कह सकते हैं? इसी तरह जिस हिन्दुस्तान का संस्कृति की दृष्टि से जंगलीपन में पहला स्थान था वह देश नवगठित राष्ट्रसंघ में सम्मिलित होने के लायक हुआ है। हिन्दुस्तान की संस्कृति का ब्रिटिश सत्ता में इतना उत्थान हुआ है कि उसे नकारना सत्य की कसौटी पर सही साबित होगा, ऐसा नहीं लगता। लेकिन स्वदेशियों की सत्ता में प्रजा जब समाधानी नहीं होती, जिसका अनुभव सभी को है तो विदेशियों की सत्ता में प्रजा नाराज हुई तो इसमें किस बात का आश्चर्य है! विदेशी सत्ता कितनी भी फायदेमन्द हो फिर भी, विदेशी सत्ता में रहनेवाले लोगों का ध्यान हमेशा सत्ताधीशों के दोषों की ओर रहता है। इसी तर्क के आधार पर आज अंग्रेजी सत्ता के विरोध में बड़ा आन्दोलन चल रहा है। इस आन्दोलन के मूल में जो उद्देश्य है उसे पहचानना बहुत जरूरी है।

राष्ट्रीय सभा–जिसको कांग्रेस कहते हैं, वह इस आन्दोलन की जनक है। इसका 34वाँ सम्मेलन पिछले साल अमृतसर में हुआ था। यह राष्ट्रीय सभा 1885 में अस्तित्व में आई। इसके अस्तित्व में आने के कारण एकदम स्पष्ट हैं। किसी भी देश को अपनी सही स्थिति के बारे में न्यूनाधिक्य पता रहता ही है। हम अमीर हैं या गरीब हैं, अच्छे हैं या बुरे हैं, ज्ञानी हैं या अज्ञानी हैं, गोरे हैं या काले हैं यह दूसरों की ओर नजर डाले बगैर समझ नहीं आ सकता। उसी प्रकार एक राष्ट्र दूसरे राष्ट्रों से विकसित है या पिछड़ा हुआ है यह समझने के लिए किसी राष्ट्र को दूसरे राष्ट्रों का अध्ययन करना पड़ता है। उसके बिना किसी एकान्तवादी राष्ट्र को अन्य राष्ट्रों की तुलना के अभाव में अपनी घटिया स्थिति भी अच्छी लग सकती है। और इसमें उसे कुछ गलत नहीं लगता। इस दृष्टि से यहाँ के लोगों को अपनी सही स्थिति का आनुपातिक और तुलनात्मक बोध हुआ है। हिन्दुस्तान का और अंग्रेजों का प्रजा और राजा के सरोकार से जो नजदीकी सम्बन्ध स्थापित हुआ है, वह बहुत महत्त्वपूर्ण है। यहाँ के लिए अंग्रेजी ज्ञान का मतलब कोई असम्भव बात हो सकती है। लेकिन उसको जो भी हासिल करेगा, उसमें नया उत्साह, नया तेज, नई शक्ति पैदा होगी। जिन लोगों ने अंग्रेजी ज्ञान को हासिल किया उन्होंने यूरोपीय राष्ट्रों के इतिहास का गहरा अध्ययन किया और अनियन्त्रित राजसत्ता से कितना नुकसान होता है इस बात को समझ लिया। उनके दिलो-दिमाग में स्वतन्त्रता की भावना जाग गई है। उनको अंग्रेजी ज्ञान के प्रभाव से राजा और प्रजा के हक़ समझ में आने लगे। इस तरह से अंग्रेजी ज्ञान स्वरूप शेरनी का दूध पीकर बलवान हुए लोगों ने अंग्रेजों की सत्ता के विरोध में प्रजापार्टी के द्वारा आन्दोलन शुरू किया है।

अंग्रेजी लोगों का राज भले ही विदेशी लोगों का राज है, फिर भी कुछ सरकारी अधिकारियों को छोड़ दिया जाए तो बाकी लोगों ने प्रजापार्टी की इस सभा के प्रति बार-बार हमदर्दी दिखाई है। इतना ही नहीं, खुद हिन्दुस्तान के भूतपूर्व गवर्नर जनरल लॉर्ड डफरीन ने उसके गठन में काफी सहयोग दिया है। और अपनी हमदर्दी केवल शब्दों तक सीमित रखने के बजाय उसकी माँगों के अनुरूप अपनी राज्यव्यवस्था में सुधार लाने के प्रयत्न किए हैं, यह इस पार्टी के लिए बड़े गौरव की बात है। जब से यह प्रजापार्टी बनी तब से ब्रिटिश सरकार ने शिक्षा के बारे में उदारवादी नीतियों को अपनाया है।

उन्होंने प्राथमिक शिक्षा को मुक्त और अनिवार्य करने का प्रयास शुरू किया है। सामान्य और शास्त्रीय शिक्षा के लिए छात्रवृत्ति देने की योजना बनाई है। स्वास्थ्य के लिए सरकार की ओर से बड़े पैमाने पर पैसा खर्च हो रहा है। शराब जैसे नशीले पदार्थों पर कर बढ़ाकर शराब पर रोक लगाने के लिए, शराबखाने बन्द करने, या शराब की खपत कम करने के प्रयास शुरू कर दिए गए हैं। लोगों की शिकायतें सुनकर जंगल से घास की और जलाने की लकड़ियों की सुविधा दी गई। आय पर कर की सीमा बढ़ाई गई। पुलिस विभाग में ऊँचे और दोयम दर्जे के स्थान और फौजी विभाग में ऊँचे दर्जे के ओहदे स्थानीय लोगों को मिलने लगे हैं। उनको असैनिक, शिक्षा आदि विभागों में ऊँचे दर्जे की नौकरियाँ मिलनी चाहिए, ऐसा अभी-अभी तय हुआ है। सरकार खेती में सुधार के लिए सहकारी संस्थाओं की स्थापना तेजी से कर रही है। इतना ही नहीं, प्रजा में से लायक और जिम्मेदार लोगों को प्रान्तीय और विधिमंडलों में नियुक्त करके उनकी सलाह से कानून बनाए जा रहे हैं। प्रजापार्टी के लोगों को विधि कौंसिल में नियुक्त करने की प्रणाली में भी सरकार ने उदारवादी नीतियाँ अपनाई हैं। सबसे पहले 1861 में जब प्रजापार्टी के लोगों को सरकारी विधि कौंसिल में लेने का प्रस्ताव स्वीकृत किया गया तब से 1892 तक सरकारी चुनावों में प्रजा में से किस आदमी को लेना चाहिए यह बात पूरी तरह सरकार की इच्छा पर निर्भर थी। लेकिन सरकार द्वारा चुना गया सदस्य हमेशा प्रजा के हितों की रक्षा करता था ऐसी बात नहीं थी। कई बार तो वह व्यक्ति 'हाँजी' 'हाँजी' करनेवालों में से ही रहता था। कौंसिल में अपना स्थान सुरक्षित रखने के लिए सरकार की मर्जी बरकरार रहे इसलिए प्रजापार्टी का सदस्य होने के बावजूद भी वह अपने स्वार्थ के लिए पार्टी के सिद्धान्तों को कुर्बान कर देता था। हमेशा सरकार पर यह आरोप लगाया जाता था कि सरकार द्वारा नियुक्त सदस्य सिर्फ 'जी हुजूर' कहनेवाले हैं, प्रजा के कल्याणकर्ता नहीं हैं। इसलिए इस आलोचना की वजह से सरकार ने नियुक्ति की बजाय चुनाव के सिद्धान्त पर अमल किया है। कुल मिलाकर ब्रिटिश राजप्रणाली का झुकाव सुराजप्रणाली करने की ओर है यह बात उनके जानी दुश्मन को भी कबूल करनी पड़ेगी।

प्रजापार्टी की इस राष्ट्रीय सभा का जन्म ब्रिटिश राजप्रणाली को सुराजप्रणाली में परिवर्तित करने के लिए हुआ है, यह बात यदि सच है तो उपर्युक्त सुधारों को देखते हुए उसका समाधान होना चाहिए। लेकिन समाधान होने की बजाय असन्तोष बढ़ता जा रहा, ऐसा दिखाई दे रहा है। इसका कारण इस राष्ट्रीय सभा के आधे उद्देश्यों में जो परिवर्तन हुआ है, उसी में है। उसको अब सुराज नहीं चाहिए, क्योंकि स्वराज की बराबरी सुराज में नहीं है। इस नए सिद्धान्त ने उस पर अपना प्रभाव जमाया है। सिर्फ सिद्धान्त पर आपत्ति नहीं लेकिन व्यवहार की दृष्टि से—और सिद्धान्त की बजाय व्यवहार श्रेष्ठ है—स्वराज किसका और वह किसलिए यह समझ में आए बगैर हम इस सिद्धान्त का समर्थन नहीं कर सकते। फिर जिसे इस सिद्धान्त का समर्थन करना हो, वह करता रहे बेचारा!

# यह स्वराज नहीं, यह तो हम पर राज है

**शनिवार : 28 फरवरी, 1920/मूकनायक, अग्रलेख**

पिछले अंक में राष्ट्रीय सभा–जिसे कांग्रेस कहते हैं–उसकी बढ़ती भूख का वर्णन हुआ है। ब्रिटिश शासनप्रणाली सुराजप्रणाली करने के लिए उसका जन्म हुआ, समय के अनुसार सुराज के साथ-साथ उसने स्वराज का दान प्राप्त भी किया है। उस दान का अनादर नहीं किया जा सकता, किन्तु वह उपयोगी है या नहीं, यह तय करना बहुत जरूरी है। दान का बुरा परिणाम कैसे हो सकता है यह बात उन लोगों को विस्तार से बताने की आवश्यकता नहीं, जिनको यह मालूम है कि शंकर ने प्रसन्न होकर भस्मासुर को जो वरदान दिया था उससे उसने दूसरों को नहीं बल्कि शंकर को ही किस तरह परेशान किया था। इसलिए वह रहस्य जिसने जान लिया है, उन्होंने उस स्वराज की माँग के मूल में जो उद्देश्य था उसका गहरा अध्ययन करना आवश्यक समझा है। यह दान उचित है या अनुचित, उसके बगैर इस तरह के महत्त्व के सवाल को हल करना मुश्किल होगा। यह बात तय करने के लिए ब्रिटिश राज गलत क्यों? इस बात का फैसला हुआ तो उसी से स्वराज के उद्देश्य का भी फैसला होगा। इसलिए उसी सवाल को महत्त्व देकर उसकी जाँच-पड़ताल करना उचित होगा।

कुछ जिद्दी हरि के लाल छोड़कर आज तक हुए राजकाज के सुधारों में कुछ खास नहीं, ऐसा कहनेवाले लोग इस राष्ट्रीय सभा में नहीं हैं, यह बड़े सौभाग्य की बात है। इसके लिए राष्ट्रीय सभा कृतज्ञ है या नहीं, यह सवाल अलग है। लेकिन इस सभा से समस्या का समाधान क्यों नहीं हो रहा, यह बात तय करने के लिए उसके प्रस्ताव में हर साल हो रहे ब्रिटिश राजकारोबार की दोष-उत्पत्ति की ओर ध्यान देने से यह दिखाई देता है कि ब्रिटिश सत्ता में प्रजा की गरीबी और उसकी पराजित मानसिकता यही दो उसके असन्तोष के महत्त्वपूर्ण कारण हैं। स्वराजवादियों के अनुसार प्रजा सुख-सम्पन्न होकर उसकी मानसिकता निर्भय हो यही मानवोत्थान के बुनियादी लक्षण हैं, ऐसी हमारी भी मान्यता है। और उसके लिए स्वराज के बगैर यदि दूसरा कोई विकल्प नहीं है तो यह बहुत अच्छी बात है। स्वराजवादियों के मुँह में शक्कर, लेकिन उनके मुँह में शक्कर डालने के लिए हम आज ही तैयार नहीं हैं। क्योंकि 'जो चाहे प्राणी वह देता रहे चक्रपाणी' इस तरह का उपदेश साधु-सन्तों ने दिया है, फिर भी इन हिन्दी जनों के

व्यवहार की कई बातें चक्रपाणी के हाथ में नहीं हैं बल्कि उनके दलालों के हाथ में हैं, इस बात को हम कभी भूल नहीं सकते। इसलिए स्वराज का व्यावहारिक अर्थ क्या है, इस बात को देखना उचित होगा।

हिन्दुस्तान देश अन्य राष्ट्रों की तुलना में गरीब है, इसमें कोई सन्देह नहीं। सालाना औसतन आमदनी की दृष्टि से देखा जाए तो हिन्दुस्तान की आर्थिक स्थिति सचमुच गम्भीर है। बेल्जियम, डेनमार्क, फ्रांस, जर्मनी, इटली, स्वीडन, स्पेन, स्विट्जरलैंड, ग्रेट ब्रिटेन और अमेरिका संयुक्त संस्थान का प्रतिव्यक्ति औसतन सालाना आमदनी युद्ध के पहले के आँकड़ों में क्रमशः 28, 32, 27, 31, 12, 22, 16, 19, 39, 40 पौंड है। लेकिन हिन्दुस्तान जैसे घनी जनसंख्यावाले देश में प्रतिव्यक्ति अनुपात दो पौंड पड़ता है। इससे इस देश की आर्थिक स्थिति कितनी खराब है यह अलग से बताने की आवश्यकता नहीं है। ब्रिटिश सत्ता स्थापित होने के पहले हिन्दुस्तान का आर्थिक दर्जा अन्य राष्ट्रों की तुलना में अव्वल था। लेकिन ब्रिटिश लोगों की खतरनाक व्यापारिक नीतियों की वजह से बहुत बड़ी गिरावट आई, ऐसा कहनेवाला एक वर्ग है। लेकिन इस वर्ग के विरोध में झगड़ा करते रहने की कोई आवश्यकता नहीं। आर्थिक उत्थान के राजमार्ग पर विचार-विमर्श का यह अवसर नहीं है। स्वराज की आमदनी में गरीबी को समाप्त करनेवाले स्वराजवादियों ने जो मार्ग बनाया है, उसको सही-गलत करार देना यही आज की जिम्मेदारी है।

स्वराजवादियों की राय में हिन्दुस्तान की गरीबी के मूल में हिन्दुस्तान पर थोपी गई अनियन्त्रित व्यापार प्रणाली ही है। व्यापार प्रणाली को नियन्त्रित करना ही हिन्दुस्तान की गरीबी को समाप्त करने का एक प्रमुख रास्ता है, ऐसा यदि कहा जाए तो इस बात पर कोई सन्देह नहीं कर सकता। यह मार्ग पसन्दीदा है या तकलीफ़देह है इस बात का फैसला अर्थशास्त्र के सिद्धान्तों के आधार पर ही होना चाहिए। जो चीजें हम एकदम कम दाम पर तैयार कर सकते हैं उन्हीं को हम राष्ट्र में तैयार कर सकते हैं। और उन चीज़ों को दूसरे राष्ट्रों को बेच सकते हैं। लेकिन कम दाम पर तैयार होनेवाली स्वदेशी चीजें खरीदने में सभी राष्ट्रों की भलाई है; अर्थशास्त्र का यह सिद्धान्त सर्वसम्मत है। राष्ट्रों के आपसी व्यापार का सिलसिला इसी व्यवहारसिद्ध सिद्धान्त पर आधारित है। एक देश में बनाया गया माल दूसरे देश में निर्यात किया जाता है, इसका कारण यही है कि पहलेवाला देश दूसरे देश से भी कम खर्च पर उस माल को बना सकता है। इसी तरह एक देश में पैदा किया जानेवाला माल दूसरे देश में आयात किया जाता है, इसका कारण यही है कि दूसरे देश के लिए वही माल पहले देश से भी कम दाम पर या उसी दाम पर तैयार करना आसान नहीं है। इसीलिए कम खर्च पर तैयार होनेवाला माल तैयार करने की बजाय कम खर्च पर प्राप्त होनेवाला माल खरीदना, यह अनियन्त्रित व्यापार प्रणाली सभी अर्थशास्त्रियों को मंजूर है। इससे जो माल हम कम लागत पर तैयार नहीं कर सकते और जो कम लागत पर माल तैयार कर सकते हैं उनसे खरीदने की बजाय स्वदेश में ही उसे बनाने का आग्रह किया गया तो नुकसान ही होगा,

इसमें विवाद की कोई बात ही नहीं। यह होने पर भी हिन्दुस्तान के स्वराजवादियों को यह मंजूर नहीं है। उनकी राय में हिन्दुस्तान में सम्पत्ति की बढ़ोतरी के लिए आज जो माल आयात किया जा रहा है उसको हिन्दुस्तान में ही तैयार किया जाना चाहिए। आयातित माल पर प्रतिबन्ध लगाना या सीमाशुल्क लगाना एकदम आवश्यक है। उसके बिना कोई विकल्प नहीं, यह वे बार-बार कहते हैं। प्रतिबन्ध लगाकर या सीमाशुल्क लगाकर विदेशी माल का आयात कम होगा, 'स्वदेशी माल' का उत्पादन बढ़ाकर इस नुकसान को पूरा किया जा सकता है और आसानी से स्थापित किए जा सकनेवाले धन्धे और कारखाने स्थापित करने से यह गरीब देश धनवान होगा ऐसा उपदेश देनेवाले नशे में चूर स्वदेशी अर्थशास्त्रियों ने लगता है–नियन्त्रित व्यापार प्रणाली का पूरा स्वरूप देखा ही नहीं है। लेकिन हमें उसे देखना चाहिए। विदेशी माल आयात किया जाता है इस कारण वह कम दाम पर मिलता है। उसी तरह का माल स्वदेश में नहीं बन रहा है, इस कारण वह ज्यादा महँगा पड़ता है इसलिए विदेशी माल के सामने वह टिक नहीं सकता। स्वदेशी माल की खपत बढ़े इसीलिए तो विदेशी माल पर रोक लगाने की बात चल रही है। लेकिन विदेशी माल पर रोक लगाई गई तो लोगों को ज्यादा दाम पर स्वदेशी माल खरीदना पड़ेगा, इस बात पर किसे सोचना चाहिए? विदेशी माल की जगह स्वदेशी माल बेचकर स्वदेशी उद्योग-धन्धे और कारखाने स्थापित होंगे, लेकिन उससे देश का कल्याण होने के बजाय देश के पूँजीपतियों का कल्याण होगा, यह कहना ज्यादा सही होगा। क्योंकि अनियन्त्रित व्यापार प्रणाली में कम दाम पर मिलनेवाला माल नियन्त्रित व्यापार प्रणाली में गरीबों को ज्यादा दाम देकर खरीदना पड़ेगा। इसमें उनका जो शोषण होगा उसकी 'स्वदेशी' जैसे प्यारे शब्द से भरपाई होगी, ऐसा नहीं लगता। इसमें जिनका शोषण होगा उसमें अधिकांश अछूत वर्ग के ही लोग होंगे। मतलब उनकी जेब काटकर दूसरों का कल्याण करके उसमें सारे देश का कल्याण होगा, ऐसा माननेवालों की गतिविधियों के जाल में वे लोग फँस जाएँगे ऐसा यदि स्वराजवादियों को लगता हो तो यह केवल उनका भ्रम है। स्वराज के इन उपायों से गरीबी समाप्त होगी यह मानकर स्वराज की माँग करने का पागलपन वे नहीं करेंगे। क्योंकि सुसम्पन्नता का यह स्वदेशी मार्ग उनको परेशान ही करेगा।

स्वराजवादियों के एक भविष्यकथन का अंजाम क्या होगा इस बात पर विचार हुआ। अब उनके दूसरे भविष्यकथन का अंजाम क्या हो सकता है इस पर हम विचार करेंगे।

ब्रिटिश शासन प्रणाली के दूसरे दोष का विवेचन करते समय स्वराजवादी लोग इस तरह का आधार पेश करते हैं कि जिन स्थितियों में एक वर्ग का या व्यक्ति का प्रभाव अन्य व्यक्ति पर या वर्ग पर कायम होता है वे परिस्थितियाँ दोनों के लिए खतरनाक ही होती हैं। जिन पर इस तरह का प्रभाव कायम होता है, जिनके हाथ में स्वामित्व आ जाता है उन लोगों को राजा, जनपाल, जननियन्त्रक, प्रजापति, भूदेव, ईश्वरांश, ईश्वरावतार, काल कारण, न्यायमूर्ति, सद्‌गुणनिदान, कृपासागर आदि प्रकार

के विशेषणों से नवाजा जाता है। और जो लोग उनके स्वामित्व में होते हैं, उनको स्वयं को हीन, पतित, आज्ञाकारी, सेवक, किंकर आदि प्रकार के विशेषणों की आदत हो जाती है। इस प्रकार दूसरों के वर्चस्व में रहनेवाले लोगों को सत्ताधारी लोग जिस प्रकार से रखेंगे उस तरह से रहने में ही धर्म है, उनकी समझ इस प्रकार की बन जाती है। इस 'पूज्यबुद्धि' के बीज पीढ़ी-दर-पीढ़ी उन पर जो संस्कार छोड़ते हैं, वे इतने पक्के बन जाते हैं कि जिनको पूज्य मानने की आदत हो जाती है वे पूज्यता के लायक न होने पर भी उनका अपमान या निषेध करने की हिम्मत नहीं जुटा पाते। उसी तरह वर्चस्व प्राप्त लोगों को भी अपनी प्रशंसा सुनने की आदत हो जाती है, हम उस प्रशंसा के लायक हैं इस भावना से उनमें पीढ़ी-दर-पीढ़ी जो संस्कार होते हैं, वे इतने गहरे बन जाते हैं कि अपने में किसी प्रकार का प्रशंसनीय गुण न होने पर भी हम पूज्य ही हैं, वे मानते हैं। लेकिन जब लोग उनको वैसा न मानें तो वे लोगों को जबर्दस्ती झुकने के लिए कहते हैं। ऐसी स्थिति में ऊँचे वर्ग के लोगों में जिस तरह से अहंकार पैदा हो जाता है उसी प्रकार निचले वर्ग के लोगों का स्वाभिमान भी नष्ट हो जाता है। जिस प्रकार ऊपर के आदमी को लगता है कि आज्ञा देना ही हमारा काम है, उसी प्रकार निचले स्तर के आदमी को लगता है कि आज्ञा का पालन करना हमारा कर्तव्य है। ऐसी स्थिति की वजह से ऊपरवाले लोगों की मानसिकता में कड़ापन आ जाता है और निचले स्तर के लोगों की मानसिकता में निराशा छा जाती है, फिर उनकी स्वयं कुछ करने की शक्ति चुक जाती है। जहाँ ऊँच-नीच के इस तरह के स्थिति निर्मित भेद पैदा होते हैं, वहाँ ऊँचे लोगों की मानसिक दासता में फँसे हुए नीच लोगों में व्यक्ति-विकास होना सम्भव नहीं। गोपालकृष्ण गोखले ने ब्रिटिश शासन प्रणाली के प्रशासन से सम्बन्धित जो दूसरा दोष व्यक्त किया, इसी आधार पर किया था। उनकी राय में विदेशी शासन प्रणाली के खर्च से जो नुकसान होगा उसे असमर्थनीय कहकर दूर रखा जाए तब भी विदेशी शासन प्रणाली से होनेवाला नैतिक नुकसान असमर्थनीय है। विदेशियों के वर्चस्व की वजह से इन लोगों का मन टूटता जा रहा है। उनको इस स्थिति में दिन गुजारने पड़ रहे हैं कि हम निचले दर्जे के हैं। और ऐसी स्थिति का सम्मान करने के लिए उनके योग्य लोगों को भी निचला दर्जा स्वीकार करना पड़ रहा है। ऐसी स्थिति में उनके पूरे व्यक्तित्व का विकास होना सम्भव नहीं है। स्वराज के तहत रहनेवाले लोगों में आत्मबल का जो प्रभाव है, उसे अनुभव करने का उनको मौका नहीं मिलता। ब्रिटिश राजप्रणाली में अंग्रेजों का जो वर्चस्व है उसकी वजह से बाकी लोगों का मनोबल टूट रहा है, उसे रोकने के लिए और उनमें स्वाभिमान पैदा करने के लिए स्वराज की निश्चित रूप से आवश्यकता है, इस बात को स्वीकार करने में कोई विशेष कठिनाई नहीं होगी। और हमारी राय में स्वराज के इन दो कारणों में यही कारण ज्यादा सबल है। व्यक्ति-विकास करने के उपाय के रूप में स्वराज दिया गया तो इसमें हमें कोई आपत्ति नहीं। लेकिन यदि अंग्रेजी शासन के विरोध में जो आपत्ति उठाई गई वही किसी अछूत ने ब्राह्मणी शासन के विरोध में उठाई तो वह हजार गुना शोभा देगी, इस बात को झूठ कहनेवाला

आदमी मिलना मुश्किल है। इसलिए इन स्वराजवादियों से हमारा प्रतिसवाल है कि जिन स्वराजवादियों को व्यक्ति-विकास की इतनी चिन्ता है और जिसके लिए उन्होंने जेल भोगी है, उन्होंने छह करोड़ अछूतों के व्यक्ति-विकास का रास्ता खुला करने के लिए कौन-से उपाय खोज निकाले हैं? जिस प्रकार विदेशी सत्ता की वजह से हिन्दी लोगों में जो सूक्ष्म हीनता की भावना पैदा हो रही है और जिसको राष्ट्रीय सभा अनुभव कर रही है, उसी प्रकार स्वदेशियों की सत्ता की वजह से इस अछूत वर्ग में फैली हुई हीनता की भावना क्यों नहीं दिखाई दे रही है? शायद वह इतनी मोटी और चमकदार होगी कि उसकी चमक से ब्राह्मणों की आँखें चौंधिया जाती होंगी। या उस ओर देखने की उनकी इच्छा ही नहीं होगी। इन दोनों में दूसरा तर्क ही सही है, यही बात सिद्ध होती है। विदेशियों की दासता से मुक्त करने के लिए दौड़धूप करनेवाली इस राष्ट्रीय सभा ने स्वदेशियों को स्वदेशियों की दासता से बाहर निकालने के प्रयासों का संशोधन किया तो उसमें यह बात स्पष्ट हुई कि उनकी दासता बरकरार रखने में उन्हीं की भलाई है। जब इस राष्ट्रीय सभा की स्थापना हुई तब उसके कार्यक्रम के स्वरूप के बारे में विवाद खड़ा हुआ था। राजनीतिक माँगें उठनी चाहिए या सामाजिक दासता में पड़े हुए देशबन्धुओं को मुक्त करने का प्रयास करना चाहिए, यह विवाद बहुत दिन तक चला। लेकिन इस सभा में ब्राह्मणों की संख्या ज्यादा थी और आज भी है, उसने अपने चरित्र के अनुसार स्वदेशियों के स्वस्थापित दास्य विमोचन के महान कार्य को अस्वीकार करके वह दासता बरकरार रखने के रास्ते में जो रोड़ा बनकर आ रहे थे उन विदेशियों की राजनीतिक धाक कम करने का नीच लेकिन सुविधाजनक तरीका अपनाया, इस बात को सभी लोग जानते हैं। जिन लोगों को सामाजिक सुधार बहुत जरूरी लगता था उन्हें 'सामाजिक परिषद्' के नाम से एक नई संस्था स्थापित करनी पड़ी जबकि आज तक इस सामाजिक परिषद् का उद्देश्य एकदम सीमित था। मतलब बाल विवाह, विधवा विवाह, सागर प्रयाण आदि प्रयास ब्राह्मणों की सत्ता को तनिक भी धक्का देनेवाले नहीं थे तब भी सामाजिक परिषद् की राष्ट्रीय सभा की ओर से हमेशा उपेक्षा ही होती थी। और जब 1895 में उसका नौवाँ सम्मेलन पूना में हुआ उस समय पूना के तथाकथित राष्ट्रभक्तों ने हमेशा की प्रणाली की बगैर परवाह किए उसे राष्ट्रीय सभा के शामियाने में अपना सम्मेलन करने से रोका और अपना रोष तथा अपना चरित्र दिखाया। ब्रिटिशों का राजनीतिक स्वामित्व जितना ऊँचे वर्ण के हिन्दुओं की महत्त्वाकांक्षा के खिलाफ जाता होगा उससे भी हजारों गुना ऊँचे वर्ग के हिन्दुओं का सामाजिक और धार्मिक वर्चस्व इन छह करोड़ अछूतों के खिलाफ कैसे जा रहा है यह बात इन स्वार्थी अमानवों को समझा देने की कोई आवश्यकता है, ऐसा मुझे नहीं लगता। जो सामाजिक कुरीतियाँ ऊँचे वर्ग के हिन्दुओं के लिए पोषक हैं वे कुरीतियाँ इन अछूतों के लिए इतनी खतरनाक साबित हुई हैं कि उससे यह वर्ग अपने नागरिक अधिकारों को भी हासिल नहीं कर सका। किसी भी व्यक्ति को नागरिक कहलाने के लिए कुछ हक़ होने आवश्यक हैं। उनमें (1) व्यक्तिगत स्वतन्त्रता, (2) व्यक्तिगत संरक्षण, (3) निजी सम्पत्ति रखने का हक़,

(4) कानून के सम्बन्ध में समानता, (5) सद्-असद् विवेक, बुद्धि के अनुसार आचरण करने की स्वतन्त्रता, (6) भाषण की स्वतन्त्रता और मतस्वतन्त्रता, (7) सभा आयोजित करने का हक़, (8) देश की शासन व्यवस्था में प्रतिनिधि भेजने का हक और, (9) सरकारी नौकरी प्राप्त करने का हक़ आदि बातों का समावेश होता है लेकिन सामाजिक बन्धनों की वजह से उपर्युक्त हक़ों में से कई हक़ों के अछूत लोग नजदीक भी नहीं हैं। ब्रिटिश सत्ता में पहले दो हक़ों का अमल सभी ओर हो रहा है, तब भी कभी-कभी ऊँचे वर्ण के हिन्दू शासकों के क्षेत्र में ये अपने हक़ नकारे गए, इस तरह के कई उदाहरण अछूत वर्ग के लोग दिखा नहीं पाएँगे ऐसी बात नहीं। उसी प्रकार कानून के सन्दर्भ में सभी जगह अछूत और अन्य लोगों में समानता रखी जाती है, यह कहना पूरी तरह सही है, ऐसी भी बात नहीं। हक़ सं. 5, 6, 7, और 8 जबकि सभी हिन्दी लोगों को सीमित अनुपात में दिए गए हैं फिर भी वे अछूत वर्ग को बहुत ही कम मात्रा में मिलते हैं। विचार स्वतन्त्रता और भाषण की स्वतन्त्रता या सभा आयोजित करने का हक़ लोगों को देना प्रस्तावित शासन व्यवस्था के लिए खतरनाक होगा। इसलिए उन्हें इस तरह अमल में लाने की किसी को आजादी नहीं, इस तरह अछूत वर्ग को भी नहीं और वह उन्हें चाहिए भी नहीं। फिर भी इन हक़ों का उन्होंने ऊँचे वर्ग के हिन्दुओं का प्रस्तावित सामाजिक दहशतवाद के खिलाफ उपयोग किया तो उनका विरोध होता है, उससे उनका जो नुकसान होता है उस तरह से दूसरों का नहीं होता। सरकारी नौकरी पाने का हक़ नहीं के बराबर है क्योंकि छुआछूत की वजह से उनको नौकरी नहीं मिलती। इन अछूतों ने फौज में भरती होकर ब्रिटिशों को हिन्दुस्तान की सत्ता हासिल करने में अपनी जान भी गँवाई। फौज में उन्हें किस कारण नहीं लिया जाता इस बात को वे अच्छी तरह जानते हैं। पढ़े-लिखे लोग जाति छिपाए बगैर या धर्मान्तरण किए बगैर नौकरी का मामूली हक़ भी प्राप्त नहीं कर सकते। निजी सम्पत्ति रखने का हक़ अंग्रेजी कानून में है। लेकिन मनु के कानून की वजह से वे सम्पत्ति प्राप्त नहीं कर सकते तो वे क्या चीज रख सकते हैं? भयंकर गरीबी! यह होने पर भी उधर ध्यान न देनेवालों को या जो है वह बुरा नहीं, इस तरह से अपमान करने का प्रयास करनेवाले हिन्दुओं पर 'शाठयं प्रति लाठयं' तिलक-भोपटकर का न्याय लागू किया गया तो क्या यह गलत होगा?

इन अछूतों का स्वदेशियों की ओर से जो अपमान हो रहा है वह जितना दुखी और गुस्सा पैदा करनेवाला है उतना ही उसके प्रति ब्रिटिश शासन प्रणाली का रुझान गलत और अगम्भीर है। यह एक सामान्य नियम है, "जातियों पर और प्रथाओं पर कानून का दबाव रखने के लिए कानून बनानेवाले लोग अपनी स्वाभाविक सीमा के भीतर होने चाहिए और उन सीमाओं को भंग करके समाज के विचारों का उन्हें सीधे तौर पर विरोध नहीं करना चाहिए।" इसे सरकार ने अपने अक्तूबर, 1886 के प्रस्ताव में जाहिर किया है कि हम उससे वचनबद्ध हैं। इसका सीधा मतलब यह है कि सामाजिक और धार्मिक क्षेत्रों में अन्याय हो रहा है, तब भी उसे समाप्त करने के लिए अपनी सत्ता

का इस्तेमाल नहीं किया जाएगा। मतलब यह कि जो सामाजिक दबाव बरकरार है उसे वैसा ही रखने के लिए एक तरह से स्वीकृति ही दी गई! क्योंकि कुछ मामलों में राजसत्ता का दबाव लाए बगैर सामाजिक अन्याय का उन्मूलन ही नहीं होगा और इसीलिए अछूतों को इस राजसत्ता में इसके लिए देर तक इन्तजार करना पड़ेगा। बल्कि उनके हाथ में यह जो सत्ता है वह स्वराज के दान से अपने नीचेवालों के लिए खतरनाक बनते जा रहे अपने दबाव कम करने के बजाय हमें परेशान करनेवाली है। अंग्रेजों का काँटा निकाल बाहर करना ही उनका उद्देश्य है और उन्हीं के हाथों में सत्ता दी जा रही है। इसमें स्वराज का मतलब हम पर राज होगा। अंग्रेजी राज में जिनकी बात बर्दाश्त नहीं हो रही थी अब उनकी बात बर्दाश्त करनी पड़ेगी। स्वदेशियों के सामाजिक, आर्थिक, और धार्मिक जुल्म की आड़ में रखा हुआ यह अंग्रेजी सत्ता का सुदर्शन गायब हो जाएगा और स्वराज के वज्र का हम पर प्रत्यक्ष वार होने का समय आएगा। इसीलिए हमारा कहना है कि देना हो तो ऐसा स्वराज दो जिसमें हमारा भी कुछ न कुछ राज हो।

# स्वराज में हमारा प्रवेश उसका प्रमाण और प्रणाली

**शनिवार : 27 मार्च, 1920/मूकनायक, अग्रलेख**

हिन्दुस्तान का भावी स्वराज एकसत्तात्मक या प्रजासत्तात्मक राज नहीं बल्कि प्रतिनिधि-सत्तात्मक राज होनेवाला है। और इस प्रकार का स्वराज सुराज होने में मतदान का हक़ व्यापक करके जाति के आधार पर प्रतिनिधित्व कितना जरूरी है इस बात का विवेचन हमने अभी तक स्वराज पर जितने अग्रलेख लिखे हैं उनमें किया है। लेकिन हमारे हिस्से में आनेवाले प्रतिनिधि कितने हैं और वे किस प्रणाली से आएँगे, यह बात जब तक तय नहीं होती तब तक जाति के आधार पर प्रतिनिधि के अनुरूप होनेवाली तरक़्क़ी से हमारा कल्याण होगा, ऐसा मानने के लिए हम लोग कभी तैयार नहीं होंगे। इसलिए भावी स्वराज में हमारे कितने प्रतिनिधि होने चाहिए और वे किस प्रणाली से आने चाहिए हम इस सवाल की चर्चा इस पाँचवें अंक में करेंगे।

सबसे पहले हम जाति-जाति में प्रतिनिधित्व का बँटवारा उचित अनुपात में किस आधार पर तय किया जाए, इस बात पर सोचेंगे। जाति के आधार पर प्रतिनिधित्व का कारण पिछले अंक में बताया गया है कि, मतदाता लोग प्रतिनिधि चुनते समय उम्मीदवार की योग्यता की ओर ख़ास ध्यान देने की बजाय उसकी जाति की ओर देखकर अपना मत देते हैं। धर्म ने कुछ जातियों को ऊँच और पवित्र घोषित किया है और कुछ जातियों को नीच तथा अपवित्र घोषित किया है। स्वाभिमान रहित निचली जातियाँ ऊँची जातियों को पूज्य मानती हैं। और चरित्रहीन ऊँची जातियाँ अपने को विनम्रता से ऊँच माननेवाली निचली जातियों को नीच मानती हैं। ऐसे एक-दूसरे को पराया समझने की भावना से प्रेरित हुए लोगों का यदि हमने सामान्य स्थलसूचक मतदाता संघ बनाया तो ऐसे संघ का प्रतिनिधि चुने जानेवाला उम्मीदवार यदि बहुजन (अब्राह्मण) या अछूत (बहिष्कृत) समाज का हो तो ऊँची जाति के मतदाता जिसे उसकी जाति की वजह से नीच मानते हैं, उसे अपना मत देकर प्रतिनिधि जैसे ऊँचे दर्जे तक पहुँचाकर स्वयं को अपमानित करने की उदारता कभी नहीं दिखाएँगे। बल्कि वही उम्मीदवार यदि ब्राह्मण हो तो वर्णाभिमान से एकजान बने हुए ब्राह्मण लोग उसे अपना मत देंगे, इसमें कोई सन्देह नहीं। लेकिन

आश्चर्य की बात यह है कि बहुजन और अछूत लोग भी उसे अपना मत देकर ब्राह्मणों की सेवा करने का अच्छा अवसर मिला मानकर पुण्य प्राप्ति के लिए दौड़ेंगे, इसमें कोई सन्देह नहीं। इतना ही नहीं, होड़ में एक ब्राह्मण, एक बहुजन और एक अछूत, तीन उम्मीदवार खड़े हुए तो ब्राह्मण लोग गलती से भी ब्राह्मण को छोड़कर दूसरे किसी को भी अपना मत नहीं देंगे। इन लोगों के खून में समाई हुई स्वजातिहित परायणता की बात नकल करने योग्य है। लेकिन बहुजन और अछूत वर्ग के लोग अन्धश्रद्धा की वजह से स्वजाति-हितों की परवाह किए बिना अपना मत ब्राह्मण उम्मीदवार को देंगे इसमें कोई शक नहीं। ब्राह्मण वर्ग की भक्ति दूसरे वर्गों पर नहीं है। लेकिन बहुजन और अछूतों की भक्ति ब्राह्मणों पर कितनी है इस बात को सभी लोग जानते हैं। इस तरह की स्थिति की वजह से ब्राह्मण उम्मीदवार की अपनी जाति के मतदाताओं के बल पर ही नहीं, उनको पूज्य माननेवाले बहुजन और अछूत मतदाताओं के बल पर बहुजन-अछूत उम्मीदवार को औंधा करके चुने जाने की ज्यादा सम्भावना है। इसलिए जो विधि कौंसिल बनेंगे वे एकवर्णीय होंगे, इस तरह का भविष्यकथन कुछ विद्वानों ने किया है। जिस प्रकार शराब पीने से पीनेवाले का नुकसान होता है उसी प्रकार ब्राह्मणवर्ण के प्रति बहुजन और अछूतों में जो श्रद्धा है वह उन्हीं के विनाश का कारण बनेगी। श्रद्धा भी शराब की तरह विनाशक है। शराब पीने से जैसे पीनेवाले का नुकसान होता है उसी प्रकार स्वजातियों को छोड़कर ब्राह्मणों को मत देने का जो उनका झुकाव है उससे उन्हीं लोगों का नुकसान हो रहा है। इस खतरनाक बहाव से बाज आने के लिए उन्हें जाति-आधार पर प्रतिनिधि चुनना जरूरी है। कई जानकार लोगों ने उपर्युक्त समाधान कबूल करके जाति के आधार पर प्रतिनिधित्व के सिद्धान्त को स्वीकार किया है। लेकिन जिन जातियों को जाति के आधार पर प्रतिनिधित्व जरूरी है, उन्हें कितना प्रतिनिधित्व देना चाहिए, इस सम्बन्ध में उनकी नीति अनुदार नहीं है लेकिन मूर्खतापूर्ण जरूर है। प्रतिनिधियों का बँटवारा किस प्रकार से करना चाहिए इसके लिए पिछले दिनों ब्रिटिश सरकार ने जो कमेटी नियुक्त की थी उस कमेटी की रिपोर्ट पर उपर्युक्त विधान पूरी तरह लागू होता है, ऐसा कहने में हमारी दृष्टि से कुछ गलत है, ऐसा नहीं लगता। इस कमेटी ने अपनी रिपोर्ट में मुस्लिम, अछूत, ईसाई, योरोपियन आदि वर्गों में जाति के आधार पर प्रतिनिधित्व के सिद्धान्त को लागू करना चाहिए, यह सिफारिश की है। लेकिन अछूत वर्ग के बहुसंख्यक लोगों को मुम्बई इलाके में एक ही प्रतिनिधि होना चाहिए, ऐसा सुझाव दिया गया है। और ब्रिटिश सरकार ने रहम करके एक की बजाय दो प्रतिनिधि चुनने का अधिकार दिया है। इसमें आँकड़ों की हेराफेरी हुई हो, या न हुई हो तब भी कमेटी ने एक प्रतिनिधि का सुझाव क्यों दिया, सरकार ने दो प्रतिनिधि क्यों तय किए इसके कारण दोनों में से किसी एक ने भी नहीं बताए हैं। विधि कौंसिल यदि सिर्फ प्रतिनिधि संग्रहालय होता तो हर एक जाति के एक-एक, दो-दो प्रतिनिधि बहुत होते, इस राय का हमने कभी विरोध नहीं किया होता। वस्तु संग्रहालय की तरह स्थल अनुपात में हर एक जाति के नमूने के तौर पर किसी भी प्रकार का अनुपात रखने के बजाय किस जाति के ज्यादा और किस जाति के कम इस

तरह से प्रतिनिधि लेने के लिए कोई आपत्ति नहीं थी। लेकिन विधि कौंसिल के प्रतिनिधि देखने के लिए रखी गई चीजें नहीं हैं। बल्कि वे लोग जिनका प्रतिनिधित्व कर रहे हैं, उनकी स्थिति में परिवर्तन चाहनेवाले सत्ताधारी लोग हैं, इस बात को किसी को नहीं भूलना चाहिए। इस तरह के सत्ताधारी लोग इस स्थिति में उचित परिवर्तन लाएँगे या नहीं, यह बात तो उस सत्ताधारी व्यक्ति के चरित्र और स्वभाव पर निर्भर है। सामान्य लोगों की यह समझ है कि सत्ता में आने के बाद हम स्वतन्त्र हो जाते हैं। स्वराजवादी लोग भी यही कहते फिरते हैं कि अपने हाथ में सत्ता आई और हम स्वतन्त्र हुए तब जैसा मन चाहे वैसे सामाजिक, धार्मिक और आर्थिक सुधार करेंगे, लेकिन उनकी यह समझ एकदम बचकाना है। मनुष्य सत्ताधारी होने पर भी स्वतन्त्र नहीं होता। मनुष्य स्वभाव आधीनता से स्वतन्त्र होने पर भी वह गुलामी में होता है। वह सत्ता की वजह से स्वभाव बदलेगा, लेकिन स्वभाव के विरोध में जाने के लिए सत्ताधारी आदमी भी दुर्बल साबित होता है। इसलिए सत्ता का उपयोग किस प्रकार से होगा यह बात पूरी तरह से सत्ताधारी पुरुष के स्वभाव पर निर्भर रहेगी। जिनके रग-रग में ब्राह्मणी स्वभाव समाया हुआ है, ऐसे कई प्रतिनिधि यदि विधि कौंसिल में गए तो उस वर्ग के सामाजिक, धार्मिक वर्चस्व की वजह से दूसरी जातियों का जो नुकसान होगा उसे टालने के लिए वे अपने हाथ में आई हुई सत्ता का इस्तेमाल सचमुच कर पाएँगे? बल्कि इस वर्चस्व को बरकरार रखने के लिए उनकी ओर से कई उपाय किए जाएँगे, इस तरह का अंदाज लगाना गलत नहीं होगा। उनका यह वर्चस्व समाप्त नहीं हुआ तो स्वराज का उपयोग क्या है? और उनका वर्चस्व बरकरार रहा तो स्वराज की तरह दूसरा विनाश और कोई नहीं है। स्वराज का इस तरह से बुरा परिणाम न हो इसलिए जिन जातियों के लिए आज की स्थिति खतरनाक है उनको अपने अनुकूल बनाने के लिए पर्याप्त सत्ता आएगी? इतने प्रतिनिधि अर्थात सत्ताधारी लोग उन जातियों से आएँ तब तो स्वराज का सही लाभ मिलेगा। इसलिए जाति-जाति में प्रतिनिधित्व का बँटवारा किन सिद्धान्तों पर होना चाहिए यह सवाल बहुत महत्त्वपूर्ण है। इस सवाल के सम्बन्ध में लॉर्ड मोर्ले की सलाह महत्त्वपूर्ण है। 1909 में मुस्लिमों को जाति के आधार पर कितना प्रतिनिधित्व देना चाहिए, इस उलझे हुए सवाल का जवाब देते हुए उन्होंने कहा था कि, "मेरी राय में जाति के आधार पर प्रतिनिधित्व के सिद्धान्त के अनुसार विधि कौंसिल की रचना करते समय जाति-जाति में व्यवहार, उनकी इच्छा, उनकी जरूरतें आदि में सन्तुलन रखा जाएगा। इस तरह से उनमें प्रतिनिधित्व का बँटवारा होना चाहिए। इस तरह का सन्तुलन गणितशास्त्र या तर्कशास्त्र के सिद्धान्तों से प्राप्त नहीं होगा बल्कि उसके लिए व्यापक बुद्धि का उपयोग करना चाहिए और गहराई में जाकर सोचना चाहिए। मेरी राय में प्रतिनिधियों का अनुपात तय करते समय उपर्युक्त बातों पर सोचना तो जरूरी है ही फिर भी प्रतिनिधियों की संख्या के अनुपात का आधार जाति की आपसी संख्या ही होना चाहिए।" जाति की संख्या और उसकी जरूरतें इन दो के आधार पर प्रतिनिधियों की संख्या तय की गई तो जाति-जाति में झगड़े का कारण रहेगा, ऐसा नहीं लगता। संख्या की दृष्टि से जाति बड़ी हो लेकिन उसकी

आवश्यकताएँ यदि बहुत नहीं होंगी तो उस जाति को संख्या के अनुपात में स्वतन्त्र प्रतिनिधित्व देने की कोई आवश्यकता नहीं, ऐसा हमें लगता है। बल्कि जो जाति संख्या की दृष्टि से छोटी है फिर भी परिस्थिति के दबाव की वजह से जिन्हें कई बातों की आवश्यकता है ऐसी जाति को उसकी संख्या के अनुपात से ज्यादा प्रतिनिधि देना उचित है। ऊपरी तौर पर देखा जाए तो मुम्बई इलाके के (एउन को छोड़कर) ब्रिटिश सीमा में रहनेवाले लोगों की संख्या 1,96,16477 है। उसमें अछूत वर्ग की संख्या 16,27980 है। संख्या के अनुपात में प्रतिनिधित्व देने की बात स्वीकार की गई तो इस वर्ग को 9 प्रतिशत प्रतिनिधि मिलने चाहिए। लेकिन मुम्बई के विधि कौंसिल में 113 प्रतिनिधि होंगे मतलब अछूत वर्ग को कुल मिलाकर 9 प्रतिनिधि मिलने जरूरी हैं। आवश्यकता की दृष्टि से देखा जाए तो इस वर्ग को उससे भी ज्यादा प्रतिनिधि देने जरूरी हैं क्योंकि इस वर्ग की आवश्यकताएँ जितनी हैं, उतनी आवश्यकताएँ अन्य किसी वर्ग की नहीं हैं। यह बात सिद्धान्त की दृष्टि से सिद्ध होती है तब भी हकीकत इससे अलग है। पार्लियामेंटरी कमेटी ने इस तरह के सुझाव दिए हैं कि अछूत वर्ग को पर्याप्त प्रतिनिधित्व देना चाहिए। लेकिन पर्याप्त का मतलब कितना यह तय करने का काम प्रान्तीय सरकार और ब्रिटिश सरकार पर छोड़ दिया गया है। जितने व्यापक उद्‌देश्य से यह सुझाव दिया गया, उतने व्यापक उद्‌देश्य से उसका अमल हुआ है, ऐसा कहने के लिए हमारी संख्या और गरज के अनुपात में प्रतिनिधित्व प्राप्त हुए बगैर हम कभी भी तैयार नहीं होंगे। यहाँ हमें एक बहुत महत्त्वपूर्ण सुधार करना जरूरी है, वह यह कि फ्रेंचाइज कमेटी ने ब्रिटिश सीमा के भीतर अछूत वर्ग की जनसंख्या इस इलाके में 577216 बताई है। 1911 की जनगणना के अनुसार देखा जाए तो उपर्युक्त आँकड़े पूरी तरह गलत हैं। जनगणना की रिपोर्ट में उन जातियों की जनसंख्या 1627980 दी गई है, जिनसे छुआछूत का व्यवहार किया जाता है। और ऐसी जातियों का जो वर्ग है उसे हम बहिष्कृत वर्ग कहते हैं। इसी को अंग्रेजी में डिप्रेस्डक्लासेस या अनटचेबल्स नाम दिया गया है। इनकी जनसंख्या कमेटी के द्वारा दिए गए आँकड़ों से तिगुनी है। इन गलत आँकड़ों की वजह से शायद एक या दो प्रतिनिधि अछूत वर्ग के लिए पर्याप्त हैं, ऐसा कमेटी को और ब्रिटिश सरकार को लगा होगा। लेकिन यह संख्या गलत है ऐसा समझकर सरकार को हमारे प्रतिनिधियों के अनुपात में हमारी जरूरत के अनुपात में न सही लेकिन संख्या के अनुपात में प्रतिनिधियों की संख्या बढ़ा देनी चाहिए और हमें नौ प्रतिनिधि देने चाहिए यह हम उनसे आग्रह के साथ कहते हैं। जिस तरह प्रान्तीय विधि कौंसिल में हमारे प्रतिनिधि होने चाहिए उसी प्रकार अपर विधि कौंसिल में भी हमारे प्रतिनिधि होने चाहिए। क्योंकि जिन कुछ बातों से हमारा करीब का सम्बन्ध बनता है जैसे–हिन्दू कानून, व्यापार प्रणाली आदि महत्त्वपूर्ण बातें अपर सरकार ने अपने हाथ में रखी हैं। ऐसी बातों में समय-समय पर सुधार करने के लायक न सही, फिर भी सुधार के लिए सुझाव देने के लिए उपर्युक्त नौ लोगों द्वारा चुना हुआ हमारा एक तो प्रतिनिधि होना चाहिए।

यहाँ प्रतिनिधि के बँटवारे के अनुपात पर विचार किया गया है। अब उसके

प्रारम्भ की प्रणाली पर विचार करेंगे। विधि कौंसिल में आनेवाले प्रतिनिधि सरकार की पसन्द के या मतदाताओं की पसन्द के हो सकते हैं। इन दो प्रणालियों में दूसरी प्रणाली ही अच्छी है यह बात अनुभव से सिद्ध हुई है। चुनाव की प्रणाली से मतदाताओं में जागृति पैदा होती है और उन्हें राजनीतिक शिक्षा प्राप्त होती है। चुनकर आया हुआ प्रतिनिधि मतदाताओं के प्रति जिम्मेदार होता है। लेकिन जो प्रतिनिधि नियुक्त किए जाते हैं वे जिनके प्रतिनिधित्व के लिए नियुक्त किए जाते हैं, वे उनके प्रति जिम्मेदार नहीं होते, इच्छा के अनुरूप नियुक्त किए गए प्रतिनिधि जिनके प्रतिनिधि होते हैं, समय आने पर उनके खिलाफ काम करने में आगे-पीछे नहीं देखते। क्योंकि कौंसिल में उनकी जो पहुँच होती है वह उनके मुवक्किलों को खुश रखने पर निर्भर नहीं है बल्कि सरकार की मर्जी पर निर्भर होती है। सरकारी नीति और लोगों की इच्छा इनमें हमेशा एक दिशा होती है ऐसा हमेशा नहीं होता। लेकिन जिनका स्थान सरकारी नीति के समर्थन में गरदन हिलाने पर ही निर्भर है उनके हाथों विशेष जनहित कार्य होने की कोई सम्भावना नहीं रहती। इसके अलावा सरकार जिनके प्रतिनिधि अपनी इच्छा के अनुसार लेती है वे चुनाव की प्रक्रिया से होनेवाली राजनीतिक शिक्षा से वंचित होकर किसी अभागे की तरह महत्त्वहीन बन जाते हैं। कुल मिलाकर चुनाव की प्रणाली से दोहरा लाभ होता है। लेकिन जब भावी विधि कौंसिल में हमारे प्रतिनिधि सरकार अपनी मर्जी से नियुक्त करेगी तब हम लोगों को राजनीतिक शिक्षा नहीं मिलेगी और हमारे प्रतिनिधियों से हमारा विशेष फायदा होगा इस तरह की फुरसती उम्मीद रखने के लिए हमारा मन हमें इजाजत नहीं देता।

हर एक व्यक्ति को पूर्णावस्था में आने के लिए किस प्रकार की सामाजिक स्थिति चाहिए यह तय करने का हक़ जहाँ हर एक व्यक्ति को प्राप्त है, वहाँ ऐसी स्थिति को स्वराज नाम देना उचित होगा। इस प्रकार के स्वराज के लिए इस देश में हर आदमी को मतदान का हक़ से चुनाव के माध्यम से जनसंख्या के अनुपात में जाति-आधारित प्रतिनिधि होने चाहिए। लेकिन भावी सरकार का जो संविधान बन रहा है, उससे यह स्पष्ट हो रहा है कि स्वराज की उपर्युक्त परिभाषा उन लोगों को मालूम नहीं होगी जिन लोगों ने स्वराज्य के संविधान के निर्माण में बहुत ज्यादा सहयोग दिया है। वरना मतदान का हक़ सिमटकर जाति पर आधारित प्रतिनिधित्व का विरोध करके, सामाजिक आर्थिक दृष्टि से समाज पर जिन वर्गों का स्वामित्व है उस वर्ग का स्वराज में प्रवेश कराकर सामाजिक और आर्थिक दृष्टि से सताए हुए लोगों पर राज करने के पर्याप्त अवसर देनेवाला स्वराज का संविधान उन्होंने नहीं सुझाया होता। जिन्हें स्वराज के नाम पर दूसरों पर राज करना है, उन्हें इस तरह के स्वराज का, इस तरह का संविधान पसन्द आएगा ही। हमने स्वराज की जो परिभाषा दी है उसे शायद वे अस्वीकार नहीं कर पाएँगे लेकिन उसे अमल में लाकर वे लोग अपना विनाश नहीं करवाना चाहेंगे। इसलिए स्वार्थ-प्रेरित लोगों ने यदि हमारे सुझाए हुए संविधान का विरोध किया तो उसके लिए हम उन्हें दोष नहीं दे सकते, लेकिन हमारी परिभाषा के अनुसार यदि स्वराज का

संविधान बना तो यह बात सही है कि कम-से-कम अंग्रेज सरकार पर तो कुछ बुरा असर नहीं पड़ेगा। हमारे सुझाव के अनुसार बहुजन और अछूत समाज पर उनका यह जो राज होनेवाला है, उसे न होने देने के लिए यदि अंग्रेज सरकार ने सहयोग दिया तो उस पर इस वर्ग की जो श्रद्धा है, वह अटल रहेगी और वह अटल रहने में अंग्रेजों का ही फायदा है। फिर हमने स्वराज की जो परिभाषा दी है वह फलदायी हो किन्तु इस प्रकार के स्वराज का संविधान उन्होंने क्यों नहीं बनाया? हमें लगता है, शायद अक्ल और अमल में कोई सम्बन्ध नहीं रहा है।

# देश के राजनीतिक दल

**शनिवार : 10 अप्रैल, 1920/मूकनायक, अग्रलेख**

किसी भी सामाजिक कार्य को कोई अकेला कर सके यदि कोई ऐसा कहता हो तो उसके हाथों कार्य तो नहीं होगा लेकिन जानकार लोग उस पर रहम किए बगैर नहीं रहेंगे। मनुष्य के विचार कितने भी उदार हों लेकिन यदि उसे जनता का समर्थन न हो तो वह अपाहिज जैसा बन जाएगा और उसके विचारों का लोगों तक पहुँचना असम्भव हो जाएगा। जब तक ऐसा नहीं होता तब तक उदार विचार होने न होने का कोई मतलब नहीं। क्योंकि विचारों के अनुरूप यदि दुनिया का व्यवहार नहीं बदला तो मानव-समाज को कोई फायदा नहीं होगा। इसलिए कार्य की दृष्टि से देखा जाए तो कुशल आदमी में एकदिली एकता होना बहुत आवश्यक है। लेकिन एकदिली एकता के लिए धरती के अचेतन वस्तुओं में या चेतन प्राणियों का समान धर्म होना आवश्यक है। पानी और तेल, पत्थर और काष्ठ, धातु और मृत्तिका इनमें जैसे संयोग नहीं होता, उसी प्रकार शेर और बकरी, बिल्ली और चूहा, अंग्रेज और फ्रेंच, जर्मन और अमेरिकन, इटालियन और ग्रीक, पारसी और ईसाई, हिन्दू और मुस्लिम, ब्राह्मण और बहुजन (ब्राह्मणेतर या अब्राह्मण) आदि में भी संयोग नहीं होता। 'समानशील व्यसनेषु सख्यम्' यह न्याय सभी ओर समान रूप से लागू होता है। इसी न्याय की वजह से विजयी और पराजित, स्वामी और सेवक, अमीर और गरीब आदि लोगों में भी सखापन नहीं दिखाई देता। अंग्रेज और स्थानीयता, ठंड और गरम जलवायु में जो असंयोग है उसी कारण उनमें जीवनधर्म की असमानता है।

हम किस दल के समर्थक हैं इस बात की चर्चा करने का हमारा यहाँ इरादा है। लेकिन उसकी चर्चा करने से पहले आज जो दल अस्तित्व में हैं उनका गठन कैसे हुआ और उनका चरित्र क्या है, इस बात को समझ लेना बहुत जरूरी है।

अनन्त दशाचक्र में घूमते-घूमते यह देश अंग्रेजी सत्ता में कैसे आया, इस बात के इतिहास को यहाँ दोहराने की कोई आवश्यकता नहीं। मुस्लिमों और बढ़ते मराठाओं के होश ठिकाने लगाकर अंग्रेजों ने अपनी सत्ता किस तरह से कायम की, इस बात को सभी लोग जानते हैं। यहाँ एक ही बात को ध्यान में रखना चाहिए, वह यह कि प्रजापक्ष नाम की जो चीज है यह एकदम नई है और अंग्रेजी अमल में ही उसकी बोआई हुई

है। कई विदेशी हमले इस देश पर हुए। मुस्लिमों ने इस देश पर कई सालों तक अपनी हुकूमत चलाकर 'बनते हो मुस्लिम या छाँट दूँ गरदन' इस फरमान के अनुरूप हिन्दू धर्म का जो चोटी निशान था, उन चोटियों का उन्होंने सफाया किया। पुर्तगाली लोगों ने अपनी चौकियाँ बसाईं और कई लोगों को ईसाई बनाया। डच आए, फ्रेन्चों ने अपने उपनिवेश स्थापित किए, लेकिन मराठों के उत्थान के अलावा चारों तरफ उदासीनता थी। प्रजा में चेतना नाम की कोई चीज नहीं थी। 'आने दो बेचारों को, तुम्हारा क्या जाता है!' इस भावना से पथरा गई प्रजा अंग्रेज लोगों की सत्ता के सम्बन्ध में इतनी उदासीनता नहीं दिखाती यह आश्चर्य नहीं तो और क्या है? मुस्लिम या मराठी राज जैसे गैरजिम्मेदार राज के विरोध में प्रजा ने कभी भी कोई मोर्चेबन्दी नहीं की। तुलना की दृष्टि से देखा जाए तो मुस्लिम या मराठी सत्ता से अंग्रेजों की सत्ता कई गुना अच्छी है। हर एक आदमी को काफ़ी स्वतन्त्रता और काफ़ी सुख प्राप्त हो रहा है। यह होने पर भी प्रजा ने उसके विरोध में अपने संगठन का निर्माण किया। यह उसकी भयंकर चाल आसानी से समझ में नहीं आएगी। जिन हिन्दी लोगों में जो एक प्रकार की स्थिरता और निष्पक्षता दिखाई दे रही थी और जिस स्थिरता और निष्पक्षता की दुनिया के अन्य देशों में शायद ही मिसाल मिले, और जिस निष्पक्षता के लिए सभी पश्चिमी राष्ट्रों में उनकी ख्याति थी वह निष्पक्षता और स्थिरता खत्म होकर उसकी परिणति अद्भुत चैतन्य में होना यह एक दृष्टि का चमत्कार है, ऐसा कहना अवास्तविक नहीं है। लेकिन इस चमत्कार का कारण ब्रिटिश अमल बना, ऐसा कहना पड़ेगा। ब्रिटिश सत्ता से पहले जनता में एकता की भावना पैदा न होने के कई कारण थे। अनेक धर्म, अनेक जाति, अनेक भाषा आदि की वजह से प्रजा का एक दिल होना सम्भव नहीं था। फिर भी सारी प्रजा का नियमन करनेवाली शक्ति उर्फ सरकार एक होती तो सारी हिन्दी प्रजा एक हुई होती, यह बात सही है। अमेरिकी संयुक्त संस्थान के लोगों में हिन्दुस्तान की तरह अनेक धर्म, अनेक जाति और अनेक भाषाएँ हैं। फिर भी अमेरिकी प्रजा में एकता की भावना कितनी है, यह बात अभी-अभी समाप्त हुए युद्ध से दिखाई दे रही है। बल्कि यूरोप के लोग एकधर्मी होने पर भी उनमें एकता की भावना का अभाव नहीं है। यूरोप की तरह हिन्दुस्तान की प्रजा में एकता की भावना पैदा नहीं हुई इसका भी कारण यही है कि ब्रिटिश शासन से पहले यूरोप की तरह हिन्दुस्तान में भी एक सरकार नहीं थी। एक सरकार की सत्ता में रहनेवाले हम नागरिक, एक ही कानून से चलनेवाले हम प्रजाजन, एक ही शासन-प्रणाली में सुख-दुख अनुभव करनेवाले हम लोग, अब हमारे पास एकता की भावनाएँ पैदा करके प्रजा को इकट्ठा करने के लिए एकहत्थी हुकूमत की स्थापना के सिवा और दूसरा चारा नहीं। हिन्दी प्रजा के इकट्ठा होने में एकहत्थी अंग्रेजी सत्ता जितनी मजबूत बनी, उतना ही अंग्रेजी भाषा का प्रचार भी हुआ है। अंग्रेजी भाषा के प्रचार की वजह से भिन्न-भिन्न प्रान्तों के लोगों में आचार-विचारों का लेन-देन हुआ और एकता की भावना का विकास हुआ। इस तरह संगठित हुई प्रजा में वंशपरम्परा से निराशा, जड़ता, उदासीनता भी समाप्त हुई है। उसकी जगह अपने हक़ों

की समझ के लिए अंग्रेजी राजनीतिक इतिहास का गहरा अध्ययन बहुत फायदेमन्द है। प्रजा भेड़-बकरियाँ हैं और राजा उनका रखवाला है, इस भावना से अपने जीवन की बागडोर राजा के हाथ में देकर स्वयं लापरवाह रहनेवाली यह प्रजा राजा से भी महान है। पर राजा को भी राज प्रजा की इच्छा के अनुकूल करना चाहिए, मतलब प्रजा को ही राजा समझकर उसकी बागडोर उसी के हाथ में दे देनी चाहिए, इस तरह का स्पष्ट प्रजापक्ष अंग्रेजों के इतिहास में अन्य कहीं रहा हो ऐसा मानने का कोई आधार नहीं दिखाई देता है। इस प्रजापक्ष के इतना बलवान होने में कुछ अंग्रेज अधिकारियों की गलत शासन प्रणाली रही है, यह एक अलग सवाल है।

सबसे पहली बात यह है कि अंग्रेजी राज सुराज होना चाहिए यही इस प्रजापक्ष का उद्देश्य था। लेकिन कुछ समय के बाद इस पक्ष को ऐसा लगने लगा कि सुराज से स्वराज अच्छा है। इनके उद्देश्यों में फर्क आ गया और प्रजापक्ष दो गुटों में बँट गया, एक गुट सम्पूर्ण स्वराज की माँग करने लगा और दूसरा गुट यह कहने लगा कि इंग्लैंड के सिवा अपना कोई विकल्प नहीं, इसलिए उसने अंग्रेजी साम्राज्य के तहत स्वराज की माँग की। सम्पूर्ण स्वराज की माँग करनेवालों का गरम दल बन गया। और ब्रिटिश साम्राज्य के तहत स्वराज की माँग करनेवालों को उन्होंने नरम दल का नाम दिया। गरम दल ने सम्पूर्ण स्वराज प्राप्ति के लिए, अंग्रेजी सत्ता उखाड़कर फेंकने के लिए हर तरह के प्रयास करके अराजकता फैलाई। लेकिन उसमें उन्हें कोई सफलता नहीं मिली। उन्होंने अपने सारे कामकाज बन्द किए, यह बात देशहित की दृष्टि से बहुत महत्त्वपूर्ण थी, ऐसा हम समझते हैं। नरम दल और गरम दल में जो एक महत्त्वपूर्ण फर्क दिखाई दे रहा है, वह यह कि गरम दल की दृष्टि से यह देश स्वराज के लायक है, इसलिए सम्पूर्ण स्वराज हमें अभी मिलना चाहिए। और नरम दल का कहना है कि यह देश स्वराज के पूरी तरह काबिल नहीं है, इसलिए स्वराज का एक-एक निवाला हजम हो सके इस तरह से स्वराज धीरे-धीरे मिलना चाहिए। इस विचारभिन्नता की वजह से गरमदलवालों को स्वराज की क़िश्त एकदम घटिया और अपमान की बात लगती है, लेकिन वही क़ि श्त नरम दलवालों को पर्याप्त लगती है। इस मतभिन्नता में हमारा कौन-सा दल है, ऐसा यदि किसी ने पूछा तो इन दोनों में हमारा कोई भी दल नहीं है, ऐसा हम कहेंगे। जब अंग्रेज लोग यह तर्क दे रहे थे कि हम सत्ताधारी हैं, हमारे पुरखों ने इस देश में खून बहाकर इस देश की सत्ता प्राप्त की, वह इसलिए कि अपने वारिसदारों को इस देश में अपना गुजारा करते रहना चाहिए। राजनीति में हमारा मूल उद्देश्य है अपना कल्याण, और सम्भव हुआ तो हिन्दुस्तान की भलाई। अंग्रेज ऐसे तर्क देकर प्रजापक्ष के विरोध में अपना राजपक्ष रखते थे। तब तक नरम और गरम दलों जैसी पक्षभिन्नता से उनका कुछ मतलब था। जब तक स्वराज नहीं मिला था तब तक उसे तुरन्त दिया जाना चाहिए या धीरे-धीरे, अंग्रेज इस सवाल से जुड़े हुए थे। लेकिन अब स्वराज माँगने का सवाल नहीं रहा। अब सवाल है कि प्राप्त हुआ स्वराज किस सिद्धान्त के अनुसार चलना चाहिए? इस तरह यथार्थ की चौखट टूट गई, इस वजह

से गरम दल और नरम दल की पक्षभिन्नता स्वाभाविक रूप में खराब लगने लगी है। स्वराज पाने के लिए हम स्वराज के लायक हैं, यह बात साबित होनी चाहिए, ऐसा गरम और नरम दल की तरह सबको लगता है। लेकिन अपनी योग्यता कैसे सिद्ध होगी, यही लड़ाई का मूल मुद्दा है। सम्पूर्ण स्वराज प्राप्त करने का पक्का फैसला किए बगैर हिन्दुस्तान को सम्पूर्ण स्वराज नहीं मिलेगा, इसमें दोनों दलों की एक राय कैसे है? यह बात अमृतसर की राष्ट्रीय सभा में या सोलापुर की प्रान्तीय परिषद् में मंजूर हुए स्वराज के प्रस्ताव में दिखाई देती है। उनमें मतभिन्नता का यह कारण है कि इंग्लैंड के लोगों और पार्लियामेंट को निर्णायक फैसले के बारे में कैसे समझाया जाए। गरम दलवालों को लगता है, यदि उन्होंने अंग्रेज अधिकारियों को सहयोग दिया तो उनके विचार उन्हें मंजूर हैं, ऐसा समझा जाएगा और सम्पूर्ण स्वराज का हक़ हमें देने के लिए इंग्लैंड के लोग और पार्लियामेंट सभा कभी राज़ी नहीं होगी। बल्कि गरम दलवालों की राय है कि अंग्रेज सत्ताधारियों से सहयोग करने से सम्पूर्ण स्वराज जल्दी मिलनेवाला है। गरम दल और नरम दल में इतने अनजान लोग हैं कि उनकी समझ के अनुसार नौकरशाही के साथ हठयोग या भक्तिभाव दिखाकर स्वराज की प्राप्ति हो सकती है। इसीलिए शिक्षा के बल पर देश के नेता कहलानेवाले इन लोगों और उनके ज्ञान पर तरस आता है। हमारी राय में नौकरशाही के साथ सहयोग करना या न करना, यह स्वराज प्राप्ति का मार्ग नहीं है। इसमें हमें यह लगता है कि जनता के सहयोग से उसे प्राप्त स्वराज जितना सुख देगा उसी अनुपात में स्वराज्य प्राप्त करने की हमारी योग्यता साबित होगी।

अंग्रेज राजनीतिज्ञ मिल ने कहा है, ''देश की शासन-व्यवस्था उसी देश के लोगों के हाथों में होनी उचित है और उसमें कुछ लाभ भी है। लेकिन जहाँ एक देश की सत्ता को दूसरे देश के लोग चलाते हैं, उस स्थिति को हम स्वराज नहीं कह सकते। क्योंकि एक देश के लोग दूसरे देश के लोगों को अपनी सत्ता में रखते हैं, वह केवल अपने कल्याण के लिए, पैसा कमाने के लिए या अपना फायदा करने के लिए लोगों का एक झुंड बनाकर रखते हैं।'' लेकिन यहाँ के नरम दल और गरम दल के लोग मिलकर इस वाक्य का सही अर्थ समझने के बजाय तोते की तरह रट लगाकर अज्ञानी लोगों को स्वराज के लिए भड़काते हैं। जिस अंग्रेजी राजनीति के इतिहास पर नरम दल और गरम दल के लोगों का इतना भरोसा है उस इतिहास की एक बात सबके फायदे के लिए उद्धृत करना गलत नहीं होगा। जिस प्रकार हिन्दुस्तान की राजनीतिक सत्ता ब्रिटिश लोगों के हाथों में है, उसी प्रकार आधी उन्नीसवीं सदी बीत जाने तक इंग्लैंड की राजनीतिक सत्ता प्रजा के हाथ में नहीं बल्कि राजा के हाथ में थी। उस सत्ता को राजा के हाथ से निकालने के लिए इंग्लैंड में जो प्रजापक्ष स्थापित हुआ था उसके भी व्हिग्ज और 'टोरीज' दो गुट थे। ये दोनों गुट राजा की सत्ता को सीमित करने के लिए लड़ रहे थे, यह बात इतिहासप्रसिद्ध है। फिर भी वहाँ के बहुजन समाज की इन दोनों गुटों के प्रति क्या राय थी, यह बात बहुत लोगों को मालूम नहीं है। उनकी राय को जिन लोगों को जानना हो उन्हें प्रोफेसर ग्राहम वॉलेस द्वारा लिखी गई पुस्तक 'फ्रयान्सिस

प्लेस' का अध्ययन करना चाहिए। इंग्लैंड की राजनीति में तहलका मचानेवाले इन दो गुटों के सम्बन्ध में इस पुस्तक में एक जगह कहा गया है, "बहुजन समाज की राय में व्हिग्ज और टोरीज़ इन दो गुटों में महत्त्वपूर्ण भेद नहीं है। और जो भेद है वह बस इतना ही है कि टोरी गुट को राजा की सत्ता को मजबूत कर उसके बल पर समाज को ऊँचा उठाना और गरीब लोगों पर मौजमस्ती करना था। व्हिग्ज गुट को ऊँचे लोगों की सत्ता कायम करके राजा और गरीब प्रजा को पाँवों तले रौंदना था।" उपर्युक्त कथन नरम दल और गरम दल के लोगों पर इसी या इससे भी अधिक अनुपात में लागू होता है, इसमें कोई सन्देह नहीं। क्योंकि दोनों गुट जबकि अंग्रेजी सत्ता मजबूत करने की कोशिश कर रहे हैं तब गरम दल के लोग ऊँचे लोगों की सत्ता कायम कर अंग्रेजों को और गरीबों को दबाने की इच्छा रखते हैं और नरम दल के लोगों को अंग्रेजी सत्ता के समर्थन पर गरीबों का जो दमन हो रहा है, उसे बरकरार रखना है। इसलिए स्वराज के उपयोग के सवाल के सम्बन्ध में देखा जाए तो ये दोनों दल जितने गन्दे हैं, उतने ही जनहित की दृष्टि से खतरनाक भी हैं। जिन्हें जनता के हितों का संरक्षण करना है, उनके लिए ब्रिटिश सत्ता को हटाने का मतलब स्वराज है, इस तरह स्वराज की परिभाषा करने से काम नहीं चलेगा। व्यक्ति की उत्थानावस्था के अनुरूप सामाजिक स्थिति का निर्माण करने के लिए दी गई स्वतन्त्रता ही स्वराज की सही परिभाषा है। इस बात का संकेत पिछले अग्रलेख में दिया है। इस परिभाषा को सही सिद्ध करने के लिए किन सिद्धान्तों के अनुरूप समाज का निर्माण होना चाहिए उन सिद्धान्तों का निरूपण हम अगले अंक में करेंगे। यह परिभाषा और यह सिद्धान्त जिन्हें मंजूर है उनका और हमारा एक ही दल है यह बात अलग से बताने की आवश्यकता नहीं है।

# अखिल भारतीय बहिष्कृत समाज परिषद्, नागपुर

**शनिवार : 5 जून, 1920/मूकनायक, अग्रलेख**

असाधारण उत्साह ! दस हजार से ऊपर
जन समुदाय !! शानदार स्वागत !

उपर्युक्त समाज की पहली परिषद् नागपुर में 30, 31 मई तथा 1 जून–इस तरह तीन दिन तक राजा शाहू छत्रपति, सरकार करवीर (कोल्हापुर) की अध्यक्षता में बड़े शानदार तरीके से सम्पन्न हुई। परिषद् की नियोजित तिथियों से पहले ही नागपुर में परिषद् के लिए हिन्दुस्तान के सभी इलाकों से अछूत समाज के पुरुष-महिला प्रतिनिधियों के समूह इकट्ठा हो रहे थे। परिषद् के अध्यक्ष 30 मई को सुबह मुम्बई मेल से आ रहे हैं, इस तरह के हैंडबिल एक दिन पहले बाँट दिए गए थे। 30 मई को सुबह नागपुर रेलवे स्टेशन पर राजा शाहू छत्रपति के दर्शन के लिए और उनके स्वागत के लिए लोगों की बहुत बड़ी भीड़ इकट्ठा हो गई थी। सुबह नौ बजे फूलों और झंडों से सजाए हुए स्टेशन के अहाते में मेलगाड़ी रुकते ही राजा शाहू छत्रपति के नाम के जयघोष से सारा स्टेशन गूँजने लगा। राजा साहब के गाड़ी से नीचे उतरते ही परिषद् के स्वागताध्यक्ष बाबू कालीचरण नंदागवली ने उन्हें पुष्पमाला पहनाई। बाद में तालियों की गड़गड़ाहट में और जयघोष के बीच राजा साहब स्टेशन के अतिथि गृह में गए। वहाँ नहाने के बाद थोड़ा-सा फलाहार करके उन्होंने शहर के प्रमुख नागरिकों द्वारा दी गई भेंट को स्वीकार किया। बाद में वे सजाए हुए रथ में जाकर बैठे। फिर बैंड, नगड़िया, अखाड़ा और अन्य बाजों के साथ राजा साहब का जुलूस एम्प्रेस मिल से जुम्मातालाब, महल, सितार, हतवारी चौक, हंसापुरी आदि प्रमुख रास्तों से जगह-जगह भेंट स्वीकार करते हुए साढ़े बारह बजे कैम्प पर आ पहुँचा। वहाँ बैरिस्टर बुक ने बड़े सम्मान के साथ राजा साहब का स्वागत किया। इस जुलूस में ध्यान देनेवाली बात यह थी कि नागपुर जैसे शहर में सूरज की प्रखर किरनों में और नीचे रास्ते की गर्म धूल की परवाह किए बगैर दस हजार से भी ज्यादा जनसमुदाय बेहद खुशी के साथ राजा साहब का जयघोष करते हुए जुलूस के साथ चल रहा था। शहर में मकानों की ऊपरी मंज़िलों से राजा साहब के दर्शन के लिए पुरुष-महिलाओं की भीड़ इकट्ठी हो गई थी। लोग ऊपर से

फूल बरसा रहे थे। इस प्रकार का बेमिसाल मिलाप देखकर सभी लोग राजा साहब को धन्यवाद दे रहे थे।

नागपुर के एग्जीवीशन ग्राउंड में (मीना बाजार मैदान) परिषद् के लिए विशाल शामियाना खड़ा किया गया था। दोपहर चार बजे से प्रतिनिधियों की और श्रोताओं की भीड़ इकट्ठा होने लगी। पाँच बजे तक तो सारा शामियाना पूरी तरह भर गया। मंच पर सर गंगाधर चिटनवीस, शंकरराव चिटनवीस, सर बी.के. बोस, पंडित बॅ. बक, द्रविड़, डॉ. परांजपे, कोठारी, बाबूराव यादव, श्रीपतराव शिन्दे, रणदिवे, दत्तोपन्त दळवी, पाटिल, कदम आदि ऊँची जाति के हिन्दू लोग और डॉ. अम्बेडकर, शिवतरकर, भोसले, सा. पापन्ना, शिवराम जानबा कांबले, मे. कृष्णराव कांबले, गोविन्द गोपाल कांबले, हेडमास्टर म्यु. लो. स्कूल सोलापुर आदि अछूत वर्ग के नेता और महिला वर्ग भी दिखाई दे रहा था। राजा साहब शाहू छत्रपति के शामियाने के नजदीक पहुँचते ही उपस्थित लोगों ने उनका जयघोष करना शुरू किया। उनके जयघोष से सारा शामियाना गूँजने लगा। राजा साहब के शामियाने में प्रवेश पाते ही सभी लोगों ने खड़े होकर तालियों की गड़गड़ाहट से और जयघोष से राजा साहब का स्वागत किया। राजा साहब अच्छी तरह सजाए हुए ऊँचे आसन पर जाकर बैठ गए। फिर बच्चों की ओर से स्वागत गीत गाए गए। बाद में स्वागताध्यक्ष बाबू कालीचरण नंदागवली ने जोरदार भाषण दिया। उन्होंने अपने भाषण में अछूत वर्ग पर ऊँचे वर्ण वाले हिन्दू समाज की ओर से जो अन्याय हो रहा है, उसका ख़ास तौर पर जिक्र किया। उसके बाद श्रीपतराव शिन्दे ने राजा साहब का निम्न भाषण पढ़कर सुनाया–

''मेरी योग्यता न होने के बावजूद और मेरी स्वीकृति की जरूरत न समझते हुए, बड़े भाईचारे की भावना से आप लोगों ने मुझे अपना समझकर आज की परिषद् का अध्यक्ष नियुक्त किया, इसलिए इसका मुझे बड़ा अभिमान है।

''कुछ सालों से मैं अपनी नासमझी की वजह से आप लोगों की ओर भाईचारे की भावना से ध्यान नहीं दे रहा था। अब मैंने अपनी गलती महसूस की है। और अब आगे आप लोगों पर मेरा भाई की तरह प्यार रहेगा। इस बात का मुझे यक़ीन है, और यह बात खुले रूप से कहने में मुझे बड़ा अभिमान हो रहा है। सचमुच देखा जाए तो मैं ज्ञान से बड़ा न होने पर भी अध्यक्ष बनाकर आज जैसा बड़ा सम्मान आप लोगों ने मुझे दिया, इसके लिए मैं आपका बड़ा एहसानमन्द हूँ।

''अपना कार्य सफल बनाने के लिए दूसरे को बड़प्पन देकर उसकी खुशामद करना, और उसका यह कहना कि मैं तुम्हारे उद्धार के लिए प्रयास कर रहा हूँ, इस तरह की झूठी हमदर्दी दिखाना, अनपढ़ लोगों को फँसाकर उन पर अपना प्रभाव जमाना, इस तरह के काम कुछ स्वार्थी लोग करते हैं। इस तरह के लोगों की तरह व्यवहार करके आप लोगों को धोखा देना और अपना स्वार्थ पूरा करने की कुबुद्धि ईश्वर मुझे न दे, ऐसी मेरी उससे प्रार्थना है।

''आज आप सभी सम्पूर्ण हिन्दुस्तान के अछूतों के नेताओं में से कुछ नेता लोग

यहाँ इकट्ठा हुए हैं। अछूत शब्द किसी भी आदमी के नाम के साथ लगाना बहुत गलत है। सभी लोग तुम्हारे लिए इस शब्द का इस्तेमाल कर रहे हैं। इसलिए मैंने भी इस शब्द का इस्तेमाल किया है। आप लोग अछूत नहीं हो। जो लोग तुम्हें अछूत समझते हैं उनमें से कई लोगों से भी आप ज्यादा बुद्धिमान, ज्यादा बहादुर, ज्यादा सुविचारी, ज्यादा त्यागी हो, इस तरह तुम हिन्दी राष्ट्र की इकाई हो। इसलिए मैं आप लोगों को अछूत नहीं समझ रहा हूँ। हम सभी बराबरी के भाई हैं। हमारे हक़ और अधिकार एक जैसे हैं, ऐसा मानकर आगे के काम में जुट जाना चाहिए। इस सत्कार्य से जो लोग कतराते हैं उनके पाखंड को पहचानने की समझ अब लोगों में निश्चित रूप से आई है।

"आज मुझे सबसे पिछड़े हुए मेरे देश के भाइयों ने यहाँ इस परिषद् की अध्यक्षता के लिए निमन्त्रित किया है। वास्तव में मैं किसी का नेता नहीं हूँ। जो कोई मुझे नेता समझकर मेरे पीछे आने की कोशिश करता है उसे मैं बड़ी नम्रता के साथ कहता हूँ कि उसे मेरे पीछे नहीं आना चाहिए। और जितना सम्भव हो उतनी रोक लगाने की कोशिश करता हूँ। इस तरह की रोक मैं पहले से मतलब घर से बाहर निकलने से पहले घर के भीतर करता हूँ। क्योंकि उस तरह की सावधानी नहीं बरती गई और कुछ समय तक यदि मैंने उन्हें अपने पीछे आने दिया तो उन्हें शिकायत करने का मौका मिलेगा। वे कहेंगे कि हम लोग इतने समय तक आपके पीछे आए फिर आप अब हमें क्यों ठुकरा रहे हो? मेरे विचार और मेरा आचार मेरे लिए ही है। मेरे घर के लोगों, सम्बन्धियों या दोस्तों को बिना सोचे-समझे मेरे पीछे नहीं आना चाहिए, यही मेरी इच्छा है। मैंने उन्हें इस सम्बन्ध में पूरी तरह से स्वयं निर्णय का सिद्धान्त अपनाने की आजादी दे रखी है। मेरे विचार जिन्हें पसन्द होंगे उन्हें अपनी इच्छा के अनुसार स्वतन्त्र रूप से मेरा अनुकरण करना चाहिए। उन्हें मेरी ओर से न तो कोई सहायता मिलेगी और न कोई बढ़ावा मिलेगा।

"हम सभी हिन्दी हैं। भाई हैं। हिन्दी राष्ट्रजन किसी भी वर्ण के हों, किसी भी धर्म के हों, वे सभी हिन्दी हैं। व्यक्ति की दृष्टि से धर्म की बात महत्त्व की हो सकती है। लेकिन राष्ट्रीय सवालों में धर्म को कभी बीच में नहीं आना चाहिए। इस दृष्टि से धर्म की बात बहुत ही कम महत्त्व की है, ऐसा मुझे लगता है। धर्म शब्द की परिभाषा संक्षेप में भगवान के पास जाने का मार्ग हो सकती है। लन्दन, मुम्बई, कलकत्ता आदि बड़े-बड़े शहरों में सभी ओर से रास्ते आकर मिलते हैं। मतलब सभी जगह के लोगों का उद्देश्य उस शहर में कम समय में और कम मेहनत में पहुँचने का होता है। उसी प्रकार अलग-अलग देशों में और अलग-अलग परिस्थितियों में पैदा हुए धर्म भी ऐसे ही हैं। इसी वजह से अलग-अलग रास्तों से मुख्य शहर में पहुँचनेवाले लोगों को एक-दूसरे से नफरत करने का कोई कारण नहीं है। इसी प्रकार अलग-अलग धर्म को मानकर ईश्वर के पास पहुँचनेवाले लोगों को फिर एक-दूसरे से नफरत क्यों करनी चाहिए?

"जब अलग-अलग धर्मों की स्थापना हुई, उस समय की स्थिति जो भी रही हो,

लेकिन आज की स्थिति में अमुक धर्म का आचरण कर अमुक आदमी भगवान के पास पहुँचा, ऐसा वास्तव में नहीं दिखाई दे रहा है। और हमें जब तक उस तरह का मार्गदर्शक नहीं मिलता तब तक किसी को भी झूठा अहंकार करने की आवश्यकता नहीं।

''दया धरम का मूल है, नरक मूल अभिमान' इस तरह देखा जाए तो देश की, देश के भाइयों की सेवा करना, जनता में ही जनार्द्धन को देखना, खोजना, ही सही धर्म है। इसमें सभी धर्मों की एक ही राय है। परोपकार ही पुण्य का मार्ग है। और दूसरों को सताना सबसे बड़ा पाप है। इस तरह की बातें सभी लोग कहते हैं। इस तरह से सोचा जाए तो धर्मभेद के या जातिभेद के आधार पर एक-दूसरे से नफ़रत करना गलत है।

''पहले जमाने में इस देश में राजसत्ता हासिल करने के लिए युद्ध हुए थे। अकबर, शिवाजी आदि राजाओं के काल में धर्म के प्रति नफरत की भावना की वजह से या जाति के प्रति नफ़रत की भावना की वजह से कोई युद्ध नहीं हुए। अकबर बादशाह के दरबार में मराठा, राजपूत और अन्य हिन्दू सरदार युद्ध-कुशल लोग थे, विजयनगर के राजा के दरबार में या शिवाजी महाराज की फौज में मुस्लिमों की संख्या कम नहीं थी। इन सभी लोगों ने स्वधर्मियों के साथ या स्वजातियों के साथ लड़ते समय अपना ईमान रखा था। इसमें उनका बन्धुप्रेम अच्छी तरह दिखाई देता है।

''यह मैंने पहले ही बताया है कि सही धर्म सारी दुनिया में एक ही है। इसी प्रकार अच्छा बर्ताव करनेवाले पर या अच्छा कर्म करनेवाले पर भगवान सन्तुष्ट होगा और उन्हें कुछ भी सजा नहीं मिलेगी। लेकिन यदि हमने सही धर्म को छोड़कर मतलब जनसामान्यों में जनार्द्धन देखने की बजाय नकली ऊँच-नीच की भावना पैदा की, उसके अनुसार ग्रन्थों की रचना की, उसके आधार पर हमारे देशबन्धुओं को जानवरों से भी नीच मानने का भयंकर पाप किया, यदि हमने भागवत के नाम पर हजारों सप्ताह मनाए जानेवाले बड़े-बड़े अनुष्ठान शुरू किए, तरह-तरह के प्रशंसा पाठ करवाए, कीर्तन, पुराण आदि रोज करवाए या भजन करवाकर कान बहरे होने तक करताल बजवाए, धार्मिक स्थलों की नंगे पाँव यात्रा की, भगवान की मूर्ति के सामने लोटते-लुढ़कते रहे, तब भी क्या ईश्वर इससे सन्तुष्ट होगा? वह इससे सन्तुष्ट नहीं होगा, इसमें कोई सन्देह नहीं, इतना ही नहीं, हमारे पाप के लिए वह हमें सजा देगा, इस बात की गवाही हमारी बुद्धि और हमारा मन हमें दे रहा है। ईश्वर की नाराजगी हमसे दूर होनी चाहिए, इसलिए हमें हमारे देशभाइयों को बड़े प्रेम से, अपनी बराबरी के हक़ देकर उनसे समानता का व्यवहार करना चाहिए।

''ब्रिटिश राष्ट्र का हमारे देश पर और ख़ास तौर पर हमारे अछूत समझे गए भाइयों पर बहुत एहसान हैं। उस राष्ट्र ने मनु धर्मशास्त्र जैसे एक जाति का वर्चस्व स्थापित करनेवाले कायदे समाप्त करके सारी हिन्दी प्रजा में समान हक़ क़ायम किए हैं। मनु के धर्म के अनुसार ब्राह्मणों को फाँसी न देना, उन्हें शादी-ब्याह में, अध्ययन में, भिक्षा में, दान धर्म में, पूजा-पाठ आदि हर एक बात में ब्राह्मणों को भगवान के

समकक्ष समझा जाता था। और अन्य जाति के लोगों को कूड़ाकरकट के समान। वे ब्राह्मणों की सेवा करने के लिए पैदा किए गए हैं, इस तरह का जो परम्परागत कानून था, प्रथा थी, आचार था और धर्म था उसके द्वारा रोक लगाकर रखने का मतलब न्यायी बुद्धि को, सभी ऊँची मनोभावनाओं को नकारने जैसी बात है। और आज समानता की दृष्टि से देखा जाए तो इस तरह के कानून बनाने में किसी भी विधिशास्त्री को शर्म आएगी। आँखें निकालना, दागना, वेद न पढ़ने देना, इस तरह के जो अमानवीय कानून थे, जो किसी समय मनु ने कायम किए थे, वे सारे कानून आज ब्रिटिश सरकार ने समाप्त कर दिए हैं। लेकिन आज जो हिन्दू विधि है उसमें भी काफी संशोधन होने चाहिए। आज राष्ट्रीयता की और समाज की कल्पना बढ़ी है। अंतर्जातीय विवाह, विदेश गमन, जातिभेद, दूसरे धर्म के लोगों के प्रति अपनापन आदि सभी कल्पनाएँ आगे आ रही हैं। उन कल्पनाओं के पोषक कानून बनने चाहिए और यदि वैसा नहीं हुआ तो समाज का नुकसान होगा, गति रुक जाएगी।

''सारी प्रजा को समान हक़ है, सभी के लिए समान कानून लागू होने चाहिए, उसमें जाति भेद पर कम-ज्यादा सजा ऐसा अन्याय नहीं होना चाहिए। इस तरह के समानता के सिद्धान्त अंग्रेज शासन-व्यवस्था में पहली बार अमल में लाए हैं। और मिशनरी लोगों ने स्कूल शुरू करके अछूतों के बच्चों को बड़े प्यार से रखने की मिसाल सबसे पहले कायम की। इस तरह न्यायप्रिय यूरोप में हॉलैंड, बेल्जियम आदि देशों के लोगों तक ने विदेशी लोगों को शिक्षा देकर उत्थान की ओर ले जाने का प्रयास शुरू नहीं किया है। लेकिन इस काम की ओर अंग्रेज लोगों का पूरा ध्यान होने की वजह से वे ऊँचे स्थान पर हैं। इतना ही नहीं, हमारे कई लोग कह रहे हैं कि हमें स्वराज नहीं चाहिए लेकिन अंग्रेज लोग वह स्वयं हमें दे रहे हैं, यह उनका कितना बड़प्पन है? सभी को समान दृष्टि से देखनेवाला अंग्रेजी साम्राज्य, उससे हमें बहुत राजनिष्ठ रहना चाहिए, यह बात बताने की आवश्यकता नहीं है। उनके हम लोगों पर बहुत एहसान हैं। पिछले महायुद्ध में मुस्लिम, मराठा, जैन, महार, लिंगायत आदि हमारे सभी जाति और धर्म के भाइयों ने सरकार को बड़ी खुशी से और उत्साह से मदद की है, इसकी वजह क्या है? हम सभी हिन्दी लोग हैं, हिन्दी राष्ट्र का कल्याण अंग्रेजी राज पर निर्भर है, हमारे भिन्न-भिन्न धर्मों के सिद्धान्त हमारे भाईचारे में रुकावट न बनें इस बात का प्रयास करना चाहिए। हम लोगों को हमारे उपकारकर्त्ता की कठिनाइयों को समझकर हम उन्हें जितना सहयोग दे सकते हैं, उतना देने की हमारी जिम्मेदारी है, श्रेष्ठ भावनाओं से हमारे लोग प्रेरित हुए हैं। यही वह कारण है कि हमने एहसानमन्दी का भरोसा हमारे ब्रिटिश भाइयों को दिया है। भगवान की इच्छा से हिन्दुस्तान के कल्याण के लिए हम लोग ब्रिटिश साम्राज्य के अभिन्न अंग बन गए हैं और हमारे हितसम्बन्ध उनके साथ एकजान बन गए हैं।

''हमारे यहाँ मद्रास की ओर अपने अछूत भाइयों को सनातनधर्मी लोगों की ओर से बहुत सताया जाता है। उधर के ब्राह्मण सभी अब्राह्मण समाज के साथ बड़े अन्यायी

ढंग से बर्ताव करते हैं। इधर महाराष्ट्र[1] में भी वही हालत है। मद्रास में अब्राह्मण लोगों का एक स्वतन्त्र संगठन (पक्ष) बनाकर उनमें अपने हक़ों की चेतना पैदा करनेवाले महान दिलदार डॉ. नायर को धन्यवाद देना बहुत जरूरी है। पंचमों का (अछूत) उद्धार करने में उनका बड़ा योगदान था और वे अपने घर में निजी नौकर के रूप में पंचम को ही रखते थे।

"इस देश का उत्थान जल्दी होने की बात और देर से होने की बात भी यहाँ जातिभेद किस अनुपात में समाप्त होगा, इस पर निर्भर है। यहाँ का जातिभेद समाप्ति के लिए अलग-अलग जातियों में शरीर-सम्बन्ध ज्यादा से ज्यादा अनुपात में होने बहुत जरूरी हैं। अब रोटी-व्यवहार बहुत ज्यादा होगा, उसके विरोध में किसी ने कितनी भी कोशिश की तब भी उसका बहुत ज्यादा असर नहीं होगा। लेकिन बेटी-व्यवहार की बात वैसी नहीं है। इस तरह के विवाह करने की प्रेरणा के लिए सबसे पहले कानूनी रुकावटें दूर होनी चाहिए। मतलब इस तरह के विवाह कानूनी समझे जाने चाहिए। और उनसे पैदा होनेवाली सन्तान को जायज सन्तान के सभी हक़ मिलने चाहिए। इसके लिए नामदार पटेल ने अपर विधि कौंसिल में सवाल खड़ा किया था। उस तरह के कानून की बड़ी आवश्यकता है। लेकिन ऐसे विवाह होने लगे तो ब्राह्मणों का जन्म से सिद्ध होनेवाला महत्त्व कम हो जाएगा। इससे ब्राह्मणों के लिए बहुत बड़ा खतरा पैदा होनेवाला है। इसलिए ब्राह्मणवादी अखबारों ने इस बिल का बड़ा विरोध भी किया है। ब्राह्मणों के हितों की ओर ध्यान देने की बात को गलत नहीं कहा जाएगा लेकिन ब्राह्मणों ने देशहित की ओर एकदम ध्यान नहीं दिया, यह बात बड़े दुख के साथ कहनी पड़ती है। इन धर्माभिमानियों को भिन्न जाति के पुरुष-महिला विवाह-सम्बन्धों के बगैर इकट्ठा रहकर उन्होंने अनैतिक व्यवहार खुल्लमखुल्ला किया, लेकिन उस तरह का अनैतिक सम्बन्ध जिन्हें अच्छा नहीं लगता, उनके कानूनी विवाह करने के मार्ग में रुकावटें होती हैं। और यही लोग सार्वजनिक नैतिकता के दुश्मन हैं। इसी मौके पर अपने दोस्त मि. अरूंडेल के बारे में दो शब्द कहे बिना मैं नहीं रह सकता। उन्होंने एक ब्राह्मण लड़की के साथ ब्याह किया इसलिए हमारे सनातन धर्मवादी ब्राह्मण भाइयों की उन पर बड़ी नाराजगी है। वे लोग इस विवाह को हर तरह से दोषी ठहरा रहे हैं। वास्तव में देखा जाए तो इंग्लैंड और हिन्दुस्तान का ईश्वर की मर्जी से जो सम्बन्ध स्थापित हुआ है उसे मजबूत करने के लिए इस तरह के विवाह बहुत आवश्यक हैं। काम होने तक तुम-हम एक, इस तरह की गप्पें मारना और काम होते ही तुम तो तुम और हम तो हम, इस तरह का स्वार्थी व्यवहार मुझे बिल्कुल पसन्द नहीं। शादी में बहुत सारा फालतू पैसा खर्च होता है, वह पढ़ाई-लिखाई जैसे अच्छे काम में खर्च होना चाहिए, इस तरह की बातें करते रहेंगे। लेकिन कम खर्च में रजिस्टर्ड विवाह करने की आजादी देने की उनकी इच्छा नहीं हैं। रजिस्टर्ड न हुए हिन्दू विवाह पद्धति के विवाह अन्य देशों में पूरी तरह से मान्य

1. महाराष्ट्र का मतलब स्वतन्त्र भारत का आज का महाराष्ट्र नहीं। यह महाराष्ट्र ब्रिटिश भारत का है। सह्याद्रि के पूर्व का इलाका, इसमें विदर्भ का इलाका नहीं आता था।

नहीं है। यहाँ के शादीशुदा लोग इंग्लैंड में या फ्रांस में खुलेआम वहाँ की पद्धति के अनुसार शादी कर सकते हैं। ऐसा करने में कोई गुनाह नहीं, इस तरह का कानून इंग्लैंड आदि देशों में है। इस तरह से कई नौजवानों ने उधर विवाह करके इधर हिन्दू पद्धति से विवाहित अपनी बेगुनाह औरतों को शौहर जिन्दा होते हुए भी रंडापे की अवस्था में धकेल दिया है। लेकिन उसके लिए हमारे सनातन धर्मवादियों को कोई खेद नहीं है। इधर विवाह रजिस्टर करने की पद्धति होती तो ऐसे आदमियों को उधर दूसरा विवाह करने के लिए कानून से रोकना आसान होता, लेकिन अन्तर्जातीय विवाह पर सरेआम रोक लगाना आसान नहीं था। इसीलिए पटेल बिल के विरोध में उनकी सारी चिल्लाहट थी। दूसरी जाति की लड़की के साथ विवाह करने के बाद जो सन्तान पैदा होगी, उसको धर्माभिमानी पूर्वजों के और खानदानी जायदाद का दाय भाग बराबर नहीं मिलता, इस तरह आपत्ति प्रगतिकारों ने उठाई है, लेकिन उनकी यह शिकायत एकदम खोखली और बेमतलब है। आज के कानून के अनुसार कोई ईसाई या हिन्दू इस तरह की प्रतिज्ञा करके विवाह करता है और उनकी सन्तान को यदि दायभाग मिलता है तो यह बात प्रगतिकार और उनके सनातनवादी खुली आँखों से देखते हैं पर उसके विरोध में शिकायत करने की उनमें हिम्मत नहीं होती है, उनका दूसरी जाति की लड़कियों से, हिन्दू होकर विवाह करनेवाले के विरोध में चिल्लाना, यह कितना बड़ा आश्चर्य है! अपने जैसे पतितों के उद्धार के लिए पटेल बिल जैसे कानून की बहुत बड़ी आवश्यकता है। इसलिए इस दिशा से जो लोग प्रयास करेंगे उनके प्रति हम लोगों को आभारी रहना चाहिए।

''दूसरों की छोटी गलती हमें बहुत बड़ी गलती लगती है लेकिन हमारी बहुत बड़ी गलती भी हमें बहुत छोटी लगती है, यह हमारा अनुभव है। अंग्रेज लोग हिन्दुस्तान को लूट रहे हैं इस तरह का झूठा प्रचार करके अंग्रेज सरकार के विरोध में अराजकता पैदा करने के प्रयास खुलेआम या गुप्त तरीके से पिछले दस-बीस सालों से करनेवाले ब्राह्मण लोगों के झूठे ग्रन्थों की मक्कारी को लोगों के सामने रखनेवाले सत्यशोधकों के जलसों पर रोक लगानी चाहिए।

''संत तुकाराम कहते हैं, जो जैसा कहता है वैसा ही चलता है, ऐसे आदमी को प्रणाम करना चाहिए। उनका यह कथन मुझे पसन्द है। लेकिन पाखंडी लोगों से मुझे बड़ी नफरत है। मेरी राय में जो लोग समाज-सेवा का पवित्र काम करते हैं, उनके काम में रुकावट पैदा करनेवाले बहुत लोग होते हैं! वे लोग कहते हैं कि हम सभी के नेता हैं, हमें तुम्हारे बारे में बड़ी हमदर्दी है, इस तरह का बहाना बनाकर वे समाज को नीचे खींचने का षड्यन्त्र रचते रहते हैं। नासिक के मेरे भाषण की बड़ी आलोचना हुई है। उस आलोचना को सुनकर मुझे बड़ा आश्चर्य हो रहा है। जिन्हें कोल्हापुर के सम्बन्ध में कुछ मालूम नहीं, कोल्हापुर में किसी मुकदमे के सम्बन्ध में क्या हुआ, क्या चल रहा है, क्या हो रहा है, इस सम्बन्ध में जानकारी हासिल करने के बजाय, मन में जैसा आए वैसा बोलना और बिना किसी प्रमाण के मनचाहे तर्क देना, यह कितनी बड़ी शर्म की

बात है। इन सभी का भीतरी उद्देश्य परम्परागत सामाजिक रिवाजों को या प्रस्थापित ख़ास वर्ग के हक़ों को किसी ने छेड़ने की कोशिश की तो उसे डराना और ख़ास वर्ग का वर्चस्व बरकरार रखना है। समाज को गुमराह करनेवाले ऐसे गैरजिम्मेदार लोग जनता के नेता की हैसियत से समाज में प्रतिष्ठा पाते हैं। लेकिन मुझे ऐसे लोगों पर रहम आता है।

''ऐसे टेढ़ी चाल चलनेवाले लोगों के हाथ से समाज-सुधार का कार्य होने की कोई सम्भावना नहीं है। जिस तरह कौवे की नजर नरक पर होती है उसी प्रकार इनकी नजर भी यहाँ-वहाँ बुराई पर ही होती है। जैसे, अछूत समझे गए कुछ लोगों को मैंने मेरे संस्थान में वकालत के अधिकार पत्र दिए। उसकी आलोचना हुई। वैद्यकी, वकीली आदि धन्धे अपनी ही बपौती हैं और उसी तरह से उन्हें रखा जाना चाहिए। इस तरह से कुछ ख़ास जातियों की समझ बन गई है। अच्छे आदमी को सभी काम करने चाहिए, इस बात को सैद्धान्तिक दृष्टि से किसी को भी कबूल करना पड़ेगा। मुझे शासन-व्यवस्था में परिस्थिति के आधार पर कुछ सिद्धान्तों में परिवर्तन करना पड़ता है। अंग्रेज सरकार ने प्रारम्भ में शिक्षा के बारे में कम दर्जे के कई हिन्दी लोगों को कलेक्टर, जज आदि जैसी बड़ी-बड़ी नौकरियाँ देकर शासन-व्यवस्था का काम बढ़ाया। उसी प्रकार शुरू में वकीली अधिकार पत्र भी इम्तिहान के बिना सामान्य शिक्षा के दिए जाते थे। आज अंग्रेज सरकार के राज में इम्तिहान पास कई लोग हैं। अधिकारपत्र मैंने महार, मातंग, चमार आदि लोगों को दिए। यदि ब्राह्मण, कायस्थ, सारस्वत आदि जाति के लोगों को दिए होते तो उसके खिलाफ कोई आवाज न उठी होती। लेकिन अब योग्य मराठों और अछूतों को देने पर होहल्ला मच जाता है। यह बात उनके मन के मैल को स्पष्ट करती है। जो महार मैट्रिक पास है या अच्छी अंग्रेजी जाननेवाले महार, मातंगों को ऊँचे दर्जे के धन्धों में लाते ही ब्राह्मणी समाज बेचैन हो गया है। वही महार, मातंग, चमार लोग यदि ईसाई हो गए होते तो मेरे काम की आलोचना नहीं हुई होती। मैंने जिन महार, मातंगों को वकीली के अधिकारपत्र दिए हैं, उनसे शिक्षा और अक्ल में कम ऊँची जाति के कई लोगों को कई देशी संस्थानों ने वकीली के अधिकारपत्र दिए हैं। इसमें समाज को कोई एतराज नहीं। स्वतन्त्रता है ही। इस तरह वकीली के अधिकारपत्र देने का मेरा उद्देश्य यही है कि जो धन्धे अछूतों को प्रथा से, कानून से या दहशत से बन्द करवा दिए गए हैं उनके लिए उन्हें मुक्त करना है। और उनकी स्थिति में सुधार लाकर उनमें यह भावना पैदा करनी है कि अन्य लोगों की तरह हम भी आदमी हैं। इस तरह की भावना और आत्मविश्वास पैदा करना बहुत जरूरी है। मातंग, टंक, पाराशर, वशिष्ठ, चोखामेला आदि लोग निचली जातियों में पैदा हुए फिर भी वे लोग अपनी योग्यता से आगे आए हैं। इससे हम यह कह सकते हैं कि इन जातियों की क्षमता कम है, इंग्लैंड में भी कुछ साल पहले कानून की शिक्षा पर विशेष बल देने के बजाय 'इन्साफ कोर्ट' के जरिए बैरिस्टर बन सकते थे। हिन्दुस्तान में मैट्रिक का इम्तिहान पास न करनेवाले लोग भी इस तरह से बैरिस्टर होकर आते थे। ऐसे लोगों को कानून की या दूसरे प्रकार की शिक्षा की विशेष आवश्यकता

नहीं होती थी, लेकिन ये बैरिस्टर चाहे कोर्ट में काम चलाने भर के योग्य समझे जाते थे पर ऐसे लोगों में भी ख्यातिप्राप्त विधि विशेषज्ञ हुए हैं।

"अतः मैं महार, मातंग आदि नीच समझी गई जातियों के लोगों को वकालत के अधिकारपत्र देता हूँ, उससे ऊँचे वर्ण के लोगों का अपमान होता है ऐसा कुछ बड़े लोगों को लगता है, लेकिन यह उनकी गलत समझ है। लोगों को शिक्षा देकर उन्हें समाज में बराबरी का हक़ मिलेगा इन बातों पर सोचते रहने की बजाय उन्हें एकदम दासता से मुक्त करके जुल्म और पीड़ा को, बेरहमी से समाप्त करना चाहिए। इसी से राष्ट्र का कार्य होगा, ऐसी मेरी मान्यता है। और इसी दिशा में मेरा कार्य चलता रहेगा। उँगली दिखाकर कुछ न करनेवाले समाज के नेताओं ने दूसरा मार्ग अपनाया तो उनका मार्ग उन्हीं को मुबारक। जातिभेद समाप्त होना चाहिए यह बात लोगों को बताई गई है, और यह सच भी है, लेकिन सवाल यह है कि इस काम को कहाँ से शुरू करना चाहिए? जिन जातियों के लोगों को नीच समझा जाता है, उन लोगों में जातिभेद समाप्त करना चाहिए यह कहना स्वाभाविक है। इस दिशा में वे कितना भी प्रयास करें तब भी उन्हें मामूली ही सफलता मिलेगी! इस काम की शुरुआत अपने आपको ऊँचे समझनेवाले लोगों की ओर से होनी चाहिए। प्राचीनकाल से वंशपरम्परा से उनका जो वर्चस्व रहा है उसे त्यागने के लिए उन्हें तैयार रहना चाहिए। उन्हें इस पवित्र त्याग की परम्परा की नींव रखनी चाहिए। जापान में जातिभेद को समाप्त करने के लिए ऊँचे वर्ग के सामुराई लोगों ने यह नींव रखी है। यदि यह न होता तो जापान का उत्थान कभी न हुआ होता। जातिभेद समाप्त करने के प्रयास यदि निचली जातियों की ओर से हुआ तो उसके परिणाम गलत होने की सम्भावना है। लेकिन यह काम ऊँचे समझे जानेवाले लोगों की ओर से पहले हुआ तो इस तरह के स्वार्थ त्याग का उदाहरण अन्य सभी जातियों का मार्गदर्शक होगा। जब तक ऐसा नहीं होता तब तक मौजूदा स्थिति का उपयोग कर हर जाति को अपना उत्थान करने का प्रयास जारी रखना चाहिए। निचली जातियों को अपना सुधार करके अपना दर्ज़ा बढ़ाने और ऊपरी मंजिल पर चढ़ने का प्रयास जारी रखना चाहिए। ऊँची जातियों को भी निश्चित तौर पर कुछ सीढ़ियाँ नीचे उतरकर उनकी सहायता करके उन्हें ऊपर उठाना चाहिए। यदि ऐसा हुआ तो जातिभेद समाप्त करने का यह असम्भव काम आसानी से और सुलह से सफल होने की सम्भावना है। मराठों को जाति समाप्त करके एकता कायम करने के लिए मजबूर करना चाहिए। कई लोग धर्मबन्धन की बातें करते हैं, लेकिन स्थिति वैसी नहीं है। पिछले युद्ध में मेसोपोटामिया में हिन्दू-मुस्लिम कन्धे से कन्धा मिलाकर लड़े। इस काम में उनके धर्म ने कोई रुकावट नहीं पहुँचाई। इसमें सभी लोग एक भावना से प्रेरित थे कि हम एक राष्ट्र के अलग-अलग अंग हैं या एक शरीर की अलग-अलग इन्द्रियाँ हैं, इसी वजह से अन्त में अंग्रेजों को सफलता मिली। इसी सिद्धान्त के तहत हिन्दुस्तान को ब्रिटिश सरकार की ओर से संरक्षण मिला है। वे लोग उन पर निर्भर रहनेवाले लोगों को कभी नहीं भूलते। ईसाई लोगों ने हमारे लोगों को सताया। फिर भी अपने धर्म के लोगों को एक ओर रखकर उनसे हमारा संरक्षण करने

के लिए ब्रिटिश सरकार ही आगे आई। उसी प्रकार रशियन तथा अफगान लोगों से हिन्दुस्तान को खतरे की सम्भावना थी, उस समय भी ब्रिटिश सरकार ने अपनी फौज की कुर्बानी देकर हमारा संरक्षण करने में कोई कसर बाकी नहीं रखी। इसलिए यह कहना कि धर्म की वजह से अनबन पैदा होती है, धर्म एकता के खिलाफ जाता है, गलत है।

''अन्त में मैं पुनः एक बार यह बता देना चाहता हूँ कि मैं अपने विचार लोगों के सामने निर्भय होकर रखता हूँ। इसलिए प्रसिद्धि पाने के लिए कुछ लोग मुझे गालियाँ देते हैं। लेकिन वे ही गलत सिद्ध होते हैं और सज्जन लोग भी उन्हें अच्छा नहीं मानते, इस बात का मुझे बुरा लगता है। मैं पिछड़े समाज का उत्थान करने का प्रयास करता हूँ। समाज में उनका महत्त्व बढ़े, यही मेरा उद्देश्य है। लेकिन मेरे प्रयासों का गलत अर्थ लगाकर मुझ पर ब्राह्मण विरोध (ब्रह्म द्वेष) का आरोप लगाया जाता है। उनका यह आरोप कहाँ तक सही है इस बात पर आप लोगों को सोचना है और यह सोचने की जिम्मेदारी भी मैं आप लोगों पर ही छोड़ रहा हूँ।

''आप लोगों ने आज मुझे 'अपना' कहा है। इसी प्रकार आखिर तक यह प्यार बरकरार रहे। मैं भी यहाँ यह अभिवचन देता हूँ कि मैं कितनी भी कठिनाइयों में रहूँ, कितना भी परेशान रहूँ, तब भी बिना परवाह किए आपके उत्थान के महान कार्य में जितना सम्भव हो उतना सहयोग देने में कोई कसर बाकी नहीं रखूँगा। यहाँ मैं अपना भाषण समाप्त करता हूँ।''

राजा शाहू छत्रपति ने अपने भाषण में अछूत वर्ग के प्रति जो शुद्ध प्रेम और हमदर्दी दिखाई उसे सुनकर और देखकर सारा जनसमुदाय शान्ति के साथ उनके प्रति अपना आदर और प्यार जाहिर कर रहा था। और कई लोगों की आँखों से प्यार भरे आँसू टपक रहे थे।

इसके बाद बाबूराव यादव ने अपने भाषण में अवसर का महत्त्व बताते हुए कहा कि, अपने ही धर्मभाइयों को न छूने का पाप अन्य लोग कर रहे हैं और इससे राष्ट्र का सबसे बड़ा नुकसान हो रहा है। बाद में बंदसोडे ने अपने भाषण में कहा कि, ''हम सभी लोग आज यहाँ इकट्ठा हुए हैं इसमें उनका निस्वार्थ सहयोग है। आज तक हमें ऊँचे वर्ग की ओर से केवल मौखिक आश्वासन ही मिलते थे। लेकिन आज शाहू छत्रपति जी ने हम लोगों के लिए यहाँ तक आकर अपनी सक्रिय हमदर्दी दिखाई है। इसके लिए बहिष्कृत (अछूत) समाज राजा साहब के प्रति कृतज्ञ है।''

फिर डॉ. परांजपे को बोलने के लिए निमन्त्रित किया गया। उन्होंने कहा, ''आज समाज में एक अलग मानसिकता बनती जा रही है। मैं अछूतपन की प्रथा के विरोध में हूँ। मैं चाहता हूँ कि अछूतपन समाप्त होना चाहिए। और उसके लिए मैं अपने मैं खोखले ब्राह्मणी अहंकार को नहीं मानता। हर युग में कुछ अच्छे, कुछ मध्यम और कुछ नीच लोग होते हैं। मतलब हर समाज में कुछ अच्छे और कुछ बुरे लोग होते हैं। पहले जमाने में किसी आदमी ने समाज का बुरा किया तो उसे कई तरह की सजाएँ मिलती थीं, बहिष्कार भी एक सजा है। वर्णव्यवस्था गुणकर्म के अनुसार है और वह केवल हिन्दू

धर्म में ही है, ऐसी बात नहीं। आज सभी देशों में वह कम-ज्यादा अनुपात में है। पहले क्षत्रिय और ब्राह्मणों में विवाह होते थे। पहले की वर्णव्यवस्था की तरह आज कोई नहीं रह रहा है। इसलिए केवल वर्णव्यवस्था का अभिमान रखने का कुछ मतलब नहीं। मैं भले ही जन्म से ब्राह्मण हूँ, लेकिन कर्म से वैश्य हूँ, इसलिए मैं स्वयं को ब्राह्मण नहीं मानता। इसलिए ब्राह्मणों को बेमतलब गालीगलौच करने के बजाय अपने उत्थान का आन्दोलन शुरू रखना चाहिए।''

समापन भाषण देते हुए कोठारी ने कहा, ''सभी आन्दोलनों का नेतृत्व करनेवाले ब्राह्मण हैं, इसीलिए वे बोलने के लिए खड़े हुए। जो लोग ब्राह्मण नहीं हैं उन्हें गालियाँ क्यों देते हो, इस तरह का सवाल डॉ. परांजपे पूछते हैं, लेकिन यदि वे ब्राह्मण नहीं हैं तो फिर उन्हें गुस्सा क्यों आया? मतलब अब्राह्मणों के और अछूतों के आन्दोलन की कुल्हाड़ी का वार वर्णाश्रम धर्म पर हो रहा है, इसीलिए ब्राह्मणों को गुस्सा आ रहा है। लेकिन गुणकर्म पर आधारित वर्ण ही राष्ट्र का विनाश कर रहा है इसलिए उसे जड़मूल से ही नष्ट कर देना चाहिए। सौ साल में अंग्रेजों ने शिक्षा नहीं दी इसलिए उनके दोष खोज रहे हैं। फिर सवाल है कि दो हजार साल से ब्राह्मणों ने दूसरों को पढ़ने नहीं दिया, इसका क्या मतलब है? हम अपने लोगों को प्यार नहीं करते इसलिए दूसरों के दोष दिखाने की कोशिश करते हैं।''

कार्यक्रम के अनुसार परिषद् की पहले दिन की कार्यवाही रात आठ बजे समाप्त हुई।

## *दूसरा दिन*

दूसरे दिन 31 मई को सुबह आठ बजे राजा साहब को शहर में जगह-जगह भेंट और निमन्त्रणों पर जाने की वजह से सर गंगाधर राव चिटनवीस की अध्यक्षता में व्याख्यान की शुरुआत हुई। सर गंगाधर चिटनवीस ने परिषद् के लिए अपनी पूरी हमदर्दी जताई। उसके बाद श्रीपतराव शिन्दे बोलने के लिए खड़े हुए।

उन्होंने कहा, ''इस बैठक को आयोजित करने का श्रेय गवई और बंदसोडे को देना चाहिए। यदि हमें राष्ट्र का उत्थान करना है तो अपने शरीर की तरह सारा समाज भी तन्दुरुस्त होना चाहिए। तीस करोड़ लोगों में से इन छह करोड़ लोगों को यदि इनसान की तरह रखा गया तो अपने राष्ट्र की किस्मत खुल जाएगी। हमने अपने समाज की फिक्र नहीं की तो राष्ट्र का बहुत बड़ा नुकसान होगा। तीस करोड़ में से पन्द्रह करोड़ नारी समाज तो लकवे से पीड़ित है। और इसी में छह करोड़ लोगों को मिला दिया गया तो अपने समाज के लिए बहुत बड़ा खतरा पैदा हो जाएगा। आज के इस समारम्भ की तरह हम लोगों ने यदि लगातार प्रयास किया तो यह समाज जल्दी ही जाग जाएगा। इस समाज की चिन्ता सबसे पहले मिशनरी लोगों ने की है। हम हिन्दू लोग इस समाज को पशु की तरह समझते हैं। आज जो अछूत समाज जागा हुआ दिखाई दे रहा है,

उसका सारा श्रेय मिशनरियों को है। हम लोगों ने तुम लोगों को इतने नीच ढंग से रखा है लेकिन आप अपने धर्म से चिपके हुए हैं, इसमें आपका ही बड़प्पन है। जो लोग तुम्हें कुचलनेवाले हैं वे इनसानियत के बाहर चले गए हैं। आज तक अन्य संस्थाओं ने और वि.रा. शिन्दे ने आप लोगों के लिए बहुत प्रयास किया है। लेकिन उन पर भी पूरी तरह से निर्भर रहने की कोई आवश्यकता नहीं। क्योंकि उनकी ओर से आपका उत्थान नहीं होगा। बाकी लोगों की तरह तुम लोगों को भी नागरिकों के हक़ हैं, उनका उपयोग तुम लोगों को करना चाहिए। सरकार तुम्हें रोकेगी नहीं, लेकिन तुम्हारी मानसिक दासता ही इसमें रुकावट बन रही है। तुम सभी लोगों को सार्वजनिक स्थलों के हक़ लेने चाहिए। दूसरों पर निर्भर मत रहिए। यहाँ जैसे मानसिक गुलामी है उसी प्रकार अमेरिका में शारीरिक गुलामी थी। हिन्दू समाज ने तुम लोगों पर जो गुलामी लाद दी है, वह बहुत खतरनाक है। एक चमार को लगता है कि मैं कुत्ते से भी नीच हूँ। ऐसी हमारे मन की भावना है। आप लोगों के दिलो-दिमाग में जो यह बात है कि हम लोग सभी से नीच हैं, उस भावना को अपने दिलो-दिमाग से निकाल दीजिए। जो आदमी तुम्हें अछूत रामझेगा, उसी को तुम अछूत समझो। ब्राह्मण (भट) के छू जाने पर तुम लोग भी नहाना शुरू कर दो। इससे उनकी पवित्रता अपने आप समाप्त होगी। मराठों की तरह तुम लोगों को अपने भीतर के भेद समाप्त कर देने चाहिए।''

इसके बाद कोठारी बोलने के लिए खड़े हुए। उन्होंने कहा कि, ''ऊँचे वर्ग के लोगों को एक बात ध्यान में रखनी चाहिए कि वे राष्ट्रहित के लिए अपनी स्वार्थी महत्त्वाकांक्षाएँ बाजू में रखें। हम लोगों ने अपने समाज में किसी भी प्रकार का अन्याय नहीं रहने देना है। हमें कोई भड़का नहीं रहा है। लेकिन भड़काने के कारण क्यों रहने देते हो? उन्हें नष्ट कर दो। अपना आन्दोलन सफल करने के लिए उन्हें सभी के साथ समानता का व्यवहार करना चाहिए। अपने समाज में व्यभिचार चल जाता है लेकिन उस पर खुली बातें नहीं चलतीं। और व्यभिचार करनेवालों को कोई जाति के बाहर नहीं करता। लेकिन दूसरी जाति के साथ शादी करने पर जाति के बाहर रहना पड़ता है। इससे यह बात सिद्ध होती है कि जातिभेद राष्ट्रोत्थान में रुकावट है। जब तक ऊँची जातियाँ हमारे साथ समानता का व्यवहार नहीं करतीं तब तक हम लोगों को उनके आन्दोलन का विरोध ही करना चाहिए। वे लोग बहुजन और अछूतों में दरार पैदा करके अपना स्वार्थ हासिल कर रहे हैं। हम लोगों को अपने पुरखों का बड़प्पन बघारने की बात छोड़ देनी चाहिए। अपनी युवा पीढ़ी स्वाभिमानी बननी चाहिए तब कहीं अपना अछूतपन समाप्त होगा। और दूसरे लोगों की हमदर्दी का उपयोग होगा।''

बाद में सर बी.के. बोस का भाषण हुआ। उन्होंने अपने भाषण में कहा कि, ''स्वयंनिर्णय के सिद्धान्त की तरह ही अछूतों का आन्दोलन है। ये ऊँची जाति के लोग ब्रिटिश सरकार को गाली देते हैं, लेकिन वे हक़ दे रहे हैं। लेकिन ये ऊँची जाति के लोग अपने ही (अछूत) लोगों को उनके हक़ नहीं दे रहे हैं। इसी की वजह से हिन्दू समाज की संख्या दिन-ब-दिन घटती जा रही है। लेकिन हम लोग शान्ति से सोए हुए

हैं। इस भेद की वजह से ही समाज कम हो रहा है, इस भेद को समाप्त करें। सुधार प्राप्त हुए हैं, हक़ प्राप्त हुए हैं लेकिन वे अपर्याप्त हैं, अधूरे हैं। इसलिए स्वराज चाहते हो तो असमानता दूर करो। तुम लोग यदि ऐसा नहीं करोगे तो खुद को ही नष्ट कर दोगे। दूसरे लोग तुम्हारे खिलाफ विद्रोह करेंगे। ऊँची जातियों को सताएँगे और स्वराज प्राप्त होना भी असम्भव हो जाएगा। ऊपर से नीचे चले आओ! स्वार्थ को ठुकरा दो और हाथों में हाथ देकर सुख से रहो।''

इसके बाद बाबूराव यादव ने कहा कि, ''मैं एक सत्यशोधक हूँ। मैं सुरंग लगाकर पहाड़ को ध्वस्त कर दूँगा। अब तक के सभी भाषण बहुत ही नरम थे, वे मुझे पसन्द नहीं आए। मुझे ब्राह्मणविरोधी (ब्रह्मद्वेषी) कहा जाता है। कोई आपत्ति नहीं। ब्राह्मण विरोध करने का मतलब उन्हें नैतिकता पढ़ाना है। यह सभा नैतिकता का ही एक स्कूल है। इस स्कूल में उन्हें जबर्दस्ती लाना चाहिए और नैतिकता पढ़ानी चाहिए। मराठा लोगों ने ब्राह्मणों के बहकावे में फँसने के बजाय अछूत वर्ग को सहयोग देना चाहिए। आज तक हमारे मराठा लोगों में ब्राह्मणों ने दरारें पैदा की हैं। आज शाहू छत्रपति नागपुर आए और उनके वंशज मतलब नागपुर के राजा (भोसले) साहब नागपुर से और कहीं चले गए। इसका मतलब क्या है? यह तो ब्राह्मण विरोध से भी आगे की बात है।''

इसके बाद शिवराज जानबा कांबले का भाषण हुआ। उन्होंने कहा, ''जातिभेद का जहर फैलाकर ब्राह्मण लोगों ने हमारे उत्थान के रास्ते में काँटे बिछाए हैं। हमारे जिन पुरखों ने भयंकर, गोरेगाँव की लड़ाई में अंग्रेज सरकार को विजय प्राप्त करा दी, उन्हीं के वंशजों को सामाजिक और धार्मिक गुलामी में रखा जाता है, तब सरकार हमारे जातिभेद की ओर तथा धर्म की ओर उँगली उठाकर कहती है कि हमें उसमें दख़ल नहीं देना चाहिए। लेकिन इसी जातिभेद को कोल्हापुर के शाहू छत्रपति ने बड़ी हिम्मत के साथ दुत्कार दिया है और अपने राज में हम अछूत समाज के लोगों को समानता की भावना से संरक्षण दिया है। इसके लिए हमें उनके प्रति अपना आभार व्यक्त करना चाहिए।''

बाद में डि.का.[1] मिशन के बर्वे का भाषण हुआ। उन्होंने कहा, ''ब्राह्मणों का षड्यन्त्र जिस दिन बन्द होगा उसी दिन हमारे देश का कल्याण होगा। क्योंकि सभी के साथ बराबरी का व्यवहार होना चाहिए, ऐसा लगता हो तो उस तरह का आन्दोलन खड़ा किया जाए। बेमतलब ब्राह्मणों से नफरत मत करो। अपने उत्थान के लिए शिक्षा का लाभ उठाओ। और उसी के साथ आपस के भेद समाप्त कर दो।''

बाद में शिवतरकर का भाषण हुआ, उन्होंने अपने भाषण में कहा, ''शिक्षा के बिना अपना उत्थान होना सम्भव नहीं है। लेकिन शिक्षा की तमाम चाबियाँ ब्राह्मणों के हाथ में हैं। इसीलिए हमें अनिवार्य शिक्षा चाहिए। हममें से ही कुछ लोग कोर्टमार्शल जैसी विधि संस्था के प्रेसीडेंट थे तो फिर हम लोगों में योग्यता नहीं, यह कैसे कहा जा सकता है? हमारे उत्थान के लिए ही शाहू छत्रपति का जन्म हुआ है। इसलिए उनका जन्मदिन हम लोगों को त्योहार की तरह मनाना चाहिए।''

1. डिप्रेस्ड कॉस्ट मिशन।

बाद में बैरिस्टर बुक ने अपना संक्षिप्त भाषण किया। उन्होंने सुझाव दिया, "अपना आन्दोलन हमेशा चलते रहना चाहिए इसलिए हम लोगों ने स्थायी रूप से फंड इकट्ठा करने का प्रयास किया तो बहुत अच्छा होगा। और हर साल इसी प्रकार की परिषदों का आयोजन किया तो काफी फंड इकट्ठा होगा, अपना आन्दोलन बढ़ेगा और अपने उत्थान का कार्य भी आसान होगा।"

बाद में परिषद् के अध्यक्ष राजा साहब ने कॉन्फ्रेंस के स्थायी फंड के लिए 5,000 रुपए दिए। बाबू कालीचरण ने 1,000 रुपए दिए और अछूत समाज के प्रतिनिधियों में से कुछ लोगों ने वहीं नकद रुपए और कुछ लोगों ने दान के आश्वासन दिए। बाद में राजा साहब ने आयोजन का समापन किया। उन्होंने अपने समापन भाषण में कहा, "मैं आज आपकी इस परिषद् का अध्यक्ष बना, इसलिए और मैं आपका समर्थक हूँ इस वजह से एक विशिष्ट जाति हमेशा मेरी बेइज्जती और मेरी निन्दा करती है। जनमत को मेरे खिलाफ करने का काम करती रहती है। लेकिन उनकी ऐसी हरकतों से मुझे उत्साह और प्रेरणा मिलती है। और जो अखबार मेरी निन्दा करते हैं, मैं उन्हें धन्यवाद देता हूँ। मुझे कितनी भी परेशानी और बदनामी बर्दाश्त करनी पड़े तो भी कोई बात नहीं, मैं उसे बड़ी आसानी से बर्दाश्त कर सकता हूँ। मैं आप लोगों की सेवा में आपकी एक आवाज पर उपस्थित होता हूँ। मेरी सेवा लेने में तुम लोगों को किसी भी प्रकार का सन्देह नहीं होना चाहिए। मैं और मेरे प्रिय साथी बिम्बालकर, भोसले, बाबूराव यादव, कदम, दत्तोबा पेंटर और बेलगाँव के पाटिल[1] आदि लोगों ने आपकी सेवा के लिए हर तरह की कठिनाइयाँ बर्दाश्त करके अपने जीवन को समर्पित करने की कसमें खाई हैं और आप सभी की कृपा से मेरा बच्चा समझदार है, मेरे बाद सबकुछ सँभाल सकता है। फिर भी मुझ पर किसी 'ऑलिगार्की' ने अपनी नौकरशाही की सत्ता कायम करने की कोशिश की तो मैं सारी सत्ता को बच्चे के जिम्मे छोड़कर तुम्हारी सेवा में तैयार रहने के लिए वचनबद्ध हूँ। आप लोग मेरी सेवा लेंगे, मैं ऐसी उम्मीद करता हूँ।

जिसने दूसरों पर भरोसा किया।  
उसका उद्देश्य बह गया।

जो खुद मेहनत करता रहा उसी को भला समझो। इस बात को हमेशा ध्यान में रखना चाहिए।"

स्वागत-सत्कार होने के बाद राजा साहब को विदा करने के लिए लोग स्टेशन तक गए।

दोपहर में परिषद् के काम को रोक दिया गया। शाम को पाँच बजे पापन्ना जालय्या की अध्यक्षता में विषय नियामक कमेटी की बैठक हुई। उसका काम रात दस बजे तक चलता रहा।

---

1. कर्मवीर भाऊराव पाटिल, रैयत शिक्षण संस्था सतारा के संस्थापक।

*तीसरा दिन*

1 जून सुबह सात बजे परिषद् की कार्यवाही शुरू हुई। बड़ौदा संस्थान के अछूत वर्ग के स्कूल के डे. इन्स्पेक्टर मे. कृष्णराव काम्बले को अध्यक्ष पद स्वीकार करना चाहिए इस तरह की घोषणा गणेश अक्काजी गवई ने की और उस पर बाबू कालीचरण के समर्थन देने के बाद मे. कृष्णराव काम्बले अपने स्थान पर आकर बैठ गए। उसके बाद उन्होंने इस तरह का पहला प्रस्ताव रखा कि, यह परिषद् ब्रिटिश सरकार के प्रति अपनी अटल राजनिष्ठा व्यक्त करती है। वह प्रस्ताव तालियों की आवाज में मंजूर किया गया।

**दूसरा प्रस्ताव :** विधि कौन्सिल जब तक सही जनमत के आदर्श नहीं बनाती तब तक उसका किसी भी विभाग पर हुकूमत चलाना गलत होगा। और हिन्दुस्तान की सामाजिक स्थिति की वजह से जाति पर आधारित प्रतिनिधित्व के बिना सही जनमत की परछाईं विधि कौन्सिल में दिखाई देना असम्भव है। यह इस परिषद् की निश्चित राय है इसलिए परिषद् विधि कौन्सिल के गठन के सम्बन्ध में जो नियम बने हैं, उनके बारे में अपनी नापसन्दगी जाहिर कर रही है। क्योंकि उन नियमों की वजह से जिनके हाथ में आर्थिक, सामाजिक और धार्मिक सत्ता है, उन्हीं के हाथ में राजनीतिक सत्ता जाएगी और अछूतों जैसे गरीब लोगों को दबाया जाएगा, ऐसी परिषद् की मान्यता है। अछूत वर्ग को इस तरह से न दबाया जाए इसलिए उनको पर्याप्त जाति आधारित प्रतिनिधित्व दिया जाए, इस तरह का सुझाव ज्वाइंट पार्लियामेंट कमेटी ने दिया था। उसे अस्वीकार किया गया इसलिए यह परिषद् ज्वाइंट पार्लियामेंट कमेटी से निवेदन कर रही है कि इस नियम को दुरुस्त करके अछूत वर्ग को उनकी संख्या के अनुपात में प्रतिनिधित्व देने की व्यवस्था की जाए। प्रारम्भ में मुम्बई इलाके के अछूत वर्ग के पाँच और बन्हाड तथा मध्य प्रान्त के पाँच प्रतिनिधि होने चाहिए। इसी प्रकार लेजिस्लेटिव एसेंबली में हर एक प्रान्त से अछूत वर्ग का एक प्रतिनिधि होना चाहिए।''

इस प्रस्ताव को रखते हुए घोलप ने कहा कि दुनिया के पिछले इतिहास की ओर देखा जाए तो किसी भी राष्ट्र के उत्थान के लिए उस राष्ट्र की राजनीतिक सत्ता राष्ट्र के लोगों के हाथ में होनी चाहिए। पश्चिमी राष्ट्रों की ओर देखा जाए तो यही बात दिखाई देती है। जैसे, इंग्लैंड, फ्रांस, अमेरिका आदि राष्ट्र जनसत्ता के सूचक हैं। लेकिन हिन्दुस्तान को आज जो राजनीतिक सत्ता मिली है वह सत्ता उन लोगों के हाथ में गई है जिन्होंने अछूतों को धार्मिक गुलामी में बाँधकर रखा है, और जो वर्णाश्रमवादी हैं। पिछले महायुद्ध में अन्य वर्गों की तरह, बल्कि उनसे भी ज्यादा सहयोग हमने दिया है। इसलिए इस सत्ता से हमारा उचित अंश हमारी जनसंख्या के अनुपात में हमें मिलना चाहिए। उसके बिना हमारी धार्मिक और मानसिक दासता से मुक्ति नहीं हो सकती।''

इस प्रस्ताव का अनुमोदन करते हुए ग. अ. गवई ने कहा, ''होमरूल का जो आन्दोलन चल रहा है वह राजनीतिक सत्ता हाथ में लेने के लिए मतलब स्वराज प्राप्ति के लिए है। इस आन्दोलन का प्रभाव सरकार पर पड़ा है। इन स्वराजवादियों ने सरकार

को इंग्लैंड में और यहाँ भ्रमित किया है। स्वराज का अंश हमें मिलना चाहिए इसलिए हमने अछूतों का आन्दोलन शुरू किया है। ये लोग हमें मन्दिर में और सार्वजनिक स्थलों पर नहीं जाने देते और आगे भी हमसे अच्छा व्यवहार नहीं करेंगे, इस बात का हमें अच्छा अनुभव है। हमारी जनसंख्या के अनुपात में हमें प्रतिनिधित्व मिलना चाहिए। उसके बिना हमारी समस्या का समाधान नहीं होगा।"

इस प्रस्ताव का समर्थन करते हुए बाबू कालीचरण ने कहा, "ऊँचे वर्ण के हिन्दू लोग अपने ही धर्मभाइयों को पीछे धकेलने का प्रयास कर रहे हैं, यह बहुत बुरी बात है। अपने भाई कहनेवालों के लिए यह बड़े शर्म की बात है। राजनीतिक दृष्टि से हमारा हक़ हमें मिलना चाहिए।" प्रस्ताव तालियों की आवाज में स्वीकृत किया गया।

**तीसरा प्रस्ताव :** नए कौंसिल में अछूत वर्ग के जो प्रतिनिधि लेने हैं वे सरकारी नियुक्ति या उनके जाति आधारित संघों द्वारा लेने की बजाय गैरअछूतों की ओर से चुने गए प्रतिनिधियों द्वारा नियुक्त हों, इस तरह का जो सुझाव ख़ास अछूत वर्ग के उत्थान के लिए डिप्रेस्ड क्लास मिशन ने दिया था उससे तमाम अछूत वर्ग बेचैन हो गया है। क्योंकि यदि गैर अछूत वर्ग के प्रतिनिधियों को अछूत वर्ग के प्रतिनिधि तय करने का अधिकार दिया गया तो जिस चातुर्वर्ण व्यवस्था की वजह से अछूत वर्ग पर बदकिस्मती आई है, वही चातुर्वर्ण व्यवस्था बरकरार रखने के लिए हमें जो लोग कबूल होंगे उन्हीं लोगों को प्रतिनिधि नियुक्त किया जाएगा। इसलिए इस परिषद् की यह निश्चित राय है कि, डिप्रेस्ड क्लास मिशन ने अपने अधीन लोगों के साथ इस तरह से गद्दारी की है वह मिशन अछूत वर्ग के विश्वास के लायक नहीं है।"

इस प्रस्ताव को रखते हुए पी.एन. भटकर ने कहा कि हम माँग कर रहे हैं और सरकार तीसरे को पूछती है इसलिए हमारे प्रयास सफल नहीं होते। अपने सुधार के लिए स्थापित डिप्रेस्ट क्लास मिशन ने जो माँग की है उससे हमारा सत्यानाश ही होगा। मिशन ने इस प्रकार की माँग करके हमारा नुकसान किया है।

इस पर द्रविड़ ने कहा कि, "कई युद्ध जहाज होने पर भी तेज रफ्तार के जहाज को कम रफ्तारवाले जहाज के साथ ही अपनी रफ्तार रखनी चाहिए।" इसका कदम वकील ने मुँहतोड़ जवाब दिया, "ऐसे गरमवादी लोग चलेंगे लेकिन नरमवादी लोगों का प्रयास अछूतों के आन्दोलन को गुमराह करनेवाला है।"

भटकर के प्रस्ताव का अनुमोदन करते हुए गणेश अक्काजी गवई ने कहा, कि यदि तुम्हें (नरम-गरम दल के लोगों को) नॉमिनेशन नहीं चाहिए तो हमें क्यों चाहिए? मिशन ने यह बताया होता कि सरकार में हमारे प्रतिनिधि नियुक्त होने चाहिए तब भी अच्छा होता। लेकिन नरम-गरम दल के लोगों को हमारे प्रतिनिधि नियुक्त करने चाहिए इस तरह की माँग करने का मतलब हमारे लोगों के साथ गद्दारी नहीं तो क्या है? मिशन ने हमें बिना पूछे हमारे प्रतिनिधियों की जो माँग की है वह एकदम खतरनाक है। इससे डिप्रेस्ड क्लास मिशन पर हमारा भरोसा पूरी तरह से खत्म हुआ है। यह प्रस्ताव तालियों की आवाज में मंजूर किया गया।

**चौथा प्रस्ताव :** ब्रिटिश सरकार के एक-दो अपवाद छोड़ दिए जाएँ तो अछूत वर्ग के उत्थान की ओर विशेष ध्यान नहीं दिया इसलिए यह परिषद् दुख व्यक्त करती है और सरकार से निवेदन करती है कि, ''अछूत वर्ग के सामाजिक आर्थिक उत्थान के लिए इलाका अनुसार एक स्वतन्त्र विभाग की स्थापना की जानी चाहिए।''

इस प्रस्ताव को रखते हुए बंदसोडे ने कहा, ''स्वतन्त्र विभाग न होने की वजह से हम लोगों पर जो अन्याय हो रहा है उसकी जाँच-पड़ताल नहीं होती इसलिए सरकार को इस तरह की व्यवस्था करना बहुत जरूरी है।'' इस प्रस्ताव का अनुमोदन करते हुए शिवतरकर ने कहा, ''हम लोग दिखाऊ राजनिष्ठ नहीं हैं बल्कि सही राजनिष्ठ हैं। क्योंकि हम लोगों ने अंग्रेज सरकार को हिन्दुस्तान का राज दिलाया है। हिन्दुस्तान में जो युद्ध हुए, हर युद्ध में हमारे लोग अंग्रेजों के पक्ष में लड़ते रहे। अर्काट के युद्ध में हमारे लोगों ने जब अनाज का अभाव हो गया था तब स्वयं चावल का माँड पीकर अंग्रेजों को भात खिलाया है। गोरेगाँव के युद्ध में हमारे सभी लोग कुर्बान हुए। इसलिए हम अंग्रेज प्रभु से निवेदन करते हैं कि जिन लोगों ने ईमानदारी के साथ सरकार की इतनी मदद की है उस प्रजा के उत्थान के लिए सरकार को एक स्वतन्त्र विभाग की स्थापना करके उनका विकास करना चाहिए,'' प्रस्ताव एकमत से मंजूर हुआ।

**पाँचवाँ प्रस्ताव :** ''डिस्ट्रिक्ट बोर्ड, लोकल बोर्ड, म्युनिसिपैलिटी और ग्राम पंचायत आदि संस्थाओं में अछूत वर्ग के प्रतिनिधि नियुक्त किए जाएँ, यह माँग परिषद् सरकार से करती है।''

इस प्रस्ताव को बाबू कालीचरण ने रखा। इसका अनुमोदन करते हुए वि.ध. सुभेदार ने कहा, ''आज तक हम लोगों ने सरकार के काम बड़ी ईमानदारी के साथ किए हैं। इसलिए हम लोगों को हमारे हक़ का उचित अंश मिलना चाहिए।'' यह प्रस्ताव सबकी स्वीकृति से मंजूर हुआ।

**छठवाँ प्रस्ताव :** ''प्राथमिक शिक्षा लड़के और लड़कियों के लिए मुफ्त और आवश्यक होनी चाहिए और इसे तुरन्त शुरू करना चाहिए।''

इस प्रस्ताव को रखते हुए शिवतरकर ने कहा कि, ''अनिवार्य शिक्षा का कानून जब तक पास नहीं हुआ था तब तक ये ऊँचे वर्ग के लोग सरकार को दोष दे रहे थे। लेकिन 1917 में इस तरह का कानून मुम्बई इलाके के लिए पास हुआ और उसे आज तीन साल हो गए। लेकिन आज तक केवल 2/3 म्युनिसिपैलिटियों ने ही सरकार को निवेदन भेजा है। पूना को शिक्षा की जननी कहा जाता है लेकिन उसी पूना शहर की म्युनिसिपैलिटी में अनिवार्य शिक्षा का बिल रखा गया, उस बिल को ब्राह्मणों ने नामंजूर कर दिया।''

इस प्रस्ताव का पुराणिक ने अनुमोदन किया और श्रीमती बन्दसोडे ने कहा, ''हमारे समाज की महिलाओं को शिक्षा न मिलने की वजह से उन्हें अपने बच्चों को घर में छोड़कर मजदूरी के लिए जाना पड़ता है और बच्चों की परवरिश कैसे की जाए इस बात का उन्हें ज्ञान न होने की वजह से बच्चों के बुरे हाल हैं। इसलिए हम पर

मुसीबतें आती हैं। और ऊँची जाति की औरतें भी हमसे दूर-दूर रहती हैं। इसलिए बच्चों की तरह बच्चियों में भी शिक्षा का प्रसार होना चाहिए। बच्चियों के लिए हर जिले में छात्रावास होने चाहिए।'' बाद में रुक्मिणीबाई कोटांगले ने कहा, ''शिक्षित न होने की वजह से हम लोगों को हर जगह नकारा जाता है। जब हम म्युनिसिपैलिटी और सरकार को निवेदन भेजते हैं तो हमारी बात पर कोई ध्यान नहीं दिया जाता। लड़कों की तरह लड़कियों की शिक्षा की ओर भी ध्यान दिया जाना चाहिए। और अन्य वर्गों के लड़के-लड़कियों के साथ हमारे लड़के-लड़कियों को शिक्षा देने की व्यवस्था होनी चाहिए।'' बाद में इस प्रस्ताव को सभी ने मंजूरी दी।

**सातवाँ प्रस्ताव :** परिवर्तित कौंसिल में शिक्षामंत्री बहुजन समाज का होना चाहिए। इस प्रस्ताव को दत्तोपन्त पवार ने रखा। प्रस्ताव पर बोलते हुए उन्होंने कहा, ''भविष्य के लिए जो दुरुस्ती की गई उसमें शिक्षा विभाग लोगों के लिए स्वाधीन कर दिया गया है। आज तक ऊँचे वर्ग के लोगों ने हमारी शिक्षा की ओर कोई ध्यान नहीं दिया। और हमारे वर्ग ने इस बात को नासमझी की वजह से बर्दाश्त कर लिया। इसलिए शिक्षा विभाग का अधिकार बहुजन समाज का होना चाहिए, तब कहीं हम लोगों में शिक्षा का प्रसार होगा।''

इस प्रस्ताव का अनुमोदन करते हुए मकेसर ने कहा, ''ब्राह्मण शिक्षामन्त्री होने से हमारा कल्याण नहीं होगा।'' इस प्रस्ताव का समर्थन करते हुए बाबूराव यादव ने कहा कि, ''हमारा विकास होना चाहिए। अंग्रेज सरकार हमारी रक्षाकर्ता है, इसलिए हम सरकार से निवेदन करते हैं कि हमें शिक्षा सुविधाएँ देकर हमारा उत्थान किया जाए। हम दीनदलित प्रजा को अनदेखा करने के नतीजे खतरनाक होंगे। युद्ध के समय ब्राह्मणों ने विरोध किया था तब हम लोग राजनिष्ठ थे। शिक्षा विभाग में बहुजन समाज का मन्त्री होना चाहिए या सरकार को उस विभाग को अपने हाथ में रखना चाहिए। लेकिन ब्राह्मणों के हाथ में नहीं देना चाहिए।'' बाद में इस प्रस्ताव को सभी ने स्वीकृति दी।

**आठवाँ प्रस्ताव :** ''मेल ट्रेनिंग कॉलेज में अछूत वर्ग के ज्यादा छात्रों को प्रवेश दिया जाना चाहिए। और हर जिले में अछूत वर्ग का स्पेशल एज्यूकेशन इन्स्पेक्टर होना चाहिए। उस पद के लिए थर्डइयर ट्रेंड शिक्षक या मैट्रिक तक पढ़ा-लिखा आदमी लायक समझा जाना चाहिए।''

यह प्रस्ताव सेनू नारायण मेंढे ने रखा और उसको वासनिक के अनुमोदन के बाद मंजूर किया गया।

**नौवाँ प्रस्ताव :** ''अछूत वर्ग के लिए स्कूल में उम्र की सीमा हटा देनी चाहिए। सरकारी नौकरी में इसे तीन साल बढ़ा देना चाहिए।''

यह प्रस्ताव एन.एस. ऐदाड़े ने रखा और उसका झाबू शिरसाट ने अनुमोदन किया। बाद में प्रस्ताव मंजूर कर लिया गया।

**दसवाँ प्रस्ताव :** ''अछूत वर्ग के मैट्रिक फेल उम्मीदवारों को नौकरी के काबिल समझा जाना चाहिए।''

यह प्रस्ताव सेनू नारायण मेंढे ने रखा। प्रस्ताव का अनुमोदन करते हुए केशवराव खंडारे ने कहा, "पहले ही हमारे अनपढ़ समाज के लड़के स्कूल में देर से दाखिल होते हैं और गरीबी की वजह से ऊँची कक्षाओं में उन्हें जिस प्रकार की मदद चाहिए वह नहीं मिलती। इसलिए वे पास नहीं होते हैं। और आगे पढ़ने की स्थिति में न होने की वजह से उनके बुरे हाल होते हैं। ऐसे लोगों को सरकारी नौकरी के लायक समझा जाना चाहिए।" इस प्रस्ताव को सभी ने मंजूर किया।

**ग्यारहवाँ प्रस्ताव :** "माध्यमिक और ऊँची शिक्षा के लिए अछूत वर्ग के छात्रों के लिए आम तौर पर फीस माफ़ कर देनी चाहिए और उनमें जो गरीब हैं उनको छात्रवृत्ति देनी चाहिए।"

यह प्रस्ताव सोनाजी बोरकर ने रखा और गाड़गे के अनुमोदन के बाद प्रस्ताव मंजूर किया गया।

**बारहवाँ प्रस्ताव :** "जितनी जल्दी सम्भव हो सके उतनी जल्दी शराबबन्दी की जानी चाहिए।

"अछूत वर्ग की बस्तियों में या आसपास शराब के अड्डे न खोले जाएँ इस बात की जिम्मेदारी सरकार को लेनी चाहिए।"

यह प्रस्ताव नारायण धनाजी भोसले ने रखा और बाबू कालीचरण ने प्रस्ताव का अनुमोदन किया। प्रस्ताव मंजूर किया गया।

**तेरहवाँ प्रस्ताव :** "मरे हुए जानवरों का मांस खाने पर कानूनी पाबन्दी लगनी चाहिए।"

यह प्रस्ताव नाना कांबले ने रखा और लक्ष्मण शेंडे ने प्रस्ताव का अनुमोदन किया। बाद में प्रस्ताव मंजूर कर लिया गया।

**चौदहवाँ प्रस्ताव :** "पटेल बिल को इस परिषद् का पूरा समर्थन है।"

# देशान्तर, नामान्तर या धर्मान्तर?

***मई 1924** को बार्शी, जिला सोलापुर (महा.) में मुम्बई राज्य बहिष्कृत परिषद् का आयोजन किया गया था। इस परिषद् में डॉ. बाबासाहेब अम्बेडकर और दलित समाज के अन्य मान्यवर नेता उपस्थित थे। इस परिषद् में दलित समाज के पुरुष, महिलाएँ बहुत बड़ी संख्या में उपस्थित थे। इस परिषद् को सम्बोधित करते हुए डॉ. अम्बेडकर ने कहा–*

धन्य है कि अछूतपन ने हमें गुलाम के नाम से नहीं पुकारा, अन्यथा किराना वस्तुओं की तरह या जानवरों की तरह हमारा भी बाजार लगाया जाता। ऐसी गुलामी में हम लोग नहीं फँस पाए। इसका श्रेय किसी को देने की आवश्यकता नहीं। यदि हमारी गुलामी ऐसी होती तो उससे हमारी मुक्ति बहुत जल्द हो गई होती। प्राचीन समय में रोम, ग्रीक आदि राष्ट्रों में दासता (गुलामी) की परम्परा थी। कई कारणों से उन राष्ट्रों के लोगों को गुलाम बनना पड़ता था। और एक बार आदमी गुलामी की सूची में आ गया तो निर्जीव वस्तुओं की तरह उसकी हालत बन जाती थी। वह सभी प्रकार के नागरिक अधिकारों से वंचित कर दिया जाता था। हिन्दुस्तान के अछूत लोग रोमन गुलामों की तरह जड़ वस्तु की स्थिति में नहीं पहुँचे, इस दृष्टि से देखा जाए तो हिन्दुस्तान का अछूतपन रोमन और ग्रीक लोगों की गुलामी से अच्छा है ऐसा कोई कह सकता है और कुछ हद तक यह सच भी है। किन्तु दूसरी दृष्टि से देखा जाए तो अछूतपन गुलामी से भी बुरी स्थिति है। गुलाम लोग गुलामी से मुक्त होकर सभी नागरिक अधिकारों को प्राप्त करने की स्थिति में आ गए हैं। इस बात की गवाही रोम का इतिहास देता है। किन्तु हिन्दुस्तान के इतिहास में अछूत के छूत होने का सबूत देना काफी मुश्किल है। रोमन समाज की गुलामी एक निश्चित काल तक रही है और उससे मुक्त होने के लिए कई रास्ते खुले रहे। किन्तु अछूतों की स्थिति इससे एकदम अलग है, अछूतपन कालातीत है और उससे मुक्त होने के लिए कोई रास्ता नहीं खुला है। जो जन्म से ही अछूत है वह मरने तक अछूत ही बना रहता है, इस खतरनाक नियम को बने हुए सदियाँ बीत गईं, तब से अछूत समाज अछूत ही है। इसके अलावा कुछ अन्य बातों में भी हिन्दुस्तान का अछूतपन रोमन लोगों की गुलामी से भयंकर है, ऐसा कहा जा सकता है। रोमन गुलामों के उत्थान में जितनी रुकावट उनकी गुलामी पैदा कर रही थी उससे भी कई गुना हमारे उत्थान में हमारा अछूतपन रुकावट पैदा कर रहा है। ऐसा

कहने में कोई अवास्तविकता नहीं है। हमारे लोगों पर आरोप लगाए जाते हैं कि ये लोग गन्दे काम करते हैं, मरे हुए जानवरों को काटते हैं, संडास-नालियाँ साफ करते हैं, गन्दे कपड़े पहनते हैं, मरे हुए जानवरों का मांस खाते हैं, विभिन्न प्रकार के, बदसूरत देवी-देवताओं की पूजा करते हैं, इस प्रकार के एक-दो नहीं कई आरोप हम पर लगाए जाते हैं। आरोप लगाना आसान है। लेकिन उन आरोपों के लिए कौन जिम्मेदार है? आरोप लगानेवाले लोग इस बात पर सोचते तक नहीं हैं।

वास्तव में देखा जाए तो जो लोग आरोप लगाते हैं वे ही इन आरोपों के लिए जिम्मेदार हैं। मानव समाज पीढ़ी-दर-पीढ़ी चल रहा है किन्तु आगे की पीढ़ी अपने सभी रीति-रिवाज, धार्मिक भावनाएँ आदि अपनी पिछली पीढ़ी से सीखती है। समाज में व्यक्ति तो मर जाता है पर समाज नाम की संस्था नहीं मरती, वह हमेशा जिन्दा रहती है। अपना हिन्दू समाज इस तरह संगठित नहीं है। फिर हममें रीति-रिवाज कैसे आएँगे? यदि वे उपनिषद् के सिद्धान्त हम तक पहुँचाने के लिए तैयार नहीं हैं तो हमारी 'मराई माँ' की पूजा कैसे बन्द होगी? यदि उनकी यह आज्ञा है कि हम लोग वेद नहीं सुन सकते, तो हमारी लावणियाँ (लोकगीत) कैसे सुधर सकती हैं? यदि उन्होंने हम लोगों को यज्ञोपवीत और जनेऊ पहनने का अधिकार हमें नहीं दिया तो हम साफ-सुथरे कैसे रहेंगे? संक्षेप में यदि हम पर यह आरोप लगाया जाता है कि हम लोगों में गलत बातें हैं तो इसके लिए हमारा जवाब यह है कि अच्छी बातों की शिक्षा हमें किसने दी है? ब्राह्मणों के बच्चों में ब्राह्मणों के रस्म-रिवाज या हममें से जो लोग ईसाई बने हैं उनके बच्चों में ईसाई रस्म-रिवाज कहाँ से आते हैं? इस बात पर गम्भीरता से सोचने पर पता चलता है कि इस प्रकार के संस्कारों के विकास के लिए दोनों समूहों में अपनेपन और आपसी सम्बन्धों का होना जरूरी है। अछूतपन की वजह से हिन्दू समाज की ऊँची जातियों के साथ उस तरह का सम्बन्ध होना असम्भव है। इसी की वजह से जिस समाज के जो अच्छे-बुरे रिवाज हैं वे उसी समाज से चिपककर रहे हैं। रोमन लोगों की गुलामी में इस तरह के अछूतपन की दीवारें न होने की वजह से अभिजात वर्ग के गुणों का पाठ हमेशा उनकी आँखों के सामने रहता था। इतना ही नहीं, वे उनका अनुकरण भी करते थे।

## देशान्तर

अछूतपन की वजह से हमारे साथ ऐसा व्यवहार होता रहा है इसलिए इस कलंक को समाप्त कर दिया जाए, इस बात की ओर हम सभी लोगों की आँखें लगी हुई हैं। कई प्रकार के समाधान सुझाए गए हैं। कुछ लोगों का यह कहना है कि अछूतों को देशान्तरण कर लेना चाहिए। मतलब उन्हें दूसरे देश में चला जाना चाहिए। मैंने ऐसा सुना है कि जिस दिन 'निराश्रित सहायता मंडल' की स्थापना हुई, उस दिन किसी बड़े धर्म को माननेवाले व्यक्ति ने इस प्रकार की सलाह दी कि ये अछूत लोग, अपनी पीड़ा को किसी

अन्य देश में क्यों नहीं ले जाते हैं? इस तरह के घटिया उपदेश देनेवाले लोग ऊँची जातियों में ज्यादा नहीं हैं, यह खुशी की बात है। किन्तु यदि हम सिर्फ अपने लोगों की भलाई की दृष्टि से देखें तो देशान्तर की इस बात में बहुत बड़ा लाभ है, ऐसा कहना कुछ गलत नहीं है। रोटी के टुकड़ों के लिए गाँव के सभी छोटे-बड़ों के अहसान के बजाय फिजी, ईस्ट अफ्रीका, न्यूगिनी आदि देशों में जाकर अपने भाग्य को बदलना भी अच्छा ही होगा। हिन्दुस्तान के लोगों को विदेश में जाने के बाद वहाँ के नागरिकों की तरह बराबरी के हक़ प्राप्त नहीं होते, यह बड़े खेद की बात है। फिर भी मुझे यकीन है कि हिन्दी के नाम पर विदेशों में जो परेशानी होगी वह हिन्दू के नाम पर अपने ही देश में जो परेशानी है इससे वह परेशानी अधिक नहीं होगी। इतना ही नहीं, अपने देश में हिन्दू धर्म की जकड़न की वजह से हमारे लिए धनप्राप्ति के रास्ते बन्द हैं वे भी खुल जाएँगे और अपने लोगों की आर्थिक स्थिति में परिवर्तन होगा, इसमें कोई सन्देह नहीं।

किन्तु सभी लोगों के लिए देशान्तरण करना सम्भव नहीं है। यदि हुआ भी तो बहुत ही कम लोगों के लिए यह सम्भव हो सकेगा। इसलिए इसी देश में रहकर अछूतपन निर्मूलन का रास्ता खोजना होगा।

## धर्मान्तरण

इस प्रकार धर्मान्तरण दूसरा रास्ता है। किसी भी धर्म की ओर हम लोगों को सैद्धान्तिक और व्यावहारिक दृष्टि से देखना चाहिए। तत्त्वों की दृष्टि से हिन्दू धर्म किसी भी धर्म से पराजित नहीं होगा, यह मेरा मानना है। शायद किसी भी धर्म से वह आला दर्जे का समझा जाएगा। हिन्दू धर्म में 'सर्वाभूति एक आत्मा' मूलतत्त्व है। इस उदार तत्त्व के आधार पर हिन्दू समाज की रचना हुई होती तो जिस तरह दीपक अपनों पर रोशनी और दूसरों पर अँधेरा नहीं करता; जैसे पेड़ सबको समान छाया देता है, बहता हुआ जल जैसे सबकी प्यास बुझाता है, इसी प्रकार हिन्दू धर्म में सम्यक् बुद्धि होनी चाहिए थी। किन्तु हिन्दू धर्म का व्यावहारिक स्वरूप न जाने किस वजह से इतना गन्दा है। क्या इसमें आचार और विचार का कहीं मिलाप भी है? ज़ो लोग गला फाड़-फाड़कर यह बताते हैं कि आत्मा सभी प्राणियों में एक-सी है, उन्हीं लोगों का आदमी जैसे आदमी को अपवित्र और अछूत समझना, यह आश्चर्य नहीं तो और क्या है? लेकिन इससे भी खराब जो दूसरी बात है वह यह है कि जो लोग हिन्दू धर्म पर किसी भी प्रकार की श्रद्धा नहीं रखते उन्हें हमारे ऊँची जाति के हिन्दू बराबरी की नजरों से देखते हैं। ईसाई लोग अपवित्र नहीं हैं और अछूत भी नहीं हैं। ऊँची जातिवाले हिन्दुओं को उनके छू जाने से कोई अपवित्रता नहीं होती। और उनके नीचे काम करने में उन्हें बुरा भी नहीं लगता। उसी प्रकार, एक दृष्टि से मुस्लिम लोग हिन्दुओं के किसी सबसे नीचे वर्ग से ज्यादा अछूत या अपवित्र नहीं हैं, ऐसा कहना गलत नहीं होगा।

क्योंकि कोई भी हिन्दू गाय की हत्या करके उसके मांस पर अपना निर्वाह नहीं करता। किन्तु मुस्लिम और ईसाई लोगों को ऐसा करने में कोई संकोच नहीं है। और महार, मातंग, धेड़ आदि हिन्दुओं की अपेक्षा उन्हें पवित्र और छूत माना जाता है। उनका और सवर्ण हिन्दुओं का हर प्रकार का बाहरी व्यवहार है और उनके बच्चे एक स्कूल, एक क्लास में पढ़ते हैं। वे एक कुएँ से पानी भरते हैं, और अन्य बातों में बराबरी के स्तर पर व्यवहार करते हैं। किन्तु जो हम लोग वैदिक धर्म को श्रेष्ठ मानते हैं, जिसमें हमारा आचार-विचार है, हिन्दू हमसे नफरत करते हैं। इतना ही नहीं, वे लोग हमें जानवरों से भी नीच समझते हैं।

जिस धर्म के तत्त्व इतने ऊँचे किन्तु व्यवहार इतना निम्न हो उस धर्म में रहकर हमारा उत्थान होगा या नहीं, यह सवाल स्वाभाविक रूप से पैदा होता है। किन्तु अपने लोगों को धर्मान्तरण करना चाहिए या नहीं इस सवाल का जवाब देना आसान नहीं है। मनुष्य के लिए धर्म आवश्यक है या नहीं, इस अनिर्णीत सवाल में उलझने में मुझे कोई रुचि नहीं है। किन्तु इतनी बात सच है कि कुछ लोगों को और खास तौर पर हिन्दू लोगों को यदि जान से भी प्यारी कोई चीज है तो वह धर्म ही है। लेकिन जिस धर्म में इनसान की इनसानियत नहीं वह धर्म किस काम का? जो धर्म अपने अनुयाइयों को सांसारिक और आध्यात्मिक सुख के दरवाजे खुले करने के बजाय उन्हें बन्द करके उन्हें उसी बुरी अवस्था में पड़े रहने के लिए मजबूर करता है, उस धर्म से चिपककर के रहने का क्या मतलब है? बल्कि धर्मान्तरण करके वे लोग हमें इनसान समझकर हमारे साथ समानता का व्यवहार करते हैं, तो फिर मुझे यह समझ में नहीं आता कि हम लोगों को धर्मान्तरण क्यों नहीं करना चाहिए? आज वैकोम के सत्याग्रह की बात को ही ले लीजिए। अछूतों को जिस रास्ते से जाने का अधिकार नहीं, उसी रास्ते से ईसाई, मुस्लिम और अन्य अहिन्दू लोग जा-आ सकते हैं। इस भेदभाव की वजह पूछने पर खुलेआम यह बताया जाता है कि अछूत लोग हिन्दू हैं, इसीलिए उन्हें इस रास्ते से जाने का अधिकार नहीं है। यदि इसी प्रकार का हिन्दू धर्म का नियम है तो हम लोगों को धर्मान्तरण करके हिन्दू धर्म की ज्यादतियों से अपने आपको क्यों मुक्त नहीं करना चाहिए? मुझे यकीन है कि इसी तरह से हम लोगों ने हिन्दू धर्म त्याग दिया तो जो हिन्दू लोग हमसे नफरत करते हैं वे लोग ही हमें सम्मान भी देंगे। हम लोग बहिष्कृत रहने की बजाय किसी बड़े समाज का हिस्सा बनकर कम समय में ही अपना उत्थान कर लेंगे।

## नामान्तरण

देशान्तरण और धर्मान्तरण के अलावा नामान्तरण का भी एक नया उपाय अछूतपन निर्मूलन का बताया जाता है। आजकल अछूतों को अपने आपको 'आदि हिन्दू' कहना चाहिए, ऐसा सुझाव भी दिया जा रहा है। इस सम्बन्ध में मतभेद होने का कारण यह

है कि आप लोगों को कौन-सा नाम ज्यादा अच्छा लगता है; यह अपनी इच्छा का सवाल है। तब इस सवाल का हल वाद-प्रतिवाद से होगा, ऐसा आम तौर पर नहीं कहा जा सकता। यह हकीकत है तब भी नाम के सवाल में कुछ नहीं रखा है, ऐसा कहने से काम नहीं चलेगा। इतना ही नहीं, नाम में सारा सार है, ऐसा कहना भी अवास्तविक नहीं है, ऐसी मेरी मान्यता है, इसके लिए कई कारण हैं।

अछूतों में जातिभेद के सम्बन्ध में जो विवाद हैं उनमें जातिभेद और अछूतपन शाखात्मक हैं, ऐसा मान लिया जाता है। उसके अनुसार रोटी-बेटी व्यवहार आदि उपाय शाखात्मक हैं, इसलिए लोग उनका पालन करते हैं। ऐसा कहने में कुछ सच्चाई हो तो कानून द्वारा हिन्दुओं की जातियों में रोटी-बेटी व्यवहार की छूट दी गई तो उसे उन्हें अमल में लाने की कोशिश करनी चाहिए। किन्तु वास्तव में लोग ऐसी कोशिश नहीं करते, यह बात सच है। आपस में बेटी व्यवहार का कानून पास हुए आज तीन साल पूरे हो गए। किन्तु उस कानून का लाभ उठाया गया हो ऐसी बात शायद ही सुनने को मिले। इसका सही कारण मेरी राय में यह है कि जातिभेद और अछूतपन शाखात्मक नहीं हैं बल्कि भावनात्मक हैं। इसलिए उन्हें यदि समाप्त करना है तो हम लोगों को शाखाओं पर वार करने की बजाय भावनाओं को नष्ट करने का प्रयास करना चाहिए। इस भावना को कैसे नष्ट किया जाए इस बात पर मैंने कई बार सोचा है। अन्त में मेरी यह राय बनी है कि अछूतपन और जातिभेद पूरी तरह से मिट नहीं सकते हैं। वे नाम में समाए हुए हैं। सवर्ण हिन्दू हम लोगों से नफरत करते हैं, वह सिर्फ हमारे नाम की वजह से। महार कहने पर सुननेवाले के मन में खास प्रकार की नफरत की भावना पैदा हो जाती है। मराठा कहने पर अलग भावना पैदा होती है। और वही ब्राह्मण कहने पर सुननेवाला आदर की भावना से प्रेरित होता है। यह बात झूठ है ऐसा कोई नहीं कह सकता। इसके लिए डोम लोगों का उदाहरण दिया जा सकता है। गुजरात के डोम लोगों को यह बताने की जरूरत नहीं कि अछूतपन की स्थिति कितनी भयंकर है। फिर भी वे मुम्बई आए। मतलब वे दक्षिणी मराठों के पड़ोस में रहते हैं। यही नहीं, मैंने यह भी देखा है कि उनमें आपस में रोटी व्यवहार हुआ है।

बल्कि महाराष्ट्र का कोई भी अछूत यदि गुजरात में गया तो वह दक्षिणी होने के नाते ब्राह्मणों के भोजनालय में जा सकता है, इस बात को सभी जानते हैं। पिछले दो-तीन सालों में मद्रास के लोग मुम्बई में पेट की खातिर आए हैं। और उनमें मद्रास के कई अछूत लोग भी हैं। किन्तु मद्रास से आए ये अछूत लोग मुम्बई के आरामगृहों में बड़े शान से खाते-पीते हैं। उनके लिए किसी प्रकार की रुकावट नहीं है। एक इलाके का अछूत दूसरे इलाके में गया तो वह छूत हो जाता है। किन्तु इसके कारणों को खोजा जाए तो पता चलेगा कि अछूतपन के लक्षण सभी प्रदेशों में एक जैसे नहीं हैं। एक प्रदेश का अछूत दूसरे प्रदेश में लक्षण के अभाव में छूत समझा जाता है। मनुष्य के नाम पर मनुष्य और जाति के नाम पर जाति अछूत नहीं है। फलाँ एक नाम धारण करनेवाले लोग अछूत समझे जाते हैं। वह नाम जिनका नहीं होगा वे छूत समझे जाएँगे

यह समाज की मोटी-सी समझ बन गई है। अन्यथा अछूत आदमी की चमड़ी में, रूप और रंग में, कुछ अलग है ऐसी कोई बात नहीं है। जैसे देखते ही सिद्दी लोगों को योरोपियनों से या चीनी लोगों से अलग किया जा सकता है उसी तरह अछूतों को सवर्णों से अलग नहीं किया जा सकता। अछूतों की पहचान का नाम के अलावा दूसरा कोई निशान नहीं है, इसलिए मेरी राय में नामान्तरण करना ही सही है।

यहाँ तक तो उनका और मेरा समान मत है जो नामान्तरण करते हैं। किन्तु मुम्बई इलाके के अछूतों को अपने आपको 'आदि हिन्दू' कहना चाहिए, इसका क्या महत्त्व है, यह बात अब तक मेरी समझ में नहीं आई। मतलब अछूत वर्ग में आनेवाली तमाम जातियों में एकता स्थापित करने की बात हो तो मेरी सद्भावनाएँ उनके साथ हैं। ब्राह्मण ब्राह्मणों के अलावा अन्य किसी से सद्भाव के लिए तैयार नहीं होते। किन्तु जहाँ सभी हिन्दू हैं वहाँ सद्भावना के विरोध का कोई मतलब नहीं। मुस्लिम समाज में आज जो एकता है उसकी वजह यही है। जैसे मुस्लिम मुस्लिम में एकता है, उसी तरह हिन्दुओं में भी एकता होनी चाहिए। ऐसे नाम जो सभी को मंजूर हों और वे हिन्दू नाम हों, हिन्दुओं को ऐसे नाम रखने चाहिए।

इस तरह का बदलाव अच्छा है। किन्तु यह बदलाव आए इसके लिए हमें क्या करना चाहिए, यह बड़ा महत्त्वपूर्ण सवाल है।

## राजनीतिक हक़

कुछ मामलों में राजसत्ता का उपयोग किए बगैर सामाजिक अन्याय को समाप्त करना मुश्किल है। इसलिए सामाजिक और धार्मिक क्षेत्रों में कानून बनाकर परिवर्तन करना सम्भव है या नहीं, इस सम्बन्ध में काफी बहसें हो चुकी हैं। और अन्त में अंग्रेज सरकार ने इस प्रकार का प्रस्ताव मंजूर कर लिया कि जाति और रस्म-रिवाजों पर कानूनी दबाव रखना हमें कबूल नहीं है। इस दृष्टि से देखा जाए तो हिन्दुस्तान को आजादी मिलने के दिन करीब आ गए हैं। मैं समझता हूँ यह बड़ी खुशी की बात है। क्योंकि अंग्रेजों की सत्ता हमारे लिए न होने के बराबर है। हमारे लोगों को आजादी से डर लगता है। और स्वराज्य पेशवाई का होगा ऐसा हमें लगता है। किन्तु यह कहना भी नासमझी की बात है। क्योंकि पेशवाई स्वराज्य और आज के स्वराज्य में बहुत बड़ा फर्क है। पेशवाई में स्थापित राजा वंशपरम्परा में राज्य करते थे। वे प्रजा की सम्मति से राज्य नहीं करते थे। भावी स्वराज्य में राजकाज प्रजा की सम्मति से चलनेवाला है और उसमें हमेशा के लिए कोई राजा नहीं रहेगा। इस तरह के स्वराज्य में यदि प्रजा के हितों की उपेक्षा की गई तो उसका विकास अन्य किसी प्रकार की राजनीति में होनेवाला नहीं है, यह सारी दुनिया का अनुभव है। प्रजासम्मत स्वराज्य ही श्रेष्ठ राज्यव्यवस्था है, यह एकदम सच है। इस प्रकार के स्वराज्य को हम अनास्था की दृष्टि से क्यों देखें, यही मेरी चिन्ता है।

बल्कि उसे पाने के लिए हम लोगों को प्रयास करने चाहिए, यह जरूरी है। स्वराज्य का मतलब क्या है, इस बात का अर्थ हम लोगों को समझ लेना चाहिए।

आज हिन्दुस्तान में स्वराज्य के सम्बन्ध में जो विवाद चल रहा है उसमें मुख्य रूप में इस बात पर बल दिया जा रहा है कि सत्ता अंग्रेजों के हाथ से एकदम छीन लेनी चाहिए या धीरे-धीरे छीननी चाहिए। लेकिन छीनी गई सत्ता किसकी सम्मति से चलाई जाए इस बात पर कोई नहीं सोच रहा है। मान लीजिए प्राप्त की गई सत्ता यदि एक ही वर्ग की सम्मति से अमल में आई तो वह अंग्रेजों की हुकूमत से दस गुना बुरी नहीं होगी, इसका क्या प्रमाण है?

इसीलिए सत्ता के सवाल से भी ज्यादा महत्त्व का सवाल है सम्मति का। और जब देश के स्वराज्यवादियों ने सम्मति के सवाल को मामूली सवाल मानकर उसकी ओर कोई ध्यान नहीं दिया, तो उन्हें जनभावनाओं की कितनी चिन्ता है, यह बात आसानी से समझ में आ जाती है। लेकिन हम लोगों को इस सवाल का समर्थन करना चाहिए। क्योंकि यदि स्वराज आएगा तो उसमें हमें दूसरों की तरह अधिकार चाहिए। और अधिकार प्राप्त करने के लिए हम लोगों को मतदान का राजनीतिक हक़ प्राप्त करना चाहिए। फिलहाल मतदान के हक़ को इतना सीमित कर दिया गया है कि वह सारे हिन्दुस्तान में 2 प्रतिशत लोगों को ही प्राप्त हुआ है, ऐसा मुझे लगता है। इससे हमारा दोहरा लाभ होनेवाला है। पहली बात तो यह कि आज विधि सभा में हमारी जो उपेक्षा हो रही है वह नहीं होगी। जो लोग हमारे वोटों की वजह से चुने जाएँगे उन लोगों में हमारे हितों के प्रति लापरवाही नहीं होगी। क्योंकि हमारे हाथों में उनकी लगाम रहेगी। मतदान के हक़ से हमारा इतना ही लाभ होगा ऐसी बात नहीं है। उससे दूसरा एक महत्त्वपूर्ण लाभ यह है कि इस मतदान के हक़ से वर्णाश्रम धर्म पर चोट पड़ेगी। राजनीति के क्षेत्र में एक ब्राह्मण उम्मीदवार को यदि भंगी के पास वोट की भीख माँगने के लिए जाना पड़ा तो वर्णाश्रम धर्म का महत्त्व ही कहाँ बचता है! इसलिए हम लोगों को सबसे पहले रंक का राव होने का रास्ता अपनाना चाहिए। इंग्लैंड में भी वहाँ के मजदूरों की हमारी तरह ही गईगुजरी स्थिति थी। 1860 तक वे लोग इस उम्मीद पर जी रहे थे कि लिबरल लोग हमारा उद्धार करेंगे। जैसे कहावत है कि 'जो दूसरों पर निर्भर रहता है उसका सबकुछ ढह जाता है और जो स्वयं मेहनत करता है उसी का भला होता है।' अब उन लोगों को इस बात की समझ आई और उन्होंने स्वयं अपना उद्धार करना तय किया है। उन्होंने अपने इस कार्य में मतदान के हक़ को बड़ा महत्त्व दिया था और उस हक़ को पाने के लिए उन्होंने अपनी सारी ताकत लगा दी थी। अना में उन्हें इस काम में सफलता मिली और वे सत्तारूढ़ हुए हैं। वे अब अपनी इच्छानुसार सामाजिक, राजनीतिक और आर्थिक परिवर्तन ला रहे हैं। इसका मूल कारण यह है कि उन्हें मतदान का व्यापक हक़ प्राप्त हुआ है। हम लोगों ने भी यदि उस तरह से प्रयास किए तो हम लोग भी अपना उत्थान कर सकते हैं।

किन्तु जो लक्ष्य हम लोगों का है उस लक्ष्य को सबल बनानेवाले बुनियादी तत्त्व

अपने विरोधियों के सामने रखने से काम नहीं चलता, इस बात को हमें भूलना नहीं चाहिए। जब आदमी मुसीबत से निकल जाता है तो वह सबसे पहले सिद्धान्तों की बात करने लगता है। 'क्या हम इनसान नहीं हैं, हम कुत्ते, बिल्ली से किस तरह श्रेष्ठ हैं?' ऐसे सिद्धान्तों की बात होने लगती है। इसमें कुछ गलत नहीं है। किन्तु कई लोगों को ऐसा लगता है कि उन्हें माला पहना दी गई तो उनका कर्त्तव्य समाप्त हो गया और वे जीत गए। लेकिन केवल तत्त्वों की बात करने से काम नहीं चलता। क्योंकि तत्त्वों का निर्माण होने पर उनका परिणाम दुनिया के सामने स्वयं नहीं आता, परिणामों के लिए संघर्ष करना पड़ता है। परिणाम की दृष्टि से सिद्धान्तवादी बनने के बजाय उन्हें अमल में लाने के लिए उचित संगठन का निर्माण करना उससे ज्यादा महत्त्वपूर्ण है। जब तक संगठन नहीं बनता तब तक उस सिद्धान्त के लिए हम झगड़ते हैं। अपने सिद्धान्त यदि अपने प्रतिपक्ष को कबूल भी हों तब भी वे पुराणों की बातें पुराणों में ही रहेंगी। इस सिद्धान्त के मुताबिक वे जहाँ के तहाँ रहेंगे। और अपनी बात नक्कारखाने में तूती की आवाज बनकर रह जाएगी। जिस प्रकार किस्मत की गाड़ी चलाने के लिए प्रयास करना पड़ता है उसी तरह सिद्धान्तों का उचित परिणाम पाने के लिए संगठन होना आवश्यक है।

## संगठन

मुझे लगता है कि हम लोगों को अपने में संघशक्ति पैदा करने के लिए सभी अछूत जातियों को इकट्ठा कर एक व्यापक संस्था का निर्माण करना जरूरी है। हमारी एक मजबूत संस्था बननी चाहिए। इस संस्था के द्वारा हमारे दो कार्य होंगे। सार्वजनिक कार्य में पैसा इकट्ठा करने में हमें आसानी होगी और गरीबी का मानस यान पैदा होते ही नष्ट हो जाएगा। कई लोगों को इस बात का सन्देह है कि हमारा समाज गरीब है फिर हमसे यह काम कैसे होगा। किन्तु मेरी दृष्टि से यह बात अधिकतर लोगों के सन्दर्भ में सही है, समाज के सन्दर्भ में नहीं। आपने एक कहावत सुनी होगी कि बूँद-बूँद से गागर भरती है। अपना समाज संख्या की दृष्टि से भले ही गरीब हो किन्तु हमारी संख्या कम नहीं है। हम 24 लाख लोगों में से दो लाख लोगों ने भी यदि हर साल आठ आने चंदा दिया तो हर साल 1 लाख रुपयों का फंड इकट्ठा होगा और इस तरह हर साल 1 लाख रुपए इकट्ठा होते रहे तो हमारे उत्थान में बिलकुल देर नहीं लगेगी। किन्तु इसके लिए एक केन्द्रीय संगठन का होना जरूरी है। इस तरह की जिम्मेदार संस्था के माध्यम से ही फंड इकट्ठा करने का काम हो सकता है। इतना ही नहीं, अपनी नीति तय करके उसे लोगों के सामने रखने में आसानी होगी। आज हमारी हालत यह है कि जिसे क,ख,ग आता है उसे लगता है कि वह नेता बन गया है। इतना ही नहीं, कुछ लोग संस्था के माध्यम से काम करने के लिए तैयार नहीं होते! क्योंकि संस्था में रहने से उनका काम आगे नहीं आता। इसी वजह से हम लोगों में गैरजिम्मेदारी आ गई है।

और हर कोई अपना नाम आगे करने के लिए कुछ न कुछ नया करने की कोशिश करता है। दूसरी बात यह कि हम लोग इस देश में रह रहे हैं, हम लोगों पर कई तरह की जुल्म-ज्यादतियाँ हो रही हैं, हम यहाँ कोई अल्पसंख्यक लोग नहीं हैं। फिर भी सरकार हमारी किसी बात को सुन नहीं रही है। या हमारी कुछ दलीलों को सुनने के लिए तैयार नहीं है। बल्कि वे हमारा मजाक उड़ाते हैं। वे हमारे हक़ हमें देने के लिए तैयार नहीं हैं। हमारी इतनी उपेक्षा है किन्तु मुस्लिमों के प्रति उनकी कितनी हमदर्दी है! इसका कारण उनकी संघशक्ति और उनकी संस्थाएँ हैं। यदि अपनी ऐसी एक भी संस्था होती तो अपने जो गलत नेता हैं उन पर रोक लगाई जा सकती है और उनकी एक दिशा तय की जा सकती है। इतना ही नहीं, दूसरों की ओर से हमारा जो अपमान होता है और हमारी बातें अनसुनी कर दी जाती हैं, वह मौका भी शायद नहीं आ पाता।

इस संस्था को फंड इकट्ठा करके अछूत वर्ग में परिवर्तन लाने का काम शुरू कर देना चाहिए। केवल अछूतपन के विरोध में शिकायत करने से कोई फायदा नहीं। आज हम लोग इस बात को भूल जाते हैं कि हिन्दू समाज में जो जातिभेद है, उसी के साथ उनमें गुणभेद भी हैं। आज अछूत वर्ग के आदमी को यदि ब्राह्मण कहकर पुकारा गया तब भी उनमें से कोई आदमी परांजपे की बराबरी में बैठने के लिए लायक नहीं होगा। क्योंकि जातिभेद समाप्त होने के बाद भी गुणभेद रहेगा ही। मुझे कभी-कभी ऐसा लगता है कि जाति जाति में जो गुणभेद बढ़ा है वह यदि बढ़ता नहीं तो यह जातिभेद शायद इतने दिन तक रहा भी नहीं होता। क्योंकि सारी दुनिया के लोग यदि बराबर गुणवान होते तो उन्हें एक जाति की श्रेष्ठता और वर्चस्व कभी बर्दाश्त नहीं होता। यदि गुणभेद न होता तो जातिभेद कब का जमींदोज हो गया होता। इसलिए मुझे यह कहना पड़ता है कि अन्य लोग हमसे जिस तरह जाति से श्रेष्ठ हैं उसी प्रकार वे व्यावहारिक गुणों से भी श्रेष्ठ हैं। इसीलिए हम लोगों को अपने लोगों में व्यावहारिक गुणों को बढ़ाने के लिए खास प्रयास करने चाहिए। अपने लोगों में से ही कुछ लोगों को बड़ा आश्चर्य और खेद होता है कि अपने लोग जातिभेद के विरोध में आगजनी नहीं कर रहे हैं, और अपने ऊपर होनेवाले अन्याय को समाप्त करने के लिए शोरगुल नहीं मचा रहे हैं। किन्तु इसमें आश्चर्य की कोई बात ही नहीं है। उन्हें बात करना नहीं आता, जोर-जोर से बोलने पर भी गुस्सा नहीं आता। इसका कारण है कि उन्हें अन्याय की समझ ही नहीं है। मान लीजिए कोई व्यक्ति किसी पद के योग्य है किन्तु जातिभेद की वजह से उस पद को वह नहीं पा सकता, फिर उसे पता चलता है कि जातिभेद कितना खतरनाक है। फिर उसको अपने आन्दोलन का महत्त्व समझ में आता है और वह उसका समर्थक बन जाता है। किन्तु जिसमें उस पद पर जाने की योग्यता ही नहीं है, उसको जातिभेद का स्वरूप कैसे समझ में आएगा? जातिभेद हो या न हो, वह तो जहाँ है वहीं रहेगा। इसीलिए अपने लोगों की योग्यता बढ़ाने का प्रयास हम लोगों को करना चाहिए। यदि गुणों में समानता आई तो जातिभेद में समाई हुई अस्पृश्यता बहुत दिनों तक टिकनेवाली नहीं है।

अपना समाज हर तरह से सबल होना चाहिए। जिस प्रकार की सामाजिक या

राजनीतिक स्थिति हमें चाहिए वैसी स्थिति प्राप्त करने के लिए हमें देर नहीं करनी चाहिए। मेरी यह सोच शायद आप लोगों को बचकाना लगे किन्तु मुझे लगता है कि इसके लिए काफी प्रमाण हैं। फिलहाल यह समय इस देश के लिए आपातकाल जैसा है। जब स्वराज्य की नींव 1917 में रखी गई तब से इस देश में तीन गुट बन चुके हैं : (1) योरोपियन लोगों का गुट, (2) मुस्लिम लोगों का गुट, (3) हिन्दू लोगों का गुट। 1917 के पहले से हिन्दू-मुस्लिमों में 36 का राजनीतिक सम्बन्ध है किन्तु अब वह दोनों में सलूक बढ़ा रहा है और दोनों ने एक होकर स्वराज्य की पहली किश्त अंग्रेजों से ली है। किन्तु विभाजन के समय संख्या भाव से भी दरार पैदा हो सकती है। यदि स्वराज्य माँगा गया तो उसका बड़ा हिस्सा किसे मिलेगा, यह भी आन्दोलन का एक सवाल बन चुका है। इस सवाल का जवाब यही है कि जिनकी जनसंख्या ज्यादा होगी उन्हें स्वराज्य का अंश ज्यादा मिलेगा। मुस्लिमों को यह लगना कि उनकी जनसंख्या ज्यादा होनी चाहिए यह बात स्वाभाविक है। उसी प्रकार हिन्दुओं को यह लगना कि वे कम नहीं हैं, यह भी स्वाभाविक है। दोनों समुदायों में परस्पर विरोध है। पर हमारे बगैर मुस्लिमों का स्वराज्य नहीं। हमारे बगैर हिन्दुओं की कोई स्थिति नहीं। आज हम यदि हिन्दू रहे तो आर्य धर्म की संस्कृति इस देश में रहेगी और आज यदि हम हिन्दू से मुस्लिम बने तो इस देश में मुस्लिम संस्कृति की प्रधानता रहेगी। इस बात को हिन्दू और मुस्लिम दोनों जानते हैं। यदि ऐसी स्थिति नहीं होती तो वैकोम में ब्राह्मण वर्ग अछूत वर्ग के लिए सत्याग्रह करने के लिए तैयार नहीं होता या मुस्लिम लोग करोड़ों रुपया खर्च कर हम लोगों को अपने धर्म की दीक्षा देने के लिए उत्साही नहीं हुए होते। यह बात सच है कि आज हम लोग सबसे नीचे हैं, फिर भी इस हिन्दू-मुस्लिम संस्कृति के युद्ध में अपनी फौज अपनी संख्या के हिसाब से बहुत महत्त्वपूर्ण है। यदि हम लोगों ने अपनी संघशक्ति का निर्माण किया तो हम जो चाहें हमें वही मिलेगा। मुझे यकीन है कि इस युद्ध में जो हिन्दू लोग आज बीसवीं सदी में 'अछूतपन हटाओ' ऐसा कहते हुए धूल में सने पुराणों को पोंछने की बात करते हैं वे लोग ही उन पुराणों का सहारा लेंगे क्योंकि समय ही ऐसा है; उनके पास और कोई विकल्प नहीं है।

अपना समाज आज पूरी तरह से पिछड़ा हुआ है। पैसे से पिछड़ा हुआ है। मन की सामर्थ्य से पिछड़ा हुआ है। जिस समाज के लोगों को राजनीतिक, सामाजिक और धार्मिक असमानता तथा अन्याय से बेहद परेशानी हो रही है, जिन सभी लोगों को अज्ञानता और मूढ़ता ने घेर रखा है, जिन्हें मुसीबत में यातनाएँ बर्दाश्त करनी पड़ती हैं और उससे मुक्ति के लिए जिनके पास कोई रास्ता नहीं है, जिन लोगों की फिलहाल चारों ओर चल रहे संघर्ष में स्थिति क्या होगी यह बताना बहुत ही मुश्किल है। इसके लिए हममें से जिन लोगों को इस स्थिति के बारे में ज्ञान हो, उन्हें इस जीवन-कलह में अपने समाज को पार करने के लिए दिन-रात बिना किसी अपेक्षा के काम करना चाहिए। जो लोग इस तरह की बातों को जानते हुए भी निष्क्रिय रहेंगे उनके माथे पर अपने उत्पीड़ित भाइयों को इस नामुराद स्थिति में पहुँचाने की और उनका विनाश करने

की जिम्मेदारी रहेगी। इसलिए पढ़े-लिखे भाइयो! यदि आपको अन्य लोगों की ओर से और आनेवाली सन्तानों की ओर से प्रशंसित होना हो या आज आपकी जो स्थिति है उसे समाप्त करके अपने बच्चों की और पोते-पोतियों की स्थिति सुधारनी हो, यदि आपकी वास्तव में ऐसी इच्छा हो तो जिन दुरावस्थाओं और दुराचारों ने हमारे लोगों की बुद्धि का, सफलता का सत्यानाश करवाया है, उनकी क्षमता ही समाप्त कर देना आपकी जिम्मेदारी है। और यह काम हम लोगों को करना चाहिए। इतना कहकर मैं आपसे विदा लेना चाहता हूँ।

साप्ताहिक 'ज्ञान प्रकाश' के 24 मई से 7 जून, 1924 के अंक में प्रकाशित।

# सामाजिक परिवर्तन जरूरी है

*दि. **11 अप्रैल 1925** को बेलगाँव, जि. निपाणि में मुम्बई राज्य बहिष्कृत परिषद् का आयोजन किया गया था। डॉ. बाबासाहेब अम्बेडकर इस परिषद् के अध्यक्ष थे। इस परिषद् को सम्बोधित करते हुए उन्होंने कहा–*

इस देश में आज जो उथल-पुथल हो रही है उसमें हमारे लिए सबसे महत्त्वपूर्ण है वैकोम का सत्याग्रह। इसीलिए वैकोम के सत्याग्रह को देखते हुए मेरे मन में जो विचार उठ रहे हैं, उन्हें मैं आप लोगों के सामने रखना चाहता हूँ।

वैकोम में किस प्रकार का विवाद चल रहा है, उसके बारे में अधिकांश लोगों को अच्छी तरह मालूम है। वैकोम के अछूतों का आग्रह यह है कि जिस रास्ते से सभी लोग और जानवर चलते हैं उस रास्ते से चलने का अधिकार हमें भी होना चाहिए। इस सत्याग्रह में जो घटनाएँ घटीं उनसे हमें कुछ खास लेना-देना नहीं है। यहाँ ध्यान में रखनेवाली बात यह है कि यह सत्याग्रह सबसे ज्यादा दिनों तक चला किन्तु अन्त में सफल नहीं हुआ। इस सत्याग्रह के सम्बन्ध में कुछ राजनीतिक नेताओं की दृष्टि में परिवर्तन आया, यह बात सही है। अब यह सिद्ध हो चुका है कि पहले राजनीतिक परिवर्तन बाद में सामाजिक परिवर्तन, इस तरह की मीमांसा एकदम मूर्खतापूर्ण है। क्योंकि आज इतने दिनों से सिर्फ राजनीति पकाई जाने के बावजूद भी यदि राजनीतिक लक्ष्य के रास्ते में रुकावट अगर कोई है तो वह है सामाजिक ही। सामाजिक सवाल इतना महत्त्वपूर्ण है कि उसे कितने भी दिनों तक दूर रखने की कोशिश की गई तब भी वह सीधा सामने खड़ा हो जाता है। जिन राजनीतिक बहादुरों ने सामाजिक सवाल को अलग रखकर सिर्फ राजनीति हाथ में ली और दूसरों को भी वैसा ही करने की सलाह दी वे कुछ भी हासिल नहीं कर सके। इतना ही नहीं, जिन्होंने सामाजिक सवाल को अलग रखा, अपने राजनीतिक लक्ष्य को उन्होंने ही मुश्किल किया है। इसके लिए आज की स्थिति प्रमाण है। यदि उन्होंने सामाजिक सवालों को पहले ही हाथ में लिया होता तो आज जो चारों ओर तनाव और विघटन दिखाई दे रहा है वह दिखाई न देता। इस तनाव और विघटन को नष्ट करने के लिए सबसे महत्त्वपूर्ण कार्य यदि कोई है तो वह है इस देश में हो रहे सामाजिक अन्याय को नष्ट किया जाए और उस काम को हिन्दी जनता को अपना पवित्र कार्य समझकर करना चाहिए, इस तरह की बात कहनेवाला राजनेता महात्मा गांधी से पहले कोई नहीं हुआ। उनकी मान्यता के अनुसार सामाजिक और

राजनीतिक ये दो अलग चीज़ें नहीं हैं बल्कि एक ही हैं। और इसीलिए वे हमेशा कहते फिरते थे कि हिन्दू-मुस्लिमों की एकता और अछूतपन उन्मूलन इन दोनों के बगैर स्वराज्य की प्राप्ति नहीं होगी। पैनी नजर से देखा जाए तो जिस तरह कस्तूरबा गांधी और लक्ष्मी में सौतेला भाव है उसी प्रकार महात्मा गांधी और अछूतपन में भी कुछ सौतेला भाव है, ऐसा कहना गलत नहीं होगा। क्योंकि वे खादी प्रचार और हिन्दू-मुस्लिम एकता पर जितना बल देते हैं, उतना अछूतपन निर्मूलन पर नहीं देते। उतना जोर यदि उन्होंने इस पर दिया होता तो, जिस तरह कांग्रेस के बारे में उन्होंने सूत के बगैर वोट नहीं, उसी प्रकार का आग्रह उन्होंने इस बारे में भी किया होता कि अछूतपन उन्मूलन के बगैर कांग्रेस में प्रवेश नहीं, इस तरह का आग्रह वे कर सकते थे। खैर! जहाँ हमें कोई अपना नहीं रहा वहाँ महात्मा गांधी द्वारा दिखाई गई हमदर्दी कुछ कम नहीं है। हम हमदर्दी के आधार पर ही वैकोम के सत्याग्रह से कुछ हल निकाला जाए इस उद्देश्य से स्वयं वैकोम गए थे। और उन्होंने वहाँ ब्राह्मणों के सामने सुलह के लिए तीन सुझाव रखे। उन्होंने कहा : (1) पहली बात जनता को वचन दीजिए, (2) दूसरी बात यह कि जिन शास्त्रों में अछूतपन के बारे में बताया गया है वे सच हैं या झूठ, इसके लिए पंडितों की राय जान लीजिए या (3) त्रावणकोर के दीवान को सरपंच नियुक्त करके चुने गए पंडितों के द्वारा इसका फैसला कीजिए। लेकिन खेद और आश्चर्य की बात यह है कि स्वीकृति के वे तीनों मार्ग वहाँ के ब्राह्मणों ने नामंजूर कर दिए। उन्होंने अछूतों को प्रवेश निषेध का अपना विचार बदलने के लिए कोई अनुकूलता नहीं दिखाई। यही नहीं 'अछूतों के साथ यह अन्याय है' कहनेवाले महात्मा गांधी के सामने सभी शास्त्र रख दिए।

हिन्दुओं के इन शास्त्रों को मैंने नहीं पढ़ा है और उनमें क्या रहस्य छिपा हुआ है, इसकी भी मुझे कोई जानकारी नहीं है किन्तु मेरा यकीन है कि उन शास्त्रों में अछूतपन का विधान किया गया है। किन्तु मुझे ऐसा नहीं लग रहा था कि ये हमारे धर्मपंडित सरेआम इस बात का समर्थन करेंगे कि व्यवहार में अछूतपन का आचरण करना धर्म है। इसका सीधा मतलब यह है कि हम लोगों को या तो सभी धर्मशास्त्रों को जलाकर खाक कर देना चाहिए या शास्त्रों को पढ़कर अछूतपन के समर्थन में जो विधान होंगे वे गलत सिद्ध करने चाहिए। उन विधानों को हम गलत सिद्ध नहीं कर सके तो हम लोगों को अछूतपन अन्त तक भोगते रहना पड़ेगा, इसी प्रकार का यदि हमारे धर्मपंडितों का दुराग्रह हो तो इन शास्त्रों की व्यवस्था एकदम अलग ढंग से करनी जरूरी है। इंग्लैंड में बर्कले नाम का एक बहुत बड़ा दार्शनिक हुआ है। उसका एक ही काम था कि हर तरह की तात्त्विक गुत्थियों से लोगों को उलझन में डालना। और लोग भी उन तात्त्विक गुत्थियों से उलझन में पड़ जाते थे। उस समय एक ख्यातिप्राप्त विद्वान इस बारे में डॉ. जॉनसन की मदद लेने के बहाने उनके पास गया। और उसने बर्कले की एक-एक तात्त्विक गुत्थी पर उनका विश्लेषण जानना चाहा। पास ही एक पत्थर पड़ा हुआ था उस पर कागज रखकर ठोकर मारते हुए डॉ. जॉनसन ने कहा, यह देखिए, मैं

इस तरह से उसकी गुत्थियों को हल करके समझाता हूँ। यही न्याय इन नीच शास्त्रों के सम्बन्ध में उचित है। वास्तव ये सभी शास्त्र जनता को अपमानित करनेवाले हैं। इन (धर्म) शास्त्रों को सरकार को जब्त कर लेना चाहिए था। कम-से-कम उनकी पहरेदारी करनेवाले जब सामाजिक सवाल हल करने की प्रक्रिया शुरू करें तब उन्हें बीच में लाने का प्रयास न करें अन्यथा बड़ी खतरनाक स्थिति पैदा हो सकती है।

सभी लोगों को बराबरी के सम्बन्ध स्थापित करके, समय आने पर एक-दूसरे की सहायता करके, जिससे समाज में मैत्री कायम हो, ऐसा अपना व्यवहार रखना ही समाज संरचना का बुनियादी उद्देश्य है। जिस समय समाज के कुछ प्रबल लोग दूसरों पर जुल्म करने लगें और सामाजिक संगठन का यह उद्देश्य सफल नहीं हो रहा हो, उस समय हड़बड़ाने की बजाय अपने सभी काम छोड़कर जो लोग सत्ता की मस्ती में मदहोश हुए हों उनकी चोटी पकड़कर उन्हें नीचे पटकना ही समाज के हर नागरिक की जिम्मेदारी है। हमारा यह कहना नहीं है कि समाज-व्यवस्था पूरी तरह एक जैसी रखने के लिए सभी लोगों को प्रयास करना चाहिए। हम यह नहीं कहते कि हम दरिद्र हैं इसलिए दूसरों की जायदाद लूटकर उन्हें भी हमारी तरह दरिद्र बना दो। हमारा सिर्फ इतना ही कहना है कि मानव होने के सभी अधिकार हमें प्राप्त होने चाहिए। किन्तु वे अधिकार प्राप्त होने में भी (धर्म) शास्त्रों की रुकावट है। जहाँ इस तरह के अधिकार छीन लिए गए थे वहाँ बड़ी-बड़ी क्रान्तियाँ हुई हैं। फ्रांस के ऊँचे वर्ग के लोगों का निम्न वर्ग के लोगों ने कत्लेआम किया। अमेरिका के काले लोगों को गुलामी से मुक्त करने के लिए छह साल तक अमेरिकी लोगों ने गृहयुद्ध किया था। इस गृहयुद्ध में कई लोग मारे गए यह बात सही है; किन्तु जो मर गए उनका बलिदान बेकार नहीं गया। बल्कि उनमें से जो बच गए उनका जीवन सुधर गया। इस तरह का कोई भयंकर संग्राम हुआ तब कहीं हमें हमारी हड़पी गई इनसानियत वापस मिल सकती है। इस सवाल को फिलहाल अलग रख दिया जाए तब भी एक बात ध्यान में रखनी जरूरी है कि इतना अन्याय, इतना अपमान, इतनी जबर्दस्ती हम पर हो रही है फिर भी हम उसे पशु की तरह बर्दाश्त कर रहे हैं, कुछ नहीं बोल रहे हैं। हमें उससे कोई पीड़ा नहीं है, हममें कोई बदले की भावना नहीं है, कोई चेतना नहीं है। यह बड़े आश्चर्य की बात है। छोटी-सी चींटी पर भी पाँव पड़ जाए तो वह काटती है। किन्तु हम इतने बड़े जानवर हैं फिर भी हमें किसी ने मारा तब भी हममें पलटकर वार करने की भावना पैदा नहीं होती, इसका क्या मतलब है? लेकिन जब हम इन कारणों को खोजने का प्रयास करते हैं तब खास तौर पर दो कारण दिखाई देते हैं—उसमें एक यह है कि हममें चेतना और समझदारी नहीं है। जिनके पास चेतना और समझदारी थी उन्होंने उसके बल पर हम लोगों पर अन्याय किया। और उन्होंने स्वयं ही उस तरह के विधान बनाकर विधान के अनुसार हम लोगों को कैसा बर्ताव करना चाहिए इस तरह की जबर्दस्ती की है। इसी का परिणाम हम लोग आज तक भोगते हुए आ रहे हैं। और हम लोगों ने अपनी जिम्मेदारी को नहीं समझा इसलिए अपने ही पाँव पर कुल्हाड़ी से वार किया है। हमारी इनसानियत की दौलत को दूसरों

ने छीन लिया है। यदि हम लोगों ने समय रहते ही अपनी सुरक्षा का बन्दोबस्त किया होता तो आज हम लोगों को जो अमानवीय जीवन जीना पड़ रहा है वैसी कभी नौबत ही नहीं आती। और इस सुवर्ण भूमि में दाने-दाने के लिए परेशान होकर बेशर्मी से दूसरों के सामने भीख माँगने की नौबत नहीं आई होती। लेकिन अन्याय का प्रतिहार करने के लिए तैयार होने की बजाय हम लोग पुराने रीति-रिवाजों से चिपके रहकर मटियामेट होते जा रहे हैं। अब हममें कोई जान नहीं बची है। हम बेजान बन गए हैं। और ऐसा होने की वजह यही है कि बच्चों के प्रति माँ-बाप की जिम्मेदारी क्या है, इन बातों की ओर हमारे लोगों को जितना ध्यान देना चाहिए था उतना उन्होंने ध्यान नहीं दिया। केवल जिम्मेदारियाँ अपने सिर पर लेने से और उन्हें ठीक से अमल में न लाने की वजह से माँ-बाप बच्चों के विनाश के जिम्मेदार होते हैं। अपने समाज में जो बेमतलब की कई जिम्मेदारियाँ हैं उनमें एक है बाप का अपने बच्चों की शादियाँ करना। शादी करके गृहस्थ की बुनियाद मजबूत होने से पहले ही बच्चे पैदा होने लगते हैं। बच्चों का पालन-पोषण करते हुए कुछ बच्चे और पैदा हो जाते हैं। कुछ बच्चों की शादी होती है तो कुछ बच्चे शादी के लिए तैयार हो जाते हैं। फिर बच्चों के बच्चों की चिन्ता। इस तरह की बातें ऊँची जातियों में भी हैं, किन्तु उनका बुरा प्रभाव हमारे लोगों पर अधिक पड़ता है। इसकी वजह यह है कि वे लोग शादी करने की जिम्मेदारी अपने सिर पर लेते हैं फिर लड़का अपने पाँव पर खड़ा कैसे हो, इसके लिए माँ-बाप पूरा प्रयास करते हैं। उसकी हर तरह की शिक्षा का प्रबन्ध करते हैं। उस पर घर-गृहस्थ का बोझ, सन्तानोत्पत्ति के बाद सन्तान के लालन-पालन की जिम्मेदारी के सारे साधन मुहैय्या किए जाते हैं। किन्तु हमारे लोग बच्चों की शादी करने के अलावा कुछ नहीं करते। पहली बात तो कर्ज लेकर शादी करते हैं, लड़का अनपढ़ होने की वजह से उसमें स्वतन्त्र रूप से कमाई करने की ललक नहीं होती इस वजह से वह पहले ही कर्ज में दब जाता है और फिर अपने परिवार की ढंग से देखभाल नहीं कर सकता। इसी दरमियान बच्चे हो जाने से उस पर परिवार का बोझ अधिक बढ़ जाता है। बच्चों को अच्छी तालीम देकर उन्हें अपनी स्थिति से अच्छी स्थिति में लाने की उसकी हैसियत नहीं होती। वह बच्चों की शिक्षा की उचित व्यवस्था किए बिना ही अनपढ़-अबोध बच्चों को काम पर लगा देता है। और उनकी कमाई पर अपना घर चलाता है। बच्चों की शादी करने में ही बाप का दीवाला निकल जाता है। लेकिन इस पर भी उसे कोई अक्ल नहीं आती। बल्कि वह अपने बच्चों को उसी कालकोठरी में धकेलने की कोशिश में रहता है जिसमें वह स्वयं रहता है और पूरी तरह तबाह हो जाता है।

जिस तरह से हमारे समाज में माँ-बाप लड़कों का नुकसान करते हैं उसी तरह वे अपनी लड़कियों का भी नुकसान करते हैं। लड़कों की बचपन में शादी कर देने से जिस तरह समाज का नुकसान होता है उससे भी ज्यादा नुकसान लड़कियों को देवदासी बनाने से होता है। इस देश में प्राचीनकाल से हिन्दू देवताओं को छोटी बच्चियाँ समर्पित करने की जो परम्परा है उसका फैलाव कुछ इलाकों के हमारे लोगों में अधिक है। शायद

पहले जमाने में यह रिवाज सद्भावना से प्रेरित रहा होगा लेकिन आज के समय में देवदासी का मतलब है दुनिया की भोगदासी। उसका काम है अपनी काया को बेचकर अपने रिश्तेदारों का पेट पालना। यह देवदासी बनाने का रिवाज जहाँ है वहाँ उसकी जड़ें इतनी गहरी हैं कि इस परम्परा को माननेवाले लोग कानून की भी परवाह नहीं करते। ये लोग अपनी लड़कियों के ही दुश्मन नहीं हैं, वे समाज के भी दुश्मन हैं। क्योंकि इनके व्यवहार का सीधा असर समाज की आद्यसंस्था मतलब परिवार व्यवस्था पर पड़ता है। एक पत्नी और एक पति की परिवार प्रणाली उचित है। परिवार अपनी संतति का संरक्षण और पालन करने के लिए समाज द्वारा स्थापित एक संस्था है। इस संस्था को चलानेवाले पति-पत्नी जितने ज्यादा शुद्ध, सात्विक, और स्वाभिमानी होंगे उतनी ही उनसे पैदा होनेवाली सन्तान शुद्ध, सात्विक और स्वाभिमानी होगी। एक महिला के कई पति होना या एक आदमी की कई औरतें होना, इस तरह की पारिवारिक प्रणाली बहुत गलत है।

आज हम लोग मानसिक दुर्बलता की वजह से दूसरों के गुलाम बन गए हैं, उसकी वजह यही है कि जिनके हाथों में हमारा भविष्य है उनको अपनी जिम्मेदारी की पहचान नहीं है। यदि यह पहचान उन्हें होती तो हमारी इस तरह की हालत न हुई होती। लोग हमारे साथ गुलामों की तरह व्यवहार करते हैं। यह बड़े अफसोस की बात है। किन्तु हमारे अज्ञानी माँ-बाप बगैर सोचे-समझे अधिक बच्चे पैदा करके गुलामों की सन्तानें पैदा कर रहे हैं, यह कितनी खतरनाक बात है।

दोस्तो, हम लोग कहते हैं कि हमारी हालत बहुत खराब है, लोग हमारे साथ बड़ा गलत व्यवहार करते हैं, ये सभी बातें बिल्कुल सही हैं। किन्तु इस अन्याय को कैसे समाप्त किया जाए? आपको स्वीकार करना पड़ेगा कि एक बार लादी गई व्यवस्था की गुत्थियाँ हल करने का सही उपाय यही है कि जो पुरानी परम्पराओं के रंग में रँगे हुए हैं उन्हें जाग जाना चाहिए और अपनी असली शक्ति को पाना चाहिए। दिन-रात इन बुराइयों का मुकाबला करके, उनसे अधिक ज्यादा ताकतवर होकर उन्हें उनके वर्चस्व से हटा देना चाहिए। इस प्रकार की अक्ल और शक्ति हम लोगों में कब और कैसे आएगी, यही आज का सबसे महत्त्वपूर्ण सवाल है। जिन कारणों से हम लोगों में अक्ल और शक्ति नहीं है वे सभी ऊँची जातियों के दबाव की वजह से पैदा नहीं हुए हैं और मान लीजिए कि हों भी तब भी उन्हें कुछ को नष्ट करना हमारे हाथ में नहीं है, ऐसी बात नहीं है। हमारे लोगों को जितना घटिया किस्म का भोजन करना पड़ता है उसका शायद ही अन्य और किसी को खाना पड़ता होगा। लेकिन इसके लिए हमारे लोगों ने क्या कभी कोई शिकायत की है? बल्कि इनमें कई लोग आज भी टुकड़ों पर पलने में बड़ा गर्व महसूस करते हैं। अन्य लोग अच्छे कपड़े पहनकर घूमते हैं और अपने लोगों को एक तहमद, एक कम्बल और एक मोटे मटमैले पाँच हाथ लम्बे फेडे से अधिक कुछ नहीं मिलता। किन्तु इस गरीबी के विरोध में क्या अपने लोगों ने अपना विरोध व्यक्त किया है? बल्कि मरे हुए मुर्दे के कफन का कपड़ा लाने में हमें खुशी होती है। सरकारी

दरबार में कोर्ट-कचहरियों में हमें नहीं जाने दिया जाता। हमारे लोगों से उनके हक़ों को छीन लिया गया है, उन्होंने इस बारे में कोई शिकायत नहीं की है। बल्कि ऊँची जाति के किसी आदमी ने अपनी इनसानियत के आधार पर उन्हें ऊपर बैठने के लिए कहा तो हमारा आग्रह होता है कि, 'सरकार, आप हमें अपनी जूतियों के तले ही रहने दीजिए।' इस मानसिक दुर्बलता के लिए क्या हम कुछ भी जिम्मेदार नहीं हैं, माँ-बाप का अपनी जिम्मेदारी को निभाते हुए कर्ज लेकर बच्चों की शादियाँ करना या लड़कियों को देवदासी बनाकर उनकी कमाई पर अपना परिवार चलाना आदि बातों को गलत मानकर छोड़ दिया और उन्हें पढ़ाया-लिखाया तो क्या हमारी यह हालत रहेगी? क्या इन बातों को करना हमारे हाथ में नहीं है! यदि ये बातें हम अमल में लाएँ तो क्या इसमें कोई रोक सकता है? दोस्तो, हमेशा पुराने को सही मानते रहना गलत है। जो बाप ने किया वही बच्चों को भी करना चाहिए, यह परम्परा गलत है। बदलते समय के मुताबिक परिस्थिति में भी बदलाव आना चाहिए। हमारे आचार-व्यवहार में भी परिवर्तन आना चाहिए। यदि हम लोगों ने वैसा नहीं किया तो हम परिस्थिति का मुकाबला करने के बिलकुल लायक नहीं रहेंगे। केवल भगवान के भरोरो रहने से कोई लाभ होनेवाला नहीं है। बदलते समय के अनुसार अपने हाथ से जितना काम हो उतना जरूर करना चाहिए। यदि हम लोगों ने वैसा नहीं किया तो समय तो बदल जाएगा लेकिन हम वहीं के वहीं रह जाएँगे। बगैर रचनात्मक कामों के हमारा बहुत सारा समय फिजूल बीत चुका है। अब और ज्यादा समय गँवाना अपने लिए और भी खतरनाक साबित हो सकता है। इस प्रकार के अपने लोगों में शिक्षा का कोई खास प्रसार नहीं हुआ है। इस प्रदेश के तम्बाकू का सबसे बड़ा धन्धा हम लोगों के हाथ में है और वह इतना फैला हुआ है कि हर एक ने एक बड़ी टोकरी पर आठ आने भी दिए तो प्रतिवर्ष पाँच-छह हजार रुपए इकट्ठा हो सकते हैं। यदि यह बात अमल में लाई गई तो इस प्रदेश में 20 बच्चों का छात्रावास अच्छी तरह चल सकता है, ऐसा मैं सुन रहा हूँ। मेरे सुझाव को यहाँ के स्थाई नेताओं को ध्यान में रखना चाहिए, यही मेरी उनसे प्रार्थना है। यदि उन्होंने मेरी बात पर गौर किया तो इस सभा के आयोजन के पीछे आय का जो उद्देश्य है वह सफल हुआ, ऐसा मैं मानता हूँ।

# लगान का सवाल

*पूना से प्रकाशित 'दैनिक केसरी' के लेख पर डॉ. बाबासाहेब अम्बेडकर की प्रतिक्रिया। **यह प्रतिक्रिया दि. 18 अगस्त 1925** को 'केसरी' में प्रकाशित हुई–*

'केसरी' के 28 जुलाई के अंक में 'लगान कितना लेना चाहिए?' इस शीर्षक से जो अग्रलेख प्रकाशित हुआ है, उसे पढ़कर मेरे मन में जो विचार आए हैं उन्हें केसरी के पाठक वर्ग के सामने रखना उचित होगा। इस उद्‌देश्य से मैं अपनी यह प्रतिक्रिया प्रकाशित करने के लिए भेज रहा हूँ।

भारत की दरिद्र अवस्था की मीमांसा करते समय जो विवाद पैदा होता है उसके कई कारण दिए जाते हैं, उसमें लगान की विद्यमान प्रणाली एक महत्त्व का कारण है, ऐसा कहनेवाले कई लोग हैं। और उन लोगों में भी दिवंगत बाबू रमेशचन्द्र दत्त जैसे लोग हैं जिनकी इस विषय के गहरे अध्ययन के सम्बन्ध में अच्छी ख्याति है। इससे इस बात की सच्चाई का पता चलता है कि यह कारण कितना सही है। इस विवाद में खास तौर पर दो मुद्‌दों पर ज्यादा बल दिया गया है ऐसा लगता है। पहला मुद्‌दा यह है कि सरकारी लगान का प्रमाण खेती की उपज के हिसाब से इतना ज्यादा है कि लगान देने के बाद किसानों की झोली में अपने निर्वाह के लिए कुछ भी शेष नहीं रहता और उसी की वजह से किसान हमेशा अकाल से जूझता रहता है। यह एक मुद्‌दा है। इसी वजह से लगान कितना लेना चाहिए, यह सवाल खड़ा होता है। दूसरा मुद्‌दा यह है कि लगान खेती की उपज से प्रमाणबद्ध होने के बावजूद भी उसका भुगतान उपज की आमदनी पर निर्भर नहीं है। मतलब किसान को यदि उपज से आमदनी नहीं हुई तब भी निधारित लगान तो उसे देना ही पड़ता है। सरकार मेहरबान होकर यदि माफ कर दे तो दूसरी बात है। अन्यथा, खेती में अनाज की उपज हो या न हो, किसान की लगान से मुक्ति नहीं है। उसी प्रकार सरकार को पैसे की गरज हो या न हो, हर साल लगान तो वसूल किया जाता ही है। इसी मुद्‌दे को मद्‌देनजर रखते हुए सवाल पैदा होता है कि लगान मुआवजा है या कर है।

इन दो मुद्‌दों पर ही तहलका मचा हुआ है। किन्तु मेरी राय में इन दो मुद्‌दों के अलावा और एक तीसरा मुद्‌दा है और वह इन दोनों से ज्यादा महत्त्वपूर्ण है। इस तीसरे मुद्‌दे से जो सवाल पैदा होता है, वह यह है कि लगान किस पर लगाया जाए? वह खेती की उपज पर लगाया जाना उचित है, यह बात इतनी आम हो गई है कि

यह सवाल विवाद के लिए उपस्थित किया जाए, ऐसा किसी को नहीं लगता। इसका प्रत्यक्ष प्रमाण आपके अग्रलेख में ही देखने को मिलता है। उसमें प्रारम्भ में ही आपने कहा है कि, "जमींदार को दिए जानेवाले मुआवजे के आधार पर लगान तय न किया जाए ऐसा यदि कहा जाए तो वह किस आधार पर तय किया जाए इस बात का जवाब देना होगा। यह जवाब एक दृष्टि से कमेटी के पहले ही सवाल के जवाब में है। और उसे सरकार ने भी सिद्धान्त रूप में कबूल कर लिया है। लैंड रेव्हेन्यू कोड के 107वें कॉलम में लगान तय करते समय खेती उपज भूमि की उपज को ध्यान में रखना चाहिए, ऐसी व्यवस्था है। और वह कॉलम हम सभी को मंजूर है। इस तरह का जवाब अधिकांश गवाहों ने दिया है। इस कॉलम के बंधन से निकलने का सरकार का प्रयास शुरू है, ऐसा खुल्लमखुल्ला दिखाई दे रहा है। फिर भी यह कॉलम बरकरार रखना चाहिए और आवश्यकता हो तो उसके शब्दों को और भी स्पष्ट और सरल करना चाहिए। इसी प्रकार की अधिकांश गवाहों की राय है, इसलिए कृषि भूमि के सिर्फ उपज के अंदाज पर लगान निर्धारण करना चाहिए। इस सम्बन्ध में कमेटी में विशेष मतभेद होगा ऐसा नहीं दिखाई दे रहा है।" मेरी राय में कृषि भूमि की उपज पर लगान लगाना बहुत ही गलत और अन्याय है। पहली बात तो यह है कि कृषि भूमि की उपज-आमदनी तय करना आसान काम नहीं है। खर्च को घटाकर जो बचेगा वही आमदनी, इस प्रकार का सीधा गणित लगाया जाए तब भी खर्च और आमदनी का प्रमाण सभी जगह एक जैसा नहीं है। कभी-कभी समान मात्रा में आमदनी के लिए असमान मात्रा में खर्च करना पड़ता है। जहाँ ऐसी स्थिति है वहाँ आम तौर पर खर्च पर निश्चित आमदनी निर्धारित करना गलत होगा। किन्तु इस बात को छोड़ दिया जाए तब भी लगान कृषि भूमि के प्रति एकड़ आमदनी पर निर्धारित किया जाता है, इसीलिए हजारों एकड़ भूमि पर अनाज पैदा करके 2,000 रुपया कमानेवाला लखपति साहूकार और कुल एक एकड़ भूमि को बो करके 20 रुपया कमानेवाला किसान ये दोनों सरकार को बराबर लगान चुकाते हैं। इस लगान का प्रमाण 25 प्रतिशत मान लिया जाए तो साहूकार कुल मिलाकर 500 सौ रुपए का लगान देता है किन्तु बेचारे छोटे किसान को 5 रुपया देना पड़ता है। क्या इसे न्याय कहा जाएगा?

कर-बोझ के सम्बन्ध में जो नियम विशेषज्ञों ने स्वीकार किए हैं उनमें से एक नियम इस प्रकार का है कि कर का प्रमाण कर देनेवाले की सामर्थ्य के अनुसार होना चाहिए। और सामर्थ्य तय करते समय धन्धे की आमदनी के आधार पर उसे तय नहीं करना चाहिए बल्कि व्यक्ति की हैसियत से तय करना चाहिए। क्योंकि परिवार की भिन्न स्थिति की वजह से ही समान आमदनी होने के बावजूद भी हैसियत एक जैसी ही है, ऐसा कहना गलत होगा। यह नियम अमल में लाना हो तो हैसियत पर कर लगाना पड़ेगा और इतना ही नहीं, हैसियत के बढ़ने के साथ ही कर की मात्रा भी बढ़ानी पड़ेगी क्योंकि जिसकी हैसियत ज्यादा उसी मात्रा में उसकी शक्ति ज्यादा, इस नियम के अनुसार यदि अपने यहाँ लगान प्रणाली की जाँच-पड़ताल की जाए तो उससे सरेआम अन्याय हो रहा

है इस बात से कोई इनकार नहीं कर पाएगा। चूँकि उत्पादन की दृष्टि से या निर्वाह की दृष्टि से देखा जाए तो यह बात साफ है कि, 2,000 रुपयों में से 500 रुपया घटा दिए गए तो साहूकार की आर्थिक हालत खराब नहीं हागी। किन्तु वहीं छोटे किसानों के 20 रुपयों में से 5 रुपए घटा दिए गए तो उसकी व्यवसाय में वृद्धि नहीं होगी बल्कि उनके पेट की भूख भी शान्त नहीं होगी। मतलब कर का समप्रमाण होने से ही यह अन्याय हो रहा है यह बात सही है। देखा जाए तो साहूकारों की बढ़ती हैसियत और आमदनी से उन्हें जो कर देना है वह बढ़ते प्रमाण में होना चाहिए। जब तक ऐसा नहीं होता तब तक साहूकार या जमींदार और सामान्य किसानों के बीच न्याय नहीं हो सकता।

उपर्युक्त नियम के अलावा विकसित राष्ट्रों की कर-प्रणाली में दूसरा एक सर्वसामान्य नियम दिखाई देता है। वह नियम यह है कि कर देना हर नागरिक की जिम्मेदारी है तब भी सभी से एक जैसा कर वसूल करना राष्ट्रीय दृष्टि से लाभकारी नहीं है। सभी की आर्थिक स्थिति समान हो यह सिद्धान्त आज भी सभी को स्वीकार नहीं है। तब भी किसी की आर्थिक स्थिति का निश्चित सीमा के नीचे होना यह बात राष्ट्र के उत्थान के लिए खतरनाक है। इस बात को सभी ने स्वीकार किया है। इस सिद्धान्त के अनुसार हर नागरिक को सरकार को कर देना चाहिए। यह जो नियम है इसमें एक महत्त्वपूर्ण परिवर्तन किया गया है। उस परिवर्तन के अनुसार जिसकी हैसियत निश्चित एक सीमा के नीचे हो उसे कर के बन्धनों से अलग रखा जाता है। मतलब उसे छूट दी जाती है। किन्तु अपने यहाँ लगान की प्रणाली में इस नियम का कोई महत्त्व नहीं है। लगान की प्रणाली में गरीब और अमीर दोनों को एक जैसा देखा गया है। जो लोग पहले ही दरिद्रता से उत्पीड़ित हैं उन पर पुनः कर-बोझ लादना डूबनेवाले आदमी को लात मारकर डुबाने जैसी खतरनाक और अमानवीय बात है। किन्तु अचरज इस बात का है कि ऊपर जिन नियमों का उल्लेख मैंने किया है वे नियम अपने यहाँ के कामकाज प्रणाली के गुणदोषों की जिम्मेदारी जिन पर है उन्हें मालूम नहीं ऐसी बात नहीं है। क्योंकि अपने देश में आमदनी के जो अन्य पहलू हैं उन सभी पहलुओं पर वे नियम लागू कर दिए गए हैं। इसका प्रमाण अपने यहाँ इन्कमटैक्स का कानून है। यह होते हुए भी कृषि पर उन नियमों को लागू करने की वजह क्या है, क्या यह कोई बता सकेगा? कृषि और अन्य चीजों के बारे में इस तरह का भेदभाव हो और उसकी तरफ किसी का भी ध्यान न हो, इतना ही नहीं जो भेदभाव बरता जा रहा है वह सही और उचित है अगर यह जानकारों की राय है तो यह बात किसानों के लिए घातक नहीं तो और क्या है? मेरी राय में लगान प्रणाली के घातक परिणामों को यदि हम नष्ट करना चाहते हैं तो हमें कृषि उपज पर कर लगाने की जो बात लैंड रेव्हेन्यू कोड, कॉलम 107 में सिद्धान्त रूप में कही गई है उसे नकारना होगा। और उसकी जगह लगान को इन्कमटैक्स कानून में मर्ज कर देना होगा। कृषि उपज पर कर लगाना यह गलत सिद्धान्त सभी जगह क्यों और कैसे हटा दिया गया इस बात का विश्लेषण प्रो. सेलीगमन ने एक जगह किया है।

उसमें स्टेट पर कर लगाने की बजाय केवल उपज पर कर लगाने की परम्परा कैसे निर्माण हो रही है, इस बात का विश्लेषण किया गया है।

अपने यहाँ इस तरह का परिवर्तन लाना हो तो हमें अपने इन्कमटैक्स एक्ट के कॉलम 4, उपकॉलम 3-8 को समाप्त करना जरूरी है। और वही बात कॉलम 6 में 7 के नाम से जोड़ देनी चाहिए। यदि ऐसा हुआ तो चार महत्त्वपूर्ण फायदे होंगे–(1) कृषि का कर कृषि की उपज पर लगाने के बजाय किसान की हैसियत पर लगाया जाएगा, (2) कर का चढ़ता प्रमाण लागू होने से गरीब और अमीर किसानों के बीच जो अन्याय होता है वह नहीं होगा। (3) कम-से-कम आमदनी की हैसियत की सीमा के भीतर के किसानों की कर के बोझ से मुक्ति होगी। (4) और जमीन महसूल प्राप्ति की दृष्टि से जमाबन्द रहने की बजाय उसकी आमदनी में एक तरह का लचीलापन आएगा।

इसके अलावा और भी एक महत्त्वपूर्ण फायदा होगा, ऐसा कहने में कोई गलत बात नहीं होगी। सभी को मालूम है कि सुधार का फायदा होने तक लगान जैसी बात पूरी तरह से कार्यकारी मन्त्री के अधिकार की बात है ऐसा मान लिया जाता था। किन्तु सुधार का कानून जब से बना वह बात विधिमंडल के अधिकार क्षेत्र में होनी चाहिए, यह तय हुआ है। किन्तु वह किस तरह से हो सकती है यह गम्भीर सवाल है। मैंने जो योजना सुझाई है वह यदि अमल में आई तो यह सवाल अपने आप हल हो जाएगा। क्योंकि कृषि भी इन्कमटैक्स की अन्य बातों की तरह विधिमंडल के अधिकार क्षेत्र में आ जाएगी। अब लगान को राज्य विधिमंडलों के अधिकार में दे दिया गया है इसलिए उसमें और उस पर लागू होनेवाले प्रमाण की सारणी में परिवर्तन करने का अधिकार राज्य विधिमंडलों को है, इस प्रकार का एक कॉलम उस कानून में या डिव्होल्यूशन के नियम में जोड़ दिया गया तो सारा उद्‌देश्य सफल हो जाएगा।

अब शायद ऐसा सन्देह हो सकता है कि किसानों को इस तरह से छूट देने में सरकार की हानि होगी। छूट देना यह यदि न्यायोचित है तो इससे भी सरकार का नुकसान होगा फिर भी छूट न देना समझदारी की बात नहीं होगी। किन्तु छूट देने से नुकसान होगा इस तरह डरने की कोई आवश्यकता नहीं है। कर का परिणाम बढ़ते रहने की वजह से अमीर किसान की ओर से आज की अपेक्षा ज्यादा कर लिया जाएगा और गरीब किसानों को दी जानेवाली माफी से जो नुकसान होगा वह भरपाई से निकलेगा। इसके अलावा इन्कमटैक्स की हैसियत के अनुसार जो कम-से-कम सीमा तय की गई है वही सीमा कृषि के बारे में रखने की आवश्यकता नहीं है। उससे कम सीमा तय की गई तब भी चलेगा। यही नहीं, इन्कमटैक्स ने अन्य बातों पर जो परिमाण लगाया है उससे कम ज्यादा परिमाण कृषि सम्बन्धी बातों पर लगाया तब भी विशेष अन्याय नहीं होगा। क्योंकि जिस प्रकार हैसियतदार वर्गीकरण करके अलग-अलग वर्ग पर अलग-अलग कर लगाना गलत नहीं होता, उसी प्रकार हैसियत से सम्बन्धित बातों का वर्गीकरण करके अलग-अलग बातों पर अलग-अलग कर लगाना कुछ गलत नहीं है। इस प्रकार का फर्क उन्नत राष्ट्रों की कर-प्रणाली में किया गया है इस बात को हम

जानते हैं। इस प्रकार का परिवर्तन अपने देश में लगान की प्रणाली में किया गया तो घाटा नहीं होगा बल्कि न्याय होगा और गरीब किसानों पर कर के बोझ से आनेवाला खतरा टल जाएगा।

इस तरह का परिवर्तन लाने के लिए एक बात की जरूरत है और वह यह कि किसानों के सम्बन्ध में अपना दृष्टिकोण सबसे पहले बदलना होगा। लगान किस चीज पर लगाना चाहिए इस सवाल के सम्बन्ध में ध्यान रखनेवाली बात यह है कि विद्यमान प्रणाली के अनुसार लगान प्रति एकड़ जमीन पर लगाया गया कर है। किसान लगान देता है यह सही होने के बावजूद भी देखा जाए तो वह लगान जमीन से लिया जाना चाहिए। लगान किसान पर नहीं बल्कि वह जमीन पर लगाया गया है, ऐसी मेरी मान्यता है। किन्तु परिवर्तित प्रणाली का दृष्टिकोण इससे उलटा है। इस प्रणाली में लगान जमीन पर नहीं लगाया गया है बल्कि जमीन बोनेवाले के कुल मजदूर पर लगाया जाता है। इस प्रणाली के अनुसार वस्तु कर नहीं देती, व्यक्ति कर देता है, इस प्रकार का इस परिवर्तित दृष्टिकोण का संकेत है। इसलिए इस परिवर्तित प्रणाली में न्याय-अन्याय की बात सोचनी पड़ती है। अपनी असंस्कृत प्रणाली में वस्तु कर देती है ऐसा समझा गया है। इसलिए न्याय-अन्याय, सही और गलत का सवाल ही नहीं उठता। क्योंकि नीति का सवाल सिर्फ मानवीय व्यवहार में ही है। जड़ वस्तुओं के सम्बन्ध में इस तरह की बात कोई महत्त्व नहीं रखती। इसलिए वस्तु पर मतलब जमीन पर कर लगाना आदि आदमी पर मतलब किसान पर कर लगाना ये दो अलग-अलग बातें हैं। पहली बात गलत है और दूसरी बात सच है। यह समझ परिवर्तन के राह की पहली सीढ़ी है। यह बात समझ में आई तो आगे का रास्ता आसान बन जाएगा। यह महत्त्वपूर्ण फर्क सामान्य लोगों के ध्यान में नहीं आया किन्तु वह विशेषज्ञों के भी ध्यान में आया हो इसकी मुझे जानकारी नहीं है। यह फर्क मैंने लैंड रेव्हेन्यू कमेटी के नवनियुक्त सदस्य श्री प्रधान को एक बार समझाया था। अपने नएपन की वजह से इस बारे में उनकी जिज्ञासा और भी बढ़ गई और उन्होंने मुझे इस बात से आश्वस्त किया था कि इस सम्बन्ध में अपने विचार कमेटी के सामने रखने का मौका मुझे मिलेगा। किन्तु कुछ कारणों से उन बातों को वे अमल में नहीं ला पाए। फिर भी जो विचार कमेटी के सामने रखने का मौका मुझे नहीं मिला उन विचारों को मैं आपके अखबार के माध्यम से जनता के सामने रख रहा हूँ।

[ पूना से प्रकाशित होनेवाले दैनिक 'केसरी' 18 अगस्त, 1925 में प्रकाशित।
पुनर्मुद्रण : 'अस्मितादर्श', जनवरी-फरवरी-मार्च, 1993 ]

# मैं अपने अन्धे लोगों का सहारा हूँ

*मई, 1926 को रहिमतपुर, तह. कोरेगाँव, जि. सतारा में सतारा जिला महार परिषद् का आयोजन किया गया था। इस परिषद् में सतारा जिले के कुछ सवर्ण हिन्दू समाज के लोग भी उपस्थित थे। इस परिषद् में यह भी एक प्रस्ताव था कि अछूत समाज के लायक व्यक्ति को जे.पी. बनाया जाए। सवर्ण हिन्दू समाज के सोमण वकील ने अंग्रेजों के साथ असहयोग के नाम पर इस प्रस्ताव का विरोध किया। इसका जवाब देते हुए डॉ. अम्बेडकर ने अपने भाषण में कहा–*

हिन्दू समाज के सफेदपोश लोगों ने और खास तौर पर ब्राह्मण लोगों ने अपने ही देश के भाइयों को धर्म के नाम पर अपने पाँवों तले रौंदा और यही लोग हिन्दू, मुस्लिम और अंग्रेज राजकर्ताओं के पाँव चाटकर ऐशोआराम की जिन्दगी बसर करते आ रहे हैं। इन्हीं लोगों ने अपने स्वार्थ के लिए अपने धर्म के भाइयों को और देश के भाइयों को विदेशियों की और अपनी दासता में जकड़कर रखा। इस गुलामी को उन्होंने ही पाँच सौ साल तक बरकरार रखा और अब यही लोग सरकारी गुलामी के विरोध में बकवास कर रहे हैं। यही लोग कांग्रेस के झंडे के तले इकट्ठा होकर राजनीतिक स्वार्थ के लिए आत्मबलिदान करने के लिए तैयार हैं। यही लोग अछूतों को सामाजिक और धार्मिक समानता देने के लिए तैयार हैं। इन लोगों ने सम्पूर्ण देश और जनता का भी सबसे ज्यादा नुकसान किया है। मेरी बात को कोई ऐतिहासिक प्रमाणों की जरूरत हो तो वह प्रस्तुत करने के लिए मैं तैयार हूँ। यदि यहाँ किसी को यह कहना हो कि मेरा यह कहना गलत है तो वह यहाँ आकर अपनी बात कह सकता है। उसके सवालों का जवाब देने के लिए मैं तैयार हूँ। जैसे-जैसे अछूतों के हाथ में सत्ता और दौलत आएगी वैसे-वैसे उनका विकास होगा। जे.पी. होना और विधायक होना ये विकास की स्थितियाँ पैदा करने के साधन हैं। और उन साधनों को हम लोगों को अपने हाथों में लेना चाहिए। यदि कुछ लोग ऐसा कहते हों कि उन साधनों को आप लोग मत अपनाइए, यदि ऐसा सोमण जैसे लोग कहते हों तो वे हमारे लोगों को गुमराह कर रहे हैं और हम जिस हालत में हैं उसी हालत में रखने का षड्यन्त्र कर रहे हैं। इन लोगों ने हमारे जात भाइयों को पिछले पाँच हजार सालों में बहुजन (अब्राह्मण) समाज को और अछूतों को कई तरह के दाँवपेचों से सताया है। उनके जात भाइयों ने पुराण आदि धर्मशास्त्रों में लिखा है कि आप लोगों को धार्मिक हक़ नहीं हैं, आप लोग ब्राह्मणों से नीच हैं, और इन बातों

को उन्होंने राजकर्ताओं के द्वारा अमली रूप दिया। अब वे लोग कहते हैं कि, "देश का अभिमान तो सिर्फ ब्राह्मणों के सत्गुण पर निर्भर है। इसीलिए ब्राह्मण लोग देश के लिए जेल जाना, आत्मबलिदान और फाँसी की सजा बर्दाश्त करते आ रहे हैं।" यदि बहुजन और अछूत सजा भोगने के लिए आगे आने लगे तो यही ब्राह्मण लोग कहेंगे कि, "तुम लोगों को राजनीति की समझ नहीं है।" सरकारी नौकरियों में अधिकांश महत्त्वपूर्ण पद ब्राह्मणों के हाथों में ही हैं। उन पदों को पाने के लिए बहुजन और अछूत समाज के लोग तैयारी करने लगे तो यही ब्राह्मण लोग कहेंगे कि इन पदों पर विराजमान होने के लिए तुम लोग लायक नहीं हो। कहने का मतलब यह है कि धर्म, राजनीति आदि क्षेत्रों में भी हम ही लायक हैं और बाकी सभी नालायक हैं, ऐसा समझकर ब्राह्मण लोग आज तक इस तरह का बर्ताव करते आए हैं। हम उनकी मानसिक मुँहजोरी और बौद्धिक व्यभिचार को घबराकर उनके गुलाम बनकर चुपचाप बर्दाश्त करते आए हैं। किन्तु इन दोनों समाजों को अपनी गलती समझ में आई और यदि इन दोनों समाजों ने अपने उत्थान के लिए आन्दोलन चलाया तो वे इस सफेदपोश वर्ग की दासता से आसानी से मुक्त हो जाएँगे। किन्तु यह होना आसान नहीं है क्योंकि मराठा आदि लोग सत्यशोधक विचारों की कितनी भी गप्पें हाँकते हों तब भी वे आज भी मन से और बुद्धि से ब्राह्मणी विचारधारा के गुलाम हैं।

हमारा अछूत समाज मराठा आदि लोगों के मुँह की ओर देखता आ रहा है। मैंने इस समाज को हमेशा यही कहा है कि आप लोगों को किसी की भी दासता स्वीकार नहीं करनी चाहिए। मैं दिलो-दिमाग से ब्राह्मणों की दासता से मुक्त हो गया हूँ। मैंने उस जाति की हर चतुराई को जान लिया है। समाज पर हमेशा अपना वर्चस्व रहे इसके लिए इस जाति का एक ही काम है कि लोगों को हमेशा गुमराह करते रहना। इस जाति की बौद्धिक चालाकी को लोगों के सामने रखकर अछूतों को उनसे हमेशा के लिए दूर रखना मेरी नैतिक जिम्मेदारी है, ऐसा मैं मानता हूँ। क्योंकि मैं अपने अन्धे लोगों का सहारा हूँ, उनके हाथ की लकड़ी हूँ। इस लकड़ी के सहारे मेरी जनता अपने उत्थान की राह खोजने लगी तो वह सोमण जैसे मूर्ख और घातक लोगों द्वारा तैयार किए गए गड्ढे में नहीं गिरेंगे।

# चेतना की आग को बुझने न दीजिए

*__दि. 19 और 20 मार्च 1927__ को महाड में कुलाबा जिला बहिष्कृत परिषद् आयोजित की गई थी। इस परिषद् में गं.नि. सहस्त्रबुद्धे, अनंत चित्रे, सिताराम शिवलरकर, बालाराम अम्बेडकर, पी. एन. राजभोज, शान्ताराम उपशाम, मोरे, रामचन्द्र शिंदे, धोंडीराम गायकवाड, शिवराम जाधव आदि मान्यवर उपस्थित थे। परिषद् 19 मार्च को शुरू हुई। डॉ. अम्बेडकर इस परिषद् के अध्यक्ष थे। उन्होंने अपने अध्यक्षीय भाषण में कहा–*

भाइयो तथा सज्जनो,

आज आप लोगों ने मेरा जो अभिनन्दन किया है उसके लिए मैं आपका आभारी हूँ। इस परिषद् की अध्यक्षता मैं करूँ, इस तरह का आग्रह जब मुझसे किया गया उस समय मैं अपने स्वभाव के अनुसार इसे टालने की बात सोच रहा था, किन्तु मैं उसे टाल नहीं सका और यदि टालने की कोशिश करता तो लोगों में असन्तोष पैदा होता, यह सोचकर ही मैंने ना करने की बजाय अपनी अन्तःप्रेरणा से ही इस जिम्मेदारी को स्वीकार किया है। और आज मैं आपके सामने खड़ा हूँ।

सज्जनो, आज यहाँ आने में मुझे एक तरह से बड़ी खुशी हो रही है। किसी को अपने जन्मस्थान के बारे में अभिमान न भी हो तब भी प्रेम तो होता ही है। मेरे पिता पेंशन लेने के बाद स्थाई रूप से रहने के उद्देश्य से दापोली में आ बसे थे। मैंने अपनी पढ़ाई का पहला पाठ दापोली के स्कूल में ही पढ़ा है। किन्तु परिस्थितिवश जब मैं पाँच-छह साल का था उस समय हमने घाट की तराई छोड़ दी और घाटमाथे में मेरा बाकी जीवन बीता है। आज 25 साल बाद मैं घाट की तराई में उतर रहा हूँ। जिस प्रदेश को प्रकृति ने अपने सौन्दर्य से सजाया है उस प्रदेश में अपना कदम रखने में हर किसी को खुशी ही होगी। जिसकी जो मातृभूमि है उससे उसे प्रसन्नता हुई तो इसमें कोई आश्चर्य की बात नहीं है। किन्तु आज इस मौके पर मुझे जितनी प्रसन्नता हो रही है उतना ही खेद भी है, यह कहने में मुझे कोई संकोच नहीं है। किसी समय इस प्रदेश में अधिकतर सरकारी अधिकारी अछूत समाज के थे। उसी प्रकार सफेदपोश लोगों की अपेक्षा बाकी समाज से अछूत समाज शिक्षा में आगे था।

यह उत्थान जिन कारणों से हुआ था उसमें फौज की नौकरी एक महत्त्वपूर्ण कारण थी। अंग्रेज सरकार की सत्ता शुरू होने के पहले अछूतों को अपने उत्थान के

लिए कितना अवसर प्राप्त था, इस बारे में आज निश्चित तौर पर कुछ नहीं कहा जा सकता। किन्तु उस समय अछूतपन की भावनाएँ इतनी बलवती थीं कि अछूतों को चलते समय अपनी छाया सवर्णों पर न पड़ जाए इस डर से उन्हें दूर से घूमकर जाना पड़ता था। उनके थूक से रास्ता नापाक न हो इस डर से उन्हें गले में हंडी टाँगकर घूमना पड़ता था। और पहचान के लिए हाथ की कलाई पर काला धागा बाँधना पड़ता था। जब अंग्रेज लोगों ने यहाँ अपना कदम रखा तब कहीं इस इलाके के अछूत लोगों को सिर उठाने का मौका मिला। इस मौके का लाभ उठाकर उन्होंने यह साबित कर दिया कि हमारे पास शूरता है, शक्ति है और हमारी बुद्धि भी ऊँचे दर्जे की है। यदि इस बात का प्रमाण चाहते हों तो पुराना आर्मी रिकार्ड देखने से पता चल जाएगा। इस इलाके में अछूत समाज के कितने सूबेदार, कितने जमादार और कितने ही हवलदार हुए हैं। नॉर्मल स्कूल जैसे स्कूलों से शिक्षा प्राप्त कर कितने हेडमास्टर के पद पर पहुँचे, एज्यूकेशन क्लर्क और क्वार्टर मास्टर क्लर्क जैसी जिम्मेदारी की नौकरियाँ कितने लोगों ने सफलता से हासिल की, आदि बातों की विस्तार से मैं चर्चा करूँगा तो यह भाषण बहुत लम्बा हो जाएगा। इतना कह देना पर्याप्त होगा कि एक समय जो अछूत वर्ग दास के रूप में था वही वर्ग फौज की नौकरी की वजह से अधिकार प्राप्त होकर दूसरे वर्ग पर शासन करनेवाला हो गया था। फौज की नौकरी की वजह से हिन्दू समाज की संरचना में एक क्रान्ति आई थी, ऐसा कहना कोई गलत नहीं होगा। जिन महार, चमार लोगों को गाँव में मराठा लोग घुसने नहीं देते थे और जिन्हें 'जोहार' या 'राम राम' न करने पर मराठा समाज के लोग अपना अपमान समझते थे, वे ही मराठा सिपाही महार और चमार सूबेदारों को उछलकर सलामी देते थे। वे कुछ भी कहते तो उनकी सिर उठाकर देखने की हिम्मत नहीं थी। इतने अधिकार अछूत समाज के लोगों को इस देश के किसी भी प्रदेश में इससे पहले कभी हासिल नहीं थे, ऐसा कहा जा सकता है। इस इलाके के अछूतों ने अपना स्तर बढ़ाया था, इतना ही नहीं उन्होंने शिक्षा के क्षेत्र में भी अच्छी तरक्की की थी।

उनमें से 90 प्रतिशत लोग पढ़े-लिखे थे। यही नहीं, 50 प्रतिशत लोग ऊँचे दर्जे के पढ़े-लिखे थे। उसमें भी सबसे महत्त्वपूर्ण बात यह है कि शिक्षा का प्रसार सिर्फ पुरुषों में ही था ऐसी बात नहीं, महिलाएँ भी शिक्षा में इतनी आगे थीं, पुरुषों की आम सभा में वे पुराणों का अर्थ समझाकर बताती थीं। शिक्षा के क्षेत्र में इस उत्थान के लिए फौजी पेशा ही ज्यादातर जिम्मेदार था।

अंग्रेजी राज का अमल शुरू हुए डेढ़ सौ साल हो गए हैं फिर भी प्राथमिक शिक्षा को अनिवार्य और मुफ्त नहीं किया जा रहा है, इसके लिए हमें खेद है। कम-से-कम आज उसे शुरू किया जाना चाहिए, ऐसा जो लोग कहते हैं उन्हें शायद एक बात मालूम नहीं होगी। ईस्ट इंडिया कम्पनी को शिक्षा प्रेमी लोग हमेशा दोष देते रहते हैं कि कम्पनी ने राजसत्ता चलाते समय अपने कानूनों की तरफ ध्यान दिया है, लोगों की शिक्षा की ओर कोई ध्यान नहीं दिया है। लेकिन यह बात पूरी तरह सही नहीं है। कम-से-कम

मिलिट्री के बारे में यह बात सही नहीं है। जिन लोगों ने पीढ़ी-दर-पीढ़ी सेना में नौकरी की है वे गवाही दे सकते हैं कि कम्पनी के अमल में प्राथमिक शिक्षा मुफ्त और अनिवार्य थी। तब लड़के और लड़कियों के लिए समान रूप से प्राथमिक शिक्षा लागू की गई थी। अनिवार्य शिक्षा का प्रकार आसान और सीधा नहीं था। लड़के स्कूल में नहीं गए तो पालक का दंड से मुक्त होना आसान बात नहीं थी। विशेष ध्यान में रखनेवाली बात यह है कि यह जबर्दस्ती सिर्फ बच्चों तक ही नहीं थी। बल्कि नई भर्ती में आए हुए फौजियों को भी रात में स्कूल जाना अनिवार्य था।

कम्पनी की सत्ता समाप्त होने के बाद बादशाही सत्ता शुरू हुई और अट्ठारह सौ सत्तावन का विद्रोह कुचल देने के बाद जब अंग्रेज सरकार ने फौज की जाँच-पड़ताल के लिए एक कमीशन नियुक्त किया तो उसमें कुछ गवाहों ने ऐसी दलीलें दीं कि फौज में शिक्षा का प्रसार हुआ तो खतरे बढ़ेंगे। इस बात से डरकर सैन्य विभाग में जो शिक्षा व्यवस्था थी, सबसे पहले उसकी ओर ध्यान देना बन्द किया गया। और अन्त में उसे समाप्त कर दिया। वह कैसी भी रही हो, लेकिन जब तक वह शिक्षा थी तब तक अछूत वर्ग को बेहद लाभ हुआ। इस शिक्षा का उपयोग उन्होंने इस तरह से किया कि उन पर गर्व होना स्वाभाविक है। इस शिक्षा प्रसार की वजह से अछूतों ने जो ग्रन्थ संग्रह किया उनकी संख्या बहुत अधिक थी, ऐसा कहना गलत नहीं होगा। श्रीधर स्वामी के ग्रन्थों की हाथ से लिखी हुई प्रतियाँ तो ढेरों मिलेंगी। किन्तु मुकुंदराज, ज्ञानेश्वर और मुक्तेश्वर आदि महाराष्ट्र के पुराने और महान कवियों के ग्रन्थों की हाथ से लिखी हुई प्रतियाँ भी मैंने कई अछूतों के घरों में देखी हैं। यही नहीं, अछूतों के घरों में कुछ दुर्लभ ग्रन्थों की प्रतियाँ भी मिल सकती हैं, इस बात का मुझे यकीन है।

संत ज्ञानेश्वर ने 'पंचीकरण' नाम का एक ग्रन्थ लिखा था, इस बात को बहुत सारे लोग नहीं जानते। लेकिन मैंने इस ग्रन्थ को अपने एक मित्र के यहाँ देखा था जिनका हाल ही में देहान्त हुआ है। कुछ साल पहले मान्यवर पांगारकर ने यह सूचना 'केसरी' में छपवायी थी कि राघव चिन्तनधन नाम के कवि द्वारा लिखा गया 'ज्ञानसुधा' नाम का ग्रन्थ जिस किसी के पास हो तो सूचित करें। इस ग्रन्थ की हस्तलिखित प्रति यदि उन्हें प्राप्त न हुई हो तो वह उन्हें मेरे एक अछूत मित्र के संग्रह में देखने को मिल सकती है। जिन अछूत जाति के लोगों के लिए जिस समय शिक्षा के सभी दरवाजे बन्द कर दिए गए थे उस समय इस तरह का ग्रन्थ संग्रह करने के लिए उन्हें कितने प्रयास करने पड़े होंगे और कितना पैसा खर्च करना पड़ा होगा, इस बारे में कोई भी सोच सकता है। ज्ञान के प्रति इस तरह का प्रेम उस समय के समाज का भूषण है, इसमें कोई सन्देह नहीं है।

दूसरी ओर से देखा जाए तो उस समय के लोगों ने अपने ज्ञान का उपयोग सही ढंग से किया, ऐसा दिखाई देगा। सार्वजनिक व्यवसाय के लोगों का वर्गीकरण किया जाए तो दिखाई देगा कि कुछ लोग 'नाम के वास्ते' और कुछ लोग 'काम के वास्ते' सार्वजनिक काम करते हैं। और जो सार्वजनिक काम करते हैं उनमें 'नाम के वास्ते' वाले लोगों की संख्या ही अधिक होती है। फिलहाल अछूतों की जो चालाक मंडली है उनमें 'नाम के

वास्ते' वाले लोगों की संख्या कम नहीं है। पूना के लोग कहते हैं अछूतों में जाग्रति के मूल उन्नायक हम ही हैं। मुम्बई में भी ऐसा कहनेवाले कि इसका श्रेय पूरी तरह हमें है, ऐसे कुछ जनप्रिय नेता हैं। डिप्रेस्ड क्लासेस मिशन सोसायटी के (भारतीय निराश्रित सहायताकारी मंडल) कुछ लोगों का भी यही कहना है कि अछूतों में जाग्रति हमारी वजह से ही शुरू हुई है। जो लोग इस तरह से जबरन सम्मान पाना चाहते हैं उनको अछूतोन्नति के आन्दोलन का सही इतिहास मालूम नहीं, यही कहना चाहिए।

मुम्बई इलाके के अछूत समाज में सार्वजनिक कार्य करने के लिए जो संस्थाएँ समय-समय पर बनीं उनमें 'अनार्य दोष परिहारक मंडली' नाम की संस्था पहली है, यह बात खोज के बाद स्पष्ट होती है। 1893 में जब अछूतों को फौज में भरती होने पर पाबन्दी लगाई गई थी उसी समय इस संस्था ने महादेव गोविन्द रानडे की मदद से सरकार से इस बारे में जोरदार निवेदन किया था। इससे इस बात का पता चलता है कि इस संस्था के सम्बन्ध बड़े लोगों के साथ थे और वे उनसे सलाह-मशविरा किया करते थे।

1897 में इसी संस्था ने कांग्रेस के नाम से एक प्रश्नावली तैयार की थी। उसमें इस तरह के प्रश्न पूछे गए थे कि सामाजिक सुधार के बगैर आप लोगों को राजनीतिक परिवर्तन माँगने का क्या हक़ है। इससे इस बात का पता चलता है कि इस संस्था में कितना जोश था। 1898 में सर हरबर्ट रिसले ने जब हिन्दी लोगों के रीति-रिवाजों की जानकारी इकट्ठा करने का काम शुरू किया था उस समय उन्होंने अपने सवालों की सूची इस संस्था के पास भी भेजी थी। इससे इस बात का पता चलता है कि इस संस्था की ओर सरकार का ध्यान था। यह संस्था इतनी महत्त्वपूर्ण थी। इन सारी बातों को मैं प्रमाण के साथ बता सकता हूँ। क्योंकि इस संस्था के सभी कागजात फिलहाल मेरे पास हैं। यह संस्था रत्नागिरि जिले के दापोली गाँव में स्थापित की गई थी। इससे यह साफ जाहिर है कि अछूतोन्नति का आन्दोलन सबसे पहले शुरू करने का श्रेय यदि किसी संस्था को देना हो तो वह इसी संस्था को और इसी इलाके को देना चाहिए। इस संस्था के संचालकों ने इस संस्था के द्वारा सिर्फ लोगों की कठिनाइयाँ ही दूर करने का काम नहीं किया बल्कि उन्होंने लेखों के द्वारा जागृति पैदा करने का भी बहुत काम किया था। सत्यशोधक समाज के प्रणेता ज्योतिबा फुले के सच्चे सहयोगी और अनुयायियों में से कई लोग इस संस्था के संचालकों में से थे। यहाँ मैं एक नाम का उल्लेख किए बगैर नहीं रह सकता। वे हैं गोपाल बाबा वलंगकर जो इस दुनिया से विदा हो चुके हैं। उन्होंने अपनी कलम से जो चेतना जगाई है वह अनुपम है। जो इस बात का सबूत चाहते हैं यदि वे 'दीनबन्धु' की पुरानी फाइलों को पढ़ें तो यह बात उनकी समझ में आ जाएगी।

जिन लोगों की एक समय ऐसी प्रगत अवस्था भी उन लोगों की आज यह पतन की अवस्था क्यों है? तुलना की दृष्टि से देखें तो इस इलाके के अछूत वर्ग की स्थिति इतनी बुरी हो गई है कि उनके जैसे दरिद्र, अनपढ़ और अज्ञानी लोग अन्य प्रदेशों के

अछूत वर्ग में नहीं हैं, यह कहना गलत नहीं होगा। इस इलाके के अछूत वर्ग की स्थिति में ऐसा शर्मनाक परिवर्तन कैसे हुआ, यह एक अहम सवाल है। इसका जवाब यह है कि अंग्रेज सरकार ने अछूतों की फौज में भरती बन्द कर दी तब से यह कठिन स्थिति पैदा हुई है। यह एक तथ्यपूर्ण सच्चाई है, इसमें कोई सन्देह नहीं है।

किन्हीं भी प्रजाजनों पर राजनीतिक, नैतिक और आर्थिक दृष्टि से सरकारी नौकरी में पाबन्दी लगाना अन्याय है। अछूत समाज के लोगों को फौज में भरती करने पर रोक लगाना नाइन्साफी तो है ही, उसी प्रकार यह विश्वासघात भी है और अपने मित्रों के साथ गद्दारी भी है, इस बारे में यही कहना उचित है।

अछूतों की सहायता के बगैर अंग्रेज सरकार इस देश में कभी आ नहीं सकती थी। मराठाशाही का विनाश अंग्रेजों ने किस तरह से किया, इसके इतिहासखोजियों की ओर से कई कारण दिए जाते हैं। कुछ लोग कहते हैं कि मराठाशाही में फैला जातिभेद इसका एक कारण है। कुछ लोग कहते हैं कि मराठाशाही में आपस में बढ़ते तनाव और विघटन की वजह से उनका विनाश हुआ। किन्तु इसमें से एक भी कारण सही नहीं है, ऐसा मुझे लगता है। मराठाओं में जातिभेद या विघटन की वजह से कमजोरी आई भी तो क्या अंग्रेज लोग बलवान थे? सचमुच देखा जाए तो जिस समय अंग्रेजों ने इस देश पर अपनी हुकूमत कायम की उस समय इंग्लैंड को नेपोलियन ने बर्बाद कर दिया था। इतना कि उन्हें हिन्दुस्तान में राज करनेवाली ईस्ट इंडिया कम्पनी को धन की और फौज की मदद करना मुश्किल हो गया था। बल्कि उन्होंने नेपोलियन के आक्रमण से बचने के लिए ईस्ट इंडिया कम्पनी से धन और फौज की माँग की थी। हिन्दुस्तान में अंग्रेजों की इतनी खराब हालत थी फिर भी उन्होंने इस देश को कैसे जीता, इस बात का जवाब मराठाओं में आपसी फूट थी या विघटन था इससे नहीं मिलता। मुझे ऐसा लगता है कि इसका एक ही सही जवाब हो सकता है और वह यह कि अंग्रेजों को इस देश में आकर यहाँ के लोगों की फौज तैयार करना सम्भव न हुआ होता तो वे इस देश को शायद ही हासिल कर पाते। इसलिए मैं यहाँ की दयालु और न्यायप्रिय अंग्रेज सरकार को सूचित करना चाहता हूँ कि उन्हें अपने आपसे यह सवाल पूछना चाहिए कि इस भारतीय फौज में कौन हैं? वे यदि अपना पुराना इतिहास खोलकर देखें तो उन्हें पता चलेगा कि उनकी इस फौज में अछूतों के अलावा दूसरे कोई नहीं थे। इसलिए यह बात साफ है कि यदि अछूतों का बल अंग्रेजों के पीछे न होता तो वे इस देश को कभी हासिल नहीं कर सकते थे। जिन लोगों ने फौज में भरती होकर इस देश को जीतकर उन्हें दिया उन्हीं लोगों का फौज से निकाला जाना कहाँ का न्याय है? यह तो न्याय का अजीबोगरीब तरीका है, ऐसा मुझे लगता है।

अंग्रेज लोग कैसे स्वार्थी हैं इस बात का दूसरा ताजा उदाहरण हाल का ही है, उसे आप जानते ही हैं। 1914 में शुरू हुए महायुद्ध के समय हमारी सरकार को पुनः अछूत वर्ग की याद आई। हमारे अछूत वर्ग की फौज में जाने की बड़ी इच्छा रहती है। एक पलटन की माँग थी किन्तु उनकी दो पलटनें हो सकती हैं, इतने लोग फौज में भर्ती

होने के इच्छुक थे। सरकार ने एक पलटन खड़ी की। जो पाबन्दी लगाई गई थी वह अब समाप्त हुई इस बात से सभी खुश हुए। इस इलाके के अछूतों की स्थिति बदलने के दिन आ गए, ऐसा सभी को लग रहा था। किन्तु युद्ध समाप्त होने के बाद फौज में कटौती के नाम पर पलटन कम की गई। सरकार के इस गैरजिम्मेदाराना व्यवहार को क्या कहना चाहिए, यही मेरी समझ में नहीं आ रहा है।

सज्जनो, मेरी राय है कि हम हमेशा सरकार के पक्ष में रहते हैं इसलिए सरकार हमारी ओर कोई ध्यान नहीं देती। सरकार जो देगी उसे ले लेना, जो कहेगी वह सुनना, ऐसी हमारी गुलामी की आदत बन चुकी है। और यही सरकार की ओर से हमारी उपेक्षा का मुख्य कारण है। हम लोग हम पर जो अन्याय होता है उसे चुपचाप बर्दाश्त करते हैं। किसी ने हमारे दाएँ गाल पर थप्पड़ मारे तो हम अपना बायाँ गाल आगे कर देते हैं, लेकिन मारनेवाले का मुकाबला करने के लिए हमारा हाथ कभी नहीं उठता। चाहे जो भी हो जाए फिर भी हम उस बात का मुकाबला करने के लिए तैयार नहीं रहते। बल्कि किसी असहाय की तरह देखते रहते हैं, इसलिए इस आत्मविनाशी मानसिकता का जितनी जल्दी हो सके उतनी जल्दी त्याग कर देना चाहिए और यही हमारी भलाई का रास्ता है। इसलिए मैं आप लोगों से कहना चाहता हूँ कि फौज में भर्ती पाबन्दी को जितनी जल्दी हो सके उतनी जल्दी दूर करने का प्रयास करना चाहिए।

किन्तु मैं आप लोगों के सामने जो सवाल रखनेवाला हूँ वह यह है कि फौज में भरती शुरू होते ही क्या आपकी सारी समस्याएँ हल हो जाएँगी? हमारे लोगों में से कुछ लोग समझते हैं कि एक बार फौज में भरती हो गई तो सबकुछ हासिल हो गया, अब कुछ करने की जरूरत नहीं है। मेरी राय में ऐसा मानना गलत है। इसमें पहली बात तो यह है कि सभी लोगों का फौज में जाना सम्भव नहीं है। जब फौज में हमारी जाति के लोगों के अलावा अन्य लोग जाने के लिए तैयार नहीं थे तब हमारे लोगों के लिए यह अच्छा अवसर था। किन्तु अब उस तरह की स्थिति नहीं रही। दूसरों के साथ हम लोगों को जितना मिलना है उतना ही मिलेगा। ज्यादा की उम्मीद करना फिजूल है। इसलिए फौज के अलावा अपने विकास की अन्य कौन-सी व्यवस्था अपनाई जा सकती है, उसके बारे में सोचना चाहिए।

अछूत समाज में व्यापार-धन्धा करनेवाले लोगों की संख्या बहुत कम है। सिर्फ चमार लोग ही व्यापार-धन्धा करनेवाले हैं किन्तु उन्होंने भी इस धन्धे को एक प्रकार से छोड़ रखा है। इसलिए व्यापार-धन्धा न करनेवालों की ही संख्या ज्यादा है। फलाँ एक धन्धा एक जाति का है, खोलि (बहाई) एक जाति की, इस तरह का जहाँ रिवाज है वहाँ जो धन्धा आप लोगों के करने योग्य है, उसे कीजिए, ऐसा कहना बेमतलब का उपदेश है। यदि उन्हें धन्धा करना हो तो वह धन्धा इस प्रकार का होना चाहिए कि जिसे किसी भी जाति के आदमी के करने पर कोई पाबन्दी न हो। मुझे इस प्रकार के दो ही धन्धे दिखाई दे रहे हैं, और वे हैं एक बाबूगीरी तथा दूसरा खेती।

कई लोगों को यह बात बिल्कुल पसन्द नहीं कि अछूत वर्ग के लोगों को

सफेदपोश अर्थात बाबूगीरी का धन्धा अपनाना चाहिए, इस बात को मैं अच्छी तरह जानता हूँ। उन्हें ऐसा लगता है कि अछूत वर्ग के लोगों को बढ़ई, लुहारी, बुनकरी आदि धन्धे अपनाने चाहिए। कुछ भी हो, उन्हें सफेदपोश अर्थात बाबूगीरी का धन्धा नहीं अपनाना चाहिए। उनका इस प्रकार का उपदेश हमारे हित में नहीं है, यह मैं साफ तौर पर कह रहा हूँ। अछूत वर्ग में बदलाव के लिए दो बातों की जरूरत है, ऐसा मेरा मानना है। पहली बात यह है कि उनके दिलो-दिमाग पर जिन सड़ी-गली, मैली और बेकार की धार्मिक भावनाओं का जो जंग चढ़ा हुआ है वह पूरी तरह से साफ हो जाना चाहिए।

उसी प्रकार उनमें जब तक आचार, विचार और उच्चारण की शुद्धता नहीं आती तब तक अछूत समाज में जागृति के और उत्थान के बीज कभी नहीं बोए जा सकते। आज की अवस्था में उनके पथरीले दिलों पर किसी प्रकार के नए पौधे जड़ नहीं जमा सकते। मेरी राय में इस तरह से सुसंस्कारित होने के लिए उन्हें सफेदपोश धन्धा अपनाना चाहिए। मैं ऐसा क्यों कह रहा हूँ कि अछूतों को सफेदपोश धन्धा अपनाना चाहिए, इसका और भी एक कारण है। सरकार जो मन से चाहेगी उसी तरह सब होगा। किन्तु आप लोगों को यह बात भूलनी नहीं चाहिए कि सरकार कौन-सी बातें कर सकती है, यह पूरी तरह से सरकारी नौकरों पर निर्भर रहेगा। क्योंकि सरकार के मत का मतलब है सरकार के नौकरों का मत। इससे एक बात सिद्ध होती है कि यदि हम लोग सरकार के द्वारा अपने हितों के लिए कुछ करवाना चाहते हैं तो हम लोगों को सरकारी नौकरी में प्रवेश करना जरूरी है। वरना आज हमारी जो उपेक्षा हो रही है वही आगे भी होती रहेगी। वह उपेक्षा न हो यही यदि हमारा उद्देश्य हो तो अछूत वर्ग के लोगों को सरकारी नौकरी में अपनी संख्या ज्यादा से ज्यादा बढ़े, इस बात की कोशिश करते रहना चाहिए। उसके बगैर उन्हें कभी शक्ति प्राप्त नहीं होगी। और सरकारी नौकरी में प्रवेश पाने के लिए बाबूगीरी पाने के अलावा और कोई विकल्प नहीं है। इस बात का महत्त्व मुस्लिम और मराठा जाति को मालूम है। और इसके लिए उनकी दौड़-धूप चल रही है। हम लोगों को भी समय रहते जाग जाना चाहिए और ऐसी नौकरियों में प्रवेश करना चाहिए। ब्राह्मण लोग इस आन्दोलन की आलोचना करते हैं और लोगों से कहते फिरते हैं कि सरकारी नौकरी में कुछ नहीं रखा है। लेकिन उनके यह कहने में न तो सचाई है और न ईमानदारी है। सचाई न होने की वजह यह है कि यदि इस प्रदेश की सरकारी नौकरी का अधिकार ब्राह्मणों के हाथ में न होता तो अन्य प्रदेशों के ब्राह्मणों की तरह वे रसोइया या जल परोसिया बने होते। यहाँ के ब्राह्मणों का श्रेष्ठत्व सिर्फ पुराणों के आधार पर होता तो वे अन्य प्रदेशों के ब्राह्मणों की तरह कब के ढह गए होते। किन्तु उनके पास सरकारी नौकरियों के अधिकार का बल है इस वजह से वे टिके रहे। क्योंकि ब्राह्मणों ने सरकारी नौकरी की अभिलाषाएँ नहीं त्यागीं बल्कि उनमें इस तरह लगन है। इसलिए उनके असत्य और अप्रामाणिक तर्क के जाल में फँसने की कोई जरूरत नहीं है।

सज्जनो, इस अवसर पर मैं आप लोगों को एक शर्मनाक बात की याद दिलाना जरूरी समझता हूँ। मैंने आप लोगों को पहले ही बता दिया है कि इस इलाके में सूबेदारों

की बड़ी तादाद थी। और इन लोगों ने कई महत्त्वपूर्ण काम भी किए हैं। लेकिन उन्होंने एक काम नहीं किया और वह यदि किया होता तो हम सभी के काम आया होता। वह काम यह है कि उन्होंने अपने बच्चों को नहीं पढ़ाया। सज्जनो, ये लोग गरीब नहीं थे। उनके समय के हिसाब से उनको अच्छीखासी पेंशन मिलती थी। उन्होंने यदि मन बनाया होता तो वे अपने बच्चों को बी.ए., ए.एम. तक शिक्षा दे सकते थे। उसका परिणाम क्या हुआ होता इसकी कल्पना आप आसानी से कर सकते हैं। ये पढ़े-लिखे बच्चे यदि आज तहसीलदार, कलेक्टर, जज आदि पदों पर होते तो आज सारे अछूत समाज को उनका फौलादी आधार मिलता। उनकी छाँव के तले हमारा विकास हुआ होता किन्तु ऐसा न होने की वजह से आज हम धूप में तप रहे हैं, एकदम जलते जा रहे हैं।

मुझे ऐसा यकीन हो गया है कि हम लोगों के सिर पर जब तक इस तरह की छाँव नहीं होगी तब तक हमारा उत्थान होना सम्भव नहीं है। और वह छाँव सफेदपोश धन्धा अपनाकर सरकारी नौकरी में अपने कदम रखे बगैर सम्भव नहीं है। इसलिए मैं आप सभी लोगों को इस तरह की सलाह देना चाहता हूँ कि आप सभी लोगों को उच्च शिक्षा की ओर विशेष ध्यान देना चाहिए। अपना एक लड़का बी.ए. हो जाने से अपने अछूत समाज को उसका जिस तरह से आधार मिलेगा उस तरह का आधार हज़ार लड़कों के चौथी कक्षा पास होने पर भी नहीं मिलेगा।

प्राथमिक शिक्षा की ओर ध्यान मत दीजिए ऐसा मेरा कहना नहीं है। मैं जो कहना चाहता हूँ वह यह है कि आज हम इस स्थिति में हैं कि उच्च शिक्षा पानेवाले लड़कों की जितनी उन्नति हो सकती है, उतना ही अच्छा है। इसलिए इस इलाके में अपने बच्चों के लिए एक छात्रावास की जरूरत है। ठाणे और कुलाबा जिले के छात्रों की सुविधा के लिए मैंने पनवेल में एक छात्रावास बनाने की योजना बनाई है। इसके लिए आप सभी लोग अपनी हैसियत के मुताबिक आर्थिक सहायता करेंगे, मुझे ऐसी उम्मीद है।

मैंने आपको जिस दूसरे धन्धे के बारे में कहा है वह है खेती। इस धन्धे का सुझाव देने का मेरा उद्देश्य यह है कि हमारे अछूत वर्ग को आर्थिक दृष्टि से स्वतन्त्र रूप से जीवनयापन करने की व्यवस्था करनी चाहिए। आज अछूत वर्ग में आनेवाली जातियों में महार जाति एक भिखारी लोगों का जमघट है, ऐसा कहना कुछ गलत नहीं है। इस जाति को हर दिन अपने हक के अनुसार दरवाजे-दरवाजे घूमकर, जूठन की टोकरी भरकर अपना जीवन चलाने की आदत पड़ गई है। इसी आदत की वजह से इस जाति की गाँवों में बिल्कुल इज्जत नहीं है, उसका कोई सम्मान नहीं है। इस परम्परा की वजह से इस जाति का स्वाभिमान पूरी तरह से समाप्त हो गया है। उन्हें कुछ भी कहिए, उन्हें जूतियों के तले रखिए, लेकिन उन्हें टुकड़ा परोसिए, ऐसी इस जाति की आदत बन चुकी है। इसी परम्परा की वजह से इस जाति को स्वतन्त्र रूप से अपने उत्थान का रास्ता खोजना असम्भव है। क्योंकि, यदि आज मन्दिर-प्रवेश की बात की जाए तो कल उन्हें गाँव में रोटी मिलनी मुश्किल हो जाएगी। वे तो मर गए! इस तरह

से जूठन और जूठे टुकड़े के लिए अपनी इनसानियत को बेचना बड़े शर्म की और लज्जा की बात है। टुकड़े माँगना छोड़कर यदि अन्य लोगों की तरह खेती करें तो क्या उनका गुजारा चल नहीं सकता? खेती के लिए जमीन खरीदना शायद अछूतों के लिए मुश्किल है। लेकिन जंगल विभाग के पास न जाने कितनी जमीन बेकार पड़ी है। उसकी यदि अछूत लोग माँग करें तो वह जमीन उन्हें मिल सकती है।

किन्तु इस काम को कैसे किया जाए? मुझे ऐसा लगता है कि जब तक हम लोगों को जूठन खाने के लिए मिलती रहेगी तब तक हमारी जो स्थिति है वही बरकरार रहेगी। पुराना रास्ता जब तक खुला रहेगा तब तक कोई भी नए रास्ते से जाने के लिए तैयार नहीं होगा। आज हम लोग पुराने रास्ते को अपनाने की वजह से ही इनसानियत से दूर चले गए हैं। इसलिए मैं आप लोगों से पूछना चाहता हूँ कि आप इस राह पर और कितने दिन तक चलते रहेंगे। आप लोग इस बात पर गम्भीरता से सोचिए। सज्जनो, पूर्वजों ने कुछ मामलों में यदि अज्ञानवश कोई गलत परम्परा शुरू की तो उनके वंशजों के लिए अब वह परम्परा नुकसानदेह है तो क्या उसे जारी रखना चाहिए? सभी जगह 'जो पुराना सो सोना' ऐसा मानकर चलते रहे तो समाज में नया बदलाव कभी आएगा ही नहीं।

बल्कि हर माँ-बाप की क्या ऐसी इच्छा नहीं होनी चाहिए कि हमारे बाल-बच्चों की हालत हमसे अच्छी हो? और इस प्रकार की इच्छा जिन माँ-बाप की नहीं होगी उनमें और पशुओं में फिर क्या फर्क है? सज्जनो, यदि आप अपने लिए कुछ नहीं करना चाहते तो कोई बात नहीं किन्तु अपनी औलाद के लिए मैं जो कह रहा हूँ उस बात की ओर अवश्य ध्यान दें। आज हमें जो रोटी मिलती है वही काफी है, आधी रोटी छोड़कर पूरी के पीछे कौन जाएगा, इस तरह से समझदारी का सवाल आप लोग कर सकते हैं, लेकिन मैं आप लोगों को बता देना चाहता हूँ कि मैं जो कह रहा हूँ उस दिशा में आप लोगों ने प्रयास नहीं किया तो आज जो टुकड़ा आपको मिल रहा है वह भी कल मिलना मुश्किल हो जाएगा।

इन विचारों को मैंने सिर्फ आप लोगों के सामने रखा है, ऐसी बात नहीं है। बल्कि जहाँ-जहाँ मुझे बोलने का मौका मिलता है, वहाँ मैंने इन्हीं विचारों को रखा है। खास तौर पर आप लोगों से कहने का मतलब यह है कि आप लोगों को सामाजिक जागृति का कार्य पूरी ताकत के साथ करना चाहिए। इस बारे में यहाँ किसी भी प्रकार की गतिविधियाँ नहीं हैं। दूसरी जगहों पर कई सभाओं का आयोजन हो चुका है तब कहीं आज इस सभा का आयोजन हुआ है। चेतना की आग को आप कभी बुझने न दें। जागृति के काम के लिए आपको कुछ स्थानीय नेताओं की जरूरत है। मार्ग-दर्शन के बगैर मार्ग पर चलना असम्भव है। आपमें से जो पेंशन पानेवाले लोग हैं उनका इस बात की ओर ध्यान देना जरूरी है। यह उनकी जिम्मेदारी है। वे लोग इस स्वजनोद्धार के महान कार्य में अगुवाई करेंगे, ऐसी उम्मीद करते हुए मैं अपना भाषण समाप्त करता हूँ।

बहिष्कृत भारत : दि. 3 अप्रैल 1927

# पुनश्च प्रारम्भ

**रविवार : 3 अप्रैल, 1927/बहिष्कृत भारत, अग्रलेख**

प्रस्तुत लेखक के लेखन ने 31.1.20 से 'मूकनायक' नामक एक पाक्षिक पत्र का प्रकाशन शुरू किया था। उस समाचारपत्र के सम्बन्ध में अपने विचार स्पष्ट करते हुए उसने पहले अंक में कहा था, "हमारे अछूत लोगों पर जो जुल्म हो रहा है, और आगे भी जो जुल्म होगा उससे मुक्ति दिलाने के लिए और भविष्य के उत्थान और उसके रास्ते के सही स्वरूप पर विचार के लिए समाचारपत्र से बढ़कर और कोई दूसरा साधन नहीं है। किन्तु मुम्बई इलाके से जो समाचारपत्र प्रकाशित हो रहे हैं उन्हें पढ़ने के बाद यह समझ में आएगा कि उनमें से अधिकांश समाचारपत्र ख़ास जाति के हितों की देखभाल करनेवाले हैं। उन्हें अन्य जाति के हितों की कुछ भी परवाह नहीं है। इतना ही नहीं, कभी-कभी तो इन समाचारपत्रों में उत्पीड़न का सरेआम समर्थन किया जाता है। ऐसे समाचारपत्रों के पत्रकारों से हमारा इतना ही कहना है कि "किसी एक जाति का पतन हुआ तो उसके पतन का फफोला अन्य जातियों को सताए बगैर नहीं रहेगा।"

"समाज एक नैया है। जिस प्रकार नैया पर सवार कोई यात्री जानबूझकर दूसरों को हानि पहुँचाने के उद्देश्य से या परेशान करने के लिए या तमाशा देखने के लिए अपने दुष्ट स्वभाव की वजह से नाव में छेद कर देता है तो सारी नैया के साथ उसे भी पहले या बाद में जलसमाधि लेनी ही पड़ेगी। उसी प्रकार एक जाति का नुकसान करने से प्रत्यक्ष या परोक्ष रूप से नुकसान करनेवाली जाति का भी नुकसान होगा, इसमें कोई सन्देह नहीं है। इसलिए अपनी ही जाति का स्वार्थ देखनेवाले अखबारों से दूसरों का अकल्याण कर सिर्फ अपनी जाति के स्वार्थ-रक्षण की शिक्षा ग्रहण नहीं करनी चाहिए। यह बुद्धिवाद जिन्हें मंजूर है, ऐसे भी समाचारपत्र प्रकाशित हो रहे हैं, यह बहुत अच्छी बात है। 'दीनमित्र', 'जागरूक', 'डेक्कन रैय्यत', 'विजयी मराठा', 'ज्ञान प्रकाश', 'इन्दुप्रकाश' और 'सुबोधपत्रिका' आदि समाचारपत्रों में अछूत समाज के सवालों की चर्चा बार-बार होती है। लेकिन अब्राह्मण जैसी दिखावे की संज्ञा में आनेवाली कई जातियों की समस्याओं की जहाँ चर्चा होती है, वहीं इनमें अछूतों के सवालों पर सोच-विचार के लिए पर्याप्त जगह मिलना सम्भव नहीं, यह भी उतना ही सच है। इस प्रकार की खतरनाक स्थिति से जुड़े सवालों की चर्चा करने के लिए एक स्वतन्त्र अखबार

चाहिए, इस बात को कोई भी स्वीकार करेगा। इस अभाव की पूर्ति के लिए ही इस अखबार का जन्म हुआ है। खास तौर पर अछूतों के सवालों की, उनके कल्याण और पतन की चर्चा के लिए 'सोमवंशीय मित्र', 'हिन्द नागरिक', 'विटाल विध्वंसक' आदि अखबारों का जन्म हुआ और वे बन्द हो गए। यदि पाठकों की ओर से उचित सहयोग प्राप्त होता रहा तो 'मूकनायक' लड़खड़ाएगा नहीं। और स्वजनोद्धार का महान कार्य करनेवालों को हमेशा सही राह दिखाता रहेगा, यह यकीन दिलाते हुए, यह बात अनुभव से गलत साबित न हो, इस विश्वास के साथ यह आत्मनिवेदन समाप्त कर रहा हूँ।''

प्रस्तुत लेख के लेखक ने इस अनुच्छेद में अपना जो संकल्प घोषित किया था वह बहुत दिनों तक टिक नहीं पाया। इसके लिए उसे बड़ा खेद है। उसका यह संकल्प सफल नहीं हो पाया, इसमें उसका कोई दोष नहीं है, इस बात को वे सभी लोग जानते हैं जिन्हें हकीकत मालूम है। अखबार प्रकाशित करने का काम जब से शुरू किया गया तब से प्रस्तुत लेख के लेखक को यह अहसास होता रहा है कि यदि जनसेवा का इस तरह का रास्ता अपनाना हो तो उसके लिए किसी न किसी प्रकार का कोई स्वतन्त्र धन्धा अपने पास होना आवश्यक है। इसके लिए बैरिस्टरी जैसा स्वतन्त्र धन्धा किया जा सके, इसलिए अपना शेष अध्ययन पूरा करने के लिए इस लेखक को पुनः यूरोप जाना पड़ा। उसने यूरोप जाते समय अपने अखबार का काम ऐसे युवा व्यक्ति को सौंपा जिसने कुछ समय तक उससे तालीम पाई। प्रस्तुत लेख के लेखक को यह उम्मीद थी कि अपना अध्ययन समाप्त करके लौट आने के बाद यह अखबार समृद्ध होता जाएगा। लेकिन बहुत अफ़सोस के साथ कहना पड़ रहा है कि वह उम्मीद पूरी नहीं हुई। यूरोप से लौटने से पहले ही उसे खबर मिली कि अखबार का प्रकाशन बन्द हो गया। अपने द्वारा आरम्भ किए गए कार्य का इस तरह से अल्पकाल में अन्त देखकर उसे अफ़सोस होना स्वाभाविक है। लेकिन उस अख़बार के बन्द होने के कारणों की चर्चा जनता के सामने करके सच्चे-झूठे कारणों को खोजते रहने का लेखक को कोई अर्थ नहीं दिखाई दे रहा है। किन्तु आज करीब छह साल के विफल कार्य के बाद पुराने कार्य को पुनः शुरू न करने के सम्बन्ध में खुलासा करना अप्रासंगिक नहीं लगता।

छह साल पहले इस लेखक ने 'मूकनायक' अखबार शुरू किया था। उस समय राजनीतिक सुधार का कानून अमल में नहीं आया था। उस बात को मध्य नजर रखते हुए अखबारों की आवश्यकता क्या है इस बात का दिग्दर्शन करते हुए प्रस्तुत लेखक ने कहा था कि, ''यदि इस देश की मिट्टी में पैदा होनेवाली चीजों की ओर और मानव जाति के इतिहासक्रम की ओर दर्शक के रूप में देखा जाए तो यह देश केवल विषमता का उद्गम-स्थल है, यह स्पष्ट रूप से दिखाई देगा। हिन्दू धर्म के लोगों में यह विषमता जितनी बेमिसाल है, उतनी ही वह नफरत करने योग्य भी है। क्योंकि, विषमता के आधार पर एक-दूसरे से होनेवाले व्यवहार का स्वरूप हिन्दू धर्म के शील को क़तई शोभा देने योग्य नहीं है, हिन्दू धर्म में व्याप्त जाति व्यवस्था ऊँच-नीच की भावना से प्रेरित है, यह बात सभी लोग अनुभव करते हैं। हिन्दू समाज एक मीनार है। उसकी एक-एक

जाति उसकी मंजिलें हैं। लेकिन ध्यान देने की बात यह है कि इस मीनार की सीढ़ियाँ नहीं हैं। इसलिए एक मंजिल से दूसरी मंजिल पर जाने के लिए यहाँ रास्ता नहीं है। जिसने जिस मंजिल पर पैदा होना है उसने उसी मंजिल पर मरना है। नीचे की मंजिल का आदमी कितना भी लायक हो उसे ऊपर की मंजिल पर चढ़ने की इजाजत नहीं है। उसी प्रकार ऊपर की मंजिलवाला आदमी कितना ही नालायक हो, उसे नीचे की मंजिल पर धकेलने की किसी में हिम्मत नहीं है। अगर साफ़ शब्दों में कहा जाए तो जाति जाति में यह जो ऊँच-नीच की भावना है वह अच्छे-बुरे कर्मों पर निर्भर है, यह नहीं है। ऊँची जाति में पैदा हुआ आदमी कितना भी कुकर्मी हो, वह ऊँचा ही कहा जाता है। उसी प्रकार नीच जाति में पैदा हुआ आदमी कितना भी ईमानदार हो लेकिन वह नीच ही रहेगा।

दूसरी बात यह कि आपस में रोटी-बेटी का व्यवहार न होने की वजह से हर एक जाति आत्मीयता के सम्बन्धों से रहित है। यदि हम नजदीकी सम्बन्धों की बात को दूर रखें तब भी आपस का बाहरी व्यवहार प्रतिबन्धरहित हो ऐसी भी बात नहीं है। मतलब एक जाति के आदमी के स्पर्श से अन्य जाति के लोग अपवित्र हो जाते हैं। इस छुआछूत की वजह से अछूत जाति से अन्य जाति के लोग शायद ही कभी अच्छा व्यवहार करें। रोटी-बेटी व्यवहार के अभाव में यह जो परायापन पैदा हुआ है, उसमें छुआछूत की भावना ने इतनी दूरी पैदा कर दी है कि तमाम अछूत जातियाँ हिन्दू समाज की होने के बावजूद भी हिन्दू समाज से बाहर लगती हैं, यह कहना गलत नहीं होगा। इस समाज व्यवस्था की वजह से ही हिन्दूधर्मियों के ब्राह्मण, अब्राह्मण और अछूत तीन वर्ग बनते हैं। उसी प्रकार इस विषमता के परिणामों की ओर ध्यान दिया जाए तो यह दिखाई देगा कि उसी की वजह से विभिन्न जातियों पर विभिन्न प्रकार के प्रभाव पड़े हैं। सबसे ऊँच समझे गए ब्राह्मण वर्ग को यह लगता है कि हम भूदेव हैं। सारे मानव समाज का जन्म हमारी सेवा के लिए हुआ है। और ऐसा माननेवाले भूदेव स्थापित समाज व्यवस्था में मौजूद विषमता के पोषक ही हैं। वे अपने स्वयंनिर्मित अधिकार से दूसरों के द्वारा अपनी सेवा करवाते हैं। और स्वयं बगैर कुछ किए सरेआम और बेझिझक मलाई खा रहे हैं। उन्होंने कुछ काम किया है तो वह है ज्ञान संग्रह और धर्मशास्त्र की रचना, बस इतना ही है। लेकिन वे धर्मशास्त्र क्या हैं? उन्हें ऊँचे विचार और नीच आचार के बीच के अंतर्विरोधों का रहस्य ही मानना चाहिए। चेतन और अचेतन इस तरह की तमाम चीजें ईश्वर द्वारा निर्मित हैं, इस तरह का उपदेश देनेवाले दार्शनिकों के विचारों में और उनके आचरण में जमीन-आसमान का भेद दिखाई देता है। यह होश में होने का लक्षण नहीं है। वह गलत ही क्यों न हो लेकिन इन धर्मशास्त्रों का प्रभाव जनमानस पर कुछ कम नहीं है। अज्ञानी लोग स्वयं अपने दुश्मन को भूदेव कहकर उसकी सेवा कर रहे हैं, इस बात को कौन अस्वीकार कर सकता है? खतरनाक धर्मभावना की जंजीरों से कसकर बाँधकर दुश्मन को दोस्त समझकर उनके चरणों में अन्य लोग क्यों झुक गए, इस बात को समझने के लिए बहुत दूर जाने की आवश्यकता नहीं है। अज्ञानी लोगों से कुछ भी

करवाया जा सकता है और इसीलिए ज्ञान का प्रसार न करना ब्राह्मणों की बपौती है, इसे धर्म का एक बड़ा सिद्धान्त बना दिया गया है।

सत्ता और ज्ञान न होने की वजह से अब्राह्मण समाज और पिछड़ा समाज अपना विकास नहीं कर सका, यह बात एकदम सही है। लेकिन उनकी पीड़ा में गरीबी का बोझ नहीं है। क्योंकि खेती, व्यापार-धन्धा या नौकरी आदि से अपना परिवार चलाना उनके लिए असम्भव नहीं। लेकिन इस सामाजिक विषमता का अछूत जातियों पर जो परिणाम हुआ है वह भयंकर है। यह विशाल अछूत समाज दुर्बलता, गरीबी और अज्ञान के त्रिवेणी संगम में तबाह हो गया है, यह बात बिल्कुल सच है। यह समाज बहुत दिनों से दासता में रहने की वजह से, इसके ज़र्रे-ज़र्रे में दासता समाई हुई है, इसलिए जो हीनता की भावना उसमें पैदा हुई है वह उसको अपनी ओर खींच रही है। वही स्थिति अच्छी है, इससे बेहतर स्थिति हमारे भाग्य में नहीं, इस गलत धारणा को मन से समूल नष्ट करने के लिए उनके लिए ज्ञान से बढ़कर और कोई चीज नहीं है। लेकिन उस तरह की चीज भी आज मिर्च-मसाले की तरह खरीदनी पड़ती है और गरीबी की वजह से उसे पाना आसान नहीं है। उसे खरीदना भी चाहें तब भी वह नहीं मिलती। क्योंकि जहाँ ज्ञानदान का कार्य होता है वहाँ सभी जगह अछूतों के लिए प्रवेश हो, ऐसी बात नहीं है। इसकी वजह यह है कि गरीबी की विदाई करने के लिए माथे पर अछूतपन का कलंक लगा हुआ होने की वजह से पैसा कमाने की इच्छा होने पर भी उसके लिए पर्याप्त अवसर या खुलापन समाज में नहीं है। उनकी नौकरी, व्यापार, धन्धा आदि में शायद ही कहीं पहुँच होती हो। भाग्य आजमाने के लिए कहीं भी कोई स्थान न मिलने की वजह से उन्हें केवल भूखों रहकर जिन्दगी गुजारनी पड़ती है।

"प्रचलित हिन्दू धर्म के भयंकर अन्याय की वजह से अपने समाज को अछूत न मानने का महापाप विश्वजनक ईश्वर की बगैर परवाह किए करोड़ों अविवेकी और दुराग्रही लोग जब तक इस देश में हैं तब तक अपना समाज नीच स्थिति में ही रहेगा इसमें कोई सन्देह नहीं। इस बात का ज्ञान इस अछूत समाज के कई लोगों को है, यह कहने में कोई सन्देह नहीं है। इसी प्रकार विदेशी सरकार अपने तन्त्र के जरिए कार्य कर रही है, इसका लाभ उठाकर अछूत समाज की सही स्थिति के बारे में ऊँची जाति के हिन्दुओं की ओर से उनमें किस तरह गलत धारणाएँ फैलाई जाती हैं, यह भी अब उनकी समझ में आ रहा है। जातिभेद और जाति द्वेष से उत्पीड़ित इस देश में यदि सही आजादी कायम करनी हो तो अछूत वर्ग को उनके स्वतन्त्र प्रतिनिधियों द्वारा राजनीतिक सत्ता की पर्याप्त हिस्सेदारी मिलनी चाहिए। इस माँग का उनके नेताओं ने खुलकर विरोध किया है। इस विरोध की बेवकूफी के विरोध में अछूत समाज ने आपत्ति उठाई है। जैसे-तैसे राजनीतिक सत्ता हासिल करके उसके बल पर सामाजिक विषमता को बरकरार रखने की पूरी कोशिश करने का इरादा रखनेवाले लोगों का षड्यन्त्र अछूत समाज ने पहचान लिया है। यह उनमें पैदा हुई चेतना का परिणाम है।"

सुधार कानून अमल में आने से पहले लेखक का विचार था कि अब सुधार का

कानून अमल में आया है। अंग्रेजों के हाथ से सत्ता का कुछ हिस्सा ऊँची जाति के हिन्दू लोगों के हाथ में गया है। अछूत समाज के प्रतिनिधियों की ओर ध्यान दिए बगैर जिस प्रकार किसी जानवर को उसका जालिम मालिक कसाई को सौंप देता है, उसी प्रकार अछूत समाज के लोगों को सरकार ने उनके माँ-बाप ऊँची जाति के हिन्दू लोगों के हाथों सौंप दिया है। छह साल पहले की स्थिति और आज की स्थिति में तुलना की जाए तो, अछूतों की आज की स्थिति छह वर्ष पहले की स्थिति से ज्यादा बेहतर है, इसमें कोई सन्देह नहीं। यह बदतर स्थिति दुनिया के सामने रखकर जो जुल्म हो रहे हैं उन्हें समाप्त करने और उनसे अपना बचाव करने के लिए अखबार की आवश्यकता छह साल पहले जितनी थी उससे भी ज़्यादा आज है, यह बात अछूत समाज के समझदार लोगों को कबूल करनी ही होगी। इसके अलावा 1930 में हिन्दुस्तान के कानून में सुधार कर 1929 में अंग्रेजों ने जो सत्ता अपने हाथों में ली थी वह सत्ता भी हिन्दी लोगों के हाथों में दे दी जाएगी, ऐसा अनुमान है। यदि ऐसा हुआ और इसी प्रकार अछूत समाज के लोगों को उनकी जनसंख्या के प्रतिशत में प्रतिनिधित्व नहीं मिला तो यह उनके उत्थान का विनाश समझा जाएगा। क्योंकि अंग्रेज सरकार की निष्पक्ष नीति को आगे भी हमारी ऊँची जाति के हिन्दू लोगों द्वारा चलाया जाएगा, उनकी मानसिकता इतनी साफ़ और निर्दोष नहीं है। इस भयंकर खतरे को टालने के लिए हम लोगों को आज से ही आन्दोलन की शुरुआत करनी चाहिए, इस निष्कर्ष पर यह लेखक आ पहुँचा है। और इसीलिए उसने अपने कार्य को पुनः प्रारम्भ किया है। इस कार्य में सफलता हासिल हो, यह उम्मीद करनी चाहिए।

# महाड का धर्म-संग्राम और ऊँची जाति के हिन्दुओं की जिम्मेदारी

**शुक्रवार : 22 अप्रैल, 1927/अग्रलेख, बहिष्कृत भारत**

कुलाबा जिला बहिष्कृत परिषद् का अधिवेशन समाप्त होने के बाद महाड के ब्राह्मण्यग्रस्त हिन्दू ग्रामकंटकों ने जो शैतानी की थी उसकी तफसीलें हमने 'बहिष्कृत भारत' के पिछले अंक में दी थीं। महाड म्यूनिसिपैलिटी ने चवदार तालाब को सार्वजनिक घोषित किया था, उस तालाब से पानी भरने की वजह से मारपीट हुई यह बात केवल पानी की सुविधा की दृष्टि से मामूली है, ऐसा शायद कहा जा जाए। 'भालाकार' की सलाह के अनुसार उसे नल लगाकर या दूसरे किसी उपाय से हल किया जा सकता है। किन्तु दूसरे दृष्टिकोण से यह समस्या मामूली नहीं है बल्कि बहुत ही महत्त्वपूर्ण है क्योंकि इसका सम्बन्ध एक बहुत बड़े सवाल से है।

अछूत लोग पानी भरने के लिए चवदार तालाब पर गए, इसलिए मारपीट हुई, इतना भर कह देने से जो घटना घटित हुई उसका सही स्वरूप लोगों के सामने नहीं आता। जो घटना घटित हुई उसका सही स्वरूप एकदम अलग है। उसे दंगा कहने के बजाय धर्मयुद्ध कहना ज्यादा उचित होगा, यही हमारा मानना है। क्योंकि हिन्दू समाज के अंश, हिन्दू धर्म के अनुयायी हम लोग इस नाते अन्य हिन्दू जातियों की तरह समान हकों के हक़दार हैं, हमारे हक़ समान हैं या नहीं, यह बात साबित करने का प्रयास इस पानी विवाद के मूल में था, इस बात को कोई अस्वीकार नहीं कर सकता। इस सवाल का महाड के ऊँची जाति के हिन्दुओं ने झगड़ा-फसाद करके नकारात्मक जवाब दिया है, यह बात जगजाहिर हो चुकी है। ऊँची जाति के हिन्दुओं की इस दुष्टता का हम लोगों को बड़ा आश्चर्य हुआ है। अन्य देशों में इस प्रकार के धर्मयुद्ध नहीं हुए ऐसी बात नहीं। लेकिन वे सभी मतभिन्नता की वजह से हुए थे। इस देश में वैदिक धर्म के अनुयायी और बौद्ध धर्म के अनुयायी उसी प्रकार यूरोप में हीदन और ईसाई, ईसाई और महभदी इनमें जो धर्मयुद्ध समय-समय पर हुए उनके लिए दोनों धर्मों की मतभिन्नता ही कारण रही है। लेकिन महाड में जो धर्मयुद्ध हुआ उसके लिए हिन्दू धर्म के सिद्धान्तों में मतभेद पैदा हो जाने से हुआ, ऐसा नहीं कहा जा सकता। महाड के

धर्मयुद्ध में दोनों ओर के लोग धर्म की दृष्टि से एक ही धर्म के मतलब हिन्दू धर्म के ही हैं। यह होते हुए भी कुछ धर्मबन्धुओं का अपने अन्य धर्मबन्धुओं को यह कहना कि, 'तुम लोग सामाजिक दृष्टि से हमसे नीच हो। तुम्हारे संयोग से हमारा पतन होगा?' और यह साबित करने के लिए जुल्म करना, कहाँ तक सही है! यह देखकर किसी भी विदेशी आदमी को बड़ा ताज्जुब होगा, इसमें कोई शक नहीं।

योरोपियन राष्ट्रों में सामाजिक समता कई सदियों पहले अधिष्ठित हो चुकी है। मैं दूसरों के बराबर हूँ, लेकिन उनसे भी लाखों गुना बेहतर हूँ, हर किसी में इस तरह की भावना होती है। न कोई किसी से बड़ा है और न कोई किसी से छोटा है। इसी समान सोच से सामाजिक व्यवहार में एक-सा व्यवहार, एक-सा आचरण होता है। मतदान के अधिकार को व्यापक रूप देने की वजह से राजनीतिक समता की भी नींव डाली गई। जिसकी वजह से कौन किस पर राज कर रहा है यह भावना नष्ट होकर उसकी जगह जैसा हम चलाएँगे वैसा ही राज होगा, यह भावना कायम होती दिखाई दे रही है। इतना ही नहीं, सामाजिक दृष्टि से और राजनीतिक दृष्टि से एक आदमी दूसरे की बराबरी का है तब आर्थिक दृष्टि से एक आदमी दूसरे आदमी से असमान क्यों होना चाहिए, इस तरह की बहस यहाँ शुरू हो गई है। सामाजिक और राजनीतिक समानता के साथ ही आर्थिक समानता की नींव स्थापित करने के अच्छे लक्षण दिखाई दे रहे हैं। देखा जाए तो सचमुच ईसाई या इस्लाम धर्मशास्त्र समानता के सिद्धान्तों का समर्थन करनेवालों में से नहीं हैं। उनके दर्शन की मर्यादाएँ बहुत छोटी हैं। उनके धर्मशास्त्रों का सिर्फ इतना ही मानना है कि 'सभी मानव ईश्वर की सन्तान हैं। और ईश्वर की नजरों में वे सभी समान हैं।' लेकिन उन्होंने यह कभी नहीं कहा कि सभी मानव आपस में एक-दूसरे की नजर में एक-से हैं।

हिन्दू धर्म का सिद्धान्त ईसाई और महभदी धर्म के सिद्धान्त की तुलना में कई गुना समता के सिद्धान्त का पोषक है। सभी मानव ईश्वर की सन्तान हैं, वे ईश्वर के ही रूप हैं, इस तरह के सिद्धान्त की स्थापना हिन्दू धर्म बड़ी हिम्मत के साथ करता है। जहाँ सभी ईश्वर के रूप हैं वहाँ कोई ऊँच, कोई नीच ऐसा भेदभाव करना असम्भव है। यह उस धर्म का एक बहुत महत्त्वपूर्ण सिद्धान्त है। और इस बात को कोई भी अस्वीकार नहीं कर सकेगा। समानता का साम्राज्य स्थापित होने में इससे बढ़कर दूसरा और कोई आधार मिलना मुश्किल है। यह होते हुए भी जिस तरह की समता ईसाई और महभदी राष्ट्रों में दिखाई देती है उसका हिन्दू समाज में कहीं पता ही नहीं। जब सामाजिक समता स्थापित करने के पवित्र प्रयास चल रहे हों तब अपने आपको हिन्दू धर्म के अनुयायी कहलानेवाले लोगों की ओर से रुकावटें पैदा करने का प्रयास किया जा रहा हो, तो इससे यह बात सिद्ध होती है कि, हिन्दू धर्म के अनुयायियों को सच्चे हिन्दू धर्म की पहचान ही नहीं है। वे लोग छूत-अछूतपन के सम्बन्ध में द्वैतभाव रखते हैं। उसका समर्थन करते हुए हिन्दू धर्म के अभिमानी लोग इस तरह की दलील पेश करते हैं कि हिन्दू धर्म के दो भाग हैं। एक दर्शन का और दूसरा आचार का। दर्शन

की दृष्टि से अछूत लोग छूत समाज के समान होने पर भी आचार की दृष्टि से असमान ही नहीं बल्कि अपवित्र भी हैं। इसलिए उनसे व्यवहार रखना अधर्म है। 'रूढीर्बलीयसी' कहकर यदि धार्मिक दृष्टि से दर्शन को फेंक दिया जाए और सिर्फ आचार को स्वीकार करना ही उचित है तो राजनीति के क्षेत्र में भी उसी न्याय को क्यों न स्वीकार किया जाए? रानी के घोषणा-पत्र की सभी बातों को अमल में लाना असम्भव है, इस तरह यदि कर्जन साहब जैसे पक्के साम्राज्यवादी के कहने पर जो लोग गुस्से से चिल्लाते कहने लग जाएँ कि, क्या केवल सिद्धान्तों को ही चाटते रहेंगे वे लोग ही नंगा नाच करने में कोई शर्म महसूस नहीं करते और फिर उन्हीं लोगों का कहना कि आचारात्मक धर्म को तरजीह देकर वेदान्त अर्थात तात्त्विक धर्म व्यावहारिक नहीं, यह बेशर्मी नहीं तो और क्या है?

यदि यह स्वीकार कर लिया जाए कि धर्म के दो भाग हैं, तब भी किसी भी धर्म का आचार पक्ष उस धर्म के दर्शन पर ही आधारित होना चाहिए, इस बात को भूलना नहीं चाहिए। यदि वैसा न हो तो उस धर्म का अन्तिम लक्ष्य नहीं है। समाज का आचारात्मक धर्म यदि उस समाज के विचारात्मक धर्म के हल से जकड़ा हुआ हो तो वह समाज दिग्दर्शक यन्त्र के बिना सागर में छोड़ दिए गए किसी जहाज की तरह कहाँ बहते हुए जाएगा और किस चट्टान से टकराएगा, इसके बारे में कुछ नहीं कहा जा सकता। इस दृष्टि से देखा जाए तो वेदान्त में यदि नैतिकता और धर्म के सिद्धान्त बताए गए हैं और व्यवहार में यदि नैतिकता की और धर्म की आवश्यकता हो तो वेदान्त धर्म व्यवहार करने योग्य नहीं है, यह कहने की बजाय उसे व्यवहार करने योग्य बनाने की हिम्मत इन दुर्बल लोगों में नहीं होती। धर्म द्वारा स्थापित आचार और विचार का कभी-कभी मिलाप भी होता है। कभी-कभी उनमें अलगाव भी नजर आता है। लेकिन जब-जब धर्म के आचार उस धर्म के विचारों के विरोधी होंगे, तब-तब धार्मिक आचारों में परिवर्तित कर उन्हें धार्मिक विचारों से सम्बद्ध कर लेना बहुत जरूरी है। स्वयं तिलक ने एक जगह कहा है कि, "आचारात्मक हिन्दू धर्म के जो लक्षण ऊपर दिए गए हैं, उनके अलावा 'धारणात् धर्ममित्याहुः', 'यतोऽभ्युदय निःश्रेयससिद्धिः स धर्मः' इस तरह के धर्मशास्त्रकारों ने धर्म के जो दूसरे लक्षण स्वीकार किए हैं, उनके अनुकूल आचारों में परिवर्तन करने का अधिकार हिन्दू धर्मग्रन्थों ने दिया है। और यह अधिकार शास्त्रों के आधार पर अमल में लाकर अपने उदाहरण से परम्परागत आचार में शिष्ट लोग जो फर्क करते हैं, वह लोगों को मंजूर होता है और बाद में वह परम्परागत धर्म का ही एक भाग बन जाता है।" हमारे कुछ ब्राह्मणग्रस्त लोगों को तिलक के विचारों से बड़ा सन्तोष मिलता है। इसलिए यहाँ हमने तिलक के नाम का जानबूझकर उल्लेख किया है। सच कहा जाए तो इस तरह के बुद्धिवाद को किसी का आधार नहीं चाहिए, यही यथार्थ है। यदि वैसा न हो तो प्राचीन आचार के गुलाम बने रहना यही धर्म बन जाएगा और जो आचार फायदेमन्द नहीं होंगे, वे कभी भी नष्ट नहीं होंगे। फिर अछूतपन जैसे बहुत ही निंद्य और भयंकर रिवाज इसी कारण अनादिसिद्ध बेरोकटोक समाज में

शुरू होते रहेंगे। लेकिन इस नए आचार धर्म को किसे शुरू करना चाहिए? इसमें हमारा कहना है कि उसकी शुरुआत सभ्य लोगों को करनी चाहिए, और यही तिलक का भी कहना था, यह बात ऊपर दिए गए वाक्य से साबित होती है। फिर यहाँ स्वाभाविक रूप में सवाल उठता है कि इन लोगों ने महाड के धर्मयुद्ध के सवाल पर क्या भूमिका निभाई है?

हमें ऐसा लगता है कि मुँह से मनुष्य ईश्वर का रूप है यह कहना और मन से यह मानना कि वह एक जाति में पैदा होने की वजह से अपवित्र है, हिन्दू धर्म पर लगनेवाले इस दांभिकपन के आरोप को धोने के लिए इन सभ्य लोगों को प्रयास करने चाहिए थे। उनका यह कर्त्तव्य था कि अछूतों का निषेध करके अपने श्रेष्ठ धर्म को कलंक लगानेवाले, बुरा आचरण करनेवाले धर्मान्ध लोगों के ऐसे अधम कर्मों से दूर रखना चाहिए। हिन्दू समाज का उत्थान पूरी तरह से बन्द हो गया है और उसमें लगातार खिंचाव आने लग गया है। इस बात को खुली आँखों से देखते हुए भी जो लोग हिन्दू धर्म में हैं, उन्हें सताने के कामों और जनविघटन करने के दुष्ट प्रयासों पर रोक लगाकर उन्हें न्याय और समता के सिद्धान्त अपनाने चाहिए। इन लोगों को ऐसे मौकों पर जनसंग्रह की शिक्षा देना बहुत जरूरी है। लेकिन खुद को सभ्य समझनेवाले जड़बुद्धि लोगों ने ऐसा कोई कार्य नहीं किया है। बल्कि जब अपना कर्त्तव्य निभाने का मौका आया तब उन्होंने जानबूझकर सींग कटाकर बछड़ों में मिलने के नीच प्रयास किए। अछूतों के पानी भरने से झगड़ा-फसाद को ही उन्होंने रोक दिया होता तो भी हमें इस पर इतना बुरा न लगा होता। हमें जिस बात से सबसे ज्यादा पीड़ा पहुँची, वह यह कि इन सभ्य लोगों ने तालाब की शुद्धि करके प्रतिक्रियावादी नीति को अपनाया है। अछूत लोग निर्भय होकर तालाब पर जाकर अपने शरीर की पवित्रता सिद्ध करने के लिए तैयार हुए, लेकिन वे अपवित्र हैं और उनका संयोग होने से भ्रष्टाचार होता है, उन पर हमेशा के लिए अछूतपन का धब्बा लगा रहना चाहिए यही उनके शुद्धिसमारम्भ की भावना थी। यह बात जाहिर है। शुद्धिसमारम्भ करनेवाले इन बदमाश लोगों ने अछूतों की बदनामी की है ऐसा कहना बिल्कुल गलत नहीं होगा और इस तरह से बदनामी करनेवाले लोगों का कानूनी इलाज क्यों न किया जाए? यह सवाल भी उठता है।

किन्तु इस बात को नजरअंदाज भी किया जाए तब भी शुद्धि करनेवालों ने एक बात साबित कर दी वह यह कि, अछूतों के मुस्लिम हो जाने पर छूतछात का सवाल नहीं रहेगा। क्योंकि मुस्लिमों के पानी भरने पर अपवित्रता नहीं होती इस बात की गवाही प्रचलित रिवाज दे रहा है। इस व्यवहार को धर्मद्रोह के अलावा दूसरा कौन-सा नाम दिया जाए, यह समझ में नहीं आ रहा है। शुद्धि करके दूसरे धर्म में गए लोगों को हिन्दू धर्म में वापस लाने का एक ओर प्रयास करना और दूसरी ओर स्वधर्म में जो लोग हैं उनके साथ अमानवीय व्यवहार करना इस बात को हम होश में रहनेवाले लोगों का लक्षण नहीं मानते। इसे हम स्वामी श्रद्धानन्द के जीवित कार्य का स्मारक नहीं मानते। बल्कि हमें लगता है कि यह उस बड़े आदमी द्वारा शुरू किए गए कार्य का गुड़-गोबर कर देना

है। शुद्धिसंगठन आन्दोलन के बारे में हमारी अपनी सोच है कि हिन्दू लोगों को आज शुद्धि से भी ज्यादा संगठन की आवश्यकता है। शुद्धि से संख्याबल बढ़ेगा यह बात सही है, लेकिन आज जहाँ हिन्दुओं को मुस्लिमों के सामने हार खानी पड़ रही है इसकी वजह यह नहीं है कि हिन्दू अल्पसंख्य हैं। बल हमेशा संख्या पर निर्भर रहता है, ऐसी बात भी नहीं। हमारी दृष्टि से सही बल इरादे में है, भीड़ में नहीं। जिन लोगों का इरादा एक हो गया फिर वे अल्पसंख्य भी क्यों न हों, वे किसी कठिनाई में आसानी से डगमगानेवाले नहीं है। मुस्लिमों का बल किसमें है? इस बात का गहराई से अध्ययन करने पर पता चलेगा कि उनका बल भीड़ में नहीं है बल्कि इरादे में है। यह कहना यदि सच है तो शुद्धि से भी संगठन की ज्यादा आवश्यकता हिन्दू समाज को है, यह कहना गलत नहीं होगा। अब हिन्दू जनता का एक इरादा हो कि संगठन ही अन्तिम उद्देश्य है तो तालीम, अखाड़ा आदि बाहरी मलहम-पट्टी से उद्देश्य की प्राप्ति नहीं होगी। जिस जातिभेद की वजह से और अछूतपन की वजह से हिन्दू समाज की संगठन शक्ति का पतन हुआ है, एक-दूसरे के प्रति अपनेपन की भावना का विनाश हुआ है, एक जाति के हितसम्बन्ध दूसरे जाति के विरोधी हुए हैं वह जातिभेद और वह अछूतपन जब तक समाप्त नहीं होगा तब तक एक इरादा और बलसंवर्धन का काम नहीं हो पाएगा। लेकिन वह जातिभेद और वह अछूतपन समाप्त करने के बजाय उसे और भी मजबूत करने का प्रयास किया जा रहा है, यह बात महाड में जो कुछ घटित हुआ उसी से सिद्ध होती है।

यह समय हिन्दू धर्म के आपातकाल का समय है। बावजूद इसके इन सभ्य लोगों ने जो निंद्य और गैरजिम्मेदाराना व्यवहार किया है उसके बारे में हमें ख़ास तौर पर जो बात कहनी है वह यह कि इस तरह से होनेवाले झगड़ा-फसादों में आम तौर पर अब्राह्मण समाज के या पिछड़े समाज के लोग ही अधिक रहते हैं। इसका उदाहरण हमें महाड में प्रत्यक्ष देखने को मिला है। उन्होंने महाड में तो मारपीट की लेकिन इनके जाति बन्धुओं ने गाँव-गाँव में अछूतों को सताने का काम शुरू किया है, यह बात अखबारों की खबरों से जाहिर होती है। ये लोग इतने लंठ होते हैं कि मारपीट करने और औरतों की बेइज्जती करने में उन्हें जरा भी संकोच नहीं होता। असमानता को समाप्त कर समता की नींव पर हिन्दू समाज की रचना करने के लिए जिस पार्टी का जन्म हुआ उस अब्राह्मण पार्टी में शामिल लोगों के हाथों इस तरह का नीच कार्य हो यह बात उस पार्टी के महान सिद्धान्तों को कलंकित करनेवाली है, यह हमारी स्पष्ट मान्यता है। ब्राह्मणेतर (अब्राह्मण) पार्टी के बारे में हम अपने विचार स्वतन्त्र रूप से रखेंगे। उस समय उस पार्टी की जिम्मेदारी के सम्बन्ध में हमें जो कुछ लिखना होगा, वह हम लिखेंगे ही। किन्तु महाड के दंगे में जो एक अजीब बात हमने देखी वह यह कि स्वयं ब्राह्मण और बनिया, गांधी टोपी और तिलक शर्ट पहनकर ब्राह्मणवाद के संरक्षण के लिए डंडे हाथ में लेकर सामने आए थे। इतना ही नहीं, गाँव-गाँव में इन्हीं लोगों ने खबर भेजी कि 'हमारा तालाब अपवित्र हो गया', अपने कुएँ सँभालिए और इस तरह से गाँवखेड़ों में

अल्पसंख्यक अछूतों के विरोध में बहुसंख्यक अब्राह्मण (पिछड़े) समाज के लोगों को भड़काने का काम किया गया।

ब्राह्मणवाद के संरक्षण के लिए दौड़कर आनेवाले इन ब्राह्मण-बनियाओं का उनकी बहादुरी के लिए हम अभिनन्दन करते हैं। लेकिन हम उन्हें एक बात याद दिलाना चाहते हैं कि अब्राह्मण जातियों के अन्तर्गत आनेवाली जातियाँ आज बन्दरों की तरह बेअक्ल हैं। इस बात को इन ब्राह्मण-बनियाओं को अच्छी तरह ध्यान में रखना चाहिए। इसी अब्राह्मण (पिछड़े) समाज के लोगों ने किसी समय सह्याद्रि के पूर्व में स्थित प्रदेश के बनियाओं की नाक काटकर उनके घरों को बर्बाद कर दिया था, यह बात आज भी इतिहास के पन्नों पर दर्ज है। जो सह्याद्रि प्रदेश में घटित हुआ वही सह्याद्रि के अन्य प्रदेशों में नहीं होगा, इसका यकीन कौन दिला सकता है? जो लोग आज डंडे के रूप में इस्तेमाल किए जा रहे हैं वे लोग कल अपने लिए काल बनकर आएँगे, इस बात को कैसे नकारा जा सकता है? 29.3.1927 के 'केसरी' में इन बन्दरों ने अपने हाथ की कुल्हाड़ियों से किस तरह ब्राह्मणों के घरों को बर्बाद किया इस हक़ीक़त को छपवाकर उन्होंने ('केसरी' के 'प्रासंगिक बोल' स्तम्भ में) अपने विचार दिए हैं, "सत्यशोधक समाज के नेता समता के बड़े-बड़े सिद्धान्त बताते हैं। लेकिन गाँवखेड़ों में जब सत्यशोधक विचारधारा की हवा बहने लगती है, तब वहाँ की हवा जाति-नफरत से जहरीली बन जाती है और ब्राह्मणों का जीना मुश्किल हो जाता है। सत्यशोधक लेखकों की जबान पर बुद्ध, ईसा, गांधी आदि महान व्यक्तियों के नाम रहते हैं। लेकिन गाँव-गाँव में चल रही नफरत और अत्याचारी प्रवृत्ति के सत्यशोधकों का निषेध या उनके बुरे कार्यों को रोकने का मामूली प्रयास भी ये नेतागण या लेखक लोग नहीं कर रहे हैं। इसी वजह से सत्यशोधक का मतलब जाति-नफरत की भावना फैलाकर अत्याचारी प्रवृत्ति का प्रचार करनेवाले लोग हैं। इस तरह का अर्थ समाज में प्रचलित हुआ है। गाँवखेड़ों के सत्यशोधकों के जुल्म के सम्बन्ध में हर सप्ताह हमारे पास शिकायतें आती रहती हैं। उनमें ख़ास तौर पर बाहर से आनेवाला अब्राह्मण स्कूल अध्यापक ही सभी जुल्म-ज्यादतियों के लिए जिम्मेदार होता है। यह स्कूल-अध्यापक आने के बाद ही एक-दो साल के भीतर गाँव की शान्ति को और दोस्ती के माहौल को बिगाड़ देता है। और समता के ऊँचे सिद्धान्तों की बजाय अत्याचारी जाति-नफरत का शैतान गाँवों में मनचाहा नंगा नाच शुरू कर देता है।"

"नमूने के तौर पर इन कई घटनाओं में से एक का जिक्र मैं यहाँ कर रहा हूँ। ...गाँव में जनसंख्या करीबन 1,000 है। इसमें 30 ब्राह्मण, 200 मराठा और अन्य धनगर, महार आदि जाति के लोग हैं। इस गाँव में एक साल से सत्यशोधक समाज का कार्य चल रहा है। उससे वहाँ की जो हवा बनी वह इतने दिनों तक कुढ़ रही थी। लेकिन अब उसने अंगारों का रूप ले लिया है। सत्य सामाजिक नेता वहाँ का स्कूल-अध्यापक है। गाँव के कई अनपढ़ लोग उस अध्यापक की बात को मानते हैं। 'मेरी किसानों से विनती, छोटे ब्राह्मणों के संगी साथी' ब्राह्मणों के बारे में इस तरह के नफरत फैलानेवाले

गीत बच्चों को पढ़ाए जाते हैं। ब्राह्मण, मारवाड़ियों की औरतों का घर से बाहर निकलना मुश्किल हो गया है। यदि कोई औरत बाहर दिखाई दी तो उसे बच्चे पत्थर मारने लगाते हैं और इस हकीकत की शिकायत अखबार या किसी अफ़सर को भेजने का प्रयास किया गया तो अनाज के ढेर जलाना, रास्ते में पकड़कर मारना आदि जुल्म-ज्यादतियाँ शुरू हो जाती हैं। ब्राह्मणों की हिमायत करनेवाले एक मुस्लिम अध्यापक को जान से मार डालने की धमकी दी गई और सचमुच उससे मारपीट की गई। इस तरह की घटनाएँ नाम और गाँव के नाम के साथ छपाने से अल्पसंख्यक ब्राह्मणों को और भी ज्यादा परेशानी होने की सम्भावना है। इसलिए इस पत्र में उसका नाम और गाँव का नाम नहीं छपाया गया।''

''सत्यशोधक नेता और उनके वाक्छल समता की भाषणपटुता से मोहित कुछ कच्चे ध्येयवादियों के सामने इन बातों को रखने के बाद भी वे लोग इस बारे में कुछ सोचते ही नहीं। इसलिए ब्राह्मण समाज को इस बात पर सोचकर कुछ न कुछ नीति तय करनी चाहिए। कुछ गाँव-देहातों के ब्राह्मण गाँव छोड़कर जा रहे हैं और कुछ लोग इस जुल्म को बर्दाश्त करते हुए जैसे-तैसे रह रहे हैं। अकोला में होनेवाले विशाल महाराष्ट्र ब्राह्मण परिषद् का इस समस्या पर सोचना जरूरी है। इस काम के लिए एक केन्द्रीय मंडल का गठन करके उसे सभी शिकायतों की जानकारी हासिल करनी चाहिए और वह जानकारी लगातार सरकार को देते रहना चाहिए या लोगों के सामने रखनी चाहिए। बड़े अफ़सर जाँच करने के लिए तैयार हों तो उन्हें उन व्यक्तियों के नाम बता देने चाहिए, सरकार को जो शिकायतें भेजी जाती हैं उनकी ओर ख़ास ध्यान नहीं दिया जाता, इस बात को सभी लोग अच्छी तरह जानते हैं।''

शैतान के मुँह से इस वेद को सुनकर किसे आश्चर्य नहीं होगा। जिन्हें न्यायपूर्ण बर्ताव की अक्ल नहीं सूझती, उन पर अन्याय हुआ तो किसे हमदर्दी होगी? साँप का सिर कुचला गया तो उसके बारे में शोक मनाना चाहिए? वास्तव में देखा जाए तो गाँवखेड़ों में अछूत समाज के लोग भी अल्पसंख्यक ही हैं और उन पर भी अब्राह्मण समाज की ओर से जुल्म-अत्याचार होते हैं। इसलिए समदुखियों को ब्राह्मण समाज पर हो रहे अत्याचारों से बुरा लगना चाहिए। लेकिन आज उन्हें वैसा लगना सम्भव नहीं है। उन पर जुल्म होने पर जो उनके प्रति हमदर्दी दिखाएँगे, उसी प्रकार का जुल्म उन पर होने पर वे भी उनसे हमदर्दी दिखाएँगे, यह साफ़ है। लेकिन इस भिक्षुक समाज को अपने भयंकर भविष्य की पूरी समझ कहाँ आई है? अगर उन्हें सही समझ आई होती तो उन्होंने अछूतों के साथ इस प्रकार का बर्ताव किया ही नहीं होता। किन्तु यह सवाल उनके अस्तित्व को बचाने का है और उसका हल भी उन्हीं को खोजना है।

हम उन्हें इतना ही बताना चाहते हैं कि, आज तक महात्मा गांधी के अनुसार हम लोग यही मानते आए हैं कि अछूतपन हिन्दू धर्म पर लगा हुआ बड़ा कलंक है। लेकन अब हमारी दृष्टि बदल गई है और अब हम लोग यह मानते हैं कि वह (हिन्दू धर्म) हमारे शरीर पर लगा हुआ कलंक है। अछूतपन हिन्दू धर्म पर लगा हुआ कलंक

है। ऐसा हम लोग जब तक मान रहे थे तब तक उसे नष्ट करने की जिम्मेदारी हम लोगों ने तुम लोगों पर डाल दी थी लेकिन यह (हिन्दू धर्म) हम पर लगा हुआ कलंक है। इस तरह की हमारी समझ हो जाने की वजह से उसे धोकर साफ़ करने का पवित्र कार्य करना अब हम लोगों ने ही स्वीकार कर लिया है। इस कार्य की सफलता के लिए हममें से कुछ लोगों को बलिदान होना पड़ा तब भी हम आगे-पीछे नहीं देखेंगे। तुम लोगों द्वारा तालाब शुद्ध करके हमारी अपवित्रता साबित करने का महाड में जो सबसे नीच प्रयास किया गया, चाहो तो उस तरह का नीच प्रयास और भी कर सकते हो। लेकिन हम पवित्र हैं, इस बात को तुम्हारे ही मुँह से कहलवाए बगैर हमें शान्ति नहीं मिलेगी। तुम लोगों के हिन्दू धर्म पर लगा कलंक हम लोगों को अपने खून से धो लेना चाहिए, इस तरह का यदि ईश्वरी आदेश हो तो हम लोग स्वयं को बहुत सौभाग्यशाली समझते हैं। और ऐसे पवित्र कार्य के लिए हम लोग दूत बननेवाले हैं। इस भावना से हम निर्भीक हैं। महाड में मारपीट हुई और अछूतों को चोटें आईं, इस बारे में हमें कुछ नहीं लगता। सिर्फ मारपीट की दृष्टि से हमें यदि किसी बात का बुरा लगता है तो वह यह कि महाड में इकट्ठा हुए अछूतों ने किसी प्रकार का अनुचित बर्ताव नहीं किया, बल्कि उन्होंने बेमिसाल शान्ति अपनाई थी। लेकिन हम मारपीट की दृष्टि से पानी के इस मामले को बिलकुल नहीं देख रहे हैं। हम उसे समता के सिद्धान्त के लिए लड़े जा रहे धर्मयुद्ध का पहला विकट संग्राम मानते हैं। दरमियाना जीत-हार का हक़दार कोई भी हो तब भी अन्तिम फतह हमारी है, इसमें हमें बिल्कुल सन्देह नहीं है। इस स्वजनोद्धार की तरह स्वधर्मोद्धार के महान कार्य में फतह हासिल करने में किसी तरह का खूनखराबा न हो, यही हमारी प्रबल इच्छा है। लेकिन मजबूरन ब्राह्मणग्रस्त लोगों के दुराग्रह की वजह से खूनखराबे की नौबत आई तो हम लोग पीछे हटनेवाले नहीं हैं और उसके लिए हम लोग जिम्मेदार नहीं होंगे, यह बात उन्हें अच्छी तरह ध्यान में रखनी चाहिए।

# महाड का धर्म-संग्राम और अंग्रेज सरकार की जिम्मेदारी

**शुक्रवार : 6 मई, 1927, अग्रलेख, बहिष्कृत भारत**

महाड के लोग एक सार्वजनिक तालाब पर पानी भरने के लिए गए थे। उनका पानी भरना वहाँ के छूत हिन्दुओं को बर्दाश्त नहीं हुआ। इसलिए उन्होंने अछूतों को रोकने के लिए जो झगड़ा-फसाद किया उसमें उनकी जिम्मेदारी के सम्बन्ध में हमने जो महसूस किया उसे हमने पिछले अंक में साफ़ शब्दों में लिखा है। आज इस सम्बन्ध में अंग्रेज सरकार की किस प्रकार की जिम्मेदारी है इस पर हमें लिखना है। लेकिन ऐसा करने से पहले इस बारे में वादी-प्रतिवादी का क्या कहना है और दोनों में विवाद का सवाल क्या है, यह समझ लेना चाहिए।

इस विवाद में अछूतों का यह कहना है कि, "हम लोगों को भी सार्वजनिक कुँओं, मन्दिर आदि का उपयोग करने की अन्य हिन्दुओं की तरह आजादी होनी चाहिए। इस सम्बन्ध में उनके और हमारे अधिकार एक से हैं। कुएँ पर या मन्दिर में यदि हम लोगों ने प्रवेश किया तो यह हमारा हक़ है और उस हक़ पर अमल करते समय हम लोगों को रोकने का किसी को कोई अधिकार नहीं है।" इस पर उनके प्रतिवादी छूत लोग जवाब देते हैं कि, "तुम लोग हिन्दू होते हुए भी अपवित्र हो। तुम्हारे छूने से कुँए, तालाब, मन्दिर अपवित्र हो जाते हैं। अछूतपन हिन्दू धर्म का एक महत्त्व का रिवाज है, और वह रिवाज सनातन काल से चला आ रहा है और उसको धर्मशास्त्रों की मान्यता है। इस सनातन रिवाज की वजह से अछूतों को तालाब, कुँओं या मन्दिर के अन्दर प्रवेश का हक़ नहीं है। इस सनातन रिवाज की वजह से सार्वजनिक तालाब, कुँओं आदि का उपयोग तुम लोगों के उन्हें छुए बगैर ही करने का हक़ हमें प्राप्त है। हिन्दुओं के सार्वजनिक तालाबों, कुंओं या मन्दिर आदि में जाने का परम्परागत मान्यता के अनुसार तुम्हें कोई हक़ नहीं। फिर भी यदि तुम लोग उनमें जाओगे तो उनमें तुम्हारा प्रवेश अवैध माना जाएगा और उससे हमारे अधिकार अधिक सीमित होंगे। इसलिए तुम लोगों को ऐसा नहीं करना चाहिए। यदि तुम लोगों ने ऐसा किया तो हमारे हक़ों में घुसपैठ की और हकूकों के लिए खतरा पैदा किया। इसलिए हम लोग तुम्हारा मुकाबला करेंगे।"

विवाद का विषय जानने के लिए हमने विवाद के कारण पेश किए हैं और उनका प्रतिवाद दिया है, यह पूरी तरह सही है, ऐसा हमें लगता है। इस विवाद का फैसला कैसे किया जाए, इसके लिए हम यहाँ मद्रास हाईकोर्ट के एक फैसले को आधार मानकर चल रहे हैं। उस मुकदमे में (6 मद्रास 203) वादी-प्रतिवादी हिन्दू-मुस्लिम दोनों थे और विवाद मस्जिद के सामने बाजा बजाने या न बजाने के सम्बन्ध में था। इस मुकदमे में हलका मजिस्ट्रेट ने हिन्दू लोगों को मस्जिद के सामने बाजा न बजाने का आदेश दिया था और उसका समर्थन करते हुए जो कारण उसने दिए थे उसमें एक महत्त्व का कारण यह था कि मस्जिद के सामने किसी को भी बाजा नहीं बजाना चाहिए। यह रिवाज इतना पुराना है कि उसके बहुत सालों से अस्तित्व में है। अब वह मुस्लिमों का ख़ास हक़ बन गया है। और उनके उस हक़ को कायम तथा उसकी हिफाजत के लिए हिन्दुओं को इसके लिए मना करना अनुचित नहीं होगा।

इसमें मजिस्ट्रेट ने यह भी कहा था कि सार्वजनिक सुविधाओं का उपयोग किस तरह से किया जाना चाहिए, इस पर फैसला देते हुए जाति-जाति में और धर्म-धर्म में जो आपसी व्यवहार की मान्यताएँ और प्रथाएँ हैं उन्हें भी ध्यान में रखना अनिवार्य है। इससे यह स्पष्ट होता है कि छूत और अछूतों में विवाद के फैसले का जो सवाल है लगभग वही हिन्दू-मुस्लिमों के इस मुकदमे का सवाल भी था। इसीलिए हमने इसे आधार बनाया है। मतलब इस मुकदमे में जो विचार हाईकोर्ट की ओर से रखे गए हैं, वही विचार छूत (सवर्ण) और अछूत के विवाद में मान्य होंगे, इसमें कोई दो राय नहीं है।

हिन्दू-मुस्लिमों के इस मुकदमे में हलका मजिस्ट्रेट ने जो फैसला दिया था, उसका जवाब देते हुए मद्रास हाईकोर्ट के चीफ जस्टिस न्यायमूर्ति टर्नर ने मामले की जो मीमांसा की है, वह इतनी सही है कि उसे पढ़कर उपरोक्त सवाल का खोखलापन आसानी से समझ में आ जाता है। न्यायमूर्ति टर्नर का कहना है, ‘‘मेरी जानकारी के अनुसार इस प्रकार जाति-विशेष के हक़ कायम करने के लिए कोर्ट ने इससे पहले परम्परा-रिवाज को आधार कभी नहीं बनाया था। मद्रास इलाका कभी भी पूरी तरह मुस्लिमों के कब्जे में नहीं था इसलिए (मस्जिद के सामने बाजा न बजाने का) रिवाज सभी जगह कायम रहा होगा, ऐसा मानना बेबुनियाद होगा। ऐसा हो सकता है कि जिन प्रान्तों में मुस्लिमों का प्रभुत्व था उन प्रान्तों में मुस्लिम लोगों ने शासनकर्त्ता होने की वजह से अपने धर्म के खास आचारों और रिवाजों को पराजित हिन्दू लोगों को अपनाने के लिए बाध्य किया होगा।

‘‘इस सम्बन्ध में मुझे जो कहना है वह यह कि इस प्रकार के खास हक़ जो केवल धर्म और जाति के रिवाज के आधार पर माँगे जाते हैं, इन हक़ों का उद्गम ऐसे समय हुआ था जब शासक लोग अपने धर्म को कानून का रूप देने में आगे-पीछे नहीं देखते थे। लेकिन सभी को समान हक़ और धर्म के बारे में निरपेक्षता, इन दो महत्त्वपूर्ण सिद्धान्तों पर ब्रिटिश सत्ता कायम की गई, इन सिद्धान्तों से उपरोक्त प्रकार के रिवाज पूरी तरह असंगत हैं। सार्वजनिक रास्तों से जाने के लिए एक जाति ने दूसरी जाति पर

रोक लगाई तो, ऐसी बात ब्रिटिश अमल में कभी बर्दाश्त नहीं की जाएगी। उसकी भी वजह यही है। यह प्रथा नई है, लेकिन जिन सिद्धान्तों की नींव पर ब्रिटिश सरकार की सत्ता कायम है, उन सिद्धान्तों की वजह से पुरानी प्रथाओं को निकाल बाहर किया गया है, यह बात भी उतनी ही सही है।

"अराजकता समाप्त होकर जब कानूनी शासन प्रणाली अमल में आती है तब इस प्रकार के परिवर्तन अमल में आते हैं और वे परिवर्तन समझदार लोगों को कबूल करने लायक होने चाहिए, यह भी सही है। लेकिन एक सम्प्रदाय के लोगों के आग्रह के लिए झुककर कानून को ताक पर रख देना उचित नहीं है। इस बात को ध्यान में रखना चाहिए। और जब कभी पुरानी प्रथाओं के कायम रहने से कोई हक़ कायम हो, यह सिद्ध होने पर भी वह हक़ न्याय के दरबार में स्वीकार होने के पहले जिन रिवाजों के आधार पर वह बना है वे गलत हैं या सही यह तय होना चाहिए। इसलिए कोई व्यक्ति अपने सार्वजनिक क्षेत्र में जन्म से प्राप्त हक़ों का उपभोग कर रहा हो और दूसरों के हक़ों को प्रथाओं का आधार देकर रोक लगाने के हक़ की बात कर रहा हो तो यह अनुचित है।"

इस गम्भीर विवेचन से यह बात सिद्ध हो रही है कि प्रथा से हक़ प्राप्त होते हैं, यह कहना पूरी तरह से झूठ है। या पुरानी किसी प्रथा से हक़ प्राप्त होते हैं, यह कहना भी पूरी तरह सही नहीं है। प्रथा से हक़ प्राप्त होते हैं या नहीं यह पूरी तरह प्रथाओं के कानूनी स्वरूप पर निर्भर है। उपरोक्त विवेचन की कसौटी पर छूत और अछूत जाति के विवाद को परखा जाए तो विवाद के फैसले से जो सवाल उठता है वह यह है कि क्या अछूतपन की प्रथा कानून को मान्य है? जो लोग यह मानते हैं कि अछूतपन की प्रथा कानूनी है उन्हें न्यायालयों के समय-समय पर दिए फैसलों की जानकारी नहीं होगी, यह बात साफ़ है। जिस प्रकार सवर्ण समाज के लोग अछूतों को तालाब, कुँओं और मन्दिर के भीतर प्रवेश करने के लिए मनाही करते हैं, उसी प्रकार पहले जमाने में इस प्रथा के आधार पर सवर्ण लोग अछूतों को रास्ते पर घूमने की भी मनाई करना अपना हक़ मानते थे। लेकिन न्यायालय ने इस प्रथा को गैरकानूनी घोषित करके उनकी यह मान्यता नामंजूर कर दी है।

कुछ सालों पहले मद्रास के तिनीवेली इलाके में अछूतों को किसी खास रास्ते से श्मशान भूमि की ओर शव ले जाते हुए सवर्ण हिन्दुओं ने रोक दिया था। एक दूसरे मामले में ब्राह्मणों की दो शाखाओं में सार्वजनिक रास्ते से जुलूस निकालने के सम्बन्ध में विवाद खड़ा हुआ था, उस विवाद का फैसला देते हुए न्यायालय ने कहा था, "वादी जिस प्रथा का तर्क देते हैं वह प्रथा उचित है, ऐसा हमें नहीं लगता। मालाबार प्रान्त में नायर जाति का व्यक्ति एक रास्ते से जा रहा था, चिरुमन अछूत जाति के आदमी की उस पर छाँव न पड़े इसलिए उसे रास्ता छोड़कर दूसरे रास्ते से जाना पड़ा, इस तरह का भी रिवाज था। इस रिवाज के तहत नायर जाति के आदमी ने चिरुमन जाति के

आदमी पर मुकदमा किया और अपने तर्क के समर्थन में प्रचलित प्रथा को आधार बनाया। पर ऐसी प्रथा न्यायालय में कभी भी स्वीकार नहीं की जाएगी।''

जिस फैसले में उपर्युक्त विचार सामने आया उस फैसले पर प्रिव्ही कौंसिल में अपील की गई थी और वहाँ मद्रास हाईकोर्ट के विचार को पूरी तरह सही मानकर फैसला दिया गया। जो न्याय सार्वजनिक रास्ते पर लागू होता है वही न्याय सार्वजनिक तालाब, कुँओं और मन्दिर आदि पर भी लागू होना चाहिए, यही हमारा कहना है। जो प्रथा अछूतों का रास्ता बन्द नहीं करती वही प्रथा उन्हें सार्वजनिक तालाब, कुँओं, मन्दिर आदि में प्रवेश से कैसे वर्जित कर सकती है? लेकिन हमने तर्क देने की बजाय कोर्ट का फैसला आधार के रूप में दिया है। उसी प्रकार का तर्क हम लोग तालाब, कुँओं और मन्दिर आदि के सम्बन्ध में दे रहे हैं।

पिछले साल लाहौर हाईकोर्ट ने कुँओं के बारे में एक महत्त्वपूर्ण फैसला दिया। अछूतों को कुँआ-बावली आदि में जाने से प्रथा के आधार पर कैसे मना किया जा सकता है, यह कोर्ट ने कहा है। उस मुकदमे में खजानचन्द और गर्जासिंह नाम के दो चमार व्यक्तियों ने लुधियाना जिले के खन्ना शहर में एक सार्वजनिक कुँए से पानी भरने का आग्रह किया था। शुरू में सवर्ण हिन्दुओं ने उनके विरोध में कोर्ट से स्थगन हुक्म लाने का प्रयास किया। उन्हें स्वयं के खर्च से सवर्ण हिन्दू जाति का सक़्क़ा रखकर उसके हाथों पानी लेना चाहिए, मजिस्ट्रेट ने ऐसा तय किया। उसी के अनुसार उन्होंने सक़्क़ा मजदूरी पर रखा। लेकिन दो माह काम करने के बाद सक़्क़ा ने पानी भरना बन्द कर दिया। उसके बाद खजानचन्द और गर्जासिंह ने अपने ही हाथों पानी भरना शुरू कर दिया। इस वजह से फिर खलबली मच गई और मामला कोर्ट में गया। उसमें सरदार अमरसिंह नाम के मजिस्ट्रेट ने शान्ति बनाए रखने के लिए उनसे जमानत ली, जमानत न देने पर एक साल की मामूली सजा भुगतने का निर्णय दिया। इस फैसले के खिलाफ हाईकोर्ट में अपील की गई। इस अपील को अस्वीकार करते हुए कोर्ट ने जो शब्द इस्तेमाल किए, वे ध्यान में रखने लायक हैं।

न्यायमूर्ति हरिसन ने कहा, ''इस चमार व्यक्ति को जो सवर्ण हिन्दू लोग सार्वजनिक कुएँ से पानी भरने से रोकते हैं, उनकी संख्या बहुत कम है। सभी सवर्ण हिन्दू इसके समर्थक नहीं हैं। लेकिन वैसा न भी हो और सभी सवर्ण हिन्दू लोगों की रुकावट भी हो, तब भी कोर्ट ने जो फैसला दिया है, पुनः वही फैसला देना उसके लिए जरूरी है। इन दो चमारों का सार्वजनिक कुएँ पर पानी भरने का हक़ है और ऐसे कानून का पालन करते हुए अपने हक़ का पालन करनेवाले लोगों के खिलाफ मनाही हुक्म लेने के बजाय जो लोग उन्हें अपने हक़ों का पालन करने में रुकावट पैदा करते हैं, उनके विरोध में मनाही का हुक्म होना चाहिए था।''

मन्दिर के सम्बन्ध में भी इसी प्रकार का एक फैसला (41 मद्रास 180) मद्रास हाईकोर्ट ने दिया है। यहाँ एक शूद्र जाति के लोगों ने जिनका मन्दिर में जाने का रिवाज नहीं था, उन्हें अछूत समझा जाता था, उन लोगों के मन्दिर के अन्दर जाने से मन्दिर

अशुद्ध हो गया, इस तरह का फौजदारी मुकदमा मन्दिर के ब्राह्मण पुजारी ने उन पर कोर्ट में किया। उस मुकदमे में निम्न कोर्ट ने उन्हें सजा सुनाई थी। लेकिन हाईकोर्ट में अपील करने से वह फैसला बदला गया और हाईकोर्ट ने अपना फैसला देते हुए कहा था कि ये लोग प्रथा की वजह से इससे पहले मन्दिर में नहीं गए, यह बात सही होने पर भी जब वे मन्दिर में गए तो मन्दिर अशुद्ध हो गया, इस तरह की शिकायत करने का किसी को कोई अधिकार नहीं है।

ऊपर जो विवेचन किया गया है और कानून के जो आधार दिए गए हैं, उनसे यह बात सिद्ध होती है कि अछूत समाज का कहना सही है और सवर्ण हिन्दू समाज का दावा गलत है। अछूतपन की प्रथा कानूनी नहीं है। उस प्रथा से सवर्ण हिन्दू समाज को अछूत समाज के विरोध में कोई हक़ प्राप्त नहीं हुए हैं और अछूतों के हक़ केवल आम रिवाज होने की वजह से समाप्त नहीं हुए। सार्वजनिक क्षेत्र में सम्बन्धित व्यक्तित्व का हक़ किसी को अधिकारपत्र देकर निर्मित नहीं किया जाता। वह हर किसी को स्वाभाविक रूप से प्राप्त होता है। उसके आचरण में यदि रुकावट आती रहे तब भी वह उससे छीना नहीं जाता। जो आदमी पहले जिस रास्ते कभी नहीं गया उसे उस रास्ते से जाने का हक़ नहीं है, यह कहना सरासर बेवकूफ़ी होगी।

इस विवेचन से यह सिद्ध होता है कि अछूत समाज के लोग चवदार तालाब पर गए। इसमें उन्होंने किसी प्रकार की मर्यादाओं का उल्लंघन किया है, ऐसा कहने का कोई कानूनी आधार नहीं है। चवदार तालाब पर ही नहीं बल्कि वीरेश्वर के मन्दिर में भी वे लोग गए होते तो भी उन्होंने कुछ गैरकानूनी काम किया है, ऐसा कोई कह नहीं सकता था। यहाँ जो भी गलती है वह सवर्ण हिन्दुओं की है। उनको किसी भी प्रकार का कानूनी हक़ प्राप्त न होने के बावजूद भी उन्होंने अछूतों का गैरकानूनी विरोध किया जबकि अछूत लोग अपने मानवीय हक़ों के अनुसार आचरण कर रहे थे।

कानूनी तरीके से अपना हक़ अमल करनेवाले लोगों को गैरकानूनी बर्ताव करनेवाले लोगों की रुकावटों से उनका संरक्षण कर अपने सही हक़ अमल में लानेवालों को मदद करना सरकार का पहला कर्त्तव्य है। सभी को अपने-अपने हक़ समानता से भोगने का अवसर प्राप्त हो और किसी एक को सिरचढ़ा होकर दूसरों के हक़ जोर-जुल्म से दबा लेने की इजाजत न हो, इसलिए सभी की जानकारी रखनेवाली सबसे शक्तिशाली संस्था जिसे हम लोग सरकार कहते हैं, उसका गठन किया जाता है और वही संस्था यदि अपने कर्त्तव्य का पालन नहीं कर सकी तो समाज के अस्तित्व को खतरा पैदा होगा, इसमें कोई सन्देह नहीं।

महाड के झगड़ा-फसाद के लिए जो लोग जिम्मेदार थे उन्हें उचित सजा मिलेगी, इस बात की हमें पूरी उम्मीद है। सार्वजनिक अधिकारों के सम्बन्ध में विवाद और धींगामुश्ती करने, हम जो चाहेंगे वही हक़ पाएँगे, यह अनजान लोगों की समझ होती है, ऐसी समझ झगड़ा-फसाद का मूल कारण होती है और झगड़ा-फसाद समाप्त करने का सही उपाय है अधिकारों के सम्बन्ध में निष्पक्ष न्याय करना। और जो न्याय किया

जाता है उसे किसी की परवाह किए बगैर सख्त तरीके से अमल में लाना है। न्याय के काम में समता और निष्पक्षता पर अमल करते समय संयम और अनुशासन सरकार में निश्चित रूप से होना चाहिए। समान न्याय और सख्त अमल के लिए सरकार समर्थ है। इतना ही नहीं, ऐसा करने में सरकार कभी पीछे हटनेवाली नहीं है। यदि बदमाश लोगों की ऐसी समझ बन जाएगी तो महाड में जिस तरह के झगड़े-फसाद हुए वैसे झगड़े-फसाद समाप्त हो जाएँगे, इसके बारे में हमें बिल्कुल सन्देह नहीं है।

यह एक महाड का सवाल था। लेकिन आगे ऐसे झगड़े-फसाद न हों इसकी व्यवस्था करना बहुत जरूरी है। झगड़े-फसाद होने पर सजा पाने की बजाय झगड़ा-फसाद ही न हो इसकी व्यवस्था करना ही बेहतर है, इस बात को कोई भी अस्वीकार नहीं करेगा। यह कानून का आम सिद्धान्त है। व्यक्ति की स्वतन्त्रता और संरक्षण उसी पर निर्भर हैं, इस सिद्धान्त के बारे में दो राय होना सम्भव नहीं। कसूर हुआ नहीं लेकिन होने की सम्भावना है, इस सन्देह से कानून का दबाव बनाने का सिद्धान्त यदि अमल में आया तो आदमी की जान को खतरा पैदा होगा। 'कौन-सा दिन होगा कैसा, नहीं जान का भरोसा' इस भावना से लोग हमेशा डरे हुए रहेंगे और उनकी स्थिति बड़ी खतरनाक होगी। न्याय की जगह जुल्म-ज्यादतियों का बोलबाला होगा। लेकिन पीड़ा होने के बाद दवा पानी करने के बजाय पीड़ा न हो इस तरह की व्यवस्था करना यह आरोग्यशास्त्र का सिद्धान्त है। और उसे ऐसे मौकों पर न्यायशास्त्र पर लागू करना अनुचित नहीं होगा। 'अब पछताए होत क्या जब चिड़ियाँ चुग गईं खेत' जैसी कहावत से इस मामले में अनर्थ ही होगा। भंग न होने देने के लिए समय से पहले कुछ उपाय खोजने के अधिकार कानून के द्वारा स्थापित करना समाज की सुरक्षा के लिए बहुत जरूरी है।

हिन्दुस्तान में लागू क्रिमिनल प्रोसीजर कोड की धारा 144बी में इस तरह की व्यवस्था की गई है। यह शान्तिप्रिय लोगों की दृष्टि में उचित समाधान है। इस धारा के अनुसार जब किसी अमुक व्यवहार से शान्ति भंग होने की सम्भावना हो, इसमें अधिकार जिस मजिस्ट्रेट को है उसे बुरे व्यवहार करनेवालों को उस तरह का व्यवहार न करने की चेतावनी देने का अधिकार दिया गया है। और जो आदमी ऐसे हुक्म की अवमानना करेगा, उसे पैनल कोड की धारा 188 के अनुसार सजा मिलेगी, यह कानूनी व्यवस्था है। क्रिमिनल प्रोसीजर कोड की धारा 144बी का मूल उद्देश्य क्या है, इस बारे में लोगों में गलत धारणाएँ फैली हुई हैं। इस धारा का मूल उद्देश्य क्या है इस बात का विश्लेषण बहुत जरूरी है। टर्नर ने इस धारा के बारे में अपनी राय देते हुए कहा है, ''मजिस्ट्रेट को मनाही हुक्म देने का मौका आने पर उसे अपने अधिकार का उपयोग हक़ों के संरक्षण के लिए करना चाहिए, हक़ छिनने के लिए नहीं। कानूनी बर्ताव के लिए मनाही नहीं करनी चाहिए, बल्कि गैरकानूनी बर्ताव पर रोक लगानी चाहिए। कानूनी हक़ों का अमल करते समय यदि मजिस्ट्रेट को लगे कि झगड़ा-फसाद हो सकता है, मजिस्ट्रेट को दंगा-फसाद करनेवालों के बारे में मालूम होना चाहिए। इसलिए ऐसे

मौके पर जिनसे शान्ति भंग होने की सम्भावना हो, उनसे जमानत माँगने का कार्य मजिस्ट्रेट का है।"

इससे सिद्ध होता है कि यह धारा ख़ास तौर पर न्यायोचित हक़ अमल में लाने और इस कार्य में मदद के लिए और शान्ति बनाए रखने के दोहरे उद्‌देश्य से बनाई गई है। इसलिए हमें लगता है कि सरकार को धारा 144 का उपयोग करना चाहिए। इस धारा का उपयोग करते समय इस बात को ध्यान में रखना चाहिए कि जब अछूत समाज के लोग अपने हक़ों पर अमल करना चाहते हों तब सवर्ण हिन्दू समाज के लोग वास्तव में रुकावटें तो पैदा करते ही हैं, परोक्षतः उनका जीना मुश्किल कर देते हैं। उन्हें अपने हक़ों पर अमल करने का मौका ही नहीं देते। और कहते हैं कि अछूत लोग मरे हुए जानवरों का मांस और जूठी रोटियाँ माँगकर खाते हैं। इस तरह उन्हें शर्मिन्दा किया जाता है। सवर्ण हिन्दू समाज के लोग कहते हैं कि अछूत लोगों को ऐसे बुरे काम करने बन्द कर देने चाहिए। लेकिन इस तरह के काम छोड़ने पर हिन्दू अपना अपमान समझकर अछूतों के खिलाफ षड्यन्त्र करते हैं। ये लोग उनके गाँव बन्द कर देते हैं, बाजार बन्द कर देते हैं, और उनकी मेहनत-मजदूरी बन्द करवा देते हैं। इतना ही नहीं, उन पर कुछ न कुछ आरोप लगाकर झगड़ा-फसाद करवाते हैं। इस तरह से अछूतों को पग-पग पर परेशान करके उन्हें नए-पुराने रास्तों से हटाकर अपने वश में करने के हीन प्रयास करते हैं। अछूतों के हक़ अमल में लाने में यदि सरकार उन्हें पूरी तरह से मदद करे तो सवर्ण हिन्दुओं की ओर से होनेवाले प्रतिकार पर प्रत्यक्ष रोक लगनी चाहिए। धारा 144बी का इतना व्यापक अमल होना चाहिए। उपर्युक्त उपायों को लागू करने की बात तय हुई तो सार्वजनिक कुँओं, तालाबों और मन्दिरों आदि स्थानों पर उक्त धारा के तहत एक सामान्य घोषणापत्र प्रसारित करना होगा, मतलब वह समाज के सभी लोगों पर लागू हो। उसी प्रकार ब्राह्मणवादी नेताओं की जमानतें करवानी होंगी। यह बात बहुत महत्त्वपूर्ण है। क्योंकि हमेशा के अनुभव के आधार पर कुछ पाखंडी लोग अज्ञानी समाज की धर्मभावनाओं का लाभ उठाकर उन्हें भड़काते हैं और स्वयं दूर हो जाते हैं। इस बदमाशी को रोकने के लिए उनकी जमानतें करवाना सबसे आसान, जरूरी तथा फायदेमन्द उपाय है। साथ ही अछूतों से भेदभाव की प्रवृत्ति के लिए विशेष तौर पर चेतावनी देनी आवश्यक है।

इस धारा के तहत जो हुक्म दिया जाता है, उसका समय आम तौर पर दो माह है। लेकिन इसी से काम नहीं चलेगा, यह हमारी राय है। अछूतपन की भावना बहुत पुरानी है। यह हमेशा-हमेशा के लिए नष्ट हो जाए और सवर्ण लोग अछूतों के साथ प्यार-मोहब्बत से रहने लगें, इसमें बहुत दिन लगेंगे। इसलिए मनाही हुक्म हमेशा लागू होना चाहिए। धारा 144बी को हमेशा लागू करने का अधिकार स्थानीय सरकार को दिया गया है। और उस अधिकार को अछूतों के हक में उपयोग में लाना चाहिए, यही हमारी राय है। लेकिन हमारी राय को स्वीकार करते हुए सरकार उसे बगैर किसी देरी के अमल में लाएगी या नहीं, इसके बारे में हमें कुछ शंका है। हमारी अंग्रेज सरकार

प्रतिक्रियावादी नहीं है, बहुत धीमी है। मार्च ऑन करने के बजाय टाइम मार्क करने का दोष उसकी रग-रग में भर गया है। और सामाजिक सवालों के सामने उसके कदम डगमगाने लगते हैं।

यह डर साफ तौर पर बताने की वजह यह है कि सवर्ण लोगों की तरह अंग्रेज अफसरों में भी इस तरह के लोग दिखाई देते हैं जो अपने साथ आदाब से रहने का उपदेश देते हैं। परम्परागत रिवाज के अनुसार जिन बातों का अछूतों में रिवाज नहीं उन बातों को वे अपने हक़ से हासिल नहीं कर पाएँगे इस तरह की बातें जो सवर्ण लोग कहते हैं उन्हें आदाब और कायदे के फर्क की समझ नहीं है। लेकिन हमारी अंग्रेज सरकार को इस तरह की गलती नहीं करनी चाहिए। जिस तरह अपने पड़ोसी से अच्छी तरह बोलना चाहिए, उसकी बीमारी में उसकी पूछताछ करनी चाहिए, इसी तरह की बातें आदाब की हैं। इसी तरह सवर्ण लोग हम लोगों से ज्यादा पवित्र और सम्मान के योग्य हैं इसलिए अछूतों को उनके कन्धे से कन्धा नहीं मिलना चाहिए। उन्हें मन्दिर या तालाब पर जाकर उन्हें अशुद्ध करके उनके दिलों को पीड़ा नहीं पहुँचानी चाहिए, उन लोगों को दूर से ही सिजदा करना चाहिए, उन्हीं की तरह कपड़े पहनकर उनकी बराबरी करने की कोशिश नहीं करनी चाहिए आदि बातें अदब हैं, लेकिन अदब के नाम पर उन्हें अछूत लोगों पर थोपा नहीं जा सकता।

अपने अंग्रेज अफसरों से हमें साफ़ तौर पर कहना है कि इस सम्बन्ध में सवर्ण और अछूत समाज के संघर्ष और हिन्दू-मुस्लिमों के संघर्ष में जो विचारधारा तिलक की है वही विचारधारा अमल में लानी चाहिए। हिन्दू-मुस्लिमों के विवाद में अदब का पालन करना चाहिए या कायदे का पालन करना चाहिए इस सम्बन्ध में तिलक ने कहा है, "अदब को कड़ाई से अमल में लाना सरकार का काम नहीं, इतना ही नहीं सरकार के पास जाने पर कानून के आधार पर न्याय होना चाहिए, लोगों में जब तक इस तरह की समझ है तब तक वे शराफत से काम करने के लिए तैयार रहते हैं।"

हमारा इससे अलग कहना नहीं है। पहले अछूतों को उनके कानूनी हक़ दिए जाएँ वे फिर अदब की भाषा बोलेंगे। जो विचार सवर्णों को मुस्लिमों पर लागू करना चाहिए, ऐसा कहा जाता है कि वही अछूतों के सम्बन्ध में अंग्रेज अफ़सरों ने सवर्ण हिन्दुओं पर लागू किए तो उन्हें कोई दोष दे सकेगा, ऐसा हमें नहीं लगता। इसलिए अदब के अनुसार सवर्ण लोगों को दबकर या घबड़ाकर अछूतों को अपने हक़ छोड़ने या अपनी मनोभावना के अनुरूप निर्दिष्ट निर्बन्धों को स्वीकार करने जैसी घटिया सलाह नहीं देनी चाहिए। सवर्ण हिन्दुओं की इच्छा के अनुसार बर्ताव किए बगैर अछूतों के पास यदि कोई विकल्प नहीं तो अंग्रेजों की सत्ता की कोई जरूरत नहीं है। अछूत लोग सवर्णों के पाँव पड़ेंगे और वे जो देंगे वे उसे लेंगे, लेकिन अंग्रेज सरकार को हम साफ तौर पर बता देना चाहते हैं कि वह जमाना अब नहीं रहा। अछूत लोग पहले की तरह निराश या मायूस नहीं रहे। उन्होंने अपने अभिजात हक़ स्थापित करने का साहसी इरादा किया है और उन्हें रोकनेवालों का मुकाबला करने की उनमें हिम्मत है। इसलिए दोनों समाजों से न्याय की

भावना से और निष्पक्षता से बर्ताव करना बहुत जरूरी है। सवर्ण और अछूत लोगों में सार्वजनिक हक़ों के अमल के लिए इससे पहले संघर्ष नहीं हुए, यह बात सच है फिर भी अछूत समाज में शिक्षा का प्रसार तेजी से हो रहा है। परम्परागत धर्म आस्थाएँ उनमें समाप्त हो रही हैं। हम लोग ऊँची जाति के लोगों के जूतों के नीचे रहनेवाले हैं, उनके जूठन पर पलनेवाले हैं, इस तरह सेवक और भिखारी का धर्म दिखानेवाली भावना अब उन लोगों में नहीं रही। धर्म ने जो दर्जा तय कर दिया था उसे तोड़कर उन्होंने ऊपर के दर्जे में दूसरों की बराबरी में खड़े रहने का निश्चय किया है।

ऐसी स्थिति में आँखों पर पट्टी बाँध लेने के बजाय और अदब सिखाने की बजाय उन्हें अपने हक़ हासिल करने के लिए जो कानूनी सहायता आवश्यक है, वह दी जानी चाहिए, यह सलाह अंग्रेज सरकार को देना हमारा कर्त्तव्य है। महाड में सवर्णों ने अछूतों पर जोर-जबर्दस्ती, जुल्म और अन्याय किया है। इसमें केवल सरकार ही उन्हें उचित संरक्षण देगी यह उम्मीद की गई थी लेकिन यह उम्मीद बकवास साबित हुई। मतलब महाड में उन्होंने जो शान्ति बनाए रखी तब अन्य अवसरों पर वह सम्भव नहीं होगी और अपनी रक्षा करने के लिए अन्त में उन लोगों को हाथ में डंडे उठाने के लिए मजबूर होना पड़ेगा। ज्ञान और लाचारी की सम्मिलित चिनगारी भड़कने से पहले सरकार को अपनी जिम्मेदारी समझ लेनी चाहिए, यही उसके लिए उचित होगा। यदि यह चिनगारी सुलग उठी तो यह कलहाग्नि कहाँ तक फैलेगी, इसका कोई अंदाजा नहीं है। इसलिए वह बेकाबू होने के पहले बुझा दी जाए, यह व्यवस्था करना समझदार सरकार का पहला काम है।

अन्त में दो बातों पर विचार करना बाकी रहता है, पहले यह किसे करना चाहिए? स्थानीय संस्था को या स्थानीय सरकार को? यह सवाल उठता है। सार्वजनिक सुविधाएँ अछूतों को मुफ्त मिलनी चाहिए इस तरह का या बोले का प्रस्ताव सरकार ने मंजूर किया है। इसलिए हम उन्हें धन्यवाद देते हैं। लेकिन इस बात को खुद करने की बजाय इसे लोकल बोर्ड और म्यूनिसिपैलिटी जैसी स्थानीय संस्था पर छोड़ दिया गया इसका हमें खेद और आश्चर्य है। इस देश की स्थानीय संस्थाओं में जिन लोगों की संख्या ज्यादा है, वे लोग इतनी छोटी अक्लवाले और परम्परावादी विचारों के हैं कि उनके हाथों अछूतों को सार्वजनिक सुविधा के स्थान मुक्त करने में सैकड़ों साल लगेंगे। उनकी अक्ल का विकास होने तक अछूतों को अपने हक़ प्राप्त करने में इन्तजार करना पड़ेगा। अंग्रेज सरकार जैसी शक्तिशाली सरकार को यह शोभा नहीं देता। प्रस्ताव मंजूर हुए छह साल बीत गए हैं। जिन स्थानीय संस्थाओं ने इस प्रस्ताव पर अमल किया होगा, उनकी संख्या उँगलियों पर गिनने लायक भी नहीं है।

अधिसंख्य प्रजाननों के हक़ों के लिए प्रतिक्रियावादी नीति अपनानेवाली स्थानीय संस्था पर निर्भर रहने की बजाय उसकी जिम्मेदारी खुद स्थानीय सरकार स्वीकार करेगी, ऐसी उम्मीद हम लोग करते हैं। सार्वजनिक स्थल कौन से? यह दूसरा सवाल यहाँ विचार करने योग्य है। कुछ लोग सार्वजनिक और सरकारी सार्वजनिक शब्द का संकुचित अर्थ लेकर अछूतों के लिए तालाब, कुँओं-बावड़ी और मन्दिर में प्रवेश बन्द रखने का कार्यक्रम

बनाएँगे, यह बात हम लोग अच्छी तरह जानते हैं। क्योंकि सरकारी पैसे से जो तालाब, कुएँ, मन्दिर चल रहे हैं वे बहुत कम हैं लेकिन सार्वजनिक शब्द का अर्थ ऐसा नहीं लिया जा सकता। यह इस पर विचार करने के बाद समझ में आएगा। जो स्थान सबके उपयोग के लिए है वही सार्वजनिक है और यही सार्वजनिक शब्द का सही अर्थ है। फिर वह सार्वजनिक व्यवस्था सरकारी हो या गैरसरकारी। किसी ने यदि मन्दिर या तालाब बनाया और वह किसी समाज विशेष की सुविधा के लिए बनाया तो वह सार्वजनिक है, ऐसा समझा जाएगा और उस समाज के हर आदमी को उसका उपयोग करने का अधिकार प्राप्त होगा।

किसी व्यक्ति ने अपनी आमदनी में से कोई निर्माण किया और वह निर्माण कार्य लोकोत्तर या देवोत्तर है, इस घोषणा के अनुसार उसके उपभोग का अधिकार आम हो जाता है। ख़ुद मालिक भी उसके आम इस्तेमाल को रोक नहीं सकता। जैसे–पंढरपुर के विट्ठल मन्दिर को जिसने भी बनाया होगा, वह देवोत्तर कार्य यदि वैष्णव सम्प्रदाय के लोगों के लिए किया गया तो हर वैष्णव सम्प्रदाय के आदमी को उसमें जाने का अधिकार है। फिर वह वैष्णव सम्प्रदाय का व्यक्ति ब्राह्मण हो या मातंग (अछूत) हो। उनके हक़ समान हैं। अभी-अभी सकलात बनाम केला (28 बॉम्बे लॉ रिपोर्टर, पृ. 161) इसमें प्रिव्ही कौन्सिल ने जो फैसला दिया है, उसका गहराई से अध्ययन किया जाए तो हमने सार्वजनिक शब्द का जो अर्थ लिया है वह सही है।

सवर्ण हिन्दू और अछूत समाज में महाड में जो विवाद हुआ उसमें सरकार की जिम्मेदारी के सम्बन्ध में हमको अपनी राय स्पष्ट और विस्तार से रखनी जरूरी थी, इसलिए हमने इस विषय का विवेचन विस्तार से किया है। उसमें अछूतों की माँग न्याय की दृष्टि से और हक़ की दृष्टि से सही है, यह बात हमने सिद्ध कर दी है। किस सुविधा को सार्वजनिक कहा जाए इसका भी दिग्दर्शन हमने किया है। अछूतों को इन सार्वजनिक सुविधाओं का उपयोग करने के हक़ में मदद के लिए किस प्रकार के उपाय करने चाहिए, इसके लिए भी हमने कुछ सुझाव दिए हैं। अब सरकार इस बारे में क्या करती है, इस ओर हमारी आँखें लगी हुई हैं।

अन्त में, यदि सरकार ने ऐसे कार्यों में सवर्ण हिन्दू लोगों की भावनाओं को ठेस नहीं पहुँचाई इसलिए अछूतों को भी मदद देने की बात टाल दी तो मानना चाहिए कि सरकार का एक हाथ लकवे से नाकाम हो गया है। इस तरह की समझ से जो अनर्थ होगा उसकी जानकारी सरकार को देने के लिए न्यायमूर्ति टर्नर ने जो संकेत दिया था उसे याद दिलाते हुए मैं इस लेख को यहीं समाप्त कर रहा हूँ।

न्यायमूर्ति टर्नर कहते हैं, "कानूनी हक़ों का संरक्षण यदि सरकार ने नहीं किया बल्कि उस पर रोक लगाने की कोशिश की तो लोगों की ऐसी धारणा बन जाती है कि जिस समूह की ओर से झगड़ा-फसाद होने की सम्भावना है उनके सामने अफ़सरों की कुछ नहीं चलती। मतलब अपने हक़ों को सुरक्षित रखने के लिए कोर्ट की सीढ़ियाँ चढ़ने के बजाय दंगा-फसाद करना ही ज्यादा फलदायी लगेगा। जिस समय बहुजन समाज यह

समझ जाएगा उस समय कानूनी हक़ों का अमल करनेवालों को सरकारी संरक्षण देने में जितना खतरा है, उससे अधिक खतरा संरक्षण न दे पाने में है।''

सरकार ईसाई हुए अछूतों के सार्वजनिक हक़ों का संरक्षण करती है, यह बात अहमद नगर के पानी प्रकरण से सिद्ध होती है। लेकिन हिन्दू धर्म में रहनेवाले अछूतों को उस तरह का संरक्षण मिलता है या नहीं, यही हमें अब देखना है।

# महाड का धर्म-संग्राम और अछूत वर्ग की जिम्मेदारी

**शुक्रवार : 20 मई, 1927/अग्रलेख, बहिष्कृत भारत**

पिछले दो अंकों में हमने पानी-विवाद के सम्बन्ध में सवर्ण हिन्दुओं और सरकार की जिम्मेदारी पर विचार किया है। आज हमारे अछूत भाइयों को इस सम्बन्ध में क्या करना चाहिए, हम यहाँ उनके मार्गदर्शन की बात सोचेंगे।

महाड का चवदार तालाब सार्वजनिक है। उस तालाब पर सभी जाति के लोग बिना किसी बाधा के पानी भरते हैं। कोई किसी को रोकता नहीं। लेकिन उसी तालाब पर महार, मातंग, चमार, ढोर आदि जाति के लोगों ने पानी भरने की कोशिश की तो यह बात सवर्ण हिन्दू समाज को बर्दाश्त नहीं हुई। यह बात महाड के विवाद से स्पष्ट हो चुकी है। सवाल है कि ऐसा क्यों होता है? इस बात का यदि हमारे समाज के भाइयों ने भलीभाँति विचार किया तो उनकी समझ में आएगा कि उन्हें हिन्दू धर्म में अपवित्र माना जाता है। उनके छू जाने से ही हिन्दू धर्म को माननेवाला आदमी नापाक हो जाता है और उसकी नापाकी दूर करने के लिए उन्हें कपड़ों समेत नहाना जरूरी हो जाता है। कुछ जगहों पर तो उनकी सिर्फ छाँव भी छू गई तब भी दोष समझा जाता है और उसके निराकरण के लिए नहाना पड़ता है।

इसका कारण केवल शुद्धता-अशुद्धता की भावना ही होती तो उसके विरोध में किसी को बहुत कहने की आवश्यकता नहीं थी। कोई औरत रजस्वला हो तो वह जब तक उस स्थिति में है तब तक उसे किसी को छूना नहीं है यह कहना स्वीकार किया जा सकता है। लेकिन इन जातियों के लोगों का छूना व्यावहारिक क्यों नहीं है इस बात की वाजिब मीमांसा कोई नहीं कर सकता। इन जातियों के (अछूत) लोग अमंगल रहते हैं इसलिए उनका छू जाना निषिद्ध माना जाता है। इस तरह से जो लोग कहते हैं उन्हें इन जातियों में जिन लोगों का रहन-सहन अच्छा है उनका छू जाना भी अच्छा नहीं लगता। इन जातियों के लोग अभक्ष्य भोजन करते हैं, इसलिए उन लोगों को दूर रखा जाता है, यह कारण भी इसके लिए पर्याप्त नहीं है। इन जातियों में ऐसे कितने ही लोग हैं जो शराब, मांस आदि को हाथ नहीं लगाते। फिर भी गोमांसभक्षक अछूतों की तरह

वे भी अस्पृश्य हैं। यह भी कहा जाए कि छूना भक्ष्य-अभक्ष्य भोजन पर निर्भर है तो मुस्लिमों जैसे अभक्ष्य भोजन करनेवाले लोगों को अछूत कहने की किसी सवर्ण हिन्दू की हिम्मत नहीं होती। क्या अछूतपन एक तरह की लहर है या हम लोग तुम्हें अछूत मानते हैं इसलिए तुम लोग अछूत हो? इस तरह सवर्ण हिन्दुओं की लहर के अलावा अछूतपन का दूसरा कोई कारण दिखाई नहीं देता। अपनी इस लहर को सवर्ण लोग प्रथा मानते हैं और प्रथा को कायदा मानकर वे लोग उसे जोर-जबर्दस्ती थोपने का प्रयास करते हैं।

अछूतपन उन्मूलन के बारे में एक विचित्र बात दिखाई देती है, इस प्रथा के सम्बन्ध में अछूत समाज का क्या विचार है इस बारे में कोई पूछताछ नहीं करता। इसके लिए सवर्ण हिन्दू जाति का जनमत अभी तैयार नहीं है, इसलिए इस बारे में उनका जनमत तैयार होने तक, तुम लोग अछूत ही रहो ऐसा निःसंकोच कहा जाता है। जो बात पसन्द न हो, जिस बात पर लोगों का विरोध हो, उस बात को राज्यकर्त्ताओं को जोर-जबर्दस्ती, ज़ुल्म से, सख्ती से या आग्रह से लोगों पर नहीं थोपना चाहिए, इस तरह राजनीति में सरकार से ताकीद करनेवाला एक दल इस देश में है। बंगाल का विभाजन कर्जन साहब ने किया, शासन प्रबन्ध आसान हो इस दृष्टि से यह गलत नहीं था। लेकिन बंगाली जनमत विभाजन के पूरी तरह विरोध में था और उनके इस विरोध की परवाह किए बगैर अंग्रेज सरकार जब अपनी बात अमल में लाई तब सरकार ने जनमत को भी नहीं माना, यह कहकर तिलक जैसे राष्ट्रीय ध्येयवाले आदमी ने आलोचना के हथियार का इस्तेमाल कर सबको हैरान कर दिया, इस बात को सभी लोग अच्छी तरह जानते हैं। अन्त में अंग्रेज सरकार ने भी सोचा कि हुकूमत चलानी है तो जनमत का ख्याल रखकर ही चलानी चाहिए, इस सिद्धान्त को स्वीकार कर उसने बंगाल के विभाजन को रद्द कर दिया। अपना बड़प्पन दूर रखकर सरकार अन्त में जनमत के लिए झुक गई। सरकार ने यह सिद्ध कर दिया कि मन की लज्जा से न सही, जनमत की लज्जा से हम जनमत की कद्र करते हैं। जनमत की विजय हुई, बहुत अच्छी बात है। लेकिन इस ऐतिहासिक घटना की याद से हमें खुश होने की बजाय झुँझलाहट होती है, वह इसीलिए कि जो लोग सरकार को जनमत का आदर करते हुए बर्ताव करने के लिए कहते हैं वे ही लोग खुद बेशर्मी से अछूतों के जनमत को अपने पाँवों तले रौंदते हैं। जनमत की कद्र करते हुए अपने अधिकारों का उपयोग करना चाहिए, इस सिद्धान्त का समर्थन करनेवाले लोग, अछूत जनता अछूतपन की प्रथा कायम करने के लिए तैयार नहीं है, यह देखते ही उन्हें इसे अमानवी प्रथा का त्याग करने की घोषणा करनी चाहिए।

जिस प्रकार बंगाली जनमत बंगाल के विभाजन के विरोध में था उसी प्रकार तमाम अछूतों का जनमत अछूतपन के विरोध में है। बंगाल का विभाजन करना या न करना अगर बंगाली जनमत पर निर्भर होना चाहिए तो अछूतपन रखना या न रखना यह बात अछूतों के जनमत पर निर्भर होनी चाहिए, तो इसे क्यों स्वीकार नहीं किया गया? लेकिन इस दृष्टि से इस सवाल की ओर कोई नहीं देख रहा है। इसमें उनका

स्वार्थ है कि अपने पाँव के नीचे क्या जल रहा है उस ओर अच्छे आदमी का भी ध्यान नहीं जाता। जिस समय वह दूसरों को जो करने के लिए कहता है वैसी स्थिति में वह उस पर अमल नहीं करता। कुछ भी क्यों न हो लेकिन सवर्ण हिन्दुओं का जनमत अछूतपन उन्मूलन के विरोध में है इस बात को अछूत लोगों को अच्छी तरह ध्यान में रखना चाहिए। फिर उन्हें अनुकूल कैसे बनाया जाए? यह अछूत जनता के सामने बहुत बड़ा सवाल है। और इस सवाल को हल करने के लिए उन्हें उचित उपाय तय करने के पहले सवर्ण हिन्दू समाज की भावनाएँ पत्थर की तरह सख्त क्यों हो गईं, इस बात की पूरी समझ होना बहुत जरूरी है।

किसी भी समाज में खुद सोचने के बजाय दूसरों के विचारों पर अमल करनेवाले लोगों की संख्या बेहिसाब होती है। जो धर्मोपदेशक बताएगा वही धर्म, जो पिता कहेंगे वही आज्ञा, जो अफ़सर कहेगा वही हुक्म, जो दोस्त देंगे वही सही सलाह मानकर अपना व्यवहार तय करनेवाले अनगिनत प्राणी इस दुनिया में हैं फिर वह धर्म, वह आज्ञा, वह हुक्म और वह सलाह उचित है या अनुचित, स्वार्थी है या जनहितकारी, इस बात का विचार करने की जिम्मेदारी को वे अज्ञानी लोग कभी स्वीकार नहीं करते। जिस प्रकार खुद सोचने की बजाय दूसरों के विचारों से चलनेवाले बेअक्ल लोग होते हैं उसी प्रकार विचार करके भी उसके अनुसार व्यवहार न करनेवाले लोग भी हर समाज में होते हैं। सिर्फ विचार कर उस पर अमल न करने से कुछ भी फायदा नहीं। रहमदिल कुबेर को भी ऐसा लगता है कि दुनिया की दौलत का बंटवारा असमान नहीं होना चाहिए। माफ़ीदार जोशी (पुरोहित) को भी लगता है कि वह जोशी है तो वही शास्त्रों में निपुण है। उसी प्रकार पिछड़े समाज को आगे लाने के लिए सरकारी नौकरी में पहला पद उसे देना चाहिए, इस तरह का विचार उस समाज के लोगों को नाकबूल नहीं, लेकिन कुबेर पर अपनी दौलत समान रूप से बाँटने, या मातंग (अछूत) जाति को कुशल जोशी (पुरोहित) मिला तो वह अपनी पुरोहिताई उसे अर्पण करने या खुद को छोड़कर पिछड़े समाज के आदमी को नौकरी देने की बात आई तो इन तीनों के मुँह से बदबू आएगी, इसमें कोई शक नहीं। मनुष्य के इस स्वभाव को ध्यान में रखने के बाद अछूत लोग इतना आक्रोश करने पर भी सवर्ण हिन्दू समाज के लोगों को इस बारे में कुछ भी क्यों महसूस नहीं होता, यह बात आसानी से समझ आनी चाहिए।

सवर्ण समाज में अज्ञानी लोग अन्धी परम्परा की वजह से अछूतपन बुरा है या अच्छा, इस बात पर सोचते ही नहीं। अनाचारी लोग अछूतपन बुरा है इस विचार को मानते हैं। लेकिन बड़प्पन के स्वार्थ में फँस जाने के बाद उनके विचारों के अनुकूल आचार नहीं होता। इस बीमारी का इलाज मालूम होते हुए भी अन्धी परम्परा और स्वार्थ की वजह से हमारी बातों का उन पर कोई असर नहीं होता। इसलिए उन्हें सही राह पर लाने के लिए हम लोगों को किस तरह के उपाय खोजने चाहिए, यही महत्त्वपूर्ण सवाल है। हमारी दृष्टि से सवर्ण हिन्दू समाज के आचरण में परिवर्तन लाना हो तो सबसे पहले उनमें जो अज्ञानी लोग हैं उन्हें सोच-विचार करने के लिए मजबूर करना चाहिए।

लेकिन विचार किसी ज्वालामुखी की तरह अपने आप नहीं भड़कता। वह कुछ कारणों के घट जाने से भड़क उठता है। जिनमें विचार प्रबोधन करना हो उन्हें विचार करने के कारण मालूम होने चाहिए, यह बात हमारे अछूत भाइयों को बिल्कुल नहीं भूलनी चाहिए। प्रचलित रास्ते से जानेवाला राहगीर जब तक रास्ता सीधा है, तब तक आँखें मूँदकर बिना सोचे-समझे चलता रहता है। दूसरों को पूछने की उसे गरज नहीं होती लेकिन उसे जहाँ रास्ते से कई रास्ते निकलते हुए दिखाई देते हैं वहाँ वह रुक जाता है, हड़बड़ा जाता है। और वह यह सोचने लगता है कि इसमें कौन-सा रास्ता है जो अपने को सही मुकाम पर पहुँचाएगा। इससे एक बात साफ़ है कि परम्परागत रास्ते में यदि रुकावट पैदा नहीं हुई, कुछ कठिनाइयाँ पैदा नहीं हुईं तब तक कोई भी आदमी अपने परम्परागत रास्ते के भले-बुरेपन के बारे में सोचने के लिए तैयार नहीं होगा।

यह न्याय सवर्ण हिन्दू समाज के अज्ञानी लोगों पर लागू किया गया तो यह दिखाई देगा कि अछूतपन की प्रथा शुरू रही है और इसका बुनियादी कारण है, अछूत समाज के लोगों में इस प्रथा के ख़िलाफ़ कभी सन्देह नहीं रहा और न उन्होंने कभी कोई एतराजी जाहिर की। उन्होंने यदि इस प्रथा के विरोध में पहले ही आपत्ति उठाई होती तो सवर्ण लोगों को अछूतपन के सम्बन्ध में अपनी मान्यताएँ कब की बदलनी पड़ी होतीं। गलत क्या है, इसके उन्हें जो परिणाम भोगने पड़ते हैं तब पता चलता है। इसलिए झूठी मान्यताएँ और गलत शंकाएँ व्यवहार में बहुत दिनों तक नहीं टिकतीं लेकिन कुछ जगह कर्म और उसके परिणामों का सम्बन्ध इतना नजदीकी और दूर तक बने रहनेवाला है कि हम लोग जो कर्म करते हैं उसके परिणाम पहले समझ नहीं आते। और उससे अपने कार्य के अच्छे-बुरे का विचार करने की जरूरत कर्म करनेवाले को महसूस ही नहीं होती, जातिभेद और अछूतपन के बारे में भी यही कहा जा सकता है। ये प्रथाएँ परिणाम की दृष्टि से बहुत बुरी हैं, इनका कोई साक्षात आधार न होने की वजह से ये बरकरार रही हैं।

आग की आँच को कुछ न समझकर जीभ पर रखनेवाले को वह जिस तरह उसकी जीभ पर फफोला करके अपनी कद्र करवाती है उसी तरह अछूत कहनेवालों की जबान खींच लेते तो कोई उन्हें अछूत के नाम से पुकारने की हिम्मत नहीं करता। हमारी दृष्टि से महाड की परिषद् का जो महत्त्व है वह इसी में है। उस परिषद् ने सवर्ण हिन्दुओं को अछूतपन की प्रथा का एक कड़वा अनुभव दिया है। उसी की वजह से अब सवर्ण लोग सोचने के लिए मजबूर होंगे कि अछूतपन मानना, एक धर्म होने पर भी उसका पालन करना, सूली पर टँगी रोटी की तरह आसान नहीं। आज तक अछूतपन का पालन करना आसान था, उसके लिए कुछ भी नहीं करना पड़ता था। लेकिन इस परिषद् से एक बात यह हुई कि, उसका पालन करने में कुछ लोगों को अपनी जान भी गँवानी पड़ सकती है, इस बात को सवर्ण लोगों ने जरूर समझ लिया होगा। क्योंकि महाड में अछूतों ने सवर्णों पर हाथ नहीं उठाया फिर भी आगे होनेवाली ज्यादतियों में अछूत लोग मुकाबला किए बगैर मार खानेवाले ही रहेंगे, ऐसा मानना गलत होगा।

इसलिए हमारे अछूत भाइयों को हम यह सलाह देना चाहते हैं कि उन्होंने महाड में जो कार्य किया उसी प्रकार के कार्य सब जगह शुरू करने चाहिए। इस प्रकार के मुकाबले के बगैर अब काम नहीं होगा। वरना सवर्णों में से अज्ञानी लोग अछूतपन की प्रथा के भले-बुरेपन के बारे में सोचने के लिए मजबूर नहीं होंगे और हजारों साल पुरानी अछूतपन की प्रथा आनेवाले हजारों साल तक रहेगी। समझदार लोगों को समझ के आधार पर आचरण करने के लिए प्रेरित करना चाहिए। यह अछूतपन उन्मूलन के कार्यक्रम का दूसरा महत्त्वपूर्ण हिस्सा है। जो लोग समझदार होकर भी विचार करते हुए उसके अनुसार आचरण नहीं करते उन्हें सही राह पर लाने का उपाय करना ही होगा।

जनमत बदलना और व्यवहार में सत्ताधारी लोगों के बर्ताव में परिवर्तन लाना इन दो बातों में बड़ा फर्क है। जहाँ व्यक्ति के विचारों का उसके स्वार्थ से कोई सम्बन्ध नहीं होता, वहाँ उसके विचारों में परिवर्तन लाने में संवाद, गोष्ठी, बहस आदि उपाय कारगर सिद्ध होंगे। लेकिन जहाँ व्यक्ति के विचारों का उसके स्वार्थ से सम्बन्ध है वहाँ जब तक उसके स्वार्थ का नुकसान नहीं होगा तब तक सिर्फ साम, दाम से उसका बर्ताव नहीं बदलेगा, यह दैनिक व्यवहार का साधारण नियम है, इसका प्रमाण कोई भी दे सकता है। जब तक यह न्याय सवर्ण हिन्दुओं के वैचारिक लोगों पर लागू नहीं किया जाएगा तब तक वे लोग अपने विचारों के अनुसार बर्ताव करने के लिए तैयार नहीं होंगे।

इस दिशा से सोचने पर सवर्ण हिन्दुओं के हितों को नुकसान होगा इस तरह से हम लोग कुछ कर सकते हैं या नहीं इस बात की खोज अछूत समाज को निश्चित रूप से करनी चाहिए। सवर्ण लोग धनी हैं और अछूत समाज के लोग गरीब हैं। सवर्ण लोग बहुसंख्यक हैं और अछूत लोग अल्पसंख्यक हैं। सवर्ण लोगों के हाथ में सत्ता है और अछूत समाज के लोग सत्ताहीन हैं। इससे सामान्य आदमी को लगेगा कि सवर्णों का कार्य अछूतों के बगैर चल सकता है। लेकिन अछूतों का कार्य सवर्णों के बगैर नहीं चल सकता। इस स्थिति में सवर्ण हिन्दुओं के हितों को नुकसान पहुँचाने का प्रयोग करने से क्या होगा इस बात का अनुभव करने के पीछे यदि अछूत समाज के लोग पड़े तो वे अपना मजाक करवाएँगे। इतना ही नहीं, वे मुँह की खाएँगे। ऐसा दिल्लगीबाज लोगों को ही नहीं अछूत समाज के लोगों को भी लग सकता है। इस तरह सवर्ण और अछूत लोगों की ताक़त और कमजोरी का मुआइना एकदम सतही है। इस बात को हमारे सवर्ण भाइयों को ध्यान में रखना चाहिए।

घरेलू निरीक्षण करनेवालों को अछूत समाज की सही ताकत का सुराग कभी नहीं मिलेगा, जैसे अपने अछूत भाइयों को उसी तरह सवर्ण हिन्दुओं को हम बता देना चाहते हैं कि अछूत लोग कुछ मामलों में दुर्बल हैं, सभी मामलों में वे लोग दुर्बल हैं इस तरह की गलतफ़हमी में नहीं रहना चाहिए। आज हिन्दू धर्म का अछूतों ने बहिष्कार किया और इस्लाम धर्म को स्वीकार किया तो हिन्दू समाज का क्या होगा, इस बात पर सवर्ण हिन्दू समाज के लोगों को गम्भीरता से सोचना चाहिए।

अछूतों ने धर्मान्तरण किया तो इसमें क्या बुरी बात है? पूरा स्वराज्य मिलने के

बजाय उन्हें वसाहत का स्वराज्य तो मिलेगा ही, ऐसा कई धर्मवादी लोगों का कहना है। इस बात को हम अच्छी तरह जानते हैं। लेकिन ऐसा कहनेवालों ने इस सवाल का गम्भीर रूप से अध्ययन किया है, ऐसा हमें नहीं लगता। इन लोगों को इस बात की समझ नहीं है कि जो विवाद चल रहा है वह स्वराज्य का विवाद नहीं बल्कि हिन्दू-मुस्लिमों की संस्कृति का संग्राम है। उसमें अछूतों की सहायता उनकी संख्या की तुलना में बहुत महत्त्वपूर्ण है। आज अछूत समाज के लोग हिन्दू के हिन्दू ही रहे तो आर्य (ब्राह्मण) धर्म की संस्कृति इस देश में पार पाएगी। लेकिन यदि वे लोग हिन्दू से मुस्लिम हुए तो इस देश में आर्य संस्कृति की शिकस्त होगी और मुस्लिम संस्कृति का प्रभाव बढ़ेगा। इस तरह का परिवर्तन लाने की ताकत अकेले अछूत समाज में है, अन्य किसी समाज में नहीं, इसमें किसी प्रकार का सन्देह नहीं।

मुस्लिमों की हमारे बिना विजय नहीं और हिन्दुओं का हमारे बगैर गुजारा नहीं। इतनी बात भी हमारे अछूत भाइयों ने ध्यान में रखी तो उन्हें अपनी ताकत का आभास हो जाएगा और इस ताकत का उन्होंने इस आपातकाल में उपयोग किया तथा उन्हें बहिष्कृत करनेवाले सवर्ण समाज का उन्होंने बहिष्कार कर डाला तो ये लापरवाह सवर्ण लोग आसानी से ठिकाने लग सकते हैं। उनकी यह ताकत कुछ कम नहीं है। उन्हें अपनी ताकत का अहसास हुआ और उसका उन्होंने उपयोग किया तो सवर्ण लोगों की अक्ल ठिकाने आने में कुछ देर नहीं लगेगी, ऐसा हमें लगता है। इसलिए हमारे अछूत समाज के भाइयों से हमारा आग्रह के साथ निवेदन है कि उन्हें अपनी ताकत को निठल्लेपन के गगरे में रखने के बजाय इस बहिष्कार के तरीके का इस्तेमाल करने में किसी बात की परवाह नहीं करनी चाहिए।

हमने ये दो उपाय सुझाए हैं। इसके लिए कुछ सवर्ण लोग हमें नासमझ कहेंगे, इस बात को हम अच्छी तरह से जानते हैं। लेकिन उनसे हमारा सवाल है कि जिससे अछूत इस तरह का रास्ता न अपनाएँ तो उन्हें क्या करना चाहिए? एकजुट होकर अछूतों को अपनी बात सवर्ण लोगों के सामने रखनी चाहिए, ऐसी सलाह बहुत पुरानी है। लेकिन 25-30 साल के आन्दोलन के इतिहास से जो महत्त्वपूर्ण बात सामने आई है वह यह कि अछूतों का कहना कितना भी सही हो, उनकी शिकायतें कितनी भी वाजिब हों, उनकी माँगें कितनी भी न्यायसंगत हों, उन्हें कितने भी लोगों का समर्थन प्राप्त हो और उन माँगों को उन्होंने सवर्ण हिन्दुओं के सामने कितनी भी उदारता से क्यों न रखा हो, तब भी उनकी ओर ध्यान नहीं दिया जाता। सत्ता के बल पर अछूतों के जनमत की नाफ़रमानी करके सवर्ण हिन्दू लोग अपनी बात पर अड़े रहेंगे। ऐसी स्थिति में जो लोग अछूतों को इस तरह का उपदेश देते हैं कि, तुम लोगों को बहिष्कार का सिद्धान्त या मुकाबले का सिद्धान्त स्वीकार नहीं करना चाहिए, ऐसे लोगों को क्या कहा जाए, यह हमारी समझ में नहीं आ रहा है।

वे लोग इस तरह की पाखंडी सलाह देते हैं कि जब अछूतपन हजारों साल से चला आ रहा है, फिर और सौ साल रहा भी तो कौन-सी आफत है। लेकिन हम इन

लोगों को स्पष्ट रूप से बताना चाहते हैं कि अन्याय कोई परम्परा नहीं है कि वह चलती रहे। वह और आगे चलती रहनी चाहिए, इस तरह की विचारधारा असभ्य आदमी की हो सकती है। हमारी दृष्टि से जिस आदमी को न्याय प्रिय है वह आदमी कभी यह नहीं कहेगा कि यदि अन्याय इतने दिनों से है तो उसे आगे भी चलते रहना चाहिए।

अछूतपन इतना बड़ा पाप और इतना बड़ा अन्याय है कि, उसका उन्मूलन इसी समय हो जाना चाहिए, यही हमारी राय है। उसे स्वीकार कर उसके अनुरूप यदि कोई उपाय सुझाए तो हम लोग उस पर हमदर्दी के साथ विचार करेंगे। लेकिन हमें यकीन है कि बिना देर किए अछूतपन का विनाश करना है तो, हमने जो उपाय सुझाए हैं उनसे अच्छे लाभदायी उपाय मिलने मुश्किल हैं। फालतू भाषणबाजी करने में या बड़े-बड़े सम्मेलन आयोजित कर ढेर सारे प्रस्ताव पास करने का कोई मतलब नहीं। जो लोग स्वभाव से जनमत की कद्र करनेवाले हैं, उन्हीं के लिए ये उपाय बताए गए हैं। लेकिन जो लोग परम्परावादी हैं उनको जाग्रत करने के लिए आग के दाग देने ही चाहिए, उसके बगैर वे लोग होश में नहीं आएँगे। हम लोगों ने यह प्रयास कितने भी सालों तक क्यों न किया तब भी इन लोगों को अक्ल नहीं आएगी और उन पर किसी भी बात का असर नहीं होगा। अछूतपन की वजह से जब सवर्ण लोगों के सिर फूटेंगे तब कहीं उन्हें आत्मज्ञान होगा कि अछूतपन का पालन करना चाहिए या नहीं। इस बात पर वे लोग विचार करने लगेंगे। जनजाग्रति का यह महत्त्वपूर्ण कार्य मुकाबले के सिद्धान्त के अलावा अन्य किन्हीं छोटे-मोटे उपायों से सफल नहीं होगा।

हमने बहिष्कार के सिद्धान्त को अपनाने की बात कही है। इसलिए कुछ लोग अस्वस्थ हो गए होंगे, इस बात को हम अच्छी तरह जानते हैं। लेकिन हम इसकी बिल्कुल परवाह नहीं करते। हम कद्र करते हैं इनसानियत की। वह इनसानियत यदि हमें हिन्दू धर्म में रहकर मिली होती तो हमने यह कभी नहीं कहा होता कि हिन्दू समाज का बहिष्कार करो। हिन्दू धर्म के सिद्धान्त बड़े अच्छे हैं लेकिन उदार सिद्धान्तों के ख्याली-पुलाव में व्यवहार को भूल जानेवाले स्कूल के बच्चों की तरह हम नादान बिल्कुल नहीं हैं। और जब कभी हिन्दू समाज हमारी इनसानियत को पहचानेगा तो वह हमारी इनसानियत की स्वयंसिद्धता की वजह से नहीं बल्कि परिस्थितिजन्य अपरिहार्यता की वजह से पहचानेगा। इस बात को हम अच्छी तरह जानते हैं।

हिन्दू समाज हो या अन्य कोई समाज, उसका परिस्थिति का गुलाम होना स्वाभाविक है। परिस्थिति का साक्षात इम्तिहान हो या उसका दबाव, समाज अपने परम्परागत व्यवहार में आसानी से नहीं बदलता। समाज के इस सरल स्वभाव को पहचानकर ही तिलक कहते थे, "सुधार यूँ ही नहीं होता। समाज में कौन-सी बात उसके उत्थान के खिलाफ जा रही है, यह समझ में आना चाहिए और यह बात समझ में आने के बाद वे अपने आप इन रुकावटों को दूर करने के लिए तैयार हो जाते हैं।" अछूतपन अपने उत्थान के खिलाफ जा रहा है इस बात का साक्षात अनुभव हिन्दू समाज के सामने लाने के लिए बहिष्कार के सिद्धान्त के अलावा दूसरा कौन-सा हथियार है जो अछूत

समाज के पास है? उनके पास जो हथियार है उसका इस्तेमाल करने की बजाय क्या उन्हें सवर्णों की मान्यताओं के अनुसार रहना चाहिए? हमने जो बहिष्कार के सिद्धान्त का रास्ता सुझाया है, वह तिलक का रास्ता है। फर्क सिर्फ इतना है कि उसे उसने राजनीति में इस्तेमाल किया था, हम उसे समाज परिवर्तन में इस्तेमाल करने की बात कर रहे हैं। अगर सौ में से एक आदमी को भी राजसत्ता की आँच पहुँच रही हो तो उसे समाप्त करने के लिए तिलक के बहिष्कार के सिद्धान्त का इस्तेमाल करना चाहिए। और जिस धार्मिक सत्ता की आग में हर अछूत की इनसानियत जलकर ख़ाक हो रही हो, उसके खिलाफ अछूतों द्वारा बहिष्कार का एलान किया जाए, इस तरह की सलाह हमने दी तो हमें दोष दिया जाए, यह कहाँ का न्याय है?

अपने इन दोस्तों से हमारा यही कहना है कि, तुम लोग हमारे कितने भी हमदर्द हो, तब भी इस विवाद में सनातनधर्मी के नाते सनातन धर्म के आधार पर सनातन धर्म के अधिकारी के रूप में इस काम में हम लोगों को उपदेश देने के लिए तुम लोग लायक नहीं हो। क्योंकि यह सवाल अधिकार का, जाति का, स्वार्थ का और मानसिकता का है। यह सवाल ज्ञान का, बुद्धि का या समझदारी का नहीं है। तुम्हारे खून में समाया हुआ यह दोष परिस्थिति की वजह से तुम लोगों में स्वाभाविक रूप से है। इस बात को अच्छी तरह समझकर तुम लोगों को हमें उपदेश देने के झंझट में नहीं पड़ना चाहिए। और यदि तुम लोगों ने उसमें दखल देने की कोशिश की तो हमें 'उदारवाद के बाहर न जाइए' ऐसा कहने की बजाय अपने सवर्ण भाइयों से कहना चाहिए कि 'अब अछूत लोग झगड़े पर उतारू हो गए हैं, इसलिए अब अपनी हमदर्दी अपने कार्य से दिखाने का रास्ता अपनाओ', इस तरह का उपदेश उन्हें तुम जब तक नहीं दोगे, तब तक यह उदारवाद का रास्ता फायदेमन्द होगा, इस झूठी आशा से या गप्पें हाँककर तुम लोगों से अछूतों के उत्थान का प्रवाह रोकना अब एकदम असम्भव है। हम लोग जैसा मन चाहे वैसे चिल्लाएँ, आकाश-पाताल एक करें, और हमारी माँगें सही होने पर भी उनकी ओर किसी भी प्रकार का ध्यान दिए बगैर जोर-जुल्म से यह कहना कि, 'ऐसा और कुछ दिन चलने दो' बेशर्मी से हमें यह सलाह देना ठीक नहीं है। कोई कुछ भी कहे, पर यह अन्याय अब एक दिन के लिए भी बर्दाश्त करने के लिए हम लोग तैयार नहीं हैं। फिर आनेवाली पीढ़ी दो पीढ़ियों की तो बात ही दरकिनार है।

हजारों साल का अछूतपन एक झटके में समाप्त करने के लिए अछूत लोग लगे हुए हैं यह देखकर कुछ सवर्ण लोगों को हँसी आएगी, इस बात को हम जानते हैं। लेकिन उनके उपहास की हमें कोई परवाह नहीं। क्योंकि हमने जो उपाय बताए हैं वे इतने कारगर हैं कि उनसे अछूतों के मन को, उनकी जान को कोई खतरा नहीं पहुँचेगा। ऐसे उपायों की कौन शरण में नहीं आएगा? हमें ऐसा लगता है कि दोनों सिद्धान्तों को व्यवहार में लाने की कोई आवश्यकता नहीं। बहिष्कार का सिद्धान्त पीछे रखकर प्रारम्भ में मुकाबले का सिद्धान्त अपनाया गया तो भी काम चल जाएगा और वह भी बहुत दिनों तक नहीं। 'तप्तेन तप्तायसा घटणाय योग्यम्' लोहे के दो तपे हुए लाल टुकड़े एक होने

में देर नहीं लगाते। इसी तरह मुकाबला हुआ तो दोनों समूहों में एकता हो गई, यह समझ लीजिए। सवाल इतना है कि, हमारे अछूत समाज के भाइयों के हाथों यह भयंकर सिद्धान्त सफल होगा या नहीं?

यहाँ हमारे अछूत भाइयों को एक बात की याद दिलाना हमें जरूरी लगता है। वन पर्व में धर्मराज को भीम ने कहा था, 'यदि अपना राज नष्ट हुआ तो वह भीख माँगने से या विनती करने से नहीं मिलेगा। भीख माँगना ब्राह्मणों का धर्म है, क्षत्रियों का नहीं। इसलिए भीख माँगना छोड़कर अपनी शक्ति का प्रदर्शन करो, तब तुम्हारा उद्देश्य सफल होगा। केवल धर्मबुद्धि से कुछ नहीं होगा।' हमारी दृष्टि से यही नीति अछूतों को अपनानी पड़ेगी। दूसरों की धर्मबुद्धि पर निर्भर रहने से छीन लिया गया सत्व वापस नहीं लौटता। हर किसी को अपनी शक्ति से उसे हासिल करना चाहिए।

हमने जो मुक़ाबले का सिद्धान्त बताया वह सिद्धान्त खतरनाक है। और मुक़ाबले का प्रतिमुक़ाबला होगा इस बात को भी हम लोग अच्छी तरह जानते हैं, लेकिन हमने मुक़ाबला किया तो सवर्ण लोग उसका प्रतिमुक़ाबला करेंगे। प्रतिमुक़ाबले के लिए उन्हें तैयार रहना चाहिए। इसके बगैर काम नहीं चलेगा, हमारे अछूत भाइयों को इसके लिए अपनी शक्ति का प्रदर्शन करना चाहिए। इस बात को यदि उन्होंने ध्यान में रखा तो हमने उन्हें जो सलाह दी है वह कभी असफल नहीं होगी इसके लिए उन्हें निश्चिन्त रहना चाहिए।

महाड के पानी-विवाद पर लिखी गई लेखमाला समाप्त करने से पहले अपने अछूत भाइयों से हम जो कहना चाहते हैं वह यह कि, ब्रह्मराक्षस केवल डरनेवालों के पीछे लगता है। भगवान को बलि चढ़ानी हो तो उसके लिए शेर आदि खूँखार जानवर की कोई आवश्यकता नहीं बल्कि उसकी जगह गरीब बेचारे भेड़-बकरियों की बलि दी जाती है।

आज अछूत समाज के लोग मुर्गे, भेड़-बकरियों की तरह बलि चढ़ाने के लायक मेष राशि के हैं, ऐसा हमें बिलकुल नहीं लगता। बल्कि इतिहास इस बात का गवाह है कि उनके पुरखे सिंह राशि के थे। यदि वैसा न होता तो नागेवाडी के मजदूर नागनाक महार में इतना सामर्थ्य कहाँ से आया होता। जिस सामर्थ्य से उसने राजा राम के कहने पर बिना किसी मदद के मुगलों द्वारा जीते गए वैराटगढ़ किले को उनसे जीतकर उसे पुनः मराठा राज में मिला दिया था। जैसे घर में भोजन की पंगत में उसी प्रकार युद्धभूमि में वीरों की कतार में जातिभेद का पालन हो इस तरह का आग्रह रखनेवाले ब्राह्मणग्रस्त सरदारों ने, उनकी छावनी अलग रखी जाए यह आग्रह किया था। लेकिन हिरोजी पाटणकर जैसे सरदार ने 'जिसकी तलवार तगड़ी वही सरदार' यह कहकर अपनी छावनी सबके बीच रखी और अन्त में खडर्या के युद्ध में जिसने पठानों से परशुराम दादा की जान बचाने में बेमिसाल शौर्य दिखाया था, वह सिदनाक महार सिंह राशि का नहीं था ऐसा कौन कह सकता है? पावनघाट में मुट्ठीभर मावला लोगों की सहायता से वीजापुर की विशाल फौज की धज्जियाँ उड़ानेवाले बाजीप्रभु देशपांडे की तरह जो रायनाक महार

रायगढ़ पर किलाबन्दी करके 15 दिनों तक अंग्रेजों से मुकाबला करता रहा और किले की रक्षा करते-करते हुए कुर्बान हो गया वह रायनाक महार मेष राशि का था? उसी प्रकार पेशवाई को अन्तिम रूप से दफ़नाते समय जिनके पुरखे कुर्बान हुए और जिनके नाम गोरे गाँव के जयस्तम्भ पर खुदे हैं उन महार वीरों की राशि सिंह के अलावा और क्या हो सकती है? जिनके पुरखों ने अछूतपन के भयंकर बख्तर को फाड़कर अपने शौर्य और बहादुरी से कइयों को बे-चिराग कर दिया उनके वंशजों को साधारण मुकाबले का सिद्धान्त क्या मुश्किल है? हमें ऐसा बिल्कुल नहीं लगता। उनमें हिम्मत है, जो नहीं है उसी के लिए उन्हें जगाना है।

इसलिए आज के अछूतों में, जिन्हें हम कौन हैं, हमारा सही स्वरूप क्या है, यह पहचान हो, उन्हें अपने अछूतपन का कलंक समाप्त करने के लिए धर्मयुद्ध में हिस्सेदारी के लिए तैयार हो जाना चाहिए। और अपने अन्य जातिभाइयों को अपने कुलोद्धार और मानवोद्धार का पाठ पढ़ाना चाहिए।

अच्छे कुलवान कहलाए। वह भी रफ़्तार से आए।<br>
मौजूद न होगा तो भोगेगा। आगे आगे।।

इन शब्दों से समय उन्हें समर्थ गुरु रामदास की भाषा में पुकारकर कह रहा है। हम लोगों को उम्मीद है कि समय की यह पुकार खाली नहीं जाएगी।

# अछूतपन उन्मूलन का मज़ाक

**शुक्रवार : 3 जून, 1927/अग्रलेख, बहिष्कृत भारत**

अछूतपन की संकल्पना केवल हिन्दू धर्म में ही है, ऐसी बात नहीं। हिन्दू धर्म की तरह वह अन्य धर्मों में भी है। यहूदी धर्म की तरह वह अन्य धर्मों में भी है। यहूदी धर्म में कहा गया है कि मुर्दे को छूने से आदमी अपवित्र होता है। उस धर्म में यज्ञ का मांस शुद्ध होकर खाने का रिवाज था। और उस प्रकार का शुद्ध आदमी अन्य अशुद्ध लोगों को अपवित्र (अछूत) समझता था। सुवेरा और रजस्वला की अपवित्रता यहूदी धर्म में भी बताई गई है। इतना ही नहीं, अगर किसी कारण किसी यहूदी के शरीर से खून बह रहा हो तो उसे अछूत माना जाता है, यह यहूदी धर्म की मान्यता है। पारसी धर्म में भी अछूतपन की संकल्पना है, ऐसा दिखाई देता है। पारसी धर्मग्रन्थों की दृष्टि से देखा जाए तो कोई भी व्यक्ति निम्न तीन कारणों से 'ताबू' (अछूत) हो सकता है :

(1) मरे हुए को छूने से, (2) नारी के रजस्वला होने पर, (3) उक्त अछूतों को छूने से।

हिन्दू धर्म की तरह इन दो धर्मों में अछूतपन की संकल्पना का जन्म होने पर भी हिन्दू धर्म में ही अछूत वर्ग क्यों पैदा हुआ, यहूदी तथा पारसी धर्म में क्यों नहीं? हिन्दू धर्म में अछूतपन त्रिकालिक क्यों बना और दूसरे धर्मों में क्षणिक क्यों? उसी प्रकार दूसरे धर्मों में इस अछूतपन से मुक्त होने के लिए किस प्रकार का मार्ग अपनाया गया और हिन्दू धर्म में कोई मार्ग क्यों नहीं अपनाया गया? आदि सवाल बहस के लिए हैं और इन सभी सवालों पर एक बार चर्चा करने की आवश्यकता है।

आज हमने अछूतपन उन्मूलन के प्रयासों का जायजा लेना तय किया है। और उसके लिए इतना कहना पर्याप्त है कि अछूतपन की संकल्पनाएँ सभी देशों में और सभी धर्मों में दिखाई देती हैं। तब भी पैतृक अछूत समाज हिन्दुस्तान के अलावा और किसी भी देश में नहीं है। इस पैतृक अछूत वर्ग को सवर्ण (छूत) करने के लिए इस देश में कुछ भी प्रयास नहीं किए गए, ऐसा नहीं कहा जा सकता। इस सम्बन्ध में जो प्रयास हुए हैं उनको काल के अनुसार दो हिस्सों में बाँटा जा सकता है : (1) प्राचीन काल में किए गए प्रयास और (2) आधुनिक काल में किए गए प्रयास।

प्राचीन काल में सबसे पहले गौतम बुद्ध ने अछूतपन उन्मूलन की नींव रखी।

वेदान्त में समता की बात कही गई थी, फिर भी सनातनी लोगों के जोर से वेदान्त के इस सिद्धान्त का व्यवहार में कहीं कोई महत्त्व नहीं था। सनातनियों के प्रभाव की वजह से धर्म के नाम पर समता और प्रेम एक ओर रह गया और उसकी जगह जातिभेद की विषमता और हिंसा शुरू हो गई। इस विषमता का और हिंसा का खंडन करने के लिए बुद्ध सामने आए। उन्होंने सबके साथ अपनत्व की दृष्टि रखना, अन्य किसी प्रकार से किसी को पीड़ा न पहुँचाना आदि सिद्धान्तों का उपदेश दिया। इतना ही नहीं, सभी मनुष्यों में जो स्वाभाविक एकत्व की भावना है उसे व्यावहारिक रूप दिया। इसके लिए एक ही सबूत पर्याप्त है। हिन्दू धर्म का भिक्षुक वर्ग केवल ब्राह्मण जाति का ही हो सकता है। लेकिन भगवान बुद्ध ने अपने भिक्षु वर्ग में सभी जाति के लोगों को स्थान दिया था। सुनित नाम के एक भंगी को बुद्ध ने अपने भिक्षु संघ में लिया था, यह बात इतिहास-प्रसिद्ध है।

बुद्ध के धर्म की पराजय के बाद जब हिन्दू धर्म (ब्राह्मण धर्म) की पुनर्स्थापना हुई तब बुद्ध द्वारा शुरू किया गया अछूतपन उन्मूलन कार्य पिछड़ गया और अद्वैत पन्थ की स्थापना करनेवाले शंकराचार्य ने व्यावहारिक और परमार्थिक आचरण तथा सत्य के दो भेद करके यह कहना शुरू कर दिया कि, समता का सिद्धान्त परमार्थिक अवस्था तक ही सीमित है। समता के तत्त्व को मर्यादित करने की वजह से व्यवहार सत्य में भेदभाव बढ़ता गया और उसे मर्यादित करने की जरूरत शंकराचार्य या उसके अनुयायी माध्वाचार्य और वल्लभाचार्य को नहीं हुई। लेकिन विशिष्टाद्वैत पन्थ के आद्यप्रवर्त्तक रामानुजाचार्य ने इस सम्बन्ध में अच्छा काम किया है।

हिन्दू धर्म में समताभाव का प्रभावी तरीके से समर्थन और इसे अमल में लाने का कार्य इस आचार्य ने किया। खुद रामानुजाचार्य का गुरु ब्राह्मण नहीं था। उसने कांचीपूर्व नाम के अब्राह्मण व्यक्ति को गुरु माना। इतना ही नहीं, उसकी परम्परावादी औरत ने कांचीपूर्व में भोजन करने के बाद जगह शुद्ध करके उसका अपमान किया। इसलिए पीड़ित होकर उसने अपनी औरत को घर से निकाल दिया और स्वयं संन्यासी बन गया। बाद में वह संन्यासाश्रम लेकर उपदेश करने लगा। फिर कुम्भकोण से विजय के बाद वह तिरुवल्ली गया। वहाँ एक चंडाल औरत से उसका संवाद हुआ, उसमें उसे यह दिखाई दिया कि उसका मानसिक विकास हुआ है। तब सबके सामने उसने कहा, "हे चंडाल नारी! तू मुझे क्षमा कर। तू मुझसे ज्यादा पवित्र है।" यह कहकर उसने उस नारी को दीक्षा दी और उसकी मूर्ति बनाकर उसे मन्दिर में स्थापित किया। वह मूर्ति आज भी वहाँ के मन्दिर में है। और सभी भक्त लोग उसकी भक्तिभावना से पूजा करते हैं।

धनुर्दास तो अछूत ही था। लेकिन रामानुजाचार्य ने उसे अपना शिष्य बनाया। उस पर आचार्य का इतना विश्वास था कि जब वे नहाने के लिए नदी में जाते तो अपने दाशरथी नाम के ब्राह्मण शिष्य के कन्धे पर हाथ रखने के बजाय धनुर्दास के कन्धे पर रखते हुए आते थे। इस तरह उनका उद्देश्य एकदम साफ़ था–अछूतपन का खुले रूप

से बहिष्कार करना। जब यादवगिरि में रामानुजाचार्य ने नारायण मन्दिर बनवाया तब उसमें सभी अछूत जाति के लोगों का प्रवेश, मन्दिर के पास तालाब में सभी अछूतों को नहाने की इजाजत थी। फिलहाल यह इजाजत सिर्फ उत्सव के दिन तक ही थी। लेकिन इससे यह बात स्पष्ट होती है कि आचार्य का मूल उद्‌देश्य समता का था। आचार्य ने अपने सम्प्रदाय का प्रचार करने के लिए सात सौ मठ स्थापित किए थे। लेकिन उन मठों से बाद में आद्य आचार्य द्वारा शुरू किए गए अंत्यजोद्धार के कार्य नहीं के बराबर हुए। कुछ भी हो, लेकिन रामानुजाचार्य से लेकर पाँचवें आचार्य रामानन्द ने अछूतपन उन्मूलन का महत्त्वपूर्ण कार्य किया है। जिन बारह शिष्यों के हाथ से उन्होंने अपना कार्यक्रम चलाया था वे सभी नीच समझी गई जाति के थे। रामानुज सम्प्रदाय ने जिस प्रकार छूत-अछूत भेद समाप्त करने का प्रयास किया उसी तरह चैतन्य सम्प्रदाय ने भी किया था। बल्कि इस सम्प्रदाय ने यह कार्य सबसे अधिक किया। जिस प्रकार रामानुजाचार्य ने जगह-जगह के पवित्र मन्दिर अछूतों के लिए खोले थे उसी प्रकार चैतन्य गुरु ने जगन्नाथ मन्दिर सभी लोगों के लिए खुलवा दिया था। कई सालों से जगन्नाथ के मन्दिर में सभी लोग समान हैं, ऐसा सरेआम कहा जाता है। खाने-पीने में और छूने में किसी जाति के आदमी को दूर नहीं रखा जाता। यहाँ का रिवाज है कि किसी को अपवित्र न समझा जाए। सभी जाति के लोगों के साथ अछूतों का प्रवेश भी जगन्नाथ मन्दिर में समान रूप से है। सभी जाति के और सभी विचारों के लोग अपनी ऊँच-नीच की मानसिकता को भूलकर यदि किसी भगवान के सामने इकट्ठा होते हैं तो वह पुरी का जगन्नाथ मन्दिर है।

फिर भी इन सभी प्रयासों का बहुत व्यापक असर नहीं हुआ। बुद्ध के धर्म के विरोध में जो मानसिकता एक बार जोर पकड़ गई वह पुनः जातिभेद की ओर झुकने लगी। उसे उचित दिशा न मिलने की वजह से वह दिन ब दिन अधिक मजबूत होने लगी और अन्त में वह यहाँ तक पहुँच गई कि चार वर्णों की चार-पाँच हजार जातियाँ और उपजातियाँ बन गईं। बुद्ध का सिखाया भाईचारा जाति और उसके उपभेदों में बँट गया। पाक-नापाक की भावना इतनी फैल गई कि सोलहवीं सदी में साधु-सन्तों ने सत्यशोधक कुल्हाड़ी से कई वार किए, लेकिन अछूतपन का जो पेड़ चारों ओर फैल गया था उसे वे लोग काट नहीं सके। काटना तो दूर, उन लोगों से उस पेड़ के पत्ते तक नहीं हिल सके।

आधुनिक काल में अछूतपन के उन्मूलन के प्रयासों की शुरुआत ब्रिटिश अमल से हुई है, ऐसा कहने में कोई सन्देह नहीं। इस काल के पहले सुधारक हैं राजाराम मोहनराय। उनके प्रयासों से सती आदि जैसे गलत सामाजिक आचार बन्द हुए, यह बात सही है। फिर भी सामाजिक सवालों की तुलना में धार्मिक सवालों पर उनका सबसे ज्यादा जोर था, इसमें दो राय नहीं। जब तक धार्मिक मान्यताओं के सत्य-असत्य का विचार चल रहा था तब तक सामाजिक सवालों की ओर किसी का ध्यान नहीं था। जब राजनीतिक आन्दोलन शुरू हुआ तब सामाजिक सवाल आगे आने लगे। क्योंकि

'सामाजिक पुनर्रचना का सवाल जब तक हिन्दू लोग अपने हाथ में नहीं लेते तब तक राजनीतिक स्वतन्त्रता का एक चम्मच पानी भी हजम करना हिन्दू राष्ट्र के लिए आसान नहीं है, बल्कि ऐसा करने के अंजाम बुरे होंगे!' ऐसा डंके की चोट पर कहनेवाला एक वर्ग था। सिर्फ राजनीतिक आन्दोलन करना चाहिए कहनेवालों ने राष्ट्रीय सभा की स्थापना की और सामाजिक पुनर्रचना की चिन्ता करनेवालों ने राष्ट्रीय सभा के मुकाबले सामाजिक परिषद् की स्थापना की। इन दो दलों में इस बात पर कुछ साल तक विवाद चलता रहा कि सामाजिक या राजनीतिक सुधार में पहले कौन-सा सुधार चाहिए। इसमें पहले राजनीतिक सुधार चाहनेवाले लोगों की हार हुई होती तो अछूतपन जैसे सामाजिक सवाल का तेजी से हल होने का रास्ता खुल गया होता लेकिन इसमें पहले सामाजिक सुधार चाहनेवालों की हार हुई। इस दल की हार का कारण यह है कि जाति के सवालों को उसने सामाजिक रूप दे दिया।

सामाजिक सवाल कई कारणों से पैदा होते हैं। कुछ गलत कुलाचार की वजह से और कुछ गलत देशाचार की वजह से पैदा होते हैं जिनकी पैदाइश कुलाचार में होती है, उसका विस्तार उस कुल के लोगों तक रहता है और जिनकी पैदाइश देशाचार में होती है, उनके सवाल सारी मानव जाति के सवाल होते हैं। लेकिन सामाजिक परिषद् के सुधारकों को यह भेद समझ में नहीं आया और इसीलिए जातिभेद और छूत-अछूत का भेद आदि जनव्यापी सवालों को भूलकर विधवाओं का सिर मुंडन, विधवा विवाह और बाल-विवाह आदि कुल से सम्बन्धित सवालों पर उन्होंने अपना समय गँवाया। ये सवाल सामाजिक होने पर भी राजनीतिक माँगों के खिलाफ नहीं जा सकते और इसीलिए मा. तेलंग आदि जैसे जानकार लोगों को सामाजिक परिषद्वालों का बुद्धिवाद पसन्द नहीं आया। लेकिन वहीं उन्होंने जातिभेद और अछूतपन जैसे सामाजिक अन्याय का आधार लिया होता तो मा. तेलंग ही नहीं अन्य किसी ने भी उन्हें चुप न किया होता। लेकिन उनकी दृष्टि कुलाचार से आगे नहीं गई। उन्होंने स्वजाति के लोगों की शुद्धि करने में सारा समय लगा दिया। सामाजिक सुधार का जप करने के बाद भी जातिभेद और छूत-अछूत भेद जैसा था वे उसे वैसा ही छोड़कर चले गए।

इस आधुनिक युग में सामाजिक परिषद्वालों के स्थान पर अब नए सुधारवादी पैदा हो गए हैं। पुराने लोगों की जैसी सामाजिक परिषद् थी वैसे ही नए लोगों की हिन्दू महासभा। हिन्दू महासभा का उत्पत्ति-स्थान आर्यों का मूल निवास स्थान पंजाब है। 1909 के दरमियान जहाँ मुसलमानों ने कांग्रेस से निकलकर मुस्लिम वर्ग को सुसंगठित करने के उद्देश्य से मुस्लिम लीग की स्थापना की, उस समय संयोग प्रतिसंयोग के रूप में पंजाब में हिन्दू महासभा नाम की एक संस्था की स्थापना की गई। जब से इस संस्था की स्थापना हुई तब से चार साल तक इस संस्था का कार्यक्षेत्र पंजाब तक सीमित था। लेकिन 1913 में इस संस्था ने अपने प्रदेश की सीमा को लाँघकर अम्बाला में अपना सम्मेलन आयोजित किया। उसमें प्रस्ताव मंजूर किया गया कि हिन्दू समाज के सवालों की चर्चा के लिए अखिल हिन्दू जनों की 1915 में एक परिषद् हरिद्वार में आयोजित

की जाए। उसी के अनुसार महाराज मुनिन्द्रचन्द्र नन्दी की अध्यक्षता में एक सभा हुई और उस सभा में पंजाब हिन्दू सभा के बजाय सार्वदेशिक हिन्दू सभा नाम की एक संस्था स्थापित की गई। संस्था का मूल उद्देश्य हिन्दू समाज को संगठित करके उसे एकरूप और एकजान करना था। इस सभा के महाराज कासीम बझार जैसे अध्यक्ष, लाला सुखवीर सिंह जैसे सेक्रेटरी और चार ज्वाइंट सेक्रेटरी तथा अलग-अलग प्रान्तों से नियुक्त पचास सलाहकार थे। इतने बड़े पैमाने पर स्थापित की गई सार्वदेशिक हिन्दू महासभा के हाथ से हिन्दू समाज के पुनर्रचना का कार्य सफलता के साथ सम्पन्न होगा, ऐसा सभी को लगता था। लेकिन अंग्रेज जल-अनुमानक के हाथ से गंगा की मुक्ति कर उसके पानी का प्रवाह हरिद्वार तक लगातार रहे, मुस्लिमों से गाय की गर्दन बचाई जाए और हिन्दू समाज को राजनीति में अधिक हक़ दिए जाएँ आदि सवालों के सम्बन्ध में सरकार से फ़रियाद करने के अलावा इस संस्था ने वास्तव में कोई कार्य नहीं किया। इस संस्था के हाथ से सामाजिक सुधार का कोई कार्य नहीं हुआ। इस संस्था ने दिखावे के लिए अछूतपन उन्मूलन के सम्बन्ध में जनमत जानने के लिए एक पर्चा निकाला था। लेकिन इस सभा ने पटेल के मिश्रित विवाह के बिल का विरोध किया था; तब अछूतपन उन्मूलन में वह कौन-सी बहादुरी दिखाता, इसका अंदाजा लगाया जा सकता है। 1918 में इस सभा की पाँचवीं और अन्तिम बैठक कांग्रेस के साथ दिल्ली में राजा रामपाल सिंह की अध्यक्षता में आयोजित की गई थी। उसमें भी उसका कार्य बकवास के आगे नहीं बढ़ सका। जाति के आधार पर प्रतिनिधित्व के सिद्धान्त का विरोध, गोवध पर कानूनी पाबन्दी, जर्मन युद्ध में हिन्दी लोगों द्वारा की गई सहायता, इंग्लैंड को ले जाए गए पुराने संस्कृत ग्रन्थ और अन्य पुरानी चीजों को हिन्दुस्तान को लौटाने की सरकार से विनती और आयुर्वेद की ओर ध्यान न देने के लिए सरकार की आलोचना, इसी में उसका कार्य और उसका अवतरण दोनों समाप्त हो गए। बाद के दो-तीन सालों में रॉलेट बिलों की जाँच और खिलाफत की धाँधली मचाई गई। 1921 में हरिद्वार में इस सार्वदेशिक हिन्दू महासभा का नाम परिवर्तन कर हिन्दू महासभा रखा गया। इस हिन्दू महासभा के कुछ छुटपुट सम्मेलनों के बाद उसका सबसे बड़ा अधिवेशन बनारस में 1923 के अगस्त में आयोजित किया गया था। इसमें हिन्दू समाज के रोगों का किस प्रकार इलाज किया जाए, इस बारे में कुछ प्रस्ताव पास किए गए।

राष्ट्रीय कांग्रेस में सामाजिक सुधार के सवाल उठने से सारा अछूत समाज दुखी था। 1917 में कांग्रेस के प्रस्ताव से भी इसका समाधान नहीं हुआ। क्योंकि उस प्रस्ताव में रोते हुए के आँसू पोंछने के अलावा और कुछ नहीं था, इस बात को सभी लोग जानते हैं। लेकिन 1923 में कांग्रेस की लापरवाही के बारे में अछूत समाज को पहले की तरह खेद नहीं था। उनके सवाल हिन्दू समाज ने उठाए हैं, तब कांग्रेस को रहने दो ऐसी कुछ बातें अछूत वर्ग के लोग करने लगे थे, कुछ लोगों को सवालों के समाधान भी नजर आने लगे थे। मालवीय जैसे ख़ास धर्माभिमानी ने दुख के आँसू बहाकर हिन्दू महासभा में प्रतिनिधि के रूप में अछूतपन उन्मूलन को बढ़ावा दिया। ऐसा लग रहा था कि हिन्दू

महासभा अछूतपन का सवाल हल किए बगैर नहीं रहेगी। लेकिन इस बारे में हिन्दू महासभा का भी वही हाल हुआ, उसकी कार्यक्षमता भी बातों से आगे नहीं बढ़ पाई यह कहना गलत नहीं होगा। हिन्दू महासभा पर यह आरोप हमारा नहीं है, यह आरोप स्वामी श्रद्धानन्द ने लगाया है। दो माह पहले हिन्दू महासभा के निठल्लेपन से परेशान होकर उन्होंने जो राय व्यक्त की उसमें उन्होंने साफ़ तौर पर कहा है, "हिन्दू महासभा को अपने प्रस्ताव अमल में लाने की कोई इच्छा नहीं दिखाई देती। इतना ही नहीं, जो सदस्य उसके प्रस्तावों को अमल में लाने के लिए तैयार हैं उनकी राह में रुकावटें पैदा करने का मैं प्रयास करता हूँ।" यह नाउम्मीदी की बात पतन नहीं तो और क्या है?

प्राचीन समाज सुधारकों के हाथों अछूतपन का उन्मूलन नहीं हो सका इसके लिए उन्हें माफ़ किया जा सकता है। वे लोग केवल इनसानियत के स्वयं सिद्धान्तों पर बल देकर अछूतपन समाप्त करने की राह पर थे। आधुनिक काल के परिषद्वालों ने अछूतों की जो अवहेलना की उसके कारण ऊपर दिए गए हैं। लेकिन अछूतपन उन्मूलन की सही लगन होते हुए भी वे अविचल रहे होते तब भी उन्हें दोष नहीं दिया जा सकता। उन्हें इस बात का डर था कि अछूतपन शायद स्वराज में रुकावट बन जाएगा। लेकिन इस डर से उन्होंने अछूतपन का उन्मूलन नहीं किया क्योंकि वे सच्चे स्वराज्यवादी नहीं हैं, इतना भी उन्होंने कबूल किया होता तब भी इसमें शर्म की क्या बात थी? हमें स्वराज्य नहीं चाहिए ऐसा कहनेवाले अनगिनत लोग आज भी हैं। गुलामी की तकलीफ इतनी भयंकर नहीं है इस वजह से सुधारक भी इतना त्याग करने के लिए तैयार नहीं हुए, तो इसमें उनका बहुत दोष है, ऐसा नहीं कहा जा सकता।

हिन्दू महासभा की बात इन सबसे निराली है। उसे परिस्थिति की तकलीफ जितनी थी उतनी किसी दूसरे को नहीं थी। हिन्दू महासभा के पहले हुए सुधारकों को अछूतपन उन्मूलन की अपरिहार्यता महसूस नहीं हुई थी लेकिन एन मुसीबत के मारे हुए लोगों ने हिन्दू धर्म को बचाने के लिए जिस संस्था की स्थापना की उसके संचालकों को भलीभाँति मालूम है कि हिन्दू समाज का संगठन करना बहुत जरूरी है। लेकिन कलकत्ता, देहली, लाहौर, रावलपिंडी, कोहाट, सोलापुर, गुलबर्ग आदि जगहों पर हिन्दू-मुस्लिमों के जो दंगे-फसाद हुए और उसमें हिन्दुओं के जो हाल हुए, उसे खुली आँखों से देखने के बाद हिन्दू महासभा ने अपनी आँखें बन्द कर दीं। इससे अच्छा हिन्दुओं की किस्मत का दूसरा कुफल और क्या हो सकता है? इज्जत बची नहीं, बचाव रहा नहीं और जान जाने का समय करीब आने के बावजूद केवल आत्मरक्षण के उपाय के नाम पर अपने स्वधर्मी भाइयों को नजदीक करने की अक्ल हिन्दू महासभा के लोगों को न आए तो क्या यह आश्चर्य की बात नहीं है?

कई राष्ट्र समाप्त हो गए लेकिन हमारे वर्णाश्रम धर्म की वजह से हम लोग जिन्दा रहे, इस तरह की बढ़ाई करनेवाले लोगों ने इस बात पर क्या कभी सोचा है कि हम जिन्दा रहे तो कैसे जिन्दा रहे? जिनके कई रास्ते हैं, लेकिन वे सभी समान मान्यताओं के हों, ऐसी बात नहीं। दुश्मन आने पर उस पर धावा बोलकर उसे हटाना, यह जिन्दा

रहने का एक रास्ता है। उसी प्रकार उसकी शरण में जाकर उसकी शर्तों पर जीवन गुजारना यह जिन्दा रहने का दूसरा रास्ता है। दोनों में से किसी भी रास्ते पर चलने से आदमी जिन्दा रह सकता है। लेकिन जिन्दा रहने का एक ढंग दूसरे ढंग से एकदम अलग है। एक ढंग आदमी के जीवन का है और दूसरा जन्तुओं को जीने का, लेकिन धर्म के फ़ाजिलपन से पागल लोगों को वीरों का धर्म बताने से क्या फायदा? नर्क के कीड़ों की तरह जिन्होंने हजारों साल गुजार दिए उन्हें मानव जीवन से क्या मतलब?

धर्म के नाम पर अछूतपन जैसे कई सामाजिक अन्याय की कई गुमटें और गुच्चे हिन्दू लोगों के बदन पर फैली हैं और उससे हिन्दू संस्कृति का और हिन्दुओं के चरित्र का स्वरूप किसी तीसरे आदमी को स्वाभाविक रूप से घिनौना और गन्दा दिखाई देता है। इतना ही नहीं, अछूतपन के सामाजिक अन्याय की गुमटें पहाड़ की तरह बड़ी हैं और उसी की वजह से हिन्दू समाज आज तक कराहते हुए जैसे-तैसे जी रहा था। लेकिन अब ये गुमटें इतनी बढ़ गई हैं कि हिन्दू समाज के दिलो-दिमाग तक भी उसकी पीड़ा पहुँचने लगी है। हिन्दू समाज के मरने का काल नजदीक आ रहा है। ऐसे समय ये गुमटें फोड़ने के लिए किसी न किसी के हाथ में औजार लेने की आवश्यकता थी लेकिन जहाँ खुद हक़ीम ही गुमटें हैं वहाँ औजार चलाने में उनकी धार्मिक नाड़ी को पीड़ा पहुँचेगी इस डर से हक़ीम समाज पर औजार चलाने के लिए कैसे तैयार होगा?

हिन्दू महासभा नाम की संस्था पंडित मदनमोहन मालवीय जैसे उच्चाकांक्षी ब्राह्मणवादी भिक्षुक की संस्था है। यह संस्था जब तक उनके अधिकार में है तब तक वह संस्था अछूतपन उन्मूलन के लिए कुछ करेगी, इस तरह की उम्मीद करना फिजूल है। हिन्दू महासभा की उदासी के बारे में हमें कुछ भी बुरा नहीं लगता। क्योंकि हमें उससे कभी कोई उम्मीद नहीं थी। हिन्दू महासभा अछूतपन उन्मूलन के लिए कुछ करेगी नहीं ऐसा हमें लगता था किन्तु वह अछूतपन को मजबूत करने में सहायक होगी, हमें ऐसी उम्मीद नहीं थी। इस तरह खेद व्यक्त करने योग्य कार्य मुम्बई प्रदेश हिन्दू महासभा की माटुंगा शाखा की ओर से किया गया है। हिन्दू महासभा की माटुंगा शाखा ने अभी-अभी एक विनती पत्र छपाया है। उसमें यह जाहिर किया गया है कि हिन्दू महासभा माटुंगा में एक मन्दिर बनानेवाली है। और उस काम के लिए लोगों को उसे आर्थिक सहयोग देना चाहिए, यह विनती की गई है। मुम्बई शहर में हजारों मन्दिर होने पर हिन्दू महासभा ने एक नया मन्दिर बनाना चाहा है, इस पर भी किसी समझदार आदमी को खेद होना स्वाभाविक है। लेकिन पत्र में मन्दिर बनाने का जो उद्देश्य है उसे पढ़कर हिन्दू समाज की एकता चाहनेवाला भी हड़बड़ाए बगैर नहीं रहेगा। इस नए मन्दिर को बनाने का उद्देश्य यह है कि पुराने मन्दिरों का धर्म एकदम प्रतिकूल है। मन्दिर में दर्शन के लिए जाने के इच्छुक अछूतों को वे मन्दिर में प्रवेश की इजाजत नहीं देते, लेकिन मन्दिर की ओर देखने की जिनकी इच्छा भी नहीं ऐसे लोगों के लिए मन्दिर हमेशा खुले रहते हैं। माटुंगा में बनाए जा रहे मन्दिर का धर्म इससे अलग होगा। वह मन्दिर सवर्ण और अछूतों के लिए समान रूप से खुला रहेगा।

नए धर्म का नया मन्दिर यह संकल्पना अच्छी है। लेकिन यह संकल्पना अछूतपन उन्मूलन के एक नए उपाय के रूप में अस्तित्व में आ रही हो तो उसे सही अर्थों में अछूतपन उन्मूलन की बजाय अछूतपन उन्मूलन का मज़ाक ही कहा जाएगा। जिनकी यह कल्पना रही हो उन्हें भलीभाँति यह ध्यान नहीं रहा होगा कि अछूत लोग हिन्दुओं के मन्दिर में जाने का इतना आग्रह क्यों करते हैं या नए धर्म का नया मन्दिर बनाने से अछूतपन की समस्या हल हो जाएगी, ऐसा उन्हें लगा होगा। अछूतों में जो लोग मन्दिर में जाने का प्रयास कर रहे हैं वे अछूत लोग भगवान के दर्शन के लिए तड़प रहे हैं ऐसी बात नहीं है। सही सिद्धान्तों को खोजने के लिए चिकित्सक की छेनी बनकर भिक्षुकशाही द्वारा रचाए गए पौराणिक कथाओं के पहाड़ की चिंदी-चिंदी उड़ानेवाले बुद्धिवादी लोग अछूतों में हैं। वे पत्थर के भगवान को गले लगाने के लिए तमाम अछूत समाज पर अपने प्रभाव का इस्तेमाल करेंगे। ऐसा मानना पूरी मूर्खता है। अछूतों को मन्दिर में जाना है वह सिर्फ इसलिए कि उन्हें सवर्णों की बराबरी में अपना हक़ पाना है, इससे अछूतों का तो समाधान नहीं होगा। लेकिन इससे उनका अछूतों में भी कोई स्थान नहीं रहेगा। अलग मन्दिर बनाने से यदि अछूत लोग सवर्ण होते तो महार मोहल्ला, मातंग मोहल्ला, चमारपुरा, और ढोर मोहल्ला आदि अनादिकाल से हैं, उनका क्या हुआ। यह जीता-जागता उदाहरण आँखों के सामने होने पर भी अलग मन्दिर, अलग कुएँ आदि अछूतपन उन्मूलन के उपाय हैं, ऐसा कहा जाता है। ऐसी तक़दीर बेचारे अछूतों की है जिनके लिए अलग रास्ते, अलग ट्राम गाड़ियाँ, अलग रेलवे लाइनें, जहाज, अलग कार-मोटर, अलग कोर्ट-कचहरियों का सुझाव क्यों नहीं दिया जाता!

इन अनोखे मन्दिरवालों की यह एक तरकीब है कि नए मन्दिर सवर्ण और अछूत दोनों समाजों के लिए खुले रहेंगे इसलिए वे संयुक्त मन्दिर होंगे। वहाँ सवर्ण तथा अछूतों का मिलाप होने से अछूतपन के उन्मूलन की प्रक्रिया शुरू होगी। इन तरकीबबाज लोगों को हम यह पूछना चाहते हैं कि, सवर्ण लोग उस मन्दिर में आएँगे ही इस पर कौन हामी भरेगा? मुम्बई शहर में हिन्दू महासभा के मन्दिरों के अलावा हिन्दुओं के दूसरे मन्दिर न होते तो अछूतों के लिए खुले मन्दिरों में सवर्ण लोग मजबूरन आते, ऐसा कहा जा सकता है। लेकिन इस तरह की स्थिति नहीं है। जहाँ मकानों से भी मन्दिरों की संख्या ज्यादा है वहाँ कई पवित्र मन्दिरों को छोड़कर पतित मन्दिर में सवर्ण लोग आएँगे ऐसा कहनेवालों को हम बताना चाहते हैं कि नए मन्दिरों को बनाकर ऐसा अनुभव हासिल करने की कोई की आवश्यकता नहीं। मुम्बई में अछूतों में चमार लोगों का एक विट्ठल रुक्माई देवी मन्दिर है, वहाँ सवर्ण लोगों को पूजा के लिए जाने में कोई रुकावट नहीं है लेकिन आज बीस साल के दरमियान सवर्ण समाज ने उस मन्दिर का उपयोग किया, यह बात अभी तक हमारे सुनने में नहीं आई। अलग मन्दिर बनाने से चमार लोग सवर्ण तो हुए नहीं, बल्कि बेचारा पांडुरंग अपनी रुक्मणि के साथ अछूत बनकर रह गया। यही स्थिति हिन्दू महासभा के मन्दिरों की होगी इस बारे में हमें कोई सन्देह नहीं है।

अलग मन्दिर बनाने का सवाल ऊपरी तौर पर सवर्ण और अछूतों में एकता लाने का प्रयास है ऐसा भले ही लगता हो पर अन्त में उससे दोनों समुदायों में दूरी ही बढ़ेगी इसमें सन्देह नहीं है। ऐसी व्यवस्था करना तो खानापूरी करने का एक तरीका है। यह अछूतपन उन्मूलन का तरीका नहीं है। अछूतपन उन्मूलन का रास्ता यही है कि सार्वजनिक संस्थाओं को सबके लिए खोल देना, यही बढ़िया रास्ता है। बाकी सारे रास्ते गलत हैं। लेकिन यह रास्ता हिन्दू महासभा के लोगों को कभी अच्छा नहीं लगेगा। हिन्दू महासभा भिक्षुकशाही (ब्राह्मणशाही) का परिमार्जित संस्करण है। जिस भिक्षुकशाही ने अपनी विशेषता कायम रखने के लिए तन-मन लगा दिया और हिन्दू हिन्दू में वर्णभेद, संस्कार भेद, मन्त्र भेद, तन्त्र भेद आदि प्रकार से परायापन पैदा किया और फैलाया, जिसने परायापन समाप्त कर हिन्दू समाज को एक करनेवालों का बहिष्कार किया, उस भिक्षुकशाही में अलग मन्दिर बनाने की अक्ल उसकी हमेशा की प्रतिज्ञा है। निराले मन्दिर की कल्पना में अपना निरालापन कायम रखकर अछूतों को झूठा समाधान देने का मतलबी दाँव है, इस बात को अछूत लोग अच्छी तरह समझते हैं। इन मतलबी लोगों को हम यह कहना चाहते हैं कि, हम लोगों को मन्दिर में प्रवेश पाने में देर लगेगी तब भी चलेगा, लेकिन केवल देर लगेगी, इसलिए हमें अलग मन्दिर नहीं चाहिए। जो मन्दिर बन्द हैं उन्हें हम कभी-न-कभी खुलवाएँगे। तुम्हारा एक अलग मन्दिर हमें मिला तो भी उस एक मन्दिर की वजह से जो मन्दिर हमारे लिए बन्द हैं वे कभी खुलेंगे नहीं और हमारा अछूतपन जैसा है वैसा ही रहेगा।

यह बुद्धिवाद हिन्दू महासभा को अच्छा लगे या न लगे, लेकिन मुम्बई के डिस्प्रेस्ड इंडिया एसोसिएशन को अच्छा लगना चाहिए था, लेकिन वैसी स्थिति नहीं दिखाई दे रही है। यह संस्था अछूत समाज की है। इस संस्था का जन्म वरहाड (विदर्भ) में हुआ है और वही उसका मुख्य केन्द्र है। चेचक की तरह फैलते-फैलते वह मुम्बई आ पहुँची, उसने वहाँ एक शाखा खोली है। उसका संचालन जो भोसले नाम का आदमी कर रहा है, उसके पास संस्था चलाने के लिए पर्याप्त धन है। बाकी इस संस्था के संचालक मंडल में जिम्मेदार लोगों का अभाव है। कुछ जोगड़ें, कुछ गंजटूटी, कुछ आधे पढ़े-लिखे महात्त्वाकांक्षी, कुछ पेटभरू और सम्मान के भूखे लेकिन कहीं भी प्रतिष्ठित नहीं, ऐसे अछूतों में से कुछ लोग और सवर्णों में से सनातनधर्मी, उपोरशंख और अनर्गल बातों को बर्दाश्त करनेवाले बकवादी लोगों के मेल-मिलाप से इस संस्था का काम चलता है। झूठी बातें करने में यह संस्था डरती नहीं। संस्था का अध्यक्ष संस्था की आँखों में ही धूल झोंकता है। इससे इस संस्था के कार्य पर कितना भरोसा करना चाहिए, यह कोई भी समझ सकता है। ऐसी संस्था के हाथों अछूतों का कल्याण होगा ऐसा जिन्हें लगता हो वे वैसा बखैरियत मानते रहें। लेकिन हमें ऐसा बिलकुल नहीं लगता।

इस संस्था के द्वारा कई दिनों से मुम्बई में अछूत समाज के लिए एक मन्दिर बनाने का सिलसिला जारी है। उसके लिए हर व्यक्ति पर चार आने का कर स्वयंसेवकों के एक गिरोह द्वारा वसूला जा रहा है। अछूत लोग सवर्णों के मन्दिर में प्रवेश पाने की

लड़ाई लड़ रहे हैं लेकिन जो संस्था अलग मन्दिर बनाने का काम कर रही है वह संस्था मूर्खों का समूह है, यह कहने में क्या ऐतराज है? ऐसे लोगों को फाँसी पर लटकाने का कार्य ही पुण्य संचय का कार्य होगा। अछूत वर्ग के सम्पूर्ण उत्थान का काम इतना विशाल है कि उसके लिए हजारों संस्थाएँ चाहिए। लेकिन ऐसे गलत काम करनेवाली संस्थाएँ न बनें तो अच्छा है। उन संस्थाओं से समाज का कुछ लाभ नहीं होगा बल्कि उससे समाज का नुकसान ही होगा। इसलिए ऐसी घातक संस्थाओं से अछूत समाज के लोगों को दूर रहना चाहिए, इसी में उनका कल्याण है। वरना दूसरे लोग जिस तरह से अछूतपन उन्मूलन के कार्य का मजाक उड़ा रहे हैं उसी प्रकार वे अपने कार्य का मजाक उड़ाएँगे और उनको उससे होनेवाले खुदकुशी के पाप का भागीदार बनना पड़ेगा।

# दुख में सुख

**शुक्रवार : 1 जुलाई, 1927/अग्रलेख, बहिष्कृत भारत**

दुनिया में कई धर्म हैं। हर धर्म के अनुयायियों में कई प्रकार के भेद दिखाई देते हैं। कोई अमीर है, कोई ज्ञानी है तो कोई अज्ञानी है, इस तरह के सामान्य भेद सभी धर्मों में हैं। उसी प्रकार कुछ व्यवसायों के आधार पर विशेष प्रकार के भेद बन जाते हैं और ये भेद भी एक ही धर्म के अनुयायियों में दिखाई देते हैं। ब्राह्मण, क्षत्रिय, वैश्य और शूद्र आदि प्रकार के भेद सिर्फ हिन्दू धर्म में ही हैं, ऐसी बात नहीं, बल्कि इस तरह के भेद ईसाई और इस्लाम धर्मों में भी दिखाई देते हैं। उपरोक्त प्रकार के साधारण और उसी प्रकार विशेष प्रकार के भेद सभी तरफ समान होने से हिन्दू समाज की रूढ़ियाँ अन्य समाजों की रूढ़ियों की तरह ही होंगी, इस प्रकार की आम समझ एकदम सम्भव है। फिर भी हिन्दू समाज में आज जो ब्राह्मण और अब्राह्मण (पिछले अछूत आदिवासी आदि) की दीवारें कई दिनों से खड़ी हैं, ये दीवारें कुछ हद तक तो एकदम असाधारण हैं। इतनी असाधारण कि उनमें कहीं भी समानता दिखाई देना असम्भव है।

यूरोप में जो कई आन्दोलन हुए जिनमें राजा-अराजा, पोप-अपोप, अमीर-गरीब आदि का फर्क किया गया तब भी ऐसे नामान्तरों से अब्राह्मण आन्दोलनों को समझना आसान होगा, ऐसा हमें नहीं लगता। इसका कारण यह है कि जिस भेद पर ब्राह्मण-ब्राह्मणेतर बाद का जन्म हुआ है वह भेद अन्य धर्मों में नहीं है, सिर्फ वह हिन्दू धर्म में है। वह भेद यह कि अन्य धर्मों के अनुयायियों में जो भेद दिखाई देते हैं वे गुणभेद इसी सिद्धान्त की वजह से उत्पन्न हुए हैं। इसी सिद्धान्त में स्वाभाविक रूप से हिन्दू समाज में खड़े भेदों की दीवारें हैं। लेकिन इसके अलावा इस सिद्धान्त के अनुरूप हिन्दू समाज में जो विभेद की कई दीवारें दिखाई देती हैं वे अन्य किसी समाज में नहीं दिखाई देतीं। इस दोहरे विभेद के गुणभेद में खड़ी दीवारों की वजह से एक ही वर्ग के लोग जातिभेद की वजह से अलग-अलग हो गए हैं। मिसाल के तौर पर सम्पत्ति भेद के आधार पर श्रेणी-विभाजन किया गया तो अमीर और गरीब का गुणभेद सारे समाज में हो सकता है। लेकिन अन्य समाजों में जिस तरह से इस भेद की सीमा समाप्त होती है उस तरह से वह हिन्दू समाज में समाप्त नहीं होती। हिन्दू समाज में अमीर ब्राह्मण, अमीर महार, ब्राह्मण मजदूर और महार मजदूर इस तरह का दूसरा भेद किया जा सकता

है। इस तरह का भेद दूसरे समाजों में अन्यत्र नहीं मिलता। दूसरे समाजों का श्रेणी-विभाजन इकहरे सिद्धान्त पर होने की वजह से वहाँ के सामाजिक आन्दोलन का झुकाव इन भेदों के नष्ट करने की ओर रहता है। लेकिन यहाँ ब्राह्मण-अब्राह्मण आन्दोलन की बात वैसी नहीं है।

हिन्दू समाज में इस प्रकार की आड़ी-तिरछी दीवारें कब और कैसे खड़ी हुईं इस बात पर हमें विचार आज नहीं करना है। आज इतना ही कहना पर्याप्त होगा कि ऋग्वेद काल के बाद जब ब्रह्मदेव प्रसूत हुआ उसी समय ब्राह्मण जातिसूचक बदनसीब बेटे पैदा हुए और उन्होंने अपने चारों ओर सबसे पहले दीवारें खड़ी कीं। इस तरह की दीवारें खड़ी होते ही ब्राह्मण-अब्राह्मण का भेदभाव पैदा हुआ और गुणभेद के सिद्धान्त को पूरी तरह दफना दिया गया। उसके स्थान पर जातिभेद विभेद के सिद्धान्त को प्रस्थापित किया गया। बाद में समय-समय पर ब्राह्मण जाति ने और उसी प्रकार अब्राह्मण समाज में भी जो वर्गभेद थे, उन सभी में किसी न किसी प्रसव की वेदनाएँ थीं कि हम अमुक ऋषि से पैदा हुए, इसलिए अन्य वर्ग से अलग हैं। ऐसी भावनाएँ मजबूत होती गईं और ब्राह्मण वर्ग की तरह हर वर्ग ने अपने चारों ओर दीवारें खड़ी करने का काम शुरू कर दिया। इन दीवारों का मूल उद्देश्य इतना ही होता कि हम लोग दूसरों से अलग हैं तो भी कोई बात नहीं थी। लेकिन जिस ब्राह्मण वर्ग ने सबसे पहले अपने इर्द-गिर्द दीवारें खड़ी करने का काम किया, उस ब्राह्मण वर्ग द्वारा दीवारें खड़ी करने का मूल उद्देश्य यह दिखाना था कि हम लोग दूसरों से श्रेष्ठ हैं और इसमें कोई दो राय नहीं हो सकती। अब्राह्मण समाज में आनेवाले वर्गों ने जब इन दीवारों की व्यवस्था की नकल करनी शुरू की तब उसमें समाई ऊँच-नीच भावना की भी स्वाभाविक रूप से नकल हुई। इन दीवारों की वजह से हिन्दू समाज में चारों ओर ऐसी भावना फैली कि हर जाति को यह लगने लगा कि हम दूसरी जाति से एकदम अलग हैं। इतना ही नहीं, किसी न किसी दूसरी जाति से अपनी जाति श्रेष्ठ है। इस भावना की वजह से सभी जातियाँ पूरी तरह सताई हुई लगती हैं। ब्राह्मणवाद की परिभाषा कोई किसी भी तरह करे लेकिन जन्म के आधार पर ऊँच-नीच का भाव यही ब्राह्मणवाद की सही परिभाषा है, ऐसा हमें लगता है। और इसी अर्थ में हम इस शब्द का प्रयोग करेंगे।

जब से ब्राह्मणवाद पैदा हुआ तब से अब्राह्मण जनता ने उसके विरोध में संघर्ष किया था, यह बात उन लोगों के ध्यान में आसानी से आएगी जिन्होंने प्राचीन इतिहास का अध्ययन किया है। लेकिन इस जमाने में इस वाद को जितना प्रबल रूप प्राप्त हुआ है उतना शायद पहले कभी प्राप्त नहीं हुआ होगा। पहले जमाने में हिन्दू समाज की वर्गीय रचना विभागशः गुणभेद या जातिभेद इन दोनों में से किसी एक पर आधारित मानी जाए तब भी वह कुछ सपाट थी। दोनों प्रकार के बर्तनों की खनखनाहट कहीं सुनाई नहीं देती थी। इसका कारण यह था कि जो जाति जन्म से ऊँच मानी जाती, गुणों से भी ऊँच मानी जाती थी। और जो जाति जन्म से नीच मानी जाती वह कर्म से भी नीच मान ली जाती थी। ऊँची जाति के ऊँचे गुण और नीच जाति के नीच गुण

यह बात कोई दैवी थी, ऐसा नहीं समझना चाहिए। नीच मानी गई जातियाँ गुणों से भी नीच रहीं इसका मूल कारण यह रहा है कि, उनके गुणी होने पर कानूनी पाबन्दी लगा दी गई थी। यह बात मनुस्मृति जैसे ग्रन्थों से समझ में आ सकती है। लेकिन अंग्रेजी राज में इस पाबन्दी का पूरी तरह से विनाश होने की वजह से समाज की पूर्व व्यवस्था टूट गई और ब्राह्मण से चरित्रहीन सन्तानें पैदा होने लगीं। और शूद्र जाति से ऊँचे गुणोंवाली सन्तानें पैदा होने लगीं। इस तरह से गुणों और जाति का सीधा विरोध शुरू हो गया। इसी वजह से आज अब्राह्मण आन्दोलन को बल प्राप्त हुआ है। इस विरोध को नष्ट करने के लिए ब्राह्मणवाद का विनाश होना एकदम जरूरी है।

ब्राह्मणवाद से हिन्दू समाज का बहुत बड़ा नुकसान हुआ है, इस बात को लोग अच्छी तरह जानते हैं। इसी ब्राह्मणवाद की वजह से अब्राह्मण समाज की शिक्षा के दरवाजे बन्द किए गए और उन्हें अज्ञानी बनाकर रखा गया। उन्हें वेद जैसे धार्मिक ग्रन्थ पढ़ने का भी अधिकार नहीं था। 'जाति के बिना गति नहीं' इस संकुचित दर्शन के तहत अमंगल जीवन जीने के लिए मजबूर कर अखिल जनता की मानसिकता को तंगदिल किया गया। ऊँच और नीच का भेदभाव जन्म के आधार पर तय किया गया और व्यक्तिगत उत्थान और सुधारों के लिए मिलनेवाले अवसरों को समाप्त कर दिया गया। 'तकदीर के सामने प्रयास असफल है' इस शिक्षा ने सबके उत्थान में गतिरोध पैदा कर दिया। धर्मान्धता को बढ़ावा देकर सही धर्म का ज्ञान नहीं होने दिया गया। शुद्ध-अशुद्ध और पाक-नापाक की कल्पना के प्रसार से लोगों को इनसानियत जैसी अनमोल चीज का निषेध करने का पाठ पढ़ाया गया। ब्रिटिश साम्राज्य की अंग्रेजियत से इस देश की बहुत बड़ी हानि हुई है, इस बात को जो चमक-दमक के साथ हमें बताते हैं शायद उन्हें इस बात की जानकारी नहीं होगी कि ब्राह्मणियत से हिन्दू समाज का कितना बड़ा नुकसान हुआ है।

हमारी दृष्टि से अंग्रेजियत और ब्राह्मणियत दोनों हिन्दी जनता का खून पीनेवाली दो जोंकें हैं और वे दोनों समान रूप से हिन्दू लोगों का खून पी रही हैं। अंग्रेजियत सत्ता ने लोगों को शरीर से गुलाम बनाया है और ब्राह्मणियत ने जनता की आत्मा को गुलाम बनाया है। अंग्रेजियत ने हिन्दुस्तान की दौलत का शोषण किया है और ब्राह्मणियत ने स्वाभिमान जैसी मन की दौलत को छीना है।

यह होते हुए भी, सभी प्रकार के उत्थान चाहनेवाले आन्दोलनों को अपने वर्चस्व में रखने का काम करनेवाले ब्राह्मण लोगों का अब्राह्मण आन्दोलन से दूर रहना, आश्चर्य की बात नहीं? ब्राह्मण लोग हर तरह के आन्दोलनों में बड़े जोश के साथ हिस्सा लेते हैं। राजनीतिक आन्दोलन तो उनका जीवन ही है। उन्हें एक समय खाना न मिले तो भी चलेगा लेकिन दिन के चौबीस घंटों में राजनीति के छाँछ की एक चुस्की यदि उन्हें न मिली तो उन्हें अमावस की पीड़ा की सम्भावना रहती है। सामाजिक सुधार के आन्दोलन में भी उनकी हिस्सेदारी है। विधवा विवाह, बाल विवाह, सिर मुंडन आदि सामाजिक सवालों के सम्बन्ध में उन्होंने अपनी आस्था दिखाई है। कामगार वर्ग की ओर

से पूँजीवाद के खिलाफ संघर्ष करनेवाले आन्दोलन के वे समर्थक हो सकते हैं। इतना ही नहीं, बोल्शेविज़्म और कम्युनिज़्म जैसे आर्थिक सम्बन्धों में क्रान्ति लानेवाले ब्राह्मण ही हुए हैं, इस पर भी ब्राह्मणों को सिर्फ विनाश के कार्य में ही हिस्सा लेने की इच्छा होती है, ऐसा नहीं बल्कि ब्राह्मणवाद के बुरे परिणामों के बारे में यदि ब्राह्मण लोगों को किसी ने जिम्मेदार ठहराया तो वे उलटा सवाल करेंगे कि, ब्राह्मणों पर ही तिरछी नजर क्यों? 'केसरी' अखबार ने सारी शर्म छोड़कर कहा है, ''ब्राह्मणों को जो श्रेष्ठत्व प्राप्त है वह उनके कार्य से...जिसके पास बुद्धिमानी और सामर्थ्य है उसे दूसरों पर अपना प्रभाव जमाने की इच्छा होती है और उसे अपना प्रभाव जमाना भी आता है...ब्राह्मणों का धर्म वर्चस्व लोगों की गरदनें छाँटकर नहीं वह तो ब्राह्मणों की शुद्ध मन की चंचलता से है। उन्होंने दूसरी जातियों के अज्ञान के अन्धकार को टटोलते हुए उन्हें ठोकरें खाने के काम में लगाया...यह...स्वाभाविक दिखाई देता है। अक्ल आने पर अपना लाभ कर लेने का प्रयास कौन नहीं करता? एक के अज्ञान का फायदा दूसरे को न मिला हो, ऐसा कहाँ हुआ है? धर्म की चाबी एक बार हाथ लग गई तो लोगों ने दीनों को काबू में रखने की योग्यता हासिल कर ली। धर्माधिकारियों की तरह उन पर सत्ता चलाने की कोशिश की। ऐसे कई उदाहरण हर देश के इतिहास में मिलते हैं। 'जिसकी लाठी उसकी भैंस', यह तो दुनिया की रीत है।'' इस तरह की धर्म पाखंड की भाषा 'केसरी' जैसे बड़े अखबार ने ब्राह्मण जाति की स्वार्थी नीति का समर्थन करने के लिए प्रयुक्त की है।

महाड के संघर्ष में जब हम लोगों ने ब्राह्मणों और बनियों को दोष दिया तो उन्होंने हम लोगों से प्रतिप्रश्न किया था कि, अछूतपन उन्मूलन का ठेका क्या ब्राह्मणों ने लिया है? सवाल भी ठीक है। ब्राह्मण वर्ग ने हमारे हितों की कोई बात नहीं की तो इसके लिए उन्हें दोष देने का अधिकार हमें नहीं है, इस बात को हम कबूल करते हैं। लेकिन हमने ब्राह्मण वर्ग पर जो आरोप लगाया है वह यह समझकर लगाया था कि ब्राह्मण वर्ग जनता का नेता वर्ग है।

हमारी दृष्टि में समाज की संरचना, उसका विकास या पतन विशेष तौर पर नेतृत्वकारी वर्ग की शिक्षा पर निर्भर करता है। नेतृत्व की शिक्षा से ही समाज का रुख़ बदलता है। इसलिए समाज की अच्छाई-बुराई के लिए नेतृत्व करनेवाले वर्ग को ही जिम्मेदार माना जाता है। हर समाज में कुछ सामान्य और कुछ असामान्य लोग होते हैं। उसी तरह कुछ समाज सामान्य और कुछ सम्मान्य समझे जाते हैं। जिस तरह किसी सामान्य और सम्मान्य दो व्यक्तियों में संघर्ष शुरू होने पर उस संघर्ष को शान्त करने की जिम्मेदारी ज्यादा सम्मान्य व्यक्ति की होती है, उसी तरह ब्राह्मण-अब्राह्मण में यदि झगड़ा हो तो उस झगड़े को शान्त करने की जिम्मेदारी ब्राह्मण वर्ग पर आती है। क्योंकि, हिन्दू समाज का नेतृत्व प्राचीनकाल से ब्राह्मण वर्ग के पास है, इस बात को कोई भी अस्वीकार नहीं कर सकता। इसलिए इस नेतृत्व की वजह से जो जिम्मेदारी ब्राह्मणों पर आती है उसे निभाने का काम यदि उन लोगों ने मन लगाकर नहीं किया तो उन पर लगनेवाले इल्ज़ाम को वे यह नहीं कह सकते कि, वह झूठा है। ब्राह्मण लोग हिन्दू समाज

का नेतृत्व करनेवाले हैं ऐसा सम्मान यदि ब्राह्मणों को चाहिए तो उन्हें नेतृत्व की अपनी जिम्मेदारी छोड़ देनी चाहिए और शूद्रों या अतिशूद्रों में शामिल हो जाना चाहिए। इसके किए बिना वे लोग उक्त इल्जाम से बरी नहीं हो सकते।

इस मामले में हम लोग ब्राह्मणों को क्यों जिम्मेदार मानते हैं यह बात हमने यहाँ स्पष्ट कर दी है। अब इसी के साथ यहाँ दूसरा सवाल पैदा होता है कि यदि ब्राह्मण लोग ब्राह्मणवाद के विनाश के लिए आगे नहीं आए तो किसी दूसरे को इस मामले में क्या कुछ नहीं करना चाहिए? हमारी दृष्टि में ब्राह्मणवाद के विनाश की जिम्मेदारी समान रूप से किसी एक वर्ग की न होने पर भी किसी वर्ग का इस जिम्मेदारी से मुक्त होना सम्भव नहीं है। क्योंकि हिन्दुस्तान में ब्राह्मणवाद जहाँ तक फैला है वहाँ कई अछूत, अनगिनत अब्राह्मण (पिछड़े) समाज के लोग, और अनगिनत ब्राह्मण ज्ञान-अज्ञानवश इस ब्राह्मणवाद के रक्षक हैं। ब्राह्मण, पिछड़े समाज के लोग और अछूत समाज के लोग ब्राह्मणवाद के प्रमाद से भरे हैं। इसमें अछूत के कन्धों पर पिछड़े समाज के लोग हैं और पिछड़े समाज के कन्धों पर ब्राह्मण हैं। इस तरह वे एक-दूसरे पर बोझ बने हुए हैं। वहाँ बेचारे अछूत को दोनों का बोझ बर्दाश्त करना पड़ता है। ऐसी स्थिति में ब्राह्मण और पिछड़ों (अब्राह्मण) में से किसी एक ने अछूतों के कन्धों पर बैठकर चलने के बजाय नीचे उतरकर अपने कदमों से चलने का प्रयास किया तो अछूतों पर जो दोहरा बोझ पड़ रहा है, क्या वह बोझ हलका नहीं होगा? एक को दूसरे की इन्तजार की कोई आवश्यकता नहीं है। ब्राह्मण लोग यदि जबर्दस्ती नीचे उतर आए तो क्या पिछड़े समाज के लोगों को नीचे उतरने का अपनापन नहीं दिखाना चाहिए? ब्राह्मणवाद की मैली गंगा का उद्गम ब्राह्मण वर्ग से है। उसके चौड़े और गहरे प्रवाह में यदि कुछ लोग बहने लगे तो उसके लोग उसके प्रवाह को रोकते क्यों नहीं? हमारे पिछड़े समाज के भाइयों को इस दृष्टि से इस सवाल पर सोचना चाहिए था, उन्होंने इस बात पर सोचा होगा ऐसा नहीं लगता। यह बड़े अफ़सोस की बात है। अब्राह्मण दल के सिद्धान्तों के विरोध में कोई बात अब्राह्मण समाज के हाथों घटी तो ब्राह्मण लोग हम पर आक्षेप लगाते हैं और स्वयं अलग रहते हैं, ऐसी दलीलें अब्राह्मण दल की ओर से हमेशा दी जाती हैं। यदि यही होता तो इस बात को हम मंजूर कर लेते। लेकिन हम इस समय 'परप्रत्यनेय' हैं। इसलिए दुष्कर्मों की जिम्मेदारी टालने का यह तरीका कम-से-कम हमें तो बड़ा अजीब लगता है। हमेशा दूसरों की ओर उँगली उठाकर 'करने करवानेवाला ब्राह्मण अलग है, मैं तो सिर्फ निमित्त मात्र हूँ,' यह कहकर हर अब्राह्मण गुनहगार अपने आपको बेगुनाह साबित कर सकता है, लेकिन सामान्य लोग उसे मूर्ख समझेंगे। अब्राह्मण दल के लोगों को इस तरह की दलील पेश करने की ऐसी आदत है कि इस आदत से महाराष्ट्र का इतना बड़ा शक्तिशाली दल निठल्ला न हो जाए, इस बात का हमें डर था।

महाड के दंगे के बारे में अब्राह्मण समाचारपत्रों में जो चर्चा हुई उसे पढ़कर तो हम पूरी तरह नाउम्मीद हो गए थे, इस बात को हम सरेआम स्वीकार करते हैं। अब्राह्मण

समाचारपत्रों में लेखों का आक्षेप एक ही था कि, इस मारपीट में ब्राह्मण-बनियों ने हिस्सा लिया था। हमारी दृष्टि से इस सवाल पर बल देने की कोई आवश्यकता नहीं थी। दंगे में किसने हिस्सा लिया यह सवाल हमारी दृष्टि में महत्त्वपूर्ण नहीं है। और उस पर होहल्ला मचाने की किसी की इच्छा हो तो हम आज भी मुकदमे में ब्राह्मण-बनियों के बेगुनाह साबित हो जाने पर भी यह साफ़-साफ़ कहते हैं कि ब्राह्मण-बनियों ने इस मारपीट में हिस्सा लिया था। लेकिन इसी बात से अब्राह्मण दल की समस्याओं का समाधान हो तो हम उसकी ओर से इस मुकदमे में गवाही देने के लिए तैयार हैं। अब्राह्मण जनता ने इस दंगे में हिस्सा केवल ब्राह्मणों के कहने पर लिया था, इस कथन से भी अब्राह्मण दल का काम चल जाता हो तो इस बात को भी स्वीकार करने में हमें कोई आपत्ति नहीं है। लेकिन इसी बात से अब्राह्मण दल सन्तुष्ट होता हो तो अब्राह्मण दल का कार्य क्या है? यह हम समझ नहीं पा रहे हैं। अब्राह्मण दल की आवश्यकता केवल ब्राह्मणशाही के विनाश के लिए है, लेकिन ब्राह्मण लोग सामने नहीं आ रहे हैं इसलिए उन्हें सूली पर चढ़ाया ही जाएगा, ऐसा हमें नहीं लगता। आज तक अब्राह्मण समाज में व्याप्त ब्राह्मणशाही को नष्ट करने के लिए ब्राह्मणों ने कुछ नहीं किया, इसलिए उसे समाप्त करने की जिम्मेदारी लेनी चाहिए, यही इस अब्राह्मण दल का मूल उद्देश्य होना चाहिए। और इसी दृष्टि से हम लोग अब्राह्मण दल की गतिविधियों की ओर देखते रहते हैं। हमें यह उम्मीद थी कि हमारे अब्राह्मण समाज के भाई इस बारे में अपनी जिम्मेदारी पहचानेंगे और अपने जाति-बन्धुओं को इस प्रकार के दुराचार से अलग करने के लिए रचनात्मक कार्यों की सूची बनाएँगे। लेकिन उनके यह करने के बजाय, जो कुछ किया वह ब्राह्मणों ने किया और हम लोगों ने जो किया वह उनके कहने पर किया, इस तरह की कैफियत देकर वे लोग बाहर निकल गए। लेकिन इस दलील से बेचारे अछूतों को क्या फायदा हुआ? उन्होंने आपत्ति की, यह बात सच है। आपत्ति भी अपनी अक्ल और होशियारी से की या दूसरों के बहकाने पर, यह बात बहुत मामूली है। शायद सजा घटाने के लिए इसका उपयोग किया जाए। लेकिन उस पर यकीन रखकर सजा से बरी होने की आशा यदि हमारे अब्राह्मण समाज के भाइयों को है तो यह बात हमारी दृष्टि में छोटी अक्ल की बात होगी।

दुख में सुख एक ही है और वह यह कि हमारे मित्र जवलकर और जेधे जैसे अब्राह्मण समाज के नेताओं ने चवदार तालाब आन्दोलन के सम्बन्ध में महाड में अछूतों के साथ सत्याग्रह करने की तैयारी की है। इसके लिए हम उनके एहसानमन्द हैं लेकिन उनसे भी ज्यादा एहसानमन्द हम वरहाड (विदर्भ) के अब्राह्मण भाइयों के हैं। हमारे मुम्बई के अब्राह्मण समाज के भाइयों से भी वरहाड (विदर्भ) के अब्राह्मण समाज के भाइयों को अछूतपन के उन्मूलन में अधिक आस्था है। यह बात दोनों प्रदेशों के अब्राह्मण दल के पत्र पढ़नेवालों को बताने की आवश्यकता नहीं है। हमारा यकीन है कि मा. जेधे और मा. जवलकर जैसे लोग विदर्भ में यदि नहीं गए होते तो उनमें इस

तरह का विचार न आया होता। कुछ भी क्यों न हो, अब्राह्मण समाज के नेताओं ने इस काम में कारगर हमदर्दी दिखाई, यह अब्राह्मण आन्दोलन के लिए सचमुच गौरव की बात है।

महाड में सत्याग्रह करने का अपना इरादा हमने इससे पहले ही जाहिर किया है, यह हमारे 'बहिष्कृत भारत' के दूसरे अंक के अग्रलेख से स्पष्ट है। बहुत से लोग हमें बता रहे हैं कि यह मार्ग बहुत कठिनाइयों का है। कुछ सवर्ण लोग हमें डराना चाहते हैं, वे कहते हैं 'हम लोग व्यर्थ में उतावले हो गए हैं, 'सवर्ण वर्ग की परम्परागत भावनाओं की परवाह नहीं करते', 'लक्ष्य को पाने के लिए मीर बजरंग की तरह सौ कोस की उड़ान एक ही छलाँग में लगाने की महत्त्वाकांक्षा रखते हैं', 'कई सदियों की प्रथाओं की दीवारें सुरंग लगाकर उड़ा देने का आग्रह कर रहे हैं', इस तरह हमारे इरादे से हमें दूर करने के प्रयास हो रहे हैं। लेकिन इस तरह डरानेवालों की हम बिल्कुल परवाह नहीं करते। केवल विवाद से या ज्ञान के प्रसार से अछूतपन उन्मूलन की हमें उम्मीद होती तो हमने ऐसे बुद्धिवाद को कब का स्वीकार कर लिया होता। लेकिन दलीलों से या ज्ञान की मरहमपट्टी से यह रोग मिट नहीं जाएगा। यह बात अनुभवसिद्ध है। इसलिए शस्त्र प्रयोग करने में सच्ची कार्यक्षमता नहीं है बल्कि मन की दुर्बलता है, ऐसा हमें लगता है। इस दुबलेपन के पाप के हम हक़दार न हों यह आज्ञा हमें हमारा मन दे रहा है। इसलिए हम लोग शायद जल्दी ही पुनः महाड में चवदार तालाब पर जाने का कार्यक्रम बनाएँगे।

महाड का आगामी सत्याग्रह कैसा हो इस सम्बन्ध में मा. जवलकर और मा. जेधे जैसे लोगों ने जो विचार व्यक्त किए वे विचार हमें ग्राह्य हैं। फिर भी एक महत्त्व की बात पर उनसे हमारा मतभेद है, उसकी यहाँ चर्चा जरूरी है। मा. जेधे और मा. जवलकर जैसे लोगों ने इस सम्बन्ध में एक शर्त रखी है कि, इस सत्याग्रह में ब्राह्मण जाति के किसी भी व्यक्ति को सम्मिलित न किया जाए। इस प्रकार की शर्त हमें कभी मंजूर नहीं हो सकती। हम लोग ब्राह्मणों के विरोध में नहीं हैं, इस बात को हम जाहिर करना चाहते हैं। हमारा आक्षेप ब्राह्मणवाद पर है। ब्राह्मण जाति के लोग दुश्मन नहीं हैं बल्कि ब्राह्मणग्रस्त लोग हमारे असली दुश्मन हैं, ऐसा हम सरेआम समझते हैं। इस भावना से प्रेरित होने की वजह से ब्राह्मणग्रस्त अब्राह्मण समाज के लोग हमें दूर के लगते हैं और ब्राह्मणयुक्त ब्राह्मण हमें अपने नजदीक के लगते हैं। इस वजह से हमने जिस सत्याग्रह का आयोजन किया है उसमें सम्मिलित होने के लिए हर व्यक्ति स्वतन्त्र है। फिर वह आदमी किसी भी जाति का हो। जिन्हें ब्राह्मणों का आना अच्छा नहीं लगता वही आदमी इस तरह का प्रयास करेगा। यहाँ हमें ऐसे किसी चुनाव की कोई जरूरत नहीं दिखाई देती।

# अपने घर कटोरा बाप घर कटोरा

**शुक्रवार : 15 जुलाई, 1927/अग्रलेख, बहिष्कृत भारत**

मुम्बई इलाके के शिक्षा विभाग का परिपत्र जो भी व्यक्ति ध्यान से पढ़कर देखेगा और उस पर गहराई से सोचेगा तो उसे इस इलाके के शिक्षा प्रचार का तरीक़ा देखकर आश्चर्य होगा, इसमें कोई सन्देह नहीं। शिक्षा के प्रचार का हिसाब देने के लिए इस इलाके की प्रजा के चार विभाग किए गए हैं।

(1) प्रगत वर्ग या ब्राह्मण और तत्सम जातियाँ

(2) मध्यम वर्ग या मराठा और तत्सम जातियाँ

(3) निचला वर्ग या अछूत और तत्सम जातियाँ और

(4) मुस्लिम वर्ग

जनसंख्या की दृष्टि से देखा जाए तो मराठा और तत्सम जातियों का पहला, अछूत और तत्सम जातियों का दूसरा, मुस्लिम वर्ग का तीसरा और ब्राह्मण तथा तत्सम जातियों का चौथा नम्बर होना चाहिए। शिक्षा प्रसार की दृष्टि से भी इसी प्रकार का क्रम रखना चाहिए। लेकिन वास्तविकता कुछ और है। मराठा और तत्सम जातियों का जनसंख्या की दृष्टि से पहला नम्बर है। उसी प्रकार माध्यमिक और प्राथमिक शिक्षा में उनका तीसरा नम्बर है। लेकिन उच्च शिक्षा में और उसी प्रकार प्राथमिक शिक्षा में उनका नम्बर चौथा मतलब आखिरी है। मुस्लिम वर्ग का जनसंख्या की दृष्टि से तीसरा नम्बर है। लेकिन उच्च शिक्षा में और उसी प्रकार माध्यमिक तथा प्राथमिक शिक्षा में उनका नम्बर दूसरा है। यानी मराठा, तत्सम जातियाँ अछूत तथा तत्सम जातियों से ऊपर हैं। इन सभी के ऊपर ब्राह्मण जाति और तत्सम जातियों का जनसंख्या की दृष्टि से चौथा मतलब आखिरी नम्बर है। लेकिन आश्चर्य की बात यह कि इन छोटी-छोटी जातियों को उच्च शिक्षा में उसी प्रकार माध्यमिक और प्राथमिक शिक्षा में पहला नम्बर दिया गया है। इस इलाके के शिक्षा प्रसार के अध्याय की यह कथा आश्चर्यजनक है लेकिन ऊपर अलग-अलग जातियों के शिक्षा के क्षेत्र में जो नम्बर दिए गए हैं, उससे एक वर्ग ने दूसरे वर्ग को कितनी टाँगों से पछाड़ा है, इस बात का बोध होना सम्भव नहीं। इस बोध के लिए हरेक वर्ग में कितना अन्तर है इस बात की पूरी-पूरी जानकारी होनी चाहिए। पिछले वर्ष जारी किए गए परिपत्र से हम निम्न आँकड़े दे रहे हैं।

*प्राथमिक शिक्षा*

| वर्ग | उपर्युक्त वर्ग के प्रति एक हजार जनसंख्या में उस वर्ग के विद्यार्थियों की संख्या |
|---|---|
| 1. ब्राह्मण और तत्सम जातियाँ | 119 |
| 2. मुस्लिम | 92 |
| 3. मराठा और तत्सम जातियाँ | 38 |
| 4. अछूत और तत्सम जातियाँ | 18 |

*माध्यमिक शिक्षा*

| वर्ग | उपर्युक्त वर्ग के प्रति एक लाख जनसंख्या में उस वर्ग के विद्यार्थियों की संख्या |
|---|---|
| 1. ब्राह्मण और तत्सम जातियाँ | 3,000 |
| 2. मुस्लिम | 500 |
| 3. मराठा और तत्सम जातियाँ | 140 |
| 4. अछूत और तत्सम जातियाँ | 14 |

*उच्च शिक्षा*

| वर्ग | उपर्युक्त वर्ग के प्रति दो लाख जनसंख्या में उस वर्ग के विद्यार्थियों की संख्या |
|---|---|
| 1. ब्राह्मण और तत्सम जातियाँ | 1,000 |
| 2. मुस्लिम | 51 |
| 3. मराठा और तत्सम जातियाँ | 14 |
| 4. अछूत और तत्सम जातियाँ | 0 |

उपर्युक्त आँकड़ों का जो व्यक्ति अध्ययन करेगा, उसे आसानी से समझ में आ जाएगा कि पहले और आखिरी वर्ग में कितना अधिक फासला है। शिक्षा की शर्यत में दौड़नेवाले इन घोड़ों में इतना अधिक फासला है कि पहले वाले को आखिरी धावक दिखाई नहीं देता और आखिरवाले को पहलेवाला नहीं दिखाई देता। इसमें ध्यान रखनेवाली बात यह है कि मुस्लिम लोग जो कुछ दिनों पहले सबसे नहीं बल्कि अछूतों

से पीछे थे, उन्होंने आज इतना फासला तय किया है कि उन्होंने केवल मराठा और अछूतों को ही पीछे नहीं छोड़ा बल्कि वे ब्राह्मणों की बराबरी में पहुँचने की बात कर रहे हैं। तीन पिछड़े हुए वर्गों में से एक पिछड़े वर्ग का और वह भी घोर निद्रा में खर्राटे भरनेवाले वर्ग का हड़बड़ाकर जाग जाना और घुड़दौड़ में सभी को पीछे धकेल देना, यह हैरतअंगेज परिणाम कैसे सामने आया, यह सवाल सोचने लायक है।

मुस्लिम लोगों की शिक्षा के क्षेत्र में विकास के मूल कारण यदि कोई हैं तो वे हैं सरकार द्वारा उनको दी हुई ख़ास सहूलियतें। इस तरह की सहूलियतें मुस्लिम वर्ग को दी गईं इसलिए ऊँची जाति के हिन्दू सरकार पर नाराज होते हैं। उनका इस तरह का बर्ताव हमें बिल्कुल पसन्द नहीं है। जिन कारणों से मुस्लिम वर्ग अपने लिए सरकार से विशेष सहूलियतें माँगता है वे कारण मूर्खतापूर्ण हो सकते हैं, हम हिन्दुस्तान के पहरेदार हैं, हमें सुविधाएँ दो, वरना हम दुश्मन को अन्दर आने देंगे, हम मुगल बादशाही के ऐतिहासिक अवशेष हैं, इसलिए सरकार को हमारी बात को ख़ास महत्त्व देना चाहिए आदि आधारों पर मुस्लिम लोगों की माँगें मगरूरी का लक्षण हैं। फिर भी मुस्लिमों को जो सहूलियतें दी गईं वह केवल बाजीराव (पेशवा, ब्राह्मण) ने मस्तानी पर फिदा होकर जो दौलत लुटवाई थी उसी प्रकार की पुरोहिताई है, ऐसा नहीं कहा जा सकता। इन सहूलियतों की नीति का विरोध करनेवाले वर्ग का कहना है कि सहूलियतें देना केवल भेदभाव है। सरकार को सारी प्रजा को समान रूप से देखना चाहिए, किसी की अनदेखी नहीं करनी चाहिए। इस तरह का उपदेश दिखने में यथार्थ लगता है। लेकिन तमाम स्थितियों में वह समान रूप से हितकारी होगा, ऐसा कहना मुश्किल है। एक स्थिति में न्याय करना हो तो वही उपदेश अमल में लाना पड़ेगा। लेकिन असामान्य स्थिति में यदि उसे लागू करना हो तो न्याय की बजाय अन्याय होगा। दो लोग समान रूप में समर्थ हों तो एक को मलीदा और दूसरे को भूसा देना कभी उचित नहीं होगा। लेकिन एक बीमार हो और दूसरा तन्दुरुस्त हो तो तन्दुरुस्त को भूसा और बीमार को मलीदा, यह व्यवस्था उचित होगी।

इसलिए हम कहते हैं कि जहाँ सभी लोग समान धरातल पर होंगे वहाँ उन्हें समान रूप से मानने में कोई आपत्ति नहीं और वही न्याय भी होगा। लेकिन जहाँ लोग मूल रूप में ही असमान हैं वहाँ उन्हें समानता में लाना, यदि सरकार की नीति की दिशा हो तो जो लोग समान धरातल से नीचे हैं उन्हें ख़ास सहूलियतें देकर ऊपर लाना इसी में न्याय है। इसलिए मुस्लिम वर्ग को सरकार ने जो सहूलियतें दी हैं उनके लिए हमें खेद नहीं हो रहा है। खेद इस बात का है कि पिछड़े समाज के लोगों में सरकार को केवल मुस्लिम दिखाई दिए। मराठा वर्ग और अछूत वर्ग के अस्तित्व की चिन्ता सरकार को क्यों नहीं? पिछड़ेपन की वजह से यदि सहूलियतें देनी हैं तो जो ज्यादा पिछड़े हैं उन्हें सहूलियतें मिलनी चाहिए थीं। अकेले मुस्लिमों को सहूलियतें देना और उनसे भी जो ज्यादा पिछड़े हैं उस वर्ग की ओर ध्यान न देना, सरकार के प्रजापालन की यह नीति असन्तुलित नहीं है, ऐसा कौन नहीं कहेगा? सहूलियतों के सवाल को दूर रखा जाए तब

भी शिक्षा के बारे में सरकार का उचित फर्ज निभाना आवश्यक है या नहीं, इस बात पर सोचना है।

भुखमरी में शरीर का पोषण ठीक नहीं हुआ तो आदमी दुबला होता है और उसकी उम्र घट जाती है। उसी प्रकार शिक्षा के अभाव में वह अज्ञानी रहा तो दूसरे का गुलाम बन जाता है। मतलब बच्चों के शरीर और बुद्धि की जितनी सम्भव हो उतनी अच्छी देखभाल करना हर माँ-बाप की जिम्मेदारी है। लेकिन कई लोगों से बच्चों की शिक्षा का महत्त्वपूर्ण कार्य नहीं हो पाता है। पेट हर किसी के साथ है और उसे भरने के लिए लोगों को कई प्रकार के काम-धन्धे करने पड़ते हैं। एक बार एक धन्धा खानदानी हो गया तो वही आगे तक चलता रहता है, उसे बदलना मुश्किल होता है। कई धन्धों में शिक्षा भी एक धन्धा है। जो जातियाँ उस धन्धे की हैं, उनका वही धन्धा है। ब्राह्मण लोग पढ़ते-लिखते हैं और दूसरे लोग पढ़ते-लिखते नहीं, इसका कारण यही है कि पढ़ना-लिखना जिस प्रकार से ब्राह्मण जाति का धन्धा है उसी प्रकार वह दूसरी जातियों का नहीं है। आप लोगों ने कहा कि, पढ़ो-लिखो, तो अब्राह्मण समाज की ओर से जवाब मिलता है कि, क्या हमें ब्राह्मण होना है? अब्राह्मण लोगों में बच्चों को शिक्षा देने की इच्छा होने पर भी वे आसानी से इसमें सफल नहीं होते। बच्चे को स्कूल में भेजने पर पढ़ाई का दोहरा बोझ माँ-बाप पर पड़ता है। पहली बात तो यह कि बच्चा स्कूल गया तो उससे होनेवाली कमाई बन्द हो जाती है। और उसे पालने की जिम्मेदारी माँ-बाप पर आ जाती है। दूसरी बात यह कि, उसकी पढ़ाई पर होनेवाला खर्च माँ-बाप को उठाना पड़ता है। मतलब पढ़ाई-लिखाई की वजह से आमदनी ठप्प हो जाती है और खर्चे बढ़ जाते हैं। अत्यन्त सीमित कमाई करके पेट पालनेवाले माँ-बाप यह खर्च बर्दाश्त नहीं कर पाते। इसलिए उनकी सन्तानें कई पीढ़ियों से अज्ञान के अन्धकार में फँसी हुई हैं। और यह स्थिति बहुत ही विनाशकारी है, इसमें कोई शक नहीं। अगर व्यक्ति-स्वतन्त्रता की कल्पना स्वीकृत हो तो हर आदमी में अपनी स्वतन्त्रता की रक्षा की सामर्थ्य होनी बहुत जरूरी है। और वह सामर्थ्य शिक्षा के बगैर असम्भव है। इसीलिए हर प्रगत राष्ट्र में अपनी प्रजा को शिक्षित करने की जिम्मेदारी उसकी सरकार को अपने ऊपर लेनी चाहिए।

हिन्दुस्तान में इस तरह की जिम्मेदारी लेने के लिए सरकार तैयार नहीं है। अंग्रेज सरकार ने अपना इरादा पक्का कर लिया था कि प्रजा की जायदाद और जीवन का संरक्षण करना ही उसका काम है, इसके अलावा उसका और कोई काम नहीं। इसलिए किसी को किसी पर हमला करके उसे वास्तव में चोट नहीं पहुँचानी चाहिए या जिससे परोक्ष हानि हो ऐसा कुछ नहीं करना चाहिए। जिसकी जहाँ जाने की इच्छा हो उसे उधर जाने की इजाजत होनी चाहिए। किसी की जायदाद को धूर्तता से लूटना नहीं चाहिए। जिसका धन वही उसका मालिक आदि प्रकार की व्यवस्था नियमबद्ध करनेवाले पैनल कोड, क्रिमिनल प्रोसिजर कोड, ट्रॉन्सफर ऑफ प्रॉपर्टी आदि ढेर के ढेर कानून बनाकर हमारी अंग्रेज सरकार आराम से हाथ बाँधे बैठी थी। 1910 ई. में गोपालकृष्ण गोखले

ने शिक्षा के सन्दर्भ में सरकार से कुछ सच्चाई जानने का प्रयास किया लेकिन इस बारे में बीमार सरकार लाख कोशिश के बावजूद खड़ी नहीं हो रही थी। इसका परिणाम यह हुआ कि जिन जातियों को शिक्षा के प्रति प्रेम नहीं था वे जातियाँ अनपढ़ ही रहीं और व्यक्ति स्वतन्त्रता का रक्षण करने के लिए बड़े-बड़े कानून बनाने पर भी अनपढ़ जनता को शिक्षित वर्ग के धूर्त और स्वार्थी कारनामों से मुक्त होना कठिन हो गया। सरकार को किसान कानून जैसा कानून किसानों के बचाव के लिए मजबूर होकर पास करना पड़ा। इससे एक बात साबित हुई कि सरकार का व्यक्ति-स्वतन्त्रता को संरक्षण देने का उपाय पूरी तरह बोगस है। यह सरकार के विरोध में सरकार का ही दिया हुआ प्रमाण है।

1920 में राजनीतिक सुधार का कानून पास किया गया तभी से अन्य इलाकों की तरह इस इलाके में भी लोकशाही के युग का प्रारम्भ हुआ। सरकार शिक्षा के क्षेत्र में अपना फर्ज निभाएगी, उस समय ऐसी उम्मीद थी। क्योंकि लोकतन्त्र में शिक्षा के बगैर कुछ नहीं चल सकता। हर राष्ट्र में हर प्रकार के उद्योग-धन्धे और व्यवहार आपस में चलते रहते हैं। इस व्यवहार में कौन किसे डुबाएगा, कौन किसे बर्बाद कर देगा, कौन किसका गला घोंट देगा, कौन कब स्वतन्त्रता के लिए खतरा पैदा कर देगा इसका अंदाजा नहीं। और यदि ऐसा हुआ तो लोकतन्त्र के स्थान पर पूँजीवाद (अमीरशाही) आ जाएगा। आजकल एक कथित संविधान को लोकतन्त्र का नाम देने का रिवाज चल पड़ा है। लेकिन लोकतन्त्र का यह अर्थ एकदम संकीर्ण है। जहाँ हर व्यक्ति परस्पर व्यवहार में अपने आत्मसम्मान से रह सकता हो और दूसरों के जाल में फँसने के बजाय अपने हितों की रक्षा कर सकता हो, वही सही अर्थों में लोकतन्त्र है।

ऐसी स्थिति में जनप्रतिनिधियों की कौन्सिल में अनिवार्य प्राथमिक शिक्षा का सवाल सही ढंग से हल किया जाएगा, इस तरह की उम्मीद लोगों को थी। इसके लिए 1920 में 15वाँ कानून और 1923 में चौथा कानून, एक तरह के दो कानून इस इलाके में अमल में लाए गए। पहले कानून से मुम्बई शहर की प्राथमिक शिक्षा मुम्बई म्युनिसिपैलिटी के हाथ में दी गई और दूसरे कानून से जिले की प्राथमिक शिक्षा स्थानीय म्युनिसिपैलिटी और लोकल बोर्ड को दे दी गई है। ये कानून जब डॉ. परांजपे शिक्षामन्त्री थे, उन्हीं के कार्यकाल में उन्हीं की नीति के अनुसार अमल में लाए गए। इन कानूनों को अमल में लाना उनके जीवन का एक महान कार्य समझा जाता है, यह बात हम अच्छी तरह जानते हैं। लेकिन दिखने में जो महत्त्वपूर्ण कार्य है, वह हमेशा सत्कार्य होता है ऐसा कहना मुश्किल है।

कोई कुछ भी कहे लेकिन हम साफ़ कहते हैं, डॉ. परांजपे! ये कानून बहुत ही निकम्मे हैं और जितनी जल्दी हो सके उतनी जल्दी उन कानूनों को रद्द कर देना ही अच्छा है। इनमें कई दोष हैं। हमारी दृष्टि से उनमें मूल दोष यह है कि प्राथमिक शिक्षा की व्यवस्था विधिमंडल से निकालकर म्युनिसिपैलिटी या लोकल बोर्ड्स के हाथों में दी गई है। जिस राजनीतिक आदमी ने इस तरह की व्यवस्था की है, वह आदमी बेअक्ल या धूर्त होना चाहिए।

बेअक्ल इसलिए कि प्राथमिक शिक्षा के कार्य के लिए विधिमंडल से लोकल बोर्ड और म्युनिसिपैलिटी ज्यादा उपयुक्त है, ऐसा कोई भी बुद्धिमान आदमी आज की स्थिति में नहीं कहेगा। पहली बात तो यह कि लोकल बोर्ड और म्युनिसिपैलिटी के सदस्य विधिमंडल के सदस्यों से भी ज्यादा अज्ञानी होंगे। इसके अलावा उन्हें भत्ते से बाजार करने के लिए मिलता है इसीलिए बोर्ड की बैठक में जो लोग उपस्थित रहते हैं उन्हें प्राथमिक शिक्षा में आस्था कैसे होगी? और यदि हुई तो पैसे के अभाव में वे बेचारे क्या कर पाएँगे? और यदि व्यवस्था की गई तो उनके द्वारा सारी जनता की समान रूप से मदद की जाएगी इसके बारे में कौन यक़ीन दिला सकेगा? हमें तो ऐसा लगता है कि यह लोकल बोर्ड्स और म्युनिसिपैलिटियाँ वर्णाश्रम धर्मवादियों की संस्थाएँ हैं क्योंकि उनमें ब्राह्मणग्रस्त अज्ञानी जनता ही अधिक रहेगी। इसलिए ऐसे लोग अछूत जनता की शिक्षा की फिक्र करेंगे, इस बात को किस आधार पर कहा जाएगा?

अब घोड़े का बोझ गधे पर लादने का यह तरीका खुलेपन का न भी हो तब भी धूर्तता का तो होना ही चाहिए क्योंकि इस कानून से लोगों की प्रताड़ना हुई है तब भी कानून बनानेवाले ने इस कानून को बनाकर बेफजूल लाभ उठाया है। सरकार को शायद अनिवार्य शिक्षा पहले महत्त्व की न लगी हो लेकिन वह आज महत्त्वपूर्ण नहीं है, ऐसी बात नहीं। लेकिन सरकार खर्च के बोझ से डर रही है। इसलिए अनिवार्य शिक्षा का कानून चाहनेवाले लोगों को कानून बनाकर दे दिया और उसे अमल में लाने की जिम्मेदारी स्थानीय संस्थाओं को दी गई, तो हम मुक्त हो जाते हैं। यदि कानून अमल में नहीं आया तो लोग स्थानीय संस्थाओं से लड़ेंगे। अन्धी जनता लड़ना नहीं चाहती, स्थानीय संस्था कुछ कर नहीं सकती और सरकार से प्राथमिक शिक्षा का कानून पास करने से कुछ नीच लोग नाराज होते हैं तो फिर इसे फालतू महत्त्व क्यों देना चाहिए?

हमने इस बारे में सख्त शब्दों का इस्तेमाल किया इससे हमारे कुछ दोस्त हम पर गुस्सा होंगे, इस बात को हम अच्छी तरह जानते हैं। लेकिन इसके लिए हमारे पास कोई विकल्प नहीं है। प्राथमिक शिक्षा का सवाल अछूत समाज के लिए बहुत महत्त्वपूर्ण है। किन्तु इस सवाल की इस तरह बुरी हालत देखकर हमारा मन नहीं दहलेगा तो किसका दहलेगा? हमारे लोगों को शिक्षा की जितनी आवश्यकता है उतनी शायद ही और किसी को होगी। सरकार के मकान का मतलब है बाप का मकान, उस मकान में रहते हुए अछूतों के आँचल में उनके दुर्भाग्य का कटोरा मिला। लेकिन वह मकान पराया ही है। लेकिन लोकतन्त्र को अपने मकान का महत्त्व समझना चाहिए या नहीं? या वहाँ भी पुनः वही कटोरा? जिसके हिस्से में अपने (पति के) घर कटोरा और बाप के घर में भी कटोरा है ऐसी बेचारी अभागी विधवा की स्थिति और अछूतों की स्थिति एक जैसी है, ऐसा कहना ही उचित होगा। कुछ लोगों को लगेगा कि हम बेमतलब निराश हुए हैं। लेकिन हमारा यक़ीन है कि प्राथमिक शिक्षा लोकल बोर्ड्स और म्युनिसिपैलिटियों के हाथ में रहेगी तो अछूतों को अपने उत्थान की कोई उम्मीद नहीं है।

# हमारे आलोचक

**शुक्रवार : 29 जुलाई, 1927/अग्रलेख, बहिष्कृत भारत**

'बहिष्कृत भारत' की नीति की अलग-अलग तरह से आलोचना की जा रही है। इन सभी आलोचकों को जवाब देना और सभी बातों का समाधान करना हमारे लिए संभव नहीं, इस बात को हम अच्छी तरह जानते हैं। फिर भी हमारे आलोचकों में जो ईमानदार आलोचक होंगे, जिन्हें केवल गलतफहमी हुई होगी उनके लिए अखबारी नीति के सम्बन्ध में हमें स्पष्टीकरण देना चाहिए, ऐसा हमें लगता है।

हममें से ही कुछ लोग 'काठ का बैरी काठ' इस कहावत के अनुसार विनाशी हैं या 'आस्तीन के साँप' हैं। वे लोग हमारे बारे में गलत प्रचार करते रहते हैं। अछूत (बहिष्कृत) वर्ग के कई लोगों ने अपनी बुद्धि अछूतपन उन्मूलन में ऊपरी आस्था दिखानेवाले लोगों के पास गिरवी रखी है। कई लोगों को उनके अपने आज तक की नामधारी नेतृत्व की जागीरदारी उत्साही नेतृत्व की वजह से और सही नीति की वजह से धूल में मिल गई, इस बात का दर्द है। कई लोगों को व्यक्तिगत जलन इतनी है कि अछूतपन उन्मूलन हो या न हो, आज हो या कालान्तर में हो, लेकिन डॉ. अम्बेडकर को नाकाम बनाना ही है। और इस नीति से ही उन्होंने अपना काम शुरू कर रखा है। डॉ. अम्बेडकर या 'बहिष्कृत भारत' द्वारा रखा गया विचार उचित हो या अनुचित, उनकी नीति परिणामस्वरूप अछूत समाज के मुक्ति की हो या न हो लेकिन उसके बारे में नापसन्दगी जाहिर करना और अछूत समाज में और दूसरे समाजों में ग़लतफ़हमी पैदा करना है। फिर अछूत समाज के मुक्ति आन्दोलन का कुछ भी क्यों न हो लेकिन उसकी कोई परवाह उन्हें नहीं, व्यक्तिगत जलन और नफरत की भावना यहाँ तक है। ऐसे आलोचकों की सन्तुष्टि हम किस तरह कर सकते हैं? लेकिन उनकी आलोचना की वजह से भोले-भाले और नासमझ लोगों में जो ग़लतफ़हमी पैदा होगी उसे जितना हो सके, टालने की कोशिश करें ऐसा हमें स्वाभाविक लगता है। हमने जिन कामों को करना तय किया है उनमें रुकावटें न आएँ, और इसके लिए हमारी जो आलोचना हो रही है उसमें हमें कानूनी मदद लेकर कार्य करना पड़ा तो उसके लिए समझदार लोग हमें दोष नहीं देंगे, इस बात का हमें पूरा यक़ीन है। अछूत समाज के कुछ लोग हम पर स्वजातिपक्षपात का आरोप लगाते रहते हैं। इस आरोप का जवाब हमने पूना की एक सभा में दिया

था। इस सभा की कार्यवाही का उल्लेख हमने आगे किया है, उसे पाठकों को अवश्य पढ़ लेना चाहिए। स्वजनों में हमारे जो आलोचक हैं उनके बारे में फिलहाल हम इससे ज्यादा और कुछ नहीं लिखना चाहते।

अब ऊँचे वर्ण के कहलानेवाले हिन्दू लोगों में जो हमारे आलोचक हैं उनके बारे में हम यहाँ संक्षिप्त चर्चा करेंगे। इन आलोचकों का हम पर सबसे ज्यादा गुस्सा होने की वजह यह है कि, अछूतपन का जितनी जल्दी हो सके उतनी जल्दी उन्मूलन होना चाहिए और यदि वैसा नहीं हुआ तो अछूत कहलानेवाले लोगों को धर्मान्तरण के मार्ग को अपनाना चाहिए, इस तरह की बात हम कहते हैं। यदि हम लोग धर्मान्तरण के लिए बेसब्र होते और अछूतपन उन्मूलन का सवाल अपने तक और अपने आगे की पीढ़ियों तक ही हमें हल करना होता तो हमने वैसा पहले ही किया होता। लेकिन जहाँ तक सम्भव हो हिन्दू धर्म में ही रहना और अपने अछूत भाइयों को भी इसी धर्म में रखना उसी तरह अछूतपन उन्मूलन के सम्बन्ध में सिर्फ अपने तक ही सोचने के बजाय अखिल अछूत वर्ग की दृष्टि से सोचा जाना चाहिए। यह हमारी इच्छा है, इसके लिए हमने फिलहाल कुछ प्रयास शुरू किए हैं। फिर भी किसी एक व्यक्ति या किसी वर्ग को यह बर्दाश्त न हो तो क्या किया जा सकता है!

ऊँचे वर्ण के कहलानेवाले लोग न्याय-अन्याय, धर्म-अधर्म, पाप-पुण्य, सार-असार आदि पर विचार किए बगैर ही अछूत वर्ग पर लगा हुआ अछूतपन का कलंक बरकरार रखने की हेकड़ी दिखाएँगे और अपनी बहुसंख्या और आर्थिक सम्पन्नता के घमंड में अछूत वर्ग की दलील को अस्वीकार कर देंगे तो अछूत वर्ग को धर्मान्तरण से सम्बन्धित सवाल पर मजबूरन सोचना पड़ेगा, इस बात को हम पुनः अब भी स्पष्ट रूप से कह रहे हैं।

महाड विवाद पर लिखते समय भालाकार भोपटकर जैसे लोगों ने अछूतों को परेशान करने की धमकी दी थी तब उन्हें जो जवाब देना चाहिए था हमने वह जवाब दिया है। उसी समय अपने वाजिब हक़ स्वधर्म में रहकर प्राप्त न करने की निराशा में हमें दूसरे धर्म का स्वीकार करके अपने वाजिब हक़ प्राप्त करने की मजबूरी आई तो वैसा करने में भी हम घबराएँगे नहीं, हमने इस बारे में साफ़ शब्दों में कह दिया था, इसमें हमारी क्या गलती है, यह हमारी समझ में नहीं आ रहा है। 'हम तुम्हारी लातें खाएँगे, लेकिन तुम्हारे ही धर्म में रहेंगे' ऐसा हमें कहना चाहिए, क्या हमारे आलोचकों की यही इच्छा है? यदि तुम्हारा-हमारा धर्म एक है तो तुम्हें और हमें समान हक़ होने चाहिए। जो धर्म मनुष्य मनुष्य में भेदभाव करता है, करोड़ों लोग जिनका कोई गुनाह नहीं है फिर भी गुनाहगारों से भी बुरी स्थिति में रहने के लिए मजबूर हैं, ख़ास वर्ग के लोगों को सदियों से जीवन के नर्क को भोगने के लिए मजबूर करता है, मनुष्य होने पर भी उन्हें जानवरों को मिलनेवाली सुविधाएँ तक नहीं मिलतीं, तो क्या वह सही धर्म है? उस तरह के धर्म को 'धर्म' नाम की संज्ञा देना उचित नहीं। इस धर्म के प्रति हमारे

मन में अपनत्व की भावना कैसे हो सकती है? यदि हिन्दू धर्म सभी को समानता से देखेगा तो उसके बारे में सभी को समान रूप से अपनत्व होगा।

'धर्म' शब्द की परिभाषा क्या है? शास्त्री पंडितों की सर्वसम्मत परिभाषा 'यतोऽभ्युदयनिः श्रेयससिद्धिः स धर्मः' ही है 'जिससे योग से अभ्युदय (ऐहिक उत्थान) और मोक्ष की प्राप्ति होती है वही धर्म है' यही इस वाक्य का अर्थ है। इस परिभाषा के लक्ष्य में पहले अभ्युदय और बाद में मोक्ष इस प्रकार का क्रम रखा गया है। 'अभ्युदय' का मतलब संसार में तरक्की या उत्थान (Prosperity or Elevetion) यही धर्म का पहला लक्ष्य है। इस दृष्टि से विचार करने पर प्रचलित हिन्दू धर्म कहाँ तक अछूत वर्ग का धर्म हो सकता है, इस बात पर आलोचकों को ही सोचना चाहिए। अछूतपन की बात ही ऐसी है कि उसकी वजह से अभ्युदय या उत्थान का रास्ता बन्द हो जाता है। अछूतपन की वजह से हम समाज में स्वतन्त्र रूप से रह नहीं सकते। अछूत बनकर समाज के बाहर गन्दी बस्तियों में रहना पड़ता है। पढ़-लिख नहीं सकते, सम्मानित धन्धा, व्यापार या उद्योग नहीं कर सकते। फिर उत्थान कैसे होगा? आज हिन्दू रामाज में धर्म के सम्बन्ध में इस तरह की परिभाषा है कि धर्म का जो प्रथम लक्ष्य 'उत्थान' वही अछूत समाज के लोगों पर लागू नहीं होता लेकिन 'निःश्रेयस' सभी के लिए मुक्त रखा गया है। निःश्रेयस का मतलब है मोक्ष। मोक्ष को किसने देखा है और कहाँ है? मान लीजिए इसकी प्राप्ति शूद्रों और अतिशूद्रों को हुई तब भी ऊँचे वर्ण के लोगों का क्या भला-बुरा होनेवाला है? फिर उसमें भी खूबी है ही। तीनों वर्णों की सेवा करने से ही शूद्रों को और अतिशूद्रों को मरने के बाद सद्गति मिलेगी, इस तरह की बात धूर्त शास्त्रकारों ने लिखी है। इसका मतलब यह है कि तुम लोग जब तक जिन्दा हो, तब तक हमारी गुलामी में रहो, गन्दा जीवन बिताओ तब मरने के बाद तुम्हें स्वर्ग की प्राप्ति होगी। जो धर्म हमें इस तरह की शिक्षा देता है उस धर्म के बारे में हममें अपनापन कैसे होगा? उस धर्म ने जिन लोगों के लिए उत्थान के रास्ते खुले रखे हैं और ख़ास वर्ग पर चढ़ बैठने की सनद दे रखी है, ऐसे धर्म का गुणगान करने में हमें कोई आपत्ति नहीं है। लेकिन जिन वर्गों को धर्म के नाम पर सदियों से जुल्म बर्दाश्त करना पड़ रहा है उस वर्ग के लोगों को इस धर्म से नफरत होने की बजाय प्रेम होना कैसे सम्भव है? हिन्दू धर्म में ऊँचा दर्शन बहुत होगा, कुछ उदार सिद्धान्त भी होंगे, लेकिन व्यवहार में जब तक वे ऊँचे दर्शन और ऊँचे सिद्धान्त दिखाई नहीं देते तब तक उनकी क़ीमत कौन कितना आँकेगा? जब तक किताबों की बातें किताबों में या पुराणों की बातें पुराणों में हैं तब तक हिन्दू धर्म के दर्शन पर मोहित लोगों को भी उस धर्म के बारे में, उस धर्म के व्यावहारिक स्वरूप पर कुछ न कुछ नफरत होगी ही, इसमें कोई दो राय नहीं हो सकती। उसमें भी जिन वर्गों को उस धर्म का व्यावहारिक स्वरूप कदम-दर-कदम सताता है और अपमानित करता है उस वर्ग के लोगों को कभी न कभी एक बार इस सम्बन्ध में अन्तिम फैसला करना ही होगा, ऐसा लगना एकदम स्वाभाविक है।

'धर्म के लिए आदमी है या आदमी के लिए धर्म है' यह सवाल निश्चित रूप से सोचने योग्य है। नीतिशुद्ध आचरण रखने की जिम्मेदारी की दृष्टि से धर्म के लिए मनुष्य है और सारे समाज के हितों का सवाल जब पैदा होता है, तब धर्म के लिए मनुष्य है, ऐसा कहा जा सकता है। लेकिन क्या धर्म के नाम पर चलनेवाले अधर्म के लिए, ख़ास वर्ग की दासता में रहने के लिए, सदियों से अन्याय और जुल्म बर्दाश्त करने के लिए ही मनुष्य का जन्म हुआ है। मनुष्य के लिए धर्म है। मतलब हर आदमी को अपना ऐहिक उत्थान नीति मार्ग से करने में धर्म की मदद होनी चाहिए। किसी भी मनुष्य के 'अभ्युदय' के लिए उसका जन्म अमुक कुल में हुआ है इसलिए धर्म की रुकावट नहीं होनी चाहिए।

अपने आपको धार्मिक कहलानेवाले कई लोग अछूत समझे गए वर्ग पर हुए अन्याय पर लीपापोती करते हुए कहते हैं कि 'अछूत समझे गए वर्ग में सन्त चोखामेला, सन्त रैदास जैसे जो साधु पुरुष हुए उन्हें हम सवर्ण वर्ग के लोग पूज्य मानते हैं या नहीं? हमारे धर्म में उन साधु पुरुषों को हम लोग ऊँचा स्थान देते हैं या नहीं?' बात सही है। लेकिन सन्त चोखामेला, सन्त रैदास जैसे लोग किसी भी समाज में बार-बार या सैकड़ों में पैदा नहीं होते। उनके जैसे चुनिंदा व्यक्तियों के उदाहरण देने का मतलब विवाद को जानबूझकर टालने का प्रयास करनेवाली बात है। अछूत समाज के लोग भी ब्राह्मणों को या सवर्णों को समान क्षुद्रबुद्धि वाले कहाँ मानते हैं? आधुनिक विचारधारा के किस अछूत आदमी में सन्त एकनाथ के प्रति आदर की भावना नहीं है? दलित समाज ने यही समझा कि, सन्त चोखामेला के अस्थि-अवशेष खोजनेवाले सन्त नामदेव के मन में संकुचित विचार नहीं थे। सन्त चोखामेला, सन्त रैदास आदि सन्तों को ऐहिक लाभ की परवाह नहीं थी। उनका सारा ध्यान ईश्वर में लगा हुआ था। उनका उदाहरण सामान्य लोगों के किस काम का? जैसे सभी ब्राह्मण या सभी सवर्ण समाज के लोग सन्त नहीं हैं या साधु होने के लायक नहीं हैं उसी प्रकार दलित-अछूत समाज के लोग साधु नहीं हैं। समाज रचना का विचार सामान्य लोगों की दृष्टि से करना चाहिए। सन्त चोखामेला के नाम को ऊँचे वर्ण के लोग फिलहाल बड़ा महत्त्व देते हैं। लेकिन सन्त चोखामेला को अपने जीवन में मरे हुए ढोर फेंकने का धन्धा करना पड़ा या नहीं? पेट के लिए वे मेहनत-मजदूरी करते समय दीवार के नीचे दबकर मरे या नहीं? जिस समय सन्त चोखामेला महार मरे हुए जानवर उठाकर फेंक रहा था, उस समय किसी प्रकार की योग्यता न होनेवाले नालायक ब्राह्मण ऊँचे धन्धे कर रहे थे। इसी समाज-व्यवस्था से हमारा विरोध है।

अछूतपन गुलामी का ही एक रूप है। कुछ वर्गों को कुछ कारणों से अछूत घोषित कर देना, उनसे समाज के गन्दे काम करवा लेना, उनसे नफरत की भावना से बर्ताव करना, उनके नागरिक के रूप में सभी हक़ छीन लेना और सदियों तक उन्हें इसी अवस्था में रहना चाहिए, इसलिए उनकी शिक्षा आदि आत्म-उत्थान के तमाम रास्ते बन्द करवा देना, उनमें से यदि कुछ लोगों ने अपनी इनसानियत के हक़ माँगने की कोशिश

की तो उन्हें बागी घोषित कर देना, उन्हें उनके हक़ या सहूलियतें न मिल पाएँ इसलिए हो-हल्ला मचाना और समय आया तो उन पर जुल्म-ज्यादतियाँ करके भी उनके हक़ों में रुकावट पैदा करना ये तथ्य गुलामी के इतिहास में हैं। उसी तरह ये बातें इस देश के अछूतपन के इतिहास में भी दिखाई देती हैं।

लॉर्ड ऑलिव्हियर की लिखी हुई और अभी-अभी प्रकाशित : 'The Anatomy of African Misery' किताब में अफ्रीका के काले लोगों से गोरे लोगों ने अब तक किस तरह का बर्ताव किया और आज भी वे लोग उन लोगों के साथ किस प्रकार का बर्ताव कर रहे हैं, इसका भयावह वर्णन किया गया है। वह इस देश के अछूत वर्ग पर पूरी तरह से लागू होता है। लॉर्ड ऑलिव्हियर एक जगह कहते हैं : "The slave relation, being once established, is automatically and in part unconciously buttressed by a resolute refusal to admit that the slave is capable of anything better; and when, in the development of competitive industrialism, opportunities arise for his showing that he is capable, the fear of his competition with the established master race adds feelings of jealousy and hatred to the fear and contempt and reinforces this obstinancy of the refusal to admit any king of equality of capacity or of rights. His education and his free use of his faculties are discovraged and opposed. In low minds this complex of prejudices and resistances breeds upon contumely vilification of the slave race, agitation against any concession to it and acts of outrage and violence."

अफ्रीकन लोगों और इस देश के अछूत वर्ग के लोगों में कुछ बातों में भेद है। पहली बात यह है कि, काले आदि अफ्रीकन लोग योरोपियन लोगों से मानव वंशशास्त्र की दृष्टि से जिस प्रकार भिन्न हैं, उसी तरह इस देश के अछूत वर्ग के लोग अपने आपको ऊँचे वर्ण के माननेवाले इस देश के सवर्णों से मानव वंशशास्त्र की दृष्टि से भिन्न नहीं हैं। दूसरी बात यह कि योरोपियन या पश्चिमी देशों के लोगों ने गुलामी का जो जुल्म ढाया था उसमें धर्म का बिल्कुल आधार नहीं लिया गया था। लेकिन यहाँ समाजशास्त्र और धर्मशास्त्र कई होने की वजह से सरेआम धर्म के नाम पर अछूतपन की गुलामी पैदा की गई। इस बात को धर्म में घुसा देने की वजह से गुलामी वज्रलेप बन गई। इस गुलामी ने एक तो ऊँचे वर्ण के कहलानेवाले लोगों के मन की न्यायभावना को नष्ट कर दिया और खुद अछूतों की विचार-शक्ति को नष्ट कर दिया। धर्म के दबाव में अछूतों का स्वाभिमान नष्ट हो गया। उन्हें अपने इनसानियत के हक़ों में कोई दिलचस्पी नहीं रही। जिस जाति का स्वाभिमान ही नष्ट हो गया, वह जाति अपना सिर कैसे ऊँचा उठाएगी? मतलब अछूतों के उत्थान का रास्ता ही मिट गया। लॉर्ड ऑलिव्हियर कहते हैं : "No race can be raised by destroying its self respect." स्वाभिमान नष्ट करके किसी भी जाति का उत्थान करना सम्भव नहीं। धर्म पर हमारा आक्षेप इसीलिए है। यदि धर्म ने समाज रचना के बारे में दखलंदाजी न की

होती, धर्म के नाम पर चलनेवाले निर्बन्ध हमारे लिए खतरनाक साबित न होते, तो हमें धर्म पर अपना रोष व्यक्त करने की कोई आवश्यकता ही नहीं थी। हम लोगों को शान्ति का पाठ पढ़ाने का दिखावा करनेवाले आलोचकों से हमारा सवाल है कि यदि तुम लोग किसी अछूत समझी गई जाति में पैदा हुए होते तो क्या इसी प्रकार शान्ति के भगवान रहे होते? दक्षिण अफ्रीका में हिन्दी लोगों के साथ बहुत ही घटिया ढंग से व्यवहार किया जाता है, इसलिए पीड़ा होती है। इस देश में योरोपियन और योरेशियन लोगों के लिए रेलगाड़ी में अलग-अलग डिब्बे सुरक्षित किए गए तो वे तुम्हें अच्छे नहीं लगते। बहुत दूर की बात छोड़िए, एडिनबरो के हिन्दी लोगों पर वहाँ के कई होटलों में गोरी औरतों के साथ नाचने पर पाबन्दी लगा दी गई, इतनी सी बात पर तुम लोगों ने हो-हल्ला मचाया। लेकिन अछूतपन की वजह से जो अपमान होता है और उत्थान के काम में हमेशा के लिए जो रोक लगा दी है उसके सामने उपर्युक्त निर्बन्ध तो कुछ भी नहीं है। लेकिन यह बात अभी भी उनकी समझ में नहीं आ रही है। यदि तिलक जैसा आदमी अछूत वर्ग में पैदा होता तो और ब्रिटिश अमल में हुई योजना का लाभ उठाकर उस व्यक्ति को उस तरह की ऊँची शिक्षा मिली होती तो उस व्यक्ति ने यह कभी नहीं कहा होता कि, स्वराज्य मेरा जन्मसिद्ध अधिकार है। बल्कि उस व्यक्ति ने कहा होता कि, अछूतपन को समाप्त करना ही मेरा पहला काम है। और 'ये यथा माँ प्रपद्यंते तांस्तस्थैव भजाम्यहम्' गीता के इस प्यारे श्लोक को आगे कर धार्मिक और सामाजिक हक़ों के मामले में किसी का लिहाज न करते हुए ऊँचे वर्ण के लोगों को खुलेआम आव्हान किया होता, ऐसा हमें लगता है। 'परदुःख शीतल' होने की वजह से समझदार, जानकार कहलानेवाले और समानता के हक़ों की राजनीति की घोषणा करनेवाले लोगों को भी अछूतों की पीड़ा के बारे में कुछ नहीं सूझ रहा है। वे लोग अछूतों को शान्ति-पाठ पढ़ाने की हिम्मत करते हैं और कुछ लोग तो बड़ी बेशर्मी से धमकियाँ भी देते हैं।

इस देश पर मुस्लिमों के हमले हुए, यहाँ मुस्लिम सत्ता स्थापित होकर करोड़ों मुस्लिम अस्तित्व में आए। बाद में अंग्रेजों की सत्ता कायम हुई और अंग्रेजी शिक्षा का प्रचार हुआ, ईसाई मिशनरियों का कार्य इस देश में बड़े जोर-शोर से शुरू हुआ। ये बातें दूसरे हिन्दुओं को एक तरह से आपत्ति की लगती हों तब भी हम अछूतों के भाग्य से ये बातें हुईं, ऐसा हम लोग समझते हैं। अगर वे लोग न आते तो अछूतों को ये दिन भी देखने को नहीं मिलते। उन्हें अपने दुखों को व्यक्त करने के लिए जबान भी नहीं मिली होती और संख्या बल का सवाल देश के भीतर न उठाया गया होता तो आज जो कई लोग अछूतों के बारे में ऊपरी हमदर्दी दिखाते हैं, वह दिखाने के लिए भी उन्हें फुर्सत न मिली होती। यह मामूली बात अपने स्वार्थ के लिए भूलनेवाले जब हम लोग धर्मान्तरण की बात करते हैं तो हम पर गुस्सा होते हैं, इस बात का हमें बड़ा ताज्जुब होता है। हिन्दू समाज आज हमें कहता है कि, "तुम लोग जब तक हमारे धर्म में हो तब तक सार्वजनिक कुँओं, बावली, तालाब आदि के पानी को तुम्हें छूना नहीं चाहिए,

तुम लोगों को हम लोगों से दूर-दूर रहना चाहिए। हमारे मन्दिरों के पास तुम्हारी छाँव नहीं पड़नी चाहिए।" लेकिन जब हम लोग ईसाई और खास तौर पर मुस्लिम हुए तो जैसे जादू के चमत्कार से हमारा अछूतपन समाप्त हो गया हो। मतलब ईसाई या मुस्लिम धर्म में शुद्ध करनेवाली शक्ति की बात स्पष्ट रूप से दिखाई देते हुए भी हमारे पुरखों का हिन्दू धर्म के प्रति प्रेम उनकी भोलीभाली श्रद्धा को ध्यान में रखकर हिन्दू धर्म में रहने के लिए हम प्रयास कर रहे हैं। हमें ऐसा लगता है कि, बाकी हिन्दू लोग हमारे धर्मबन्धु हैं। इसलिए हम लोग बार-बार कहते आ रहे हैं कि, मन्दिर के दरवाजे खोल दो और हमें भगवान का दर्शन करने दो, तुम लोगों ने हम पर अछूतपन का जो कलंक लगाया है, उसे मिटा दो—तुम्हारा और हमारा धर्म यदि एक है तो उस पर तुम्हारी तरह हमारा भी हक़ है। और हमारे इस हक़ पर अमल नहीं हो सकता इस तरह का यदि हमारा यकीन बन गया तो हम यह समझ लेंगे कि तुम्हारा धर्म हमारे लिए नहीं है, इसलिए हम लोगों ने अपना रास्ता खोज लिया तो उसमें तुम लोगों को क्यों बुरा लगना चाहिए? ईश्वर की प्राप्ति हिन्दू धर्म में ही है और दूसरे धर्मों में नहीं, ऐसी बात नहीं। हिन्दू धर्म में आज की विषमता ही बरकरार रखनी है तो उसे हमसे प्रेम और अपनेपन की भावना की अपेक्षा क्यों रखनी चाहिए?

हिन्दू धर्म हमारा है या नहीं, इस सवाल का एक बार हमेशा के लिए हमें फैसला करना है। आज धर्म को विषमता का जो बीभत्स स्वरूप प्राप्त हुआ है उसे समाप्त करने का काम हमारे हाथ में नहीं है। प्रचलित प्रथा पर अपना अधिकार स्थापित कर जिन्होंने हमारे हक़ छीन लिए हैं और जो बहुसंख्य हैं, जिनका समाज ज्यादा प्रगत है, जिनके पास शिक्षा और दौलत है, उन्हीं लोगों की धर्म सुधार की जिम्मेदारी है। बौद्ध या आर्यसमाजी होकर ऊँचे वर्ण के कहलानेवाले लोगों के दुराग्रह पर कुछ ख़ास असर होनेवाला नहीं है, इसलिए उस मार्ग को अपनाने में भी हमें कोई मतलब नहीं दिखाई दे रहा है। हिन्दू लोगों के दुराग्रह का सफलता के साथ मुकाबला करना हो तो ईसाई या मुस्लिम होने से, धर्मान्तरण करने से ही किसी जबर्दस्त समाज का समर्थन हासिल करना चाहिए तब कहीं अछूतपन का कलंक मिटेगा। इस प्रकार का आखिरी उपाय अछूत समाज को अपनाना चाहिए या नहीं, यह तय करना हमारे हाथ में नहीं है। यह बात दूसरे हिन्दुओं के ही हाथ में है। उन्होंने अन्तिम समय तक अपना दुराग्रह कायम रखा और अछूत समाज के वाजिब हक़ कबूल नहीं किए तो हमारे न कहने पर भी अछूत समाज की युवा पीढ़ी (हिन्दू) धर्म त्याग का रास्ता अपनाएगी। हम केवल निमित्त हैं, इस बात को हमारे आलोचकों को कृपया भूलना नहीं चाहिए, खैर।

अब हमारे ऊपर दूसरे आरोप और कौन से हैं, उस पर भी सोचना जरूरी है। एक आरोप यह है कि हम सवर्ण समाज से नफरत करते हैं। लेकिन हमें किसी से भी नफ़रत करने की कोई आवश्यकता नहीं। सवर्ण समाज में हमारे कई मित्र हैं। हमें हमारे कार्य के लिए आन्दोलन चलाना है, इसलिए हमारे रास्ते के पत्थर बननेवाले लोगों के दिलों को ठेस पहुँचाना उस समय जरूरी हो जाता है। लेकिन इसी के आधार पर यह

कहना कि हम सवर्णों से या किसी से नफरत करते हैं, यह बात गलत है। हम लोगों पर दूसरा आरोप यह भी है कि हम अपने अखबार में अछूतपन के सम्बन्ध में लिखते हैं और विवादित विषयों की चर्चा करते हैं। लेकिन इस पर हमारा प्रतिसवाल यह है कि विवाद्य सवालों की चर्चा जिसमें न की जाती हो, ऐसा कौन-सा अखबार है? दूसरों की तरह हमारे भी सिद्धान्त हैं और उनका प्रचार करने का हमें भी हक़ है ही, लेकिन वह हमारा कर्त्तव्य भी है। फिर यह भी ध्यान में रखना चाहिए कि अछूतपन का सवाल अन्य सवालों से बिल्कुल अलग नहीं रखा जा सकता। जातिभेद, धर्म सम्बन्धी संकल्पना, ग्रन्थ प्रामाण्य, राजनीतिक हक़, राजनीतिक आन्दोलन आदि कई बातों का अछूतपन उन्मूलन के सवाल के साथ कम-ज्यादा ही क्यों न हो, लेकिन सम्बन्ध है। हिन्दू धर्म और हिन्दू समाज के मूल में जो सड़न पैदा हुई है उसका अछूतपन सबसे बुरा परिणाम होने पर भी उसके मूल विशिष्ट मानसिकता में है, इस बात को भूल जाना है, इसलिए अछूतपन के सम्बन्ध में सोचते हुए अन्य बातों पर सोचना स्वाभाविक है।

असम्बद्ध विषयों पर नुक्ताचीनी करके या व्यक्तिगत तौर पर डॉ. अम्बेडकर को नीचे खींचने का प्रयास कर या 'बहिष्कृत भारत' के विरोध में बुराई सत्र चलाकर हमारा संगठन या हमारा आन्दोलन तहस-नहस करना सम्भव नहीं है, इस बात को हमारे आलोचकों को ध्यान में रखना चाहिए। अछूत समाज में दरार डालकर हमारा आन्दोलन कमजोर करने का षड्यन्त्र अब चलेगा नहीं और उसकी वजह यह है कि अछूतपन उन्मूलन के सम्बन्ध में टालमटोल को हम मौका नहीं देते इसीलिए हम पर ऊँचे वर्ण के कहलानेवाले कई आलोचकों का इतना गुस्सा है, इस बात को हम भी अच्छी तरह जानते हैं।

# पाखंडीपन, पागलपन और गैरबुद्धिमानी

**शुक्रवार : 12 अगस्त, 1927/अग्रलेख, बहिष्कृत भारत**

हिन्दू समाज के कई लोगों ने संगठन और शुद्धि आन्दोलन शुरू किया है और इस आन्दोलन में पढ़े-लिखे लोगों का जमावड़ा है। लेकिन सामान्य बहुजन समाज इस आन्दोलन से आम तौर पर अछूता है, ऐसा कहना गलत नहीं होगा। उसी प्रकार समाज सुधारकों की भी इस आन्दोलन में विशेष हिस्सेदारी नहीं है। कुल मिलाकर अधूरे विचार के लोगों का ही इस आन्दोलन में प्रभाव है। पुराने विचारों के लोगों को शुद्धि की कल्पना पराई लगती है और जिनका झुकाव समाज सुधार की ओर है, उन्हें ऐसा लगता है कि समाज सुधार के द्वारा ही हिन्दू समाज में सही संगठन होगा और शुद्धि की विशेष आवश्यकता नहीं रहेगी, हिन्दू समाज का संख्या-बल बरकरार रहेगा, ऐसा लगता है। इसीलिए ये दोनों विचारधारा के लोग इस आन्दोलन से दूर हैं। शुद्धि-संगठन के आन्दोलन में अधूरे लोगों का लदाव बढ़ने की वजह से इस आन्दोलन को जैसा होना चाहिए वैसा नहीं हो सका। इतना ही नहीं, इसमें पाखंडीपन और पागलपन का उबाल आ रहा है।

फिलहाल हिन्दू-मुस्लिमों में भयंकर तनाव पैदा हुआ है। उसका लाभ कुछ मक्कार लोग उठा रहे हैं। पहले तो धार्मिक कलह का मतलब है बेवकूफ़ी का मेला। जब सही धर्म की नाफ़रमानी होती है, उसी समय धार्मिक बेवकूफ़ियाँ प्रभावी बन जाती हैं। जो हिन्दू लोग और जो मुस्लिम लोग आज धर्म के नाम पर आपस में झगड़ रहे हैं उनमें सच्ची धार्मिकता के लोग दो-चार मिलेंगे या नहीं, इस बात का हमें सन्देह है। धर्म को पग-पग पर रौंदनेवाले लोग ही धर्म का जोश दिखाकर दूसरे धर्म को माननेवाले लोगों को मौत के घाट उतारना चाहते हैं। वास्तव में धर्म को आदमी को फ़रिश्ता बनाना चाहिए; लेकिन वास्तव में वैसा नहीं होता बल्कि धार्मिक कलह की वजह से धर्म के योग से मानव में मनुष्यता के बजाय पशुत्व बढ़ रहा है। ऐसी स्थिति में अनपढ़ बदमाश लोग मारपीट करते हैं, एक-दूसरे का सिर फोड़ते हैं और खून-खराबा करते हैं। पढ़े-लिखे बदमाश लोग अल्प प्रयासों से अपने-अपने समाजों में जनप्रिय होने का पूरा लाभ उठा लेते हैं। अनपढ़ बदमाशों के अमानवीय कारनामों की सही जिम्मेदारी वास्तव में देखी जाए तो पढ़े-लिखे बदमाशों पर होती है क्योंकि उनके भड़काने की वजह से ही अनपढ़

लोग अत्याचार करने के लिए तैयार होते हैं। पढ़े-लिखे बदमाश लोग जिस प्रकार हिन्दुओं में हैं उसी प्रकार मुस्लिमों में भी हैं, ब्राह्मण-पुरोहितों, पंडे-पुजारियों में हैं, उसी प्रकार मौलवियों में भी हैं।

हकीकत में धर्म का सही और गहरा विचार कोई भी नहीं करता, किसी को भी धर्म के आद्य सिद्धान्तों की परवाह नहीं। दोनों समाजों में हठधर्मी और झूठे घमंड का जोर है। हर धर्म को ग्रन्थ प्रामाण्य, अंधश्रद्धा और नीच मान्यताओं के मूल में दीमक लग जाने की वजह से धर्म और सारासार विचार में सम्बन्ध विच्छेद हुआ है। आज कलह मरे हुए आदमियों की लाशों और मरे हुए आदमियों के विचारों से हो रहा है। सत्य क्या है इस बात को कोई नहीं देख रहा है। अमुक एक धर्म-संस्थापक ने क्या कहा था और अमुक एक धर्मग्रन्थ में क्या कहा गया है इसी को पूरी तरह से महत्त्व दिया जाता है और सत्य किसी कोने में जाकर रोता हुआ बैठा है। ऐसे समय पाखंडी लोगों को मौका मिल जाना बड़ी स्वाभाविक बात है।

फिलहाल खान-मालिनी विवाह विवाद का काफी बोलबाला है। इसी बात को उदाहरण के तौर पर लिया जाए तो पाखंडीपन और पागलपन को आज के धार्मिक कलह से कैसे बढ़ावा मिल रहा है, यह बात दिखाई देगी। इस विषय से सम्बन्धित बाकी विचार हमने इससे पहले व्यक्त किए हैं लेकिन बासी कढ़ी को उबाल लाने की कोशिश आज भी कई लोगों की ओर से शुरू है इसलिए उस विषय की ओर हम पुनः आ रहे हैं। उसी प्रकार किस तरह से हिन्दू समाज को गुमराह किया जा रहा है यह भी आज हमें बताना है।

एक शिक्षित हिन्दू लड़की ने एक शिक्षित मुस्लिम लड़के के साथ विवाह किया इसलिए अखबारों और आम सभाओं में इतना हो-हल्ला मचाया गया है कि किसी को लगे, मानो हिन्दू समाज पर आसमान टूट पड़ा है। आज दो माह से हरेक के मुँह में यही बात है। पिछले पाँच-छह वर्षों में हिन्दू समाज पर न जाने कितने प्रहार हुए होंगे, लेकिन खान-मालिनी विवाह से जितनी खलबली मची उतनी खलबली अब तक किसी बात से नहीं मची। स्वामी श्रद्धानन्द की हत्या पर मराठी अखबारों में जितने और जैसे लम्बे-चौड़े लेख लिखे गए इतने और वैसे लम्बे-चौड़े लेख इस एक विवाह पर प्रकाशित हुए। लेकिन सचमुच क्या खान-मालिनी विवाह और स्वामी श्रद्धानन्द की हत्या की तुलना हो सकती है?

जिस हिन्दू लड़की ने मुस्लिम लड़के से ब्याह किया वह कितनी भी शिक्षित और कितनी भी ऊँची जाति की या बड़े खानदान की होने पर भी वह संख्या की दृष्टि से अकेली है। उस लड़की के पीछे उसके सैकड़ों नर-नारी अनुयायी थे ऐसा भी नहीं। मतलब वह लड़की पुराने हिन्दू खानदान की नहीं थी, इस बात को अलग रखकर सोचने पर भी उसके विवाह से हिन्दू समाज से एक आदमी कम हुआ है यह बात संख्याबल का विचार करने पर कही जा सकती है। इससे मुस्लिम समाज में एक व्यक्ति की संख्या बढ़ी है, ऐसा कानूनी दृष्टि से नहीं कहा जा सकता। क्योंकि विवाह रजिस्टर्ड करते समय

वर और वधू दोनों ने लिखा है कि हम किसी भी धर्म के नहीं हैं। मतलब एक आदमी की संख्या बढ़ते ही मुस्लिम समाज का एक आदमी कम हुआ है, यह होते हुए भी इस विवाह के विरोध में कितना होहल्ला मचाया गया!

अपने धर्म के लोग दूसरे धर्म में जाते हैं और उससे हमारे धर्म का संख्याबल घटता है, इसके बारे में ही यदि चिल्लानेवाले लोगों को दिल से अफ़सोस होता तो इतनी छोटी-सी बात को बहुत ज्यादा महत्त्व देने के बजाए उन्होंने स्वधर्म संरक्षण का ही पहले विचार किया होता। हर दिन हिन्दू समाज से सैकड़ों लोग दूसरे धर्म में जा रहे हैं। खान-मालिनी के ब्याह के बारे में होहल्ला मचानेवाले लोगों को यदि सचमुच अफ़सोस हुआ होता तो उसके बारे में नैराशिक दृष्टि से विचार करने पर उन्हें दुखी होकर मर जाना चाहिए था। मकान पर बड़ी-बड़ी दरारें पड़ी हुई हैं, उसकी तरफ ध्यान देने की बजाय एक छेद देखकर घर का मालिक अपनी छाती पीटकर रोने लगे तो वह जितना बेहूदा होगा उतना ही खान-मालिनी विवाह के विरोध में किया गया और किया जा रहा होहल्ला बेहूदा है। ऐसी बेवकूफी भरी चिल्लाहट से दरारें अपने आप भरनेवाली नहीं हैं।

हिन्दू समाज में जो मूर्खतापूर्ण और गन्दी मान्यताएँ मूल पकड़ चुकी हैं, जिनकी वजह से हिन्दू समाज बिखरा हुआ और दुर्बल है उन मान्यताओं और उनके द्वारा स्थापित रीति-रिवाजों की ओर ध्यान न देना और अन्य बातों को फिजूल महत्त्व देकर शोरगुल मचाना इसे समय का और उत्साह का केवल गलत इस्तेमाल कहना चाहिए। जो कोई बारीकी से देखेगा उसे हिन्दू धर्म के सैकड़ों लोग हर दिन दूसरे धर्म में क्यों जाते हैं, यह बात आसानी से समझ में आएगी। कई जगहों पर मुस्लिम लोग हिन्दू लोगों की बुजदिली का फायदा उठाकर उनकी औरतों को भगाते हैं और उसके अलावा कई लोग सामाजिक धार्मिक जुल्म-ज्यादतियों से परेशान होकर अपनी मर्जी से दूसरे धर्म को स्वीकार कर रहे हैं। अछूत समझे गए लोगों की संख्या इसमें ज्यादा है। इसके अलावा हिन्दू समाज की कई जातियों में विधवा पुनर्विवाह की अनुमति न होने की वजह से ऊँचे वर्ण के कहलानेवाले (हिन्दू) लोगों की कई विधवाएँ मुस्लिमों की बीवियाँ हैं। फिर अकेले मालिनी के विवाह के विरोध में इतना हंगामा क्यों खड़ा किया जा रहा है?

पांडवों के राजसूय यज्ञ के समय कई ब्राह्मणों ने भोजन किया, फिर भी स्वर्ग में घंटे नहीं बजे लेकिन शुक महर्षि तोते के रूप में भात खाने लगे तो उस समय हर दाने पर स्वर्ग में घंटे बजने लगे, इस तरह की एक कथा है। उसी तरह का महत्त्व खान-मालिनी विवाह को तो नहीं दिया जा रहा, कौन जानता है!

दूसरी बात यह कि मालिनी ने जो विवाह किया यह न तो सामाजिक रीति-रिवाजों से परेशान होकर किया और न जबर्दस्ती किया और न फुसलाए जाने की वजह से किया। वह तो अपनी मर्जी से और सोच-समझकर किया गया विवाह है। ऐसे विवाह के लिए उस व्यक्ति को दोष देने या परेशान करने का समाज को कोई अधिकार नहीं है। और उस तरह के विवाह तो इन दिनों होते ही हैं। लेकिन इस तरह से परेशान किए जाने पर भी ऐसे विवाह बन्द होनेवाले नहीं हैं। इस तरह के विवाह से कम होने वाले

संख्याबल की बजाय दूसरे कारणों से कम होनेवाला संख्याबल बहुत बड़ा है। लेकिन उन बातों की ओर ध्यान देने की बजाय अपवादस्वरूप उदाहरणों का ही ज्यादा हौआ खड़ा किया जा रहा है।

महाराष्ट्र के कई अखबार तो अज्ञानी लोगों को मूर्ख बनाने के कारखाने हैं। लोगों को किस सवाल पर बेवकूफ बनाकर अपने अखबार की खपत बढ़ाई जा सकती है इसका इन पाखंडी पत्रकारों ने एक शास्त्र ही रच डाला है और वे लोग अपनी लेखन-कला का उसी काम में उपयोग करते हैं। ये लेखक धार्मिक दृष्टि से या प्रामाणिकता की दृष्टि से सनातनी विचारधारा के हैं, ऐसी बात बिल्कुल नहीं है। हिन्दू व्यक्तियों ने योरोपियन लड़कियों से विवाह किया तो उनके दिलों को बिल्कुल चोट नहीं पहुँचती। वे शराब-मांस की तरफ़दारी करनेवाले लोगों को भी सत्पात्र ब्राह्मण और हिन्दू समाज के नेता समझते हैं। धर्म के नाम पर होनेवाले भ्रष्टाचार और अत्याचार वहाँ बेझिझक चलते हैं। उन्हें यह बात अच्छी तरह मालूम होती है कि, 'न लोकः पारमार्थिकः' मतलब सामान्य लोग खुद की अक्ल से और गम्भीरता से सोचनेवाले नहीं होते, इसीलिए धर्माभिमान के पाखंड के तहत वे अपना स्वार्थ हासिल कर सकते हैं। सरकार के खिलाफ लिखा गया तो पैनल कोड की धारा 124अ और मुस्लिमों के खिलाफ लिखा गया तो धारा 153अ लगाई जाएगी इसलिए वे लोग सरकार और मुस्लिमों को सताने की बजाय अन्य लोगों को मूर्ख बनाकर हराम की जनप्रियता पाने का आसान तरीका खोज निकालते हैं। उनका धन्धा और निर्वाह खतरनाक काम करनेवालों पर चलता है। यदि कोई संस्था अच्छी तरह चल रही हो तो यह उनसे देखा नहीं जाता। अज्ञानी लोगों में उसके खिलाफ गैरसमझ पैदा करना ही उनका काम है। उन्हें हिन्दू संगठन और शुद्धि के प्रति सचमुच आस्था होती तो हिन्दू समाज की इमारत में जो दरारें पड़ी हैं उन्हें भरने की ओर उन्होंने ध्यान दिया होता।

परसों नागपुर में हिन्दू महासभा के अधिवेशन के अध्यक्ष की हैसियत से सर शंकरन् नायर ने जो वक्तव्य दिया उसे यदि हिन्दू समाज ध्यान में रखेगा तो ही सही हिन्दू संगठन अस्तित्व में आ सकता है। जब तक जातिभेद का उन्मूलन नहीं होता और अछूतपन का उन्मूलन नहीं होता तब तक संगठन और शुद्धि की बातें बकवास हैं। लेकिन खान-मालिनी विवाह के विरोध में होहल्ला मचानेवाले लोग शायद ही इस समस्या पर लिख पाएँगे क्योंकि वे लोग अच्छी तरह जानते हैं कि इस समस्या पर लिखा गया तो अज्ञानी लोगों को वह अच्छा नहीं लगेगा और उनके अखबारों की प्रतियाँ ज्यादा नहीं बिकेंगी बल्कि जो खपत है वह भी कम होगी। लोगों को मूर्ख या पागल बनाना आसान होता है लेकिन समझदार बनाना बहुत कठिन काम है। यदि इन लेखकों को अपनी लेखन-कुशलता पर गर्व हो तो उन्हें ऐसे विषयों पर लेख लिखकर अपने अखबार की जनप्रियता बढ़ानी चाहिए।

संक्षेप में कहा जाए तो एक ओर पाखंड है और दूसरी ओर अज्ञान है इसलिए मूर्खता और फिजूल के पागलपन को बढ़ावा मिलता है। ऐसी मूर्खता से हिन्दू समाज

का फायदा होने की बजाय नुकसान ही होगा। एक तो उससे समाज को गलत राह दिखाई जाती है और नासमझी से हिन्दुओं के प्रतिपक्ष का फायदा होता है।

खान-मालिनी विवाह पर लिखते समय कई डिग्रीधारी लेखकों ने बहुत ही गन्दे ढंग से लिखा है। लेकिन कई डिग्रीधारी वक्ताओं ने भरी सभाओं में गन्दे लफ्जों में अपनी नीच मानसिकता का खुलकर प्रदर्शन किया है और अपनी ऊँचे ढंग की पढ़ाई-लिखाई को कलंकित किया है। इसके अलावा इस गन्दे आन्दोलन में अपनी नासमझी का भी प्रदर्शन किया है। इन लोगों को शुद्धि की चिन्ता होती तो मिस्टर और मिसेस खान को इन लोगों ने हिन्दू धर्म में लाने का प्रयास किया होता। शायद कुछ सालों में उनके प्रयास सफल होकर मिस्टर खान हिन्दू नहीं तो कम-से-कम ब्रह्मो तो हो गए होते। पर शंकरन् नायर के नागपुर के व्याख्यान में एक ऐसा संदर्भ मिलता है कि मद्रास इलाके में रोमन कैथोलिक पादरी अपने धर्म की लड़कियों से हिन्दू लड़कों के विवाह का प्रयास कर रहे थे। उनका उद्देश्य यह था कि हिन्दू लोगों को उनके धर्म के जाल में आना चाहिए। मिस्टर और मिसेस खान के विरोध में इतना होहल्ला नहीं मचाया गया होता, मिसेस खान के विरोध में गाली-गलौच नहीं की गई होती और हिन्दू समाज में उन दोनों को प्यार से रखा गया होता तो उन्हें अपने समाज में मिला लेना हिन्दू समाज के लिए सम्भव हुआ होता। किसी हिन्दू ने मुस्लिम लड़की से शादी की होती, तो श्रद्धानन्द जैसे लोगों को, संगठन को शुद्धिवादी अखबारों की कोई आवश्यकता ही नहीं थी, ऐसा उन अखबारों के लेखों से स्पष्ट होता है। यदि सवाल यही होता तो कल किसी खदिजा बीबी से या फातिमा बीबी से कोई पन्त या राव शादी करेगा और सब बातें ठीक हो जाएँगी। फिर उसके बारे में चिल्लाहट किसलिए?

# महार और उनके पैतृक अधिकार : एक

**शुक्रवार : 2 सितम्बर, 1927/अग्रलेख, बहिष्कृत भारत**

पिछले साल-दो साल से महारों के हलके में बेफ़ायदा कामों की, पैतृक अधिकारों की बहुत बड़ी बहस शुरू हुई दिखाई दे रही है। केवल इसी सवाल पर सोच-विचार करने के लिए पिछले साल नासिक जिले के नाँदगाँव और सतारा जिले के रहिमतपुर में महार समाज की दो विशाल सभाएँ आयोजित की गई थीं। उन सभाओं में महारों के हलके बेफ़ायदा काम पैतृक अधिकारों के सम्बन्ध में कुछ महत्त्वपूर्ण प्रस्ताव[1] पास किए गए थे। उसी तरह कुछ दिन पहले बेलगाँव जिले के अछूत वर्ग की एक सभा गाँवनाड़ में आयोजित की गई थी। उस सभा में महार पैतृक अधिकारों के सम्बन्ध में कुछ प्रस्ताव पास किए जाने की बात घोषित की गई है।

एक दृष्टि से पैतृक अधिकार का विस्तार महार जाति तक ही है। लेकिन दूसरे दृष्टिकोण से देखा जाए तो इस सवाल का विस्तार जितना दिखाई देता है उससे बहुत बड़ा है। 1921 के मुम्बई इलाके की जनगणना से ऐसा दिखाई देता है कि इस इलाके की कुल जनसंख्या में मातंग लोग हर एक हजार के पीछे दस और चमार लोग हर हजार के पीछे ग्यारह हैं। लेकिन महार लोग हर हजार के पीछे पचास हैं। अछूतों की इतनी बड़ी जनसंख्या पैतृक अधिकार पद्धति के जाल में फँस गई है और नामर्द हो गई है इसलिए यहाँ अछूतपन उन्मूलन का कार्य सफल होना कठिन है। इस दृष्टि से देखा जाए तो महार पैतृक अधिकार का सवाल सिर्फ महार जाति का नहीं है बल्कि, महाराष्ट्र की तमाम अछूत जातियों का है, ऐसा कहने में कोई आपत्ति नहीं होगी। इसलिए इस सवाल पर विस्तार से विचार करने का आज हमारा इरादा है।

सबसे पहले पैतृक अधिकार (ईनाम) का मतलब क्या है इस बात को समझ लेना चाहिए। 1874 के पैतृक अधिकार एक्ट में 'किसी भी प्रकार की ईनामी माल प्राप्ति, वंशपरम्परा से, ओहदे और उससे सम्बन्धित अधिकार से ईनाम अर्थात पैतृक अधिकार प्राप्त होता है' इस तरह से ईनाम शब्द की परिभाषा की गई है। इस परिभाषा से देखा जाए तो ईनाम या पैतृक अधिकार शब्द में दो बातें समाहित हैं : (1) पैतृक ओहदा और (2) ईनामी माल प्राप्ति। अब पैतृक ओहदा यह जबकि ईनाम का एक हिस्सा है

1. परिशिष्ट–तीन देखिए।

तब भी उसमें सभी प्रकार के पैतृक ओहदे शामिल नहीं होते। कोई ओहदा वंशपरम्परा से चलता आ रहा है इस आधार पर वह ईनामी ओहदा है, ऐसा कानून के आधार पर नहीं कहा जा सकता। क्योंकि, ईनाम एक्ट में वंशपरम्परा का ओहदे का मतलब 'सरकारी लगान का कारोबार करने, उसे वसूल करने या गाँव में पुलिस या स्थानीय कारोबार में अन्य काम करने के लिए वंशपरम्परा से अपनाया गया हर ओहदा' ईनामी ओहदा तय किया गया है। इस वंशपरम्परा के ओहदे की जो कानून के द्वारा परिभाषा की गई है, पुराने ढंग से देखी जाए तो यह एकदम संकीर्ण है।

पहले जमाने में हर गाँव में वंशपरम्परा के ओहदों की संख्या 24 होती थी। उनमें बारह लोगों को बलुतेदार[1] और बाकी बारह लोगों को अलुतेदार[2] कहा जाता था। पेशवाई के अन्तिम दिनों में इन अलुते-बलुतेदारों की संख्या इतनी बढ़ गई थी कि इन चौबीस अलुतों-बलुतेदारों की संख्या दुगनी हो गई। और उन सभी को ईनामदारों की सूची में शामिल किया गया था। जब अंग्रेज सरकार का अमल शुरू हुआ तब बेहिसाब बढ़ी हुई उस ईनामी पद्धति में कटौती करने की बात तय हुई। और उसके अनुसार उन अलुते-बलुते के तीन वर्ग बनाए गए : (1) सरकार आवश्यक ईनामी गाँव-सेवक, (2) रैयत आवश्यक ईनामी गाँव-सेवक और (3) सरकार और रैयत के आवश्यक ईनामी गाँव-सेवक। इनमें दूसरे और तीसरे वर्ग के ईनामदार जो सरकार के लिए आवश्यक नहीं हैं ऐसे लोगों के ईनाम पर कर लगाकर जनहितकारी काम से नहीं लेकिन सरकारी नौकरी से उन्हें मुक्त किया गया जिसकी वजह से उनकी स्थिति और गाँव के रैयत की स्थिति एक जैसी हो गई। उसी वजह से ईनामी एक्ट लागू किया गया। क्योंकि जो गाँव-सेवक सरकारी कामकाज चलाने के लिए आवश्यक है उसी के लिए कानून का बन्धन आवश्यक है, यह अंग्रेज अफ़सरों का कहना था। इस नई व्यवस्था से पहले के बारह हक़दार समाप्त हो गए और आजकल ईनामी एक्ट के अनुसार गाँव के सेवक का मतलब पटेल, कुलकर्णी और महार–ये तीन हैं। ये गरज के अनुसार कहीं पहरेदार (जागल्या) हैं तो कहीं अन्य कार्यों में हैं। इस लेख में हमें महारों (अछूतों) के ईनाम अर्थात पैतृक अधिकारों की अच्छाई-बुराई के बारे में सोचना है।

महार पैतृक अधिकार अर्थात ईनाम का पहला दोष यह है कि, महारों के काम निश्चित नहीं हैं। नौकर कोई भी हो, उसके काम तय होने चाहिए। लेकिन महार ईनाम के सम्बन्ध में ध्यान रखने लायक बात यह है कि, महारों के काम बिल्कुल तय नहीं

1. 'बलुत' शब्द द्रविड़ भाषा परिवार के कन्नड़ भाषा का शब्द है। बलुत का मतलब लेहना; नट, नाई, धोबी, लयनी करनेवालों आदि (अछूतों) को दिया जानेवाला फसल का भाग है। चमारों को चमरोटा; महार, मातंग भी इसके हक़दार थे। और बलुतेदार का मतलब है पवनी; पौनी; लेहनादार; बढ़ई, नाई, धोबी, महार, चमार, मातंग आदि शूद्र अतिशूद्र जाति के लोग जिन्हें गाँवों में सवर्ण लोग काम के बदले उपज का कुछ अंश तथा मांगलिक अवसरों पर ईनाम देते थे।
2. 'अलुता' का मतलब तेली, तमोली, जुलाहा, माली, सुनार आदि बारह प्रकार के लोग जो गाँववालों के काम आते हैं और काम के बदले में फ़सल का कुछ भाग पाते हैं; लेहनादार; अलुतेदार और बलुतेदार लोगों का वह हक़ उन्हें गाँववालों (सवर्णों) की फसल में प्राप्त होता है।

किए गए हैं। इतना ही नहीं, सरकार ने उनके कामों को जानबूझकर तय नहीं किया है। 1874 का ईनामी एक्ट जब मंजूर किया गया तब उसकी धारा, 18, 69 और 83 पर विवाद होने पर कुछ लोगों ने महारों के काम निश्चित करने की दृष्टि से उस धारा में परिवर्तन किया जाना चाहिए इस आशय की बात उस समय के विधिमंडल तक पहुँचाई थी। लेकिन सरकार को अपने महारों जैसे कुछ बेगारी के काम करनेवाले नौकर चाहिए थे इसलिए इस आग्रह से उस सुझाव को नामंजूर कर दिया गया और महार लोग सरकारी गाँव-नौकर होने की वजह से उनके काम किस प्रकार के हों यह तय करने का अधिकार ईनामी एक्ट के अनुसार जिले के कलेक्टर को दिया गया। इस अधिकार के तहत महारों को कौन-से काम करने पड़ते हैं, यह देखना हो तो किसी भी गाँव के महार का ईनामी प्रोसीडिंग देखने से पता चल जाएगा।

कुछ दिनों पहले हमारे पास नासिक जिले के लहरे गाँव के महार ईनामी प्रोसीडिंग के कागजात आए थे, उनमें महारों के काम निम्न प्रकार से दिए गए थे : (1) लगान वसूली के सम्बन्ध में गाँव के अधिकारी लोगों की मदद करना, (2) तहसील या गाँव के अधिकारी के बताने पर डाक पहुँचाना और लाना, (3) तहसील की कचहरी में लगान का रुपया-पैसा जमा करना (4) जन्म-मरण की जानकारी इकट्ठा करना, (5) सरकारी अमलदार जब गाँव में आएँ तब उनके लिए व्यवस्था करना और उनके बताए काम करना तथा (6) अन्य काम जो समय-समय पर बताए जाएँ उन्हें करना। काम की यह सूची कितनी जबर्दस्त और बेहिसाब है, इसे आप देख ही रहे हैं। इन कार्यों का विस्तार दिखने में बहुत छोटा लगता है, लेकिन ये काम कितने परेशानी के हैं, यह बात तो केवल बेचारे महार ही जानते हैं। मामूली डाक की बात को लीजिए, महार को दो पैसे से जानेवाले लिफ़ाफ़े के लिए आठ-दस मील भूखे-प्यासे धूप में तपते हुए बिना चप्पलों के जाना पड़ता है। इस प्रकार सख्ती से काम करवा लेना क्या कम है?

सरकारी अमलदारों के काम इसी तरह बेहिसाब हैं। अमलदारों की हर प्रकार की व्यवस्था रखना, उनका तम्बू सामान लगाना, उनको छाँव देना, बाजार से उनका सामान खरीदकर लाना, उनकी खातिरदारी करना इतना ही नहीं हैं। अमलदारों के घोड़े और बैल छोड़ना, उन्हें खुराक-पानी देना, आदि काम सरकारी काम महारों के कार्य हैं। नासिक जिले के देवड़े गाँव के महार लोगों ने जब यह आग्रह किया कि वे तहसीलदार साहब के घोड़े का खरहराना नहीं करेंगे, तब उससे काफी झंझट पैदा हो गई थी। महारों ने पक्के इरादे से स्वाभिमान के साथ सरकारी अधिकारी को पूछा था कि घोड़ों को खरहराने का काम सरकारी काम नहीं है। हमारे काम क्या हैं, यह लिखकर दीजिए। लेकिन उनके कहने से जो काम लिखित आए, उसमें खरहराना भी था। इस बात पर अचम्भे की कोई वजह नहीं। महारों के कामों की परिभाषा ही इतनी ऊपरी-ऊपरी है कि उनमें मन चाहे कामों को आसानी से शामिल किया जा सकता है। तहसीलदार को कुछ दूर तक विदा करने जाने का मतलब उस अधिकारी के ताँगे या घोड़े के साथ एक मुकाम से दूसरे मुकाम तक दौड़ते जाने का काम महारों के सरकारी कामों में से

हैं, ऐसा माना जाता है। वे कभी खाली नहीं जाते हैं। उनके सिर पर हमेशा बेगार ही होती है। कानून में बेगार का कहीं कोई उल्लेख नहीं है। लेकिन अमलदारों की व्यवस्था करना और जो वे बताएँ उन कामों को करना, यह बँधुवा मजदूरी (वेठबेगार) है। यह बेगार व्यवस्था एक तरह से बेबन्दशाही है। उस पर किसी का नियन्त्रण नहीं है।

देवड़े गाँव के महार लोगों ने कलेक्टर से जो अर्ज किया था उसमें जिस तरह की बेगार के लिए उन्हें मजबूर किया जाता है, उसका विस्तार से ब्यौरा दिया गया है, उसमें उन्होंने लिखा है कि : (1) जूतों की बेगार, (2) बूटों की बेगार, (3) भैंसों की बेगार, (4) गौ की बेगार, (5) बकरियों की बेगार, (6) घोड़ों की बेगार, (7) बैलों की बेगार, (8) तोते-मैनों के पिंजड़ों की बेगार, (9) पालतू हिरणियों की बेगार, (10) कुत्तों की बेगार, (11) पलंगों की बेगार, (12) पेटियों की बेगार, (13) बरतनों की बेगार, (14) लड़कियों की बेगार, (15) लड़कों की बेगार, (16) पाटों की बेगार, (17) पुलिस के गले के पोतड़ियों की बेगार, (18) बन्दूक की बेगार, (19) तलवार की बेगार, (20) प्याज की बेगार, (21) सब्जी की बेगार, (22) चाक की बेगार, (23) आम की बेगार, (24) लकड़ियों की बेगार, (25) कमर के पट्टे की बेगार, (26) जाज़िम की बेगार, (27) कपड़े-लत्तों की बेगार, (28) पार्सलों की बेगार, (29) गन्ने की बेगार, (30) कोड़े की बेगार, (31) हल की बेगार, (32) कुर्चियों की बेगार, (33) फलों की बेगार, (34) बाजे की बेगार, (35) मचिया-पलंगों की बेगार, (36) खुगीरों की बेगार, (37) टेबलों की बेगार, (38) बारे की बेगार, (39) गाड़ी के जुओं की बेगार, (40) सबल, जोता आदि की बेगार, (41) हंडियों की बेगार, (42) कुदाली की बेगार और (43) फावड़ों की बेगार, इस तरह 43 प्रकार के बेगार कामों की सूची दी गई है।

सचमुच देखा जाए तो सरकारी पार्सल या दफ्तर को लाना-ले जाना कानून की दृष्टि से बँधुआ मजदूरी का विस्तार हो सकता है। लेकिन इस बँधुआ-मजदूरी में न जाने कितनी अंधेर है, यह बात उपर्युक्त सूची से स्पष्ट है। उसमें सरकारी काम का कहीं पता नहीं है। इसमें अधिकारियों के अधिकार का गलत उपयोग है। सरकारी काम से अलग यह बँधुआ-बेगार है। मतलब अमलदारों के निजी सामान को ढोने के अलावा इसमें और कुछ नहीं है।

इस बेगार की जगहों के फासले कुछ कम नहीं हैं। नगर देवड़े यहाँ लोगों की बेगार के स्थान हैं : (1) देवड़े से मटाणे, (2) देवड़े से विठेवाड़ी, (3) देवड़े से लोहनेर, (4) देवड़े से भावड़े, (5) देवड़े से पिपलगाँव, (6) देवड़े से चाखारी और (7) देवड़े से बाजगाँव। ये गाँव देवड़े से कुछ कम दूर नहीं हैं। मटाणा छोड़कर बाकी सभी गाँव देवडे से करीब-करीब पाँच मील की दूरी पर हैं। इससे यह स्पष्ट है कि बेगार लाने-जे लाने के लिए इन महारों को दस मील का फासला तय करना पड़ता है।

सरकारी कामों का स्वरूप निश्चित है ही नहीं। सरकार के कई विभागों में किस विभाग का काम महारों को करना चाहिए यह बात कम-से-कम तय होनी चाहिए थी। आज तक सरकार की ओर से यह स्पष्ट नहीं किया गया। रेव्हेन्यू विभाग के सिपाही

को कोई पुलिस विभाग के काम पर नहीं भेजता। लेकिन कामगार महारों के बारे में इस नियम को बिल्कुल अमल में नहीं लाया जाता, ऐसा लगता है।

(1) लगान वसूली के सम्बन्ध में महार को रेव्हेन्यू विभाग के सिपाही के रूप में इस्तेमाल किया जाता है।

(2) जनम-मरण के पंजीकरण के काम में उसे स्वास्थ्य विभाग के सिपाही के रूप में लिया जाता है।

(3) पैमाइश के समय सर्वे सेटलमेंट विभाग का कार्य दिया जाता है।

(4) जंगल का काम करते समय उसे फॉरेस्ट विभाग का सिपाही समझा जाता है।

(5) काँजी हौस के काम में पुलिस विभाग में भी उसे मौजूदगी दिखानी पड़ती है।

कोई नया विभाग खोला गया और उसमें सिपाही की जरूरत हुई तो महार को बुलवा लिया जाता है। कुल मिलाकर यह स्पष्ट है कि महार से बहुरूपिया का स्वाँग करवाकर उससे बेझिझक काम लिया जाता है। यह अन्याय है इस बात को कोई भी स्वीकार करेगा। खुद अंग्रेज अमलदारों के घरों में देखें तो यह दिखाई देगा कि बुटलेर कुक का काम नहीं करता, कुक प्रेसमैन का काम नहीं करता, प्रेसमैन बॉय का काम नहीं करता। काम के विभागों के अनुसार व्यवस्था अमलदारों को सही लगती है। लेकिन कई विभागों के कार्य एक साथ महारों ने ही निभाने हैं, ऐसे हुक्म देते समय अमलदारों को ऐसा नहीं लगा कि सचमुच वे अन्याय कर रहे हैं। यह गलत बात है। महारों के काम तय नहीं हैं किन्तु कितने महार किस काम को करेंगे यह भी तय नहीं है। कुछ भी क्यों न हो, सरकारी नियम इस प्रकार है कि गाँव की जनसंख्या यदि 1 से 500 तक हो तो गाँव के लिए एक कामगार नियुक्त होना चाहिए। यदि जनसंख्या 501 से 1,000 हो तो दो महार कामगार नियुक्त किए जाएँ। और बाद में हर 1,000 जनसंख्या पर एक महार सेवक नियुक्त किया जाए। लेकिन असलियत और नियम का कहीं कोई सम्बन्ध नहीं दिखाई देता। यह बताया जाता है कि अहमद नगर जिले के पारनेर गाँव की 4 हजार जनसंख्या है, वहाँ 32 महार, 800 सौ जनसंख्या के ठाकुर पिंपलगाँव में 8 महार और 1625 जनसंख्या के धाँदरफल गाँव में 16 महार काम करते हैं। कुल मिलाकर 250 वर्गाकार मील क्षेत्र और पौन लाख जनसंख्यावाले तहसील में 15-16 असैनिक सिपाही और 30-35 सिपाही होते हैं। लेकिन मामूली गाँव में और मुट्ठीभर जनसंख्यावाले गाँव में इतने बड़े पैमाने पर महार गाँव-सेवकों को रखना आश्चर्य नहीं तो और क्या है?

काम नियमित नहीं हैं, विभाग नियमित नहीं हैं, आदमी नियमित नहीं हैं और काम के घंटे भी नियमित नहीं हैं। कामगार को चौबीस घंटे काम पर हाजिर होना चाहिए। किस समय कौन-सा अधिकारी आए और बेगार ले जाने के लिए कहे इसका कोई अंदाजा नहीं है। आदमी घर पर न हो तो औरत, औरत न हो तो लड़का या लड़की, वह भी न हो तो बूढ़ा आदमी या बूढ़ी औरत, किसी को भी काम के लिए तैयार रहना

पड़ता है। फिर वह काम किसी भी समय हो। ऐसा नहीं कह सकते कि रात है या कोई बीमार है, घर पर कोई मर गया हो तब भी काम से इनकार नहीं किया जा सकता। बुलाने पर उसी समय काम पर निकलना पड़ता है। और देर हो गई तो अफ़सर चाहे वह दो कौड़ी का क्यों न हो, महारों को माँ-बहन, बहू-बेटियों के नाम से गाली-गलौच करने में आगे-पीछे नहीं देखते। और इन सभी बातों को हमारे महार (अछूत) लोग चुपचाप बर्दाश्त करते रहते हैं।

पैतृक अधिकार प्राप्त महार लोगों के काम के सम्बन्ध में आश्चर्य की बात यह भी है कि महार का मतलब है घर का नौकर। किसी भी गाँव के महार के ईनामी प्रोसीडिंग की जाँच की जाए तो दिखाई देगा कि, सरकारी काम के साथ उसके निम्न प्रकार से रैयत के काम भी तय कर दिए गए हैं :

(1) खलिहान बनाने के लिए रैयत लोगों की मदद करना।
(2) रैयत में कोई मर गया तो उसे जलाने के लिए लकड़ियाँ ढोकर ले जाना।
(3) मृत व्यक्ति के रिश्तेदारों को खबर पहुँचाना।
(4) मरे हुए जानवरों को खींचकर ले जाना।
(5) शादी में लकड़ियाँ तोड़ना।
(6) अन्य सभी छोटे-बड़े काम करना।

देखा जाए तो ईनामदार मतलब सरकार उपयोगी गाँव-सेवक। इस तरह से ईनाम एक्ट में सरकार ने तय किया है। अंग्रेजी अमल में ईनामदारों की गिनती करते समय सिर्फ सरकार उपयोगी गाँव-सेवकों को अलग रखा गया और बाकी लोगों को रैयत या प्रजा कहा गया है, यह बात सरकारी कागजातों ही से सिद्ध होती है। गाँव में गाँव-सेवक ही सरकारी काम करने के लिए जिम्मेदार है। पटेल (चौधरी) और कुलकर्णी (पटवारी) इन दो ईनामदार गाँव-सेवकों को सरकारी काम के अलावा दूसरे किसी भी प्रकार के काम करने नहीं पड़ते। पटेल कुलकर्णी की तरह महार भी सरकारी सेवक हैं, इसी उद्देश्य से उन्हें रखा जाता है। यह होने पर भी सरकारी काम के अलावा रैयत के निजी कामों के लिए सरकार उन्हें क्यों मजबूर करती है, इसकी वजह क्या है, कुछ समझ में नहीं आता। इस तरह के अन्याय का आधार ईनामी एक्ट में नहीं है। शायद ईनामी एक्ट की धारा 18 के अनुसार यह होता होगा। उस धारा में यह तय किया गया है कि, गाँव-सेवक का पैतृक अधिकार माल-प्राप्ति है। उसे लोगों से बाहर-ही-बाहर नगद या वस्तु के रूप में ईनाम लेने का हक़ है (इस कानून की धारा महार लोगों पर ही लागू होगी यह स्पष्ट है।) ऐसे लोगों के हक़ और काम-सेवा करने के कौन लायक हैं आदि बातें पंचायत की ओर से तय की जाती हैं। लेकिन महार लोग रैयत से बाहर ही बाहर हक़ पा लेते हैं इसलिए महार लोग रैयत के काम के लिए जिम्मेदार हैं, ऐसा कहने का मतलब ईनाम एक्ट की तौहीन करना है। ईनामदार का मतलब वंशपरम्परा से सरकारी काम करनेवाला आदमी, ऐसा ईनामी एक्ट की धारा 4 में स्पष्ट रूप से बताया गया है। फिर उसकी ईनामी प्राप्ति किसी भी प्रकार की क्यों न हो। सरकार द्वारा दी गई

प्राप्ति हो या रैयत की ओर से बाहर-ही-बाहर ली गई प्राप्ति हो, यदि वह सरकार उपयोगी सेवक के रूप में कायम रखा गया तो उसके काम की व्यवस्था ईनामी एक्ट की धारा 4 के अनुसार होनी चाहिए। मतलब उसे सरकारी काम के अलावा दूसरों के निजी काम करने के लिए मजबूर न किया जाए।

दूसरों के निजी काम के लिए मजबूर करना गलत तो है ही लेकिन काम तय करते समय उचित-अनुचित देखने के लिए सरकार की ओर से बेपरवाही नहीं होनी चाहिए। रैयत के उपर्युक्त निजी कामों में से दो काम लीजिए—मरे हुए आदमी की खबर पहुँचाना और मरे हुए जानवरों को फेंकना। मरे हुए आदमी की खबर पहुँचाने का काम महारों पर लादना किसी भी दृष्टि से उचित है, ऐसा नहीं लगता। शहर के किसी घर में कोई आदमी मर गया तो डाक द्वारा वह यह खबर अपने रिश्तेदारों को देता है। फिर गाँव-देहातों के मुर्दों की ही इतनी प्रतिष्ठा क्यों होनी चाहिए कि उनके मरने की खबर महार दौड़-धूप कर पाँच-पाँच, दस-दस कोस पर रहनेवाले उनके रिश्तेदारों को पहुँचाए। जो काम शहर में डाक से होता है उसी काम को गाँव-देहातों में महार करें, यह आश्चर्य नहीं तो और क्या है? शायद यह रैयत के मान-अपमान का सवाल होगा, लेकिन इस फालतू समझ को सरकार का समर्थन हो यह बात गैर-जिम्मेदाराना है, यदि ऐसा कहा जाए तो गलत नहीं होगा।

1888 के 28 जून के सं. 4273 सरकारी प्रस्ताव के अनुसार कलेक्टर आदि अफ़सरों को इस तरह के संकेत हैं कि गाँव की साफ़-सफ़ाई महार लोगों की ओर से सामान्य रिवाज के अनुसार रैयत के निजी काम हैं, सरकारी काम नहीं है, ऐसा समझना चाहिए। इसका सीधा मतलब यह है कि मरे हुए जानवरों को खींचना सरकारी काम है और उसे महारों को करना ही चाहिए। जबकि रैयत के अन्य कामों की तरह इस तरह के काम भी ईनामी एक्ट में ईनामदार शब्द की परिभाषा में सरकारी काम नहीं है, यह पहले ही बता दिया गया है। इस तरह के काम गैरकानूनी होने पर भी रैयत के लोगों को अच्छे नहीं लगते, लेकिन ऐसे काम यदि कोई नहीं करेगा तो गाँव में झगड़ा होगा, इस डर से ऐसा नियम बनाकर ऐसे गन्दे काम महारों पर लादने का अन्याय सरकार ने किया है। इस प्रस्ताव को घोषित करते समय सरकार ने इस बात को सोचा होगा कि मरे जानवरों को खींचने का काम महारों के उत्थान की दृष्टि से उचित है या नहीं, ऐसा बिल्कुल नहीं लगता। यदि लोगों ने यह बात नहीं मानी होती कि मरे हुए जानवरों को खींचना नीच काम है तो महारों को मरे हुए जानवरों को खींचने में कोई दोष नहीं था। लेकिन वह एक नीच काम है। इतना ही नहीं, इस गन्दे काम की वजह से महारों को नीच अछूत समझा जाता है। इस तरह की बातें सनातन हिन्दू लोग सारी दुनिया और सरकार को बताते रहते हैं। यह बात सही है या गलत है यह अलग बात है। लेकिन इतनी बात सच है कि जिसका मरे उसी को उठाना चाहिए इस तरह का रिवाज बना तो सभी लोग अछूतों के समान हो जाएँगे और अछूतपन की समाप्ति का

रास्ता खुल जाएगा। लेकिन इस तरह की प्रथा कायम करने के लिए महारों को ही मरे हुए जानवर फेंकने चाहिए, इस जबरन लादे गए अन्याय को समाप्त कर देना चाहिए।

अब कुछ लोग ऐसा भी कहेंगे कि जहाँ समाज है, वहाँ इस प्रकार के गन्दे काम तो होंगे ही और उस तरह के काम किसी न किसी को करने ही पड़ेंगे। फिर यदि महारों ने ही उन कामों को किया तो उसमें क्या हर्ज है? इस तर्क पर हमारा जवाब है कि कहीं भी इस तरह के काम करने या न करनेवालों पर निर्भर करते हैं। जिसे काम ठीक लगता है उसे करना चाहिए, जिसे यह काम पसन्द नहीं उसे नहीं करना चाहिए। अन्याय यह है कि आम तौर पर महार जाति पर इस तरह के काम लादने का षड्यन्त्र हो रहा है। महार है इसलिए उसे मरे जानवरों को खींचना ही चाहिए, उसकी मर्जी हो या न हो।

# महार और उनके पैतृक अधिकार : दो

**शुक्रवार : 16 सितम्बर, 1927/अग्रलेख, बहिष्कृत भारत**

पिछले अंक में हमने महारों के पैतृक अधिकारों के काम की दृष्टि से विचार किया और उसमें वे कौन-से काम हैं यह बात हमने लोगों को बताई। आज मज़दूरी की दृष्टि से महारों के पैतृक अधिकारों पर विचार करना है।

महारकी[1] के काम के लिए महारों को मुशाहिरा (मजदूरी) कितना मिलता है इस बात की यदि जानकारी हासिल की गई तो हम लोगों को यह दिखाई देगा कि महारकी के काम के लिए महारों को सामान्य तौर पर तीन प्रकार से प्राप्ति होती है : (1) ईनाम की जमीन, (2) लेहना (बलुते) और (3) नगद वेतन। मुशाहिरे के ये तीन प्रकार सभी ओर दिखाई देते हैं ऐसी बात नहीं। कहीं ईनाम जमीन होती है तो कहीं नहीं भी होती। कुछ जगहों पर सिर्फ नकद वेतन और लेहना होता है। कुछ जगहों पर ईनाम जमीन और लेहना दोनों ही आमदनी के साधन हैं। इस आमदनी के अलग-अलग प्रकार होने की वजह यह है कि सेवक महार को किसी न किसी ओर से कुल मिलाकर हर माह 5-6 रुपया वेतन मिल जाना चाहिए। इतना मुशाहिरा मिलना चाहिए इस इरादे से ही ईनामी जमीन, लेहना या वेतन लागू किया जाता है। यह महसूल का काँटा कमी की ओर झुकेगा लेकिन ज्यादा की ओर आम तौर पर नहीं झुकता। आज की महँगाई के जमाने में यह रकम माँड के लिए भी पर्याप्त नहीं होगी। इतनी रक़म पर सरकार महार लोगों से काम करवाती है, यह बात किसी के भी ध्यान में नहीं होगी। उसमें भी छोटी-सी रकम मिलेगी या नहीं, इसका कोई भरोसा नहीं है।

ईनामी जमीन महारों के पास हो तो वह हमेशा उनके कब्जे में होती है ऐसी बात नहीं है। सचमुच देखा जाए तो महारों की ईनामी जमीन महारों के कब्जे से नहीं जानी चाहिए। क्योंकि 1827 से किसी भी ईनामदार को अपने अधिकार की जमीन अपने भाई-बहनों के अलावा दूसरों को किसी भी कारण देने का हक़ नहीं है। लेकिन इस प्रकार के कानून का निर्बन्ध होने पर भी कई महारों की ईनामी जमीन दूसरों के कब्जे में गई है जिसकी वजह से सरकारी काम करते हुए भी महार लोग अपनी ईनामी जमीन

1. महारों के (अछूत) परम्परागत काम, अधिकार आदि या उनके कोई भी बेफ़ायदा हलके काम। महार जाति के काम या अधिकार को महारकी कहा जाता था।

जो केवल काम के मेहनताने के लिए दी गई थी, उनसे वंचित की गई है। इस तरह दूसरे घरानों में गई हुई जमीन जिस ईनामदार से छीनी गई होगी उसके वारिसदारों का हक़ जताकर उसे वापस लाया जा सकता है, यह बात सही है। लेकिन कुछ जमीन दूसरे घरानों के अधिकार में गए इतना समय बीत चुका है कि उनकी ओर से जमीन वापस लेने का मुकदमा अब किया गया तो उसमें मुदद के कानून की रुकावट होगी इसमें कोई शक नहीं। इस सम्बन्ध में मुम्बई हाईकोर्ट का फैसला इस प्रकार है कि किसी भी ईनामदार को अपनी ईनाम की जमीन अपने जीवनकाल में ही दूसरे किसी को देने का अधिकार है और उसके मरने के बाद बारह साल के भीतर उसके वारिस के हक़ जताने पर उसे वह जमीन मिल सकती है। लेकिन यदि उस वारिस ने बारह साल के भीतर हक़ नहीं जताया तो उस पर उसका खुद का हक़ जताने का अधिकार समाप्त हो जाता है। इतना ही नहीं, उसके बाद के वारिसों का भी वह अधिकार समाप्त हो जाता है। इस विचार के कानूनी स्वरूप के बारे में संदेह होना स्वाभाविक है। जो जायदाद दूसरों के घरों में जा नहीं सकती वह जायदाद केवल मुदद के कानून के माध्यम से दूसरे घराने के अधिकार में चली जाए यह कहना कानून की दृष्टि से उचित नहीं है। अभी-अभी प्रिव्ही कौन्सिल ने जो एक फैसला दिया है उसमें मुम्बई हाईकोर्ट के इस विचार के कानूनी स्वरूप के सम्बन्ध में शंका उठाई गई है। इसलिए जिन महारों की जमीन दूसरे घराने में गई होगी उन्हें इस प्रकार के मुकदमे डालकर उसके लिए पूरी मजबूती के साथ लड़ना चाहिए। लेकिन कामयाबी हासिल होने तक जिनकी जमीन दूसरे घराने में गई है ऐसे महार लोगों को भूखे पेट रहकर ही काम करना पड़ेगा लेकिन इस तरह के दूसरे घराने में गई हुई ईनामी जमीन वापस लेने के लिए कलेक्टर को जो अधिकार दिए गए हैं वे व्यापक हैं और उन अधिकारों को मुदद के कानून से किसी भी प्रकार की रुकावट नहीं है। ईनामी जमीन वापस लेकर उसे ईनामदार सेवकों को वापस की जा सकती है। लेकिन ऐसे अधिकार महारों का शोषण होने पर भी कलेक्टर लोग अमल में नहीं लाते। ईनामदार को दूसरे के घराने में गई जमीन हासिल करने के लिए मुकदमा करने पर उसे मुदद की रुकावट नहीं आएगी ऐसा फैसला ऊपरी कोर्ट से प्राप्त होने तक अपने स्वाधीन अधिकार को यदि सरकार अमल में नहीं लाएगी तो यह बात जाहिर है कि, 'काम करना महारों ने और ईनाम पाना दूसरों ने' ऐसा गलत रिवाज शुरू हो जाएगा। जिन महारों की जमीन दूसरों के घराने में गई है वे तो बर्बाद हुए ही लेकिन जिनकी जमीन छीनी नहीं जाएगी उनकी जमीन उनके पास रहेगी ही, इस बात को कोई भी पूरे यकीन के साथ नहीं कह सकता।

पहले के जमाने में चलसम्पत्ति की कीमत बहुत कम थी। ऐसा माना जाता था कि स्थावर जायदाद को चोर-उचक्कों का डर नहीं इसलिए वह जायदाद सुरक्षित थी। इसी वजह से नक़द की तुलना में स्थावर जायदाद कम आमदनी की होने के बावजूद वह हमेशा कायम रहनेवाली है इस विश्वास पर नौकर वर्ग नकद की अपेक्षा स्थावर जायदाद को ज्यादा पसन्द करता था। इसके अलावा स्थावर जायदाद वंशपरम्परा से

मिलने की वजह से किसी भी ईनामदार को इस बात की बिल्कुल फिक्र नहीं होती थी कि बाल-बच्चों का क्या होगा। इस प्रकार की स्थायी व्यवस्था को अच्छी समझकर सभी ने वंशपरम्परा में जिन्दगीभर नौकरी स्वीकार की और नकद वेतन की बजाय ईनामी जमीन की प्रणाली स्वीकार की। इस व्यवस्था को स्वीकार करनेवाले समूचे नौकर चाहे वे दीवान हों, सेनापति हों, खजानेदार हों, फडणीस हों, मजूमदार हों, चिटनवीस हों, पटेल हों, कुलकर्णी-पटवारी हों, सभी ने इसे स्वीकार किया। 'काम करेंगे और ईनाम खाएँगे' इस मग़रूर भावना से आज तक सभी ईनामदार लोग इस ईनाम प्रणाली से चिपककर रहे। किन्तु यह ईनामी जमीन महारों को हमेशा के लिए दी गई इस बात को सरकार कबूल नहीं कर रही है। महारों को काम के लिए मुशाहिरा के रूप में जमीन दी गई है, यह सरकार का कहना है। इस आदेश पर ऐतराज करने लायक कुछ भी नहीं है। लेकिन महारों का मुशाहिरा तय करने का अधिकार हमारा है, यह सरकार कहती है, और उस अधिकार के बल पर जो काम तय किए गए हैं उन्हें महार लोग करते हैं, फिर भी महारों की आय ज्यादा हो गई ऐसा बहाना कर सरकार महारों की ईनामी जमीन छीन लेती है।

इसका ताजा उदाहरण यह है कि बारामती के करीब के सांगवी गाँव के महारों पर सरकार ने भयंकर जुल्म किया है। सांगवी के महार लोगों की पैतृक ईनामी जमीन थी। जब तक वह जमीन उनकी थी, तब तक वह जमीन उनके भरण-पोषण के लिए पर्याप्त है या नहीं, इस बारे में हमारी दयालु सरकार ने बिल्कुल पूछताछ नहीं की। लेकिन जब इन महारों की जमीन के नजदीक से निरा नदी की नहर बहने लगी और जमीन की उपज बढ़ गई, तब सरकार की आँखें फट गईं। महारों के पास जमीन ज्यादा है यह बहाना बनाकर उनकी ईनामी जमीन से आधे से ज्यादा जमीन सरकार ने जब्त कर ली। जब्त की हुई ईनामी जमीन का कब्जा छोड़ने के लिए जब महार लोग राजी नहीं हुए तब उन्हें कानूनी सजा सुनाई गई। इस तरह देखा जाए तो जिस ईनामी जमीन पर महारों को इतना भरोसा है वह जमीन दूसरे घरानों में गई तो उसके वापस मिलने की कोई उम्मीद नहीं रहती। यदि जमीन महारों के पास हो तब भी वह कब छीनी जाएगी इस बात का कोई भरोसा नहीं है।

ईनामी जमीन के बारे में यही रोना-धोना है। महार लोगों की आमदनी का दूसरा पक्ष लेहना (बलुते) है। वह लेहना उन्हें मिलेगा ही, इसका भी कोई भरोसा नहीं। महार लोगों के पैतृक आय के सम्बन्ध में ध्यान में रखनेवाली बात यह कि वे सरकारी नौकर ही क्यों न हों फिर भी उन्हें सरकार की ओर से वेतन नहीं दिया जाता। रैयत से प्राप्त होनेवाला लेहना यही उनका मूल वेतन है। यह लेहना उन्हें रैयत की ओर से खुद प्राप्त करना पड़ता है। इस प्रणाली की वजह से कभी-कभी ऐसी स्थिति आ जाती है कि महारों ने सरकारी काम कितने भी अच्छे ढंग से किया तब भी उन्हें लेहना नहीं मिलता है। लेहना लेने के लिए सरकारी काम से पहले रैयत के काम करने पड़ते हैं। यदि किसी कारणवश रैयत महार पर नाराज है तो रैयत लेहना देना रोक देती है। लेहना वसूल

करने के लिए महारों को कानूनी तौर पर मदद की व्यवस्था की गई है। लेकिन 'काम करने के लिए सरकार और खाने के लिए रैयत' यह प्रणाली ही मूलतः गलत है। इसके अलावा इस लेहना प्रणाली में और भी एक दोष है। अकाल पड़ने पर सरकार रैयत का लगान माफ़ करती है या उसे छूट दे देती है, लेकिन सरकार जब-जब लगान की छूट रैयत को देती है, तब-तब लेहना देने की भी छूट रैयत को दी जाती है। अकाल में रैयत को लगान की छूट देना उचित है लेकिन लेहना देने की छूट रैयत को देना कहाँ तक उचित है? यह कहना कठिन है। इसमें रैयत का फायदा है, लेकिन महारों का क्या है? महारों को जो काम करना है उसे तो वे करते ही हैं। बल्कि अकाल में उन्हें अन्य दिनों से ज्यादा काम करना पड़ता है। इसलिए सचमुच देखा जाए तो महारों को अकाल में ज्यादा वेतन मिलना चाहिए। लेकिन वैसा कुछ होने की बजाय अकाल के नाम पर काम ज्यादा और वेतन कम, ऐसी स्थिति आ जाती है। महार सरकारी नौकर हैं। अकाल पड़ा और सरकारी वसूली कम हुई, इसलिए सरकार अपने नौकरों का वेतन कम लो ऐसा नहीं कहती, फिर महारों के लिए ही यह अन्याय क्यों? ऐसे हैं महारों के पैतृक अधिकार।

इसमें सुधार करके इसे कायम रखना या पूरी तरह समाप्त कर दिया जाए, इस सवाल पर अन्तिम फैसला होना चाहिए, यही महार जाति के उत्थान की दृष्टि से महत्त्व का कार्य है। अन्य किसी का इस सम्बन्ध में जो भी कहना हो लेकिन हम लोगों का विचार है कि महारों के पैतृक अधिकार समाप्त होने चाहिए। पैतृक अधिकार बहुत आत्मीयता की चीज है, कोई भी ईनामदार वर्ण अपना पैतृक अधिकार छोड़ने के लिए तैयार नहीं होगा। इतना ही नहीं, अपने पैतृक अधिकार के लिए अपनी जान भी कुर्बान करने के लिए तैयार होगा, इस बात को हम इच्छी तरह जानते हैं। भारी अहित बर्दाश्त कर, ईनामदारों की बहन-बेटियों को तंग करके, एक-एक पैसे की भीख माँगकर छीने गए पैतृक अधिकार वापस लेनेवाले ईनामदार फकीर आज भी दिखाई देते हैं। जहाँ पैतृक अधिकारों का मोह इतना जबर्दस्त है, जहाँ कुलकर्णी-पटवारी लोग खोए हुए अपने पैतृक अधिकार वापस लेने की लगातार कोशिश कर रहे हैं, वहाँ महारों के पैतृक अधिकार समाप्त किए जाएँ, यह कहना बहुत अजीब लगेगा और कुछ लोग हमें दोष देंगे कि हम लोग अपने ही लोगों के दुश्मन हैं। लेकिन इस सोच के हमारे पास सबल कारण हैं, हम महारों के पैतृक अधिकार खत्म करने की बात कर रहे हैं इसलिए कि महारों का कल्याण हो, इस बात पर सभी को भरोसा होना चाहिए।

महारों के पैतृक अधिकार खत्म करने का पहला कारण यह है कि हम पैतृक अधिकारों से महान लोग स्वाभिमानहीन बन गए हैं। स्वाभिमान की दृष्टि से महार पैतृक अधिकार की ओर देखा जाए तो उसमें सबसे बुरी बात यदि कोई है तो वह लेहना प्रणाली है। महारों का मुशाहिरा लेहना के रूप में दिए जाने की वजह से महारों के पैतृक अधिकार को बहुत गन्दा और घिनौना स्वरूप प्राप्त हुआ है। लेहना का मतलब वेतन, मुशाहिरा या नौकरी का मुआवजा ऐसी महारों और रैयत की समझ होनी चाहिए थी

लेकिन वह उस तरह की न होकर लेहना (बलुते) का मतलब भीख और महार का मतलब भिखारी, ऐसी दोनों की समझ बन गई है। किसी भी समाज में एक बार ऊँच और नीच, मालिक और दास, दाता और याचक ऐसे भेद पैदा होने के बाद जिन्हें अपने आपको ऊँचा कहलवाने की आदत है उनके मन में यह भावना पैदा हो जाती है कि वे उसी कार्य के योग्य हैं यह भावना इतनी मजबूत हो जाती है कि उनमें ऐसे गुण न होने के बावजूद भी उन्हें लगता है कि वे वंदनीय हैं। उनसे नीचे के लोगों ने यदि उन्हें सम्मान नहीं दिया तो उन पर जुल्म-ज्यादतियाँ करके वे सम्मान पाने का प्रयास करते हैं। उसी तरह जो नीच समझे गए हैं उनकी भी यह आदत बन जाती है कि उन्हें जैसा काम बताया जाए वे वही काम करें और जैसे रखा जाए वैसे ही रहें। इस तरह जो लोग एक बार दूसरों के गुलाम बन जाते हैं उन्हें वही स्थिति अच्छी लगने लगती है। प्रभुता और श्रेष्ठता में मनुष्य की भक्ति रहती है। पीढ़ी-दर-पीढ़ी इस भावना का पालन होता रहा है, इसलिए वह इतनी मजबूत बन जाती है कि उन्हें उसके तहत अपने आपको नीच समझने की आदत हो जाती है। श्रेष्ठता की इच्छा उनके मन को छूती भी नहीं। यह हमें महार पैतृक अधिकार प्रणाली में विशेष रूप से दिखाई देता है।

रैयत की यह भावना है कि हम महारों को लेहना देकर पाल रहे हैं। इसी की वजह से रैयत में फिजूल का घमंड और अकड़ बढ़ जाती है। गाँव में महारों को गाली-गलौच किए बगैर कोई बात नहीं करता। ब्राह्मण, मराठा, कुनबी या अन्य सवर्ण जाति के अल्हड़ बच्चे भी महार जाति के बूढ़े-बुजुर्गों को या औरतों को बेहिसाब वैसी गालियाँ देते हैं। जिस प्रकार ब्राह्मणों के घरों में पूजा-पाठ नहीं टलता उसी प्रकार महार का गाली खाए बगैर कोई दिन नहीं जाता। यह बात सिर्फ गाली-गलौच तक ही सीमित रहती तो कोई बात नहीं थी, कभी-कभी तो गाली-गलौच के साथ उन्हें मार भी सहनी पड़ती है। हर दिन माँ, औरत और बेटी के नाम से गालियों की बारिश महारों पर होती रहती है। उनमें आँखें ऊपर उठाकर देखने की भी ताकत नहीं है। चींटी पर पाँव पड़ जाए तो वह काटने की कोशिश करती है लेकिन महार जाति इतनी गरीब है कि उसकी तुलना किसी से नहीं की जा सकती। उस जाति के स्वाभिमान को पूरी तरह समाप्त कर दिया गया है। वह ऐसे कि, 'मैं तुम्हारा गुलाम हूँ। मुझे अपने पैरों में सँभाल लो' ऐसी अनुकम्प्य भाषा के अलावा महार लोगों के मुँह से दूसरी भाषा ही नहीं सुनाई देती। जिस जाति का हर आदमी जन्म से मरने तक दूसरों के अनाज पर पलता है, जिसका शरीर दूसरों के जूठन से बढ़ता है उसमें स्वाभिमान कहाँ से आएगा? स्वाभिमान के लिए हर किसी को अपने जीवन की जिम्मेदारी खुद लेनी चाहिए। स्थिति से मुकाबला करना चाहिए। अपने बल को, बुद्धि को और कार्य को दाँव पर लगा देना चाहिए। चारों ओर चल रहे जीवन संघर्ष में बाँहें तानकर खड़े रहना चाहिए। अपने प्रतिद्वन्द्वी के मुकाबले में जितनी सम्भव हो उतनी सफलता हासिल करनी चाहिए। उसके बगैर आदमी स्वतन्त्र होकर दूसरों के सम्मान के कभी लायक नहीं होगा। लेकिन लेहना और भीख मिलने का भरोसा होने की वजह से महार जाति ने अपने जीवन की

जिम्मेदारी को कभी पहचाना ही नहीं। अपना क्या होगा इस तरह का सवाल कभी उनके सामने खड़ा हुआ ही नहीं। कुछ भी क्यों न हो, अछूत का डंडा तो है ही और कुछ भी न हुआ तो अधिकार की भीख कहीं नहीं गई। ऐसी स्थिति में पला हुआ व्यक्ति बैल की तरह थककर आगे कदम रखने के लिए तैयार न हो तो इसमें किस बात का आश्चर्य?

महार पैतृक अधिकार (वतन) समाप्त करो यह कहने का दूसरा कारण यह है कि पैतृक अधिकार से महारों की उम्मीदें पूरी तरह से नष्ट कर दी गईं। आजकल ऊँचे वर्ग में लगातार ऊँचा उठने की कोशिशें दिखाई दे रही हैं। कोई बैरिस्टर होने की उम्मीद कर रहा है। कोई कलेक्टर होने की उम्मीद कर रहा है, कोई दीवान बनने की बात कर रहा है, तो कोई व्यापार करना चाहता है। कुल मिलाकर यह कहा जा सकता है कि ऊँचे वर्ग के लोगों में बड़े बनने की भावना तेजी के साथ बढ़ रही है। इस तुलना में देखा जाए तो महार जाति एकदम मुर्दा होकर पड़ी है। इसकी वजह क्या है इस तरह का सवाल यदि आप लोग पूछें तो उसे एक ही जवाब दिया जा सकता है कि महार लोगों गें कोई उम्मीदें नहीं हैं। किसी भी आदमी को अपना उत्थान करने का मौका मिलता ही है। लेकिन उसके साथ उसके मन में यह भावना भी होनी चाहिए कि हमें बड़ा बनना चाहिए, यह बहुत जरूरी है। कभी-कभी मौका मिलने पर भी उम्मीदों के अभाव में कई लोगों का पतन होता है, कुछ तबाह तक हो जाते हैं। लेकिन जिनमें बड़प्पन की भावना जाग उठी है ऐसे लोग मौका न मिलने भी जहाँ पाँव रखते हैं वहीं पानी निकाल लेते हैं और अपनी उम्मीदों के बल पर वैभव की ऊँचाई तक पहुँचते हैं। इस प्रकार की उम्मीदें महार लोगों में क्यों नहीं हैं यह महत्त्वपूर्ण बुनियादी सवाल है। लेकिन इसका एक आसान जवाब है, जब तक चलता है तब तक चलाओ, यह मनुष्य के सामान्य स्वभाव में है।

जब तक अम्मा खाना देती है तब तक कोई कमाना नहीं चाहता, कमाना जरूरी नहीं लगता। इसके लिए एक अमीर परिवार की कहानी बहुत बोधप्रद है, उसे हम यहाँ दे रहे हैं। एक अमीर परिवार था। वह परिवार गरीबी की हालत में था। उनके आँगन में एक सहिंजन का पेड़ था। उस पेड़ की फलियाँ बाजार में खुद बेचने में उस परिवार के लोग अपनी तौहीन समझते थे। इसलिए उन फलियों को रात में तोड़कर वे एक माली को बेचते थे और चुपचाप उसके दिए पर गुजारा करते थे। परिवार में चार-पाँच भाइयों के बाल-बच्चे थे, इसलिए बारी-बारी से कुछ लोगों को भूखा रहना पड़ता था। एक दिन उनका एक रिश्तेदार रात में उनके पास रुका। उसे और छोटे बच्चों को भोजन परोसा गया। बाकी लोगों ने भूख न होने का बहाना बनाया। रिश्तेदार को सोया हुआ देख घर के मुखिया ने रोज की तरह फलियाँ तोड़कर माली को दे दीं और उससे पैसे ले लिए। रिश्तेदार सोया नहीं था। उसे सारी स्थिति पहले ही मालूम थी। उसने यह सब देख लिया था। उसे इस बात का यकीन हो गया था कि ये चार-पाँच हट्टे-कट्टे भाई उस सहिंजन के पेड़ की वजह से ही भूखे रह रहे हैं। उसने सभी लोगों

के सो जाने के बाद उस पेड़ को काट दिया और किसी को बताए बगैर ही अपने घर चला गया। सुबह उस घर में तहलका मच गया। कहा जाता है, 'बीमारी में बीवी और लूटपाट में समधी', पर उस रिश्तेदार ने तो दस-पाँच मन अनाज भेजने की बजाय आधी रोटी देनेवाले सहिंजन को ही काट डाला है, यह कहकर सभी लोग उसे गाली-गलौच देने लगे। वह दिन जैसे-तैसे गुजर गया। अगले दिन सभी परिवारजनों ने इकट्ठा होकर तय किया कि अब उन्हें घर छोड़ देना चाहिए। सभी ने रोजगार प्राप्त किया और साल-दो साल में उस परिवार की हालत सुधर गई। बाद में सभी लोग दीवाली पर घर में इकट्ठा हुए। उनका वह रिश्तेदार भी वहाँ आ गया। तब परिवार के सभी लोगों ने उसे नमस्कार किया और कबूल किया कि उसने यदि उस पेड़ को न काटा होता तो वे लोग घर नहीं छोड़ सकते थे। और उनकी गरीबी जिन्दगीभर दूर होनेवाली नहीं थी।

यह कहानी महार ईनामदारों पर पूरी तरह लागू नहीं होती, ऐसा कौन कहेगा? पैतृक अधिकार महारों के दरवाजे पर खड़ा सहिंजन है, उसे काटे बगैर उनकी स्थिति में बदलाव नहीं आएगा। इसके बगैर महार लोग स्वतन्त्र रूप से रोजगार करने के लिए प्रेरित नहीं होंगे। पहरेदारी करना महारों की उम्मीदों पर बड़ा बोझ है। पहरेदारी ही अपनी बादशाही है! इससे बड़ा ओहदा अपना और क्या हो सकता है! इस भावना से ग्रस्त महार बच्चों के माँ-बाप अपने बच्चों को पहरेदारी से दूसरी अच्छी स्थिति हासिल करने की बात ही नहीं करते। पहरेदारी के नशे में डूबे होने की वजह से कोई भी महार दूसरा रोजगार पाने की इच्छा नहीं रखता। गन्दे रास्ते से जाने की आदत की वजह से दूसरे खुले रास्ते से जाने की महार को सुध तक नहीं रहती। यदि वह रास्ता बन्द हो गया तो आज उनके सभी रास्ते खुल जाएँगे और जिस रास्ते से वे जाना चाहेंगे उस रास्ते वे जा सकेंगे। लेकिन उनकी आँखों के सामने जब तक पहरेदारी का काम है, तब तक गतानुगतिकता के जेलखाने से उनकी मुक्ति नहीं होगी। इसलिए हम कहते हैं कि पतित महारों का उत्थान होना चाहिए। और यदि यह बात सही है तो सबसे पहले महार पैतृक अधिकार (वतन) समाप्त होने चाहिए। हमारी यह सोच कुछ लोगों को गैरजिम्मेदाराना लगेगी। वे लोग यह भी आरोप लगा सकते हैं कि 'अपना लाल गँवाय के दर-दर माँगे भीख' कहावत के अनुसार यह अव्यावहारिक है। लेकिन यह तर्क डरपोक लोगों का है। जिन्हें हिम्मतवर स्वभाव की हिफ़ाजत करनी हो उन्हें उसका कोई डर नहीं होना चाहिए। जो बात करीब होती है उससे इतनी मोहब्बत होती है कि उसे छोड़ने या उससे दूर भागने का कोई कारण नजर नहीं आता। और हकीकत यह है कि भागनेवाले के पीछे जब तक कोई न हो तब तक उसका उत्थान नहीं होता। इसलिए सबसे पहले महारों के हाथ के पैतृक अधिकार (वतन) छूटने चाहिए, उसके बगैर महारों को प्रगति का रास्ता नहीं दिखाई देगा।

महारों के पैतृक अधिकार समाप्त हों, इसमें तीसरा कारण यह भी है कि पैतृक अधिकार समाप्त नहीं होने तक महारों में सुधार होना सम्भव नहीं। जब तक पैतृक

अधिकार हैं तब तक महार लोग अपना सुधार करने के लिए तैयार नहीं होंगे, यह बात एकदम सच है, तब तक दूसरे लोग भी पैतृक अधिकार प्रणाली का लाभ उठाकर महार जाति को सुधरने नहीं देंगे, यह कहना शायद ऊँचे वर्ग के लोगों को मंजूर न हो। लेकिन हमें इस सम्बन्ध में पूरा यक़ीन है। आज कई दिनों के आन्दोलन से कुछ गाँवों के महारों पर इस बात का असर हुआ है और उन्होंने साफ़ और स्वतन्त्र रहन-सहन अपनाने के उद्देश्य से गाँव में जाकर रोटियाँ माँगना, मरे हुए जानवरों को उठाना आदि गन्दे और स्वाभिमानरहित कार्य छोड़कर इज्जत से रहना शुरू किया है। महार लोगों के स्वतन्त्र और साफ़ रहने से सचमुच किसी का नुकसान होनेवाला नहीं है। लेकिन महार लोग यदि अच्छे ढंग से रहने लगें तो वे अपनी बराबरी के हो जाएँगे, इस डर से हड़बड़ाकर गाँव के लोगों ने महारों में जो छोटे-मोटे सुधार किए हैं उनसे चिढ़कर उन्हें परेशान करने की कई घटनाएँ हमारे कानों तक पहुँची हैं। एक गाँव में एक महार ने अपनी लड़की की शादी में कपड़े का मंडप बना डाला और गैसबत्ती की रोशनी में शादी का समारम्भ किया। इतनी-सी बात पर गाँव के लोग भड़क उठे और उन्होंने उस महार तथा उसकी माँ को बेरहमी से पीटा। दूसरे एक महार ने अपने घर की छत पर कवेलू चढ़ाए, यह इस महार द्वारा मर्यादा का उल्लंघन कहकर उसे धमकाया गया। उसे उसका घर जलाने की धमकी दी गई। केवल महारों द्वारा जमीन खरीदने पर गाँव के लोगों के नंगे नाच की कई घटनाएँ बयान की जा सकती हैं। खेद इस बात का है कि गाँव में कोई परिवर्तन-प्रिय महार हो भी तो उससे महार लोगों की भी हमदर्दी नहीं होती। इसकी वजह यह है कि महारों को परिवर्तन अच्छा नहीं लगता। लेकिन बेचारे क्या करें। गाँव की हर तरह से शरण में जाने के बगैर उनके पास और कोई रास्ता नहीं है। इसकी वजह यह है कि महारों में अगर पुरानी प्रथाओं का त्याग करने की इच्छा पैदा हुई भी तो उन्हें रोटी और लेहना की याद आ जाती है। हमने अगर मारपीट की, उलटी बातें कीं तो हमें रोटी कौन देगा, हमें लेहना कौन देगा और अपनी रोटी तथा लेहना बन्द हो गया तो हम कैसे जिन्दा रहेंगे? इस तरह के कई सवाल हमेशा उनके सामने खड़े रहते हैं। इसी वजह से, गाँववासियों में और महारों में झगड़ा-फसाद हुआ तो गाँव के लोग पहले महारों का गाँव बन्द करते हैं। और गाँव बन्द हुआ तो महारों की धमनियाँ तुरन्त बन्द पड़ जाती हैं। वे गाँववालों की शरण में जाकर गाँववाले जैसा बताएँगे वैसा करने के लिए मजबूर हो जाते हैं। महारों का गाँव बन्द करना गाँववालों के हाथ में एक बहुत बड़ा हथियार है। उसका उपयोग वे लोग जब चाहें तब करते हैं। इससे यह साफ़ है कि जिस रोटी पर महार लोग जीवन गुजारते हैं उसी रोटी से महारों की मौत होती है। इस दृष्टि से परिवर्तन के काम में महारों के पैतृक अधिकार महारों के लिए खतरनाक हैं। महारों के पैतृक अधिकार (वतन) रहें या समाप्त हो जाएँ यह पूरी तरह से पटेल, पटवारी और तहसीलदार आदि की मेहरबानी पर निर्भर है। इन अफ़सरों की एक जाति न होने पर भी महारों के बारे में वे एकमत होते ही हैं क्योंकि महारों को गुलामों की तरह रहना चाहिए, सिर ऊँचा नहीं उठाना चाहिए यह उन सबकी इच्छा

रहती है। महारों ने गाँव के लोगों के काम कितने भी अच्छे ढंग से किए, लेकिन यदि महार अपनी हैसियत में नहीं रहे तो उनके काम के बारे में गलत रिपोर्ट की जाती है और पैतृक अधिकार समाप्त होने का डर महारों के मन में हमेशा बना रहता है। इस पैतृक अधिकार (वतन) प्रणाली की वजह से महारों का जीवन पूरी तरह गुलाम है, इस तरह अपनी इच्छा के अनुसार परिवर्तन उनसे कभी सम्भव नहीं होगा।

# महार और उनके पैतृक अधिकार : तीन

**शुक्रवार : 30 सितम्बर, 1927/अग्रलेख, बहिष्कृत भारत**

पैतृक अधिकार (वतन) प्रणाली से महार नौकरवर्ग और महार जाति का किस प्रकार नुकसान हुआ है और उसके लिए महारों के पैतृक काम खत्म कर देना यही एकमात्र उपाय है, इस बात की विवेचना पिछले लेख में की गई है। आज महारों के इन पैतृक अधिकारों और कामों को कैसे समाप्त किया जाए, इस सवाल का विवेचन कर इस लेखमाला को समाप्त करने का हमारा इरादा है। सरकार द्वारा जिस तरह से पैतृक अधिकार प्रणाली के हक़ों का संरक्षण होना चाहिए वैसी कानून में व्यवस्था है। समय आने पर पैतृक अधिकार समाप्त करने की व्यवस्था भी उसी कानून में रखी गई है। उपर्युक्त प्रकार की व्यवस्थाएँ जिस पैतृक अधिकार कानून की धारा पन्द्रह में की गई हैं, वह धारा निम्न प्रकार है।

'कलेक्टर से पैतृक अधिकार स्वीकार करनेवाला व्यक्ति कलेक्टर को स्वीकृत होगा। इस शर्त पर कानून के आधार पर नौकरी करनेवाले को, उसके वारिस को अथवा उसकी खोज-खबर रखनेवाले पैतृक अधिकार प्राप्त व्यक्ति को अधिकारों से हमेशा के लिए मुक्त किया जा सकता है।' इस प्रकार यह धारा मूल पैतृक अधिकार कानून में होने की वजह से महारों के पैतृक काम को समाप्त करना उपर्युक्त धारा में जोड़ दिया गया है। इस तरह की शर्तें दोनों पक्षों में सहमति हुए बिना सम्भव नहीं। और ऐसे में वादी-प्रतिवादी का एक-दूसरे के विरोध में होने के हक़ की कल्पना होनी चाहिए।

सबसे पहले पैतृक अधिकार प्राप्त व्यक्ति की ओर से कहा जाए तो उसे पैतृक नौकरी का हक़ प्राप्त है। उसे गाँव के बारह लेहनादारों के साथ सारे रैयत के और सरकारी काम करने हैं। यही गाँवों के कारोबार (गाँवगाडा) का सीधा-साधा विवरण है। लेकिन यह सतही विवरण एक दृष्टि से बेमतलब है क्योंकि इससे सही स्थिति का बोध नहीं होता। लेहनादार (बलुतेदार) रैयत के काम करते हैं, यह सही है। लेकिन रैयत अपने लेहनादार के अलावा दूसरों से अपने काम नहीं करवा सकती, यह बात भी उतनी ही सही है। रैयत के घर में शादी पर गाँव में पैतृक हकदार जोशी आता है, तो ईनामदार जोशी को रैयत के बुलाने पर आना ही चाहिए। रैयत को गाँव के पैतृक हक़दार जोशी के हाथों से शादी करवाना अनिवार्य है। उसे छोड़कर अन्य किसी के हाथों शादी करवाई

गई तो जोशी को यजमान पर और शादी करानेवाले अन्य प्रतिद्वन्द्वी पर नुकसान भरपाई का मुकदमा चलाने का कानूनी अधिकार प्राप्त है। ग्रामजोशी को ही नहीं, गाँव के पैतृक हक़दार नाई को भी उसी प्रकार का अधिकार प्राप्त है। यह बात 1919 में मुम्बई हाईकोर्ट द्वारा दिए गए एक फैसले से जाहिर होती है। इस फैसले में हाईकोर्ट ने तय किया कि पैतृक हक़दार नाई के हक़ पैतृक हक़दार जोशी की तरह ही हैं। मतलब रैयत को पैतृक हक़दार नाई के हाथों ही हजामत करवानी चाहिए। और यदि उन्होंने पैतृक हक़दार नाई को छोड़कर दूसरे नाई से हजामत कराई तो यजमान पर और हजामत करनेवाले गैर पैतृक हक़दार नाई पर उसे नुकसान-भरपाई की फरियाद करने का कानूनी हक़ प्राप्त होगा। इस प्रकार की हक़दारी नौकर, जोशी या नाई को ही है ऐसी बात नहीं। हक़दार नौकर का हक़ किस प्रकार का है इसके प्रमाण के लिए उपर्युक्त दो हक़दारों का उल्लेख किया गया है। किन्तु यह हक़ सामान्य हक़दारों का है, इस बात को ध्यान में रखना चाहिए।

उसी प्रकार इस बात को भी ध्यान में रखना चाहिए कि काम करना और करवाना इस सम्बन्ध में जिस प्रकार से रैयतोपयोगी पैतृक हक़दारों का रैयत पर पैतृक हक़ है उसी प्रकार का हक़ सरकारोपयोगी पैतृक हक़दारों का सरकार पर है। पैतृक हक़दारी का काम करवाना हो तो वह काम सरकार को मनचाहे व्यक्ति से नहीं करवाना चाहिए। वे काम पैतृक हक़दार घराने की ओर से ही होने चाहिए। क्योंकि वह काम करने का हक़ पैतृक हक़दार को है और यदि वह काम दूसरों से करवाए जाते हैं तो जिस पैतृक हक़दार घराने का उससे नुकसान होगा उसे सरकार के विरोध में नुकसान-भरपाई माँगने का कानूनी हक़ प्राप्त होगा। इसके लिए यदि प्रमाण चाहिए तो वह कुलकर्णी-पटवारी की हक़दारी से मिलेगा। 1914 में कुलकर्णी-पटवारी की हक़दारी समाप्त कर उसकी जगह वैतनिक पटवारी नियुक्त करके कुलकर्णी का काम पटवारी के द्वारा करवाने के सम्बन्ध में एक प्रस्ताव मुम्बई सरकार ने पास किया था। लेकिन ऐसा करने से हम कुलकर्णी की हक़दारी को समाप्त कर रहे हैं और उस समाप्ति से नुकसान-भरपाई माँगने का अधिकार कुलकर्णी को प्राप्त होगा, इस बात को भी सरकार ने जान लिया था। उसी के अनुसार नुकसान-भरपाई के लिए 1913-14 में कर-निर्धारण में (जमीन महसूल करने के बारे में मुशाहिरा) रोजी का एक तिहाई भाग हक़दारीवाला व्यक्ति, अपने वारिस या हक़दार या हक़दार घराने के दत्तक अंग्रेज सरकार से ले सकता है। कुलकर्णी की हक़दारी को यदि सरकार समाप्त करेगी तो कुलकर्णी की तरह महारों को भी नुकसान-भरपाई के रूप में कुछ न कुछ देना पड़ेगा। क्योंकि हक़दारों का काम करने का पैतृक हक़ स्थावर प्राप्ति के रूप में है, ऐसी कानूनी मान्यता है। मतलब यह कि स्थावर प्राप्ति को कोई भी व्यक्ति बगैर मुआवजा दिए नहीं ले सकता। सरकार ने महारों के पैतृक हक़ मतलब उनका नौकरी करने का पैतृक हक़ कम किया तो इसके लिए महारों को क्या करना चाहिए इस पर भी विचार किया गया है। अब महारों ने खुद हक़दारी छोड़ दी तो सरकार क्या कर सकती है, इस बात पर भी विचार करना चाहिए।

सरकार और हक़दार इन दोनों के बीच का सम्बन्ध मालिक और नौकर का है। इस बात को ध्यान में रखा गया तो इस बात का खुलासा आसानी से हो जाएगा। नौकर ने नौकरी करना बन्द कर दिया तो उसका मालिक उसे वेतन देना बन्द कर देता है। इस खुले न्याय को विस्तार से बताने की कोई आवश्यकता नहीं। उसी न्याय से देखा जाए तो महारों ने यदि काम करना बन्द कर दिया तो सरकार उनको जो मुशाहिरा दे रही है वह बन्द कर देगी। मतलब महारों का लेहना बन्द हो जाएगा, ईनाम और नकद वेतन मिलना भी बन्द हो जाएगा। यहाँ एक दूसरे के एक दूसरे से किस प्रकार के हक़ हैं, इसका खुलासा किया गया है।

महार पैतृक हक़ समाप्त करने के बारे में दोनों में से किसको क्या छोड़ देना चाहिए यह बात तय करने की जिम्मेदारी हम पर छोड़ दी गई तो हम फैसला देंगे कि महारों को काम बन्द करने के एवज में सरकार के विरोध में नुकसान-भरपाई नहीं माँगनी चाहिए। और सरकार को महारों के नौकरी छोड़ने पर उनका लेहना और वेतन बन्द कर देना चाहिए। लेकिन उनकी ईनामी जमीन वापस नहीं लेनी चाहिए। इस शर्त पर महार हक़दारी ख़त्म हुई तो बहुत अच्छा है। क्योंकि यह कार्य आसानी से हो सकता है। महार हक़दारी में इतने बड़े दोष होने के बावजूद भी महार लोग हक़दारी का त्याग करने के लिए आनाकानी क्यों करते हैं, इस बात की जानकारी हासिल करने से आम तौर पर पता चलेगा कि हक़दारी छोड़ देने से अपनी ईनामी जमीन के छिनने का डर उनमें होता है। हक़दारी गई, उसके साथ वेतन गया, लेहना गया और जमीन भी गई तब भी महार लोगों को उसकी कोई परवाह नहीं, इस बात को भूलना नहीं चाहिए। यदि उन्होंने जमीन की परवाह नहीं की तो वे लोग एक झटके से निवेदन के साथ अपनी हक़दारी का राजीनामा दे सकते हैं। और इतनी कुर्बानी यदि महार लोगों ने की तो उन्हें अपनी मुक्ति के लिए सरकार की खुशामद करने की कोई आवश्यकता ही नहीं रहेगी। लेकिन महार जाति सभी अछूत जातियों में भयंकर दरिद्रता में फँसी हुई जाति है। अन्य अछूत जातियों के पास कोई न कोई धन्धा है। महार जाति के हिस्से में कोई धन्धा नहीं आया। ऐसी स्थिति में जीविका का कोई साधन उनके पास न होने के कारण महार जाति का ईनामी जमीन के प्रति लालच स्वाभाविक है। लेकिन इस स्थिति का फायदा उठाकर सरकार का यह कहना कि तुम लोग जमीन का हक़ नहीं छोड़ते तो हम भी हक़दारी के काम की जिम्मेदारी से तुम्हें मुक्त नहीं करेंगे, उचित नहीं होगा। सरकार ने महारों की ईनामी जमीन अपने कब्जे में रखने का लालच नहीं छोड़ा तो इसमें सरकार का ही नुकसान होगा, इसमें कोई सन्देह नहीं। लेकिन महारों को पैतृक हक़दारी के नर्क में सड़ने के लिए छोड़ देना और उनका उत्थान रोककर समाज का जो नुकसान होगा वह कई गुना अधिक है, इस बात को सरकार को भूलना नहीं चाहिए। इसलिए ज्यादा प्राप्ति के लिए मामूली नुकसान होता हो तो भी उसके लिए तैयार रहना उचित है। इस सिद्धान्त के अनुरूप ही सरकार को इस सम्बन्ध में बर्ताव करना चाहिए, यही उसके लिए उचित है।

अब महारों ने काम करना छोड़ दिया तो उनके स्थान पर दूसरे नौकरों की भर्ती करके सरकार को अपने काम करवाने पड़ेंगे और ऐसे नौकरों को वेतन देना पड़ेगा। लेकिन महार अपनी हक़दारी छोड़ने के बाद ईनामी जमीन को अपनी जीविका के लिए रखने लगे तो इन नए नौकरों को वेतन कहाँ से दिया जाएगा, इस तरह का सवाल सरकार की ओर से किए जाने की सम्भावना है। लेकिन इस सवाल को हल करना बहुत मुश्किल नहीं है; ऐसा हमें लगता है। एक बार वैतनिक नौकर नियुक्त करने की बात तय हो गई तो सरकार आज की तरह नौकरों की फालतू संख्या बढ़ाने की बजाय कम नौकर नियुक्त करेगी। इन आवश्यक नौकरों के वेतन की व्यवस्था करने के लिए महारों की जमीन छीन लेने की सरकार को कोई आवश्यकता नहीं होगी, ऐसी हमारा यकीन है। क्योंकि महारों ने लेहना छोड़ दिया तो सिर्फ वेतन और लेहना इन नए नौकरों की रोजी के लिए पर्याप्त है। फिर भी सरकार को इस बारे में सन्देह हो सकता है और महारों की हक़दारी समाप्त करने में उसे किसी प्रकार की दिक्कत न हो इस प्रकार का आग्रह यदि सरकार का हो तो उसके लिए भी हम तैयार हैं। क्योंकि किसी भी शर्त पर महार हक़दारी समाप्त होनी चाहिए, यही हमारी इच्छा है। लेकिन महारों की ईनामी जमीन छीन लेने के बजाय उस पर सरकार को मामूली लगान लगाना चाहिए तब उस पर किसी भी प्रकार का विवाद नहीं रहेगा। यदि महारों की ईनामी जमीन महारों के पास रहकर महारों की हक़दारों से मुक्ति होती है तो वैतनिक नौकर नियुक्त करके उनसे काम करवाने के लिए सरकार स्वतन्त्र है। उनके खर्च का बोझ सरकार पर नहीं पड़ेगा। इस प्रकार के सुलह का रास्ता दोनों पक्षों को स्वीकारना चाहिए, यही हमें उचित लगता है।

पैतृक हक़दारी छोड़ने के लिए कोई भी तैयार नहीं है। बल्कि छीनी गई हक़दारी पुनः प्राप्त करने के लिए कुलकर्णी हक़दार किस तरह से लगातार प्रयास कर रहे हैं यह देखकर महारी काम करने के बजाय उसमें परिवर्तन करना उचित नहीं है? यह सवाल कोई भी कर सकता है। हम लोग महार हक़दारी के विरोध में हैं। इसलिए महार हक़दारी में परिवर्तन लाने की बजाय उसे समाप्त कर देना ही उचित है, यही हमारा कहना है। महारी हक़दारी करने के कारणों में से यदि एक भी कारण उचित होता तो उसमें परिवर्तन लाने का सुझाव हमने दिया होता। लेकिन वह महारों की दुर्दशा का एक बड़ा कारण है। उसका विनाश हुए बगैर महारों का पतन रुकेगा नहीं, इसलिए उसमें परिवर्तन लाने से कोई फायदा नहीं, यह बात साफ़ है। क्योंकि हक़दारी में परिवर्तन हुआ तो भविष्य का खयाल रखे बिना महार जाति हक़दारी का त्याग करने के लिए प्रेरित नहीं होगी बल्कि हक़दारी से चिपककर ही रहेगी। कुलकर्णी-पटवारी हक़दारी में और महार हक़दारी में कोई समानता नहीं है। एक हक़दारी दूसरी हक़दारी को उसके हक़ों तक पहुँचाती है तो दूसरी हक़दारी अन्य हक़दारों को मन तथा शरीर से गुलाम बनाती है। इसीलिए कुलकर्णी लोग छीनी गई हक़दारी को पुनः प्राप्त करने के प्रयास करते हैं। इसलिए महारों में भी यह है कि हक़दारी सँभालने का प्रयास करना चाहिए,

ऐसा नहीं कहा जा सकता। कुलकर्णी लोग हक़दारी के लिए प्रयास करते हैं इसकी वजह यह कि उन्हें हक़दारी से रैयत तथा महारों पर सत्ता प्राप्त होती है। लेकिन महारों की हक़दारी से उन्हें रैयत और अफ़सरों का हमेशा के लिए गुलाम बनना पड़ता है। सभी की सत्ता महारों पर चलती है लेकिन महारों की सत्ता किसी पर नहीं चलती। 'पैदा हुआ भैंसा, बहते पानी में मर गया जैसा', यही उनकी हालत है। ऐसी स्थिति में परिवर्तन लाकर उस प्रणाली को बरकरार रखना कल्याणकारी नहीं है।

यहाँ कहने में हमें खुशी होती है कि इस सम्बन्ध में हमारा जो विचार है वही सरकार का भी है। 1925 में भूतपूर्व विधायक मा. निकाड़जे ने विधिमंडल में एक प्रस्ताव रखा था कि महार हक़दारों का प्रतिमाह वेतन 15 रुपया होना चाहिए। इस पर सरकार की ओर से मि. मॉन्टफोर्ड ने जो जवाब दिया, वह विचारणीय है, उन्होंने कहा, ''महार लोगों के उत्थान का कार्य इतना मुश्किल क्यों है? इस बात पर सोचने से पता चलता है कि गाँवखेड़े में रहनेवाले महार लोगों को स्वाभिमान से और स्वावलंबन से अपना जीवन चलाने की बिल्कुल आदत नहीं है। महार लोग बहुत गरीब हैं यह बात सही है लेकिन जन्म से लेकर मरने तक वे भीख माँगने और दूसरों द्वारा दिए हुए अनाज पर पलते हैं। वे भिखारी नहीं रहेंगे तो क्या रहेंगे? मेरा साफ़ कहना है कि गाँव के कारोबार की जंजीरों में हमेशा गर्दन फँसाकर रहनेवाले महारों के बारे में यह प्रस्ताव मूल रूप से गलत है।'' महार लोगों को सुखी रहना हो तो उन्हें गाँव में फँसकर रहने के बजाय वे गाँव से निकलकर शहर में जाएँ, इस प्रकार की व्यवस्था करना बहुत जरूरी है। लेकिन महार हक़दारी समाप्त होने पर ही महार लोग गाँव से बाहर जा सकते हैं, यह स्पष्ट है। मतलब महारों के उत्थान का इलाज है महार हक़दारी को समाप्त करना। उसमें परिवर्तन करना नहीं, यही मॉन्टफोर्ड साहब का कहना है।

जिस परिवर्तन की वजह से महार लोग हक़दारी पर चिपके रहेंगे, ऐसे गलत परिवर्तन के हम विरोधी हैं। फिर भी इस तरह के कुछ-कुछ परिवर्तन हमें निश्चित रूप से दिखाई देते हैं जिनके अमल में आने पर महार लोगों के मन पर उनका उचित असर होगा और वे लोग हक़दारी छोड़ देने के लिए तैयार होंगे। इस उचित परिवर्तन में पहला और महत्त्व का परिवर्तन यह है कि महारों का लेहना और रोटी बन्द कर उसका रूपान्तरण नकद रोकड़ में किया जाना चाहिए। देखा जाए तो महार लोगों का लेहना और रोटी का रोकड़ में रूपान्तरण बहुत पहले हो जाना चाहिए था। अंग्रेजी अमल से पहले किसी भी प्रकार के हक़दार या गाँवनौकरों को काम के मुशाहिरे के सम्बन्ध में रोकड़ नहीं मिलती थी। बल्कि उसके बजाय उनको उस समय काली और सफेद (ज्वार) उबालकर खाने का हक़ था लेकिन उस काल में सफेद की माँग से रैयत इतनी परेशान हो गई थी कि 1839 के 20वें कानून के अनुसार हक़दारों के काली के हक़ बन्द कर दिए गए। उसी प्रकार सफेद उबालने को बन्द करने की इच्छा से 1844 का 19वाँ कानून भी मंजूर कर दिया गया। इन कानूनों के द्वारा पटेल और कुलकर्णी जैसे दो हक़दार गाँवनौकरों के काली-सफ़ेद के हक़ भी सरकार ने बन्द कर दिए। और उसका रूपान्तरण

रोकड़ में करके उसे गाँव की वसूली पर और सरकारी खजाने से प्राप्त करने की व्यवस्था कर दी।

किन्तु सरकार ने महार हक़दारों पर ये कानून लागू नहीं किए, ऐसा क्यों? इसकी वजह क्या है इसका कुछ पता नहीं है। सरकार ने यह भेदभाव आज तक बरकरार रखा है। यह भेदभाव अब आगे नहीं रखा जाना चाहिए। इस परिवर्तन से हक़दारी का मतलब नौकरी है, भीख नहीं, यह भावना महारों के मन में पैदा होगी। एक बार हक़दारी को नौकरी का स्वरूप प्राप्त हुआ तो नौकरी छूट जाने से नौकरवर्ग जिस तरह घबराता नहीं, उसी तरह महार लोग भी हक़दारी नौकरी छोड़ देने में घबराएँगे नहीं। इसमें हम दूसरा परिवर्तन सुझाना चाहते हैं वह यह कि रैयत की ओर से महार लोगों को जो लेहना दिया जाता है वह केवल रैयत के काम के लिए ही दिया जाता हो, ऐसी बात नहीं है बल्कि वह सरकारी काम के मुआवजे के रूप में भी दिया जाता है, ऐसा सरकारी नियम है। लेहना के आधार पर रैयत महार लोगों को अपनी गुलामी में जकड़कर रखना चाहती है, इसकी चर्चा हमने इसके पहले विस्तार से की है। रैयत की जोरजबर्दस्ती से महारों को मुक्त करना हो तो उन्हें रैयत के दास होने की नौबत न आने पाए, इस तरह का परिवर्तन कानून में आवश्यक है। इसलिए हमारा यह कहना है कि चीजों के रूप में लेहना का और रोटी का रूपान्तरण नकद में तो होना ही चाहिए, इस नकद का कितना हिस्सा सरकारी काम के लिए और कितना रैयत के काम के लिए हो, यह तय करना चाहिए। रैयत का काम करने या छोड़ देने की आजादी महार हक़दार को देनी चाहिए जिससे महार नौकर रैयत के गुलाम न रहें और उन्हें रैयत की तरह प्रतिष्ठा प्राप्त करने का पूरा मौका मिले।

# महार पैतृक अधिकार का कानून और उसमें सुझाए गए संशोधनों का खुलासा

**शुक्रवार : 4 नवम्बर, 1927/अग्रलेख, बहिष्कृत भारत**

पिछले तीन अंकों में 'महार और उनके पैतृक अधिकार' के अन्तर्गत हमने तीन अग्रलेख लिखे हैं। महार पैतृक अधिकार की वजह से महार लोगों का किस तरह से नुकसान होता है, उसमें किस प्रकार का संशोधन होना आवश्यक है, हमने इस बात का पूरी तरह खुलासा किया था, फिर भी हमने योजना तैयार की कि उसमें जिसे जो परिवर्तन आवश्यक लगते हों उन्हें हमें भेजें। इस सम्बन्ध में हमें किस तरह के सुझाव प्राप्त होते हैं, इसका हम इन्तजार कर ही रहे थे कि उसी दौरान एकाएक मुम्बई में दो सभाओं का आयोजन और उनमें हमारी योजना के विरोध में प्रस्ताव पास करने की बात अखबारों में प्रकाशित हुई।

सुधार करने के बजाय विरोध करने का प्रस्ताव एक सभा में पास होने की बात जब हमने सुनी, तब हमें कुछ अजीब-सा लगा। लेकिन ये सभाएँ किसने आयोजित कीं, इस बात का पता लगाने की कोशिश जब हमने की तब हमें मालूम हुआ कि इन सभाओं का आयोजन हमारे विरोधी लोगों ने किया था। मतलब ऐसी सभाओं में हमारे विरोध में प्रस्ताव पास होना स्वाभाविक था। इसके अलावा इन सभाओं में से सिर्फ एक सभा जाहिर तौर पर आयोजित की गई थी और कहा जाता है कि दूसरी सभा गुप्त रूप से आयोजित की गई थी। पहली सभा के अन्त में वहाँ उपस्थित लोगों ने अध्यक्ष और उसके अनुयायियों से मिलकर जो प्रस्ताव पास करवाने थे, उन्हें पास किया गया। ऐसी गुप्त सभाओं को कोई भी महत्त्व नहीं देगा। इन दोनों सभाओं के अध्यक्षों को पैतृक हक़दारी का कोई ज्ञान नहीं है। एक का धन्धा झाड़-फूँक करने का है, उसके घराने में पीढ़ियों पहले से पहरेदारी नहीं रही। डंडे की मार से जिस तरह पहरेदार की पीठ लाल की जाती है, उस तरह उसकी पीठ लाल नहीं की गई। ऐसा आदमी, ऐसा क्यों कहेगा कि महारी पेशा हमें नहीं चाहिए? दूसरा अध्यक्ष कौन था, यह मालूम नहीं हो पाया। वह लाख-चौरासी फेरे पार करनेवाले जीवात्मा की तरह सारे शहर में फिजूल घूमनेवाला कोई कारवाला है, ऐसा कहा जा रहा है। उसने अपने बाप की पहरेदारी का

डंडा लेकर कभी महार हक़दारी का दुख-सुख नहीं देखा है। महार हक़दारी की बिल्कुल पहचान न होने पर भी ऐसे लोग इस तरह उपदेश करते हैं कि महारों का जीवन हक़दारी के बगैर नहीं चलेगा, और हक़दारी छुड़ानेवालों से महारों को सावधान रहना चाहिए। इस तरह की हमदर्दी का उपदेश आसानी से मिले अध्यक्षपद से इन लोगों ने किया, ऐसा कहते हैं, इस पर हमें कोई आश्चर्य नहीं है। जिन महारों ने बड़प्पन भोगा है, वे लोग अपने जाति-भाइयों से कहेंगे कि तुम लोग पीढ़ी-दर-पीढ़ी दूसरों के गुलाम मत बने रहो, बल्कि अपने अधिकार हासिल करो। लेकिन सभा के दोनों अध्यक्ष बहुत छोटे आदमी हैं। उन्हें कभी बड़प्पन का सपना भी हुआ हो इसमें सन्देह है। ऐसे छोटे लोगों द्वारा महारों की भाषा में 'मुफलिसी अटल मुफलिस की' जो उपदेश किया जाता है वह उन्हें शोभा देनेवाला था, ऐसा कौन कहेगा?

ये जो विरोधी सभाएँ हुईं उन्हें हमारा महत्त्व देने का दूसरा एक कारण है। हमने महार हक़दारी के सम्बन्ध में जो संशोधन सुझाए हैं वे 'बहिष्कृत भारत' में प्रकाशित करने के पहले उनकी चर्चा हमने महार जाति के कई शिक्षित और अशिक्षित लोगों के साथ पिछले तीन-चार सालों में की है। नाँदगाँव और रहिमपुर इन दो स्थानों पर महार हक़दारी पर विचार करने के लिए जो सभाएँ आयोजित की थीं, उन सभाओं में हमने अपने सुझाव रखे थे और अपेक्षा न होने पर भी उन्हें दोनों सभाओं में प्रस्ताव-रूप में पास किया गया। इतना विचार-विमर्श करने पर गाँवों में काम करनेवाले महारों का इस सम्बन्ध में क्या कहना है, इसे ध्यान में रख अपनी योजना हमने 'बहिष्कृत भारत' से प्रकाशित की है। इस तरह पूरे विचार-विमर्श के बाद स्वीकार की गई इस योजना का महार लोग विरोध करेंगे, इस बात को हम स्वीकार नहीं कर सकते। जिन महार लोगों ने इन सभाओं का विरोध किया उन्हें महारी योजना का सही स्वरूप मालूम नहीं होगा या इन सभाओं के आयोजकों ने उसका गलत अर्थ लिया होगा। लेकिन हमारी योजना अच्छी तरह समझने के बाद जिसे पसन्द नहीं आएगी ऐसा महार (अछूत) नहीं मिलेगा, इस बात को हम खुले दिल से कह सकते हैं।

'बहिष्कृत भारत' में हम सीधी और सरल भाषा में लिखने का प्रयास करते हैं, फिर भी हमारे अछूत पाठकों में कई लोगों की शिकायत हम तक पहुँची है कि 'बहिष्कृत भारत' दो बार पढ़ने के बाद भी उसमें प्रकाशित लेखों का अर्थ समझ में नहीं आता। ऐसी स्थिति में हमने महारकी हक़दारी के सम्बन्ध में जो लेख जिन हक़दार महारों के लिए लिखे हैं वे उन्हें कहाँ तक समझ पाए होंगे, इसके बारे में हमें सन्देह था। उसी प्रकार व्यक्तिगत नफरत से जिनका मन मैला है ऐसे लोग हक़दारी के विरोध में लिखे गए हमारे लेखों का लाभ उठाकर हक़दारी से चिपककर रहनेवाले अज्ञानी महारों को भड़काने का प्रयास करेंगे, इस बात का हमें अंदाजा था। लेकिन लगातार तीन अंकों में एक ही विषय पर तीन लम्बे अग्रलेख लिखने के बाद केवल कुछ महार लोगों को हमारी योजना समझ में नहीं आई होगी इस वजह से पुनः उसी विषय की चर्चा करना उचित नहीं होगा, ऐसा लगने पर चर्चा करने का विचार मन में होने पर भी इस लेख

में, वही चर्चा करने का हमारा इरादा नहीं था। इसके अलावा वैयक्तिक नफरत से प्रेरित हुए कुछ लोग इस अवसर का पूरा लाभ उठाकर विरोध करने के लिए पूरी तरह मुस्तैद होने पर भी उन्हें इस योजना का विरोध करने की कुबुद्धि नहीं आएगी, ऐसा हमें लगता था, लेकिन हमारे विरोधियों के पास सद्भावना है यह हमारी समझ अब झूठ साबित हो गई है।

क्योंकि महारकी हक़दारी समाप्त करने का मतलब उसे ईनाम से कम करके रैयत में शामिल करना चाहिए। महारों को नौकरी से मुक्त करना हमारी इस योजना का उद्देश्य है। इस पर कुछ लोग गलत प्रचार करते हुए कहते हैं कि महार की हक़दारी समाप्त करने का मतलब उसे जबर्दस्ती बन्द कर देना है, इस तरह का झूठा प्रचार करके कुछ लोग महारों को गुमराह कर रहे हैं। इसलिए जिन महार लोगों को हमारी योजना समझ में नहीं आई, उन्हें वह समझ में आए और हमारे विरोधियों को इस अच्छे काम में रुकावट पैदा करने का मौका न मिले इसलिए हमने इस विषय पर पुनः चर्चा कर अपनी योजना का मतलब समझाने का फैसला किया है। महार पैतृक अधिकार कानून में हमने जो संशोधन सुझाए हैं, उनसे हमारा उद्देश्य क्या है, इस बात का खुलासा हम यहाँ कर रहे हैं।

हमने जो संशोधन सुझाए हैं उनके मूल में छह उद्देश्य हैं–

1. पहला उद्देश्य यह है कि जो महार लोग आज गाँव गुलामी का काम कर रहे हैं लेकिन जिनकी जमीन दूसरों के घराने में गई है उन्हें वह जमीन वापस मिले। उनके पेट-पानी की व्यवस्था अच्छी तरह होनी चाहिए।

2. आजकल महारों को जो लेहना मिलता है वह पूरी तरह से रैयत की मर्जी पर निर्भर है। उसी की वजह से सरकार और रैयत के काम करने के बाद भी लेहना के लिए महारों को रैयत की ओर देखना पड़ता है। दिया तो लेना और नहीं दिया तो आगे बढ़ जाना, इसके अलावा महारों को लेहना प्राप्त करने का कोई दूसरा तरीका नहीं है। इस तरह की स्थिति समाप्त हो और महारों के लेहना की वसूली सही ढंग से हो और उन्हें लेहना का हक़ पूरी तरह प्राप्त हो यही हमारी इस योजना का मूल उद्देश्य है।

3. काम का बोझ बढ़ने या महँगाई बढ़ने पर कामगारों के वेतन में समय-समय पर बढ़ोत्तरी करने का नियम सभी ओर लागू है लेकिन महारों का लेहना जो एक बार तय किया गया उसमें कोई बढ़ोत्तरी या परिवर्तन नहीं होता। फिर काम का बोझ कितना भी बढ़ जाए या महँगाई कितनी भी बढ़ जाए, इसलिए महँगाई के हिसाब से या काम के बोझ के अनुसार महारों के लेहना में समय-समय पर बढ़ोत्तरी होनी चाहिए। यह हमारी योजना का तीसरा उद्देश्य है।

4. कुछ जगहों पर महार लोग सिर्फ सरकारी काम करते हैं। वे रैयत का काम करने में नाखुश रहते हैं। लेकिन रैयत के काम में और सरकार के काम में कोई फर्क नहीं किया जाता इसलिए महारों को दोनों के काम करने के लिए मजबूर होना पड़ता

है। वैसा न हो इसलिए जिन महारों को रैयत के काम करना मंजूर नहीं उन्हें वे काम करने के लिए मजबूर न किया जाए, यह हमारी योजना का चौथा उद्देश्य है।

5. जिस तरह कुछ महार लोग रैयत के काम से परेशान हैं उसी प्रकार कुछ महार लोग सरकारी काम से भी परेशान हैं। ऐसे लोगों को उनके हितसम्बन्धों को विशेष खतरा पैदा होने की बजाय उन्हें सरकारी काम से इस्तीफ़ा देने की सुविधा होनी चाहिए, यह हमारी योजना का पाँचवाँ उद्देश्य है।

6. सभी महार गाँवसेवकों की इस प्रकार की शिकायत है कि महारों के काम निश्चित नहीं हैं। किसी भी अफ़सर के, कुछ भी काम करने के लिए महार मजबूर हैं। इस जुल्म पर रोक लगानी चाहिए और महारों को किस प्रकार के काम करने चाहिए यह निश्चित होना चाहिए, यह हमारी योजना का छठवाँ उद्देश्य है।

इन उपर्युक्त उद्देश्यों को ठोस रूप देने के लिए वर्तमान हक़दारी कानून में जो संशोधन हमने दिए हैं वे निम्न प्रकार हैं–

1. पहला उद्देश्य सफल बनाने के लिए हक़दारी कानून की धारा 9 में एक नई धारा जोड़ दी गई है, वह यह कि आजकल हक़दारी नौकरों की जमीन दूसरे घराने में गई तो उसे मूल हक़दार को वापस दिलाने का अधिकार कलेक्टर को दिया गया है। यह अधिकार होने पर भी कलेक्टर लोग उसका इस्तेमाल नहीं करते। और यदि करते भी हैं तो मूल मालिक को जमीन देने की बजाय उसे कमाल भाड़ा ही दिया जाता है। उससे हक़दारों का किस तरह से नुकसान होता है यह बात किसी को बहुत विस्तार से बताने की आवश्यकता नहीं। इस तरह का नुकसान न हो, इस उद्देश्य से दूसरों के घराने में गई हुई जमीन लेकर मूल मालिक को देने के लिए कलेक्टर को इस धारा के अनुसार कार्य करना चाहिए। यह हक़दारी कानून के सुझावों में पहला सुझाव है।

2. लेहना की वसूली सही ढंग से होनी चाहिए, यह योजना का दूसरा उद्देश्य है। उसे पूरा करने के लिए जो दो धाराएँ वे हक़दारी कानून की 19वीं धारा से जुड़नी चाहिए, ऐसा हमारा सुझाव है। इन दो धाराओं के अनुसार महारों को इच्छानुसार लेहना का रूपान्तरण नकद में करने के लिए उन्हें अधिकार दिया गया है। इस व्यवस्था में जिस प्रकार रैयत पर लोकल टैक्स लगाया जाता है उसी तरह लेहना के स्थान पर महारकी टैक्स लगाया जाएगा, ऐसी व्यवस्था यदि की गई तो रैयत को महारों को क्या देना चाहिए और महारों को रैयत से क्या माँगना चाहिए यह बात एक बार तय हो जाएगी। इस तरह से सिर्फ लेहना का हक़ महारों को पूरी तरह उन्हें मिलना चाहिए। लेकिन लेहना की वसूली सरकार की ओर से होनी चाहिए यह बात यदि आवश्यक हो तो इस हक़ का रूपान्तरण नकदी में होना चाहिए। उसके बगैर सरकार इस वसूली की जिम्मेदारी अपने ऊपर नहीं लेगी और उसे सरकार पर लादना भी उचित नहीं है इसलिए लेहना का रूपान्तरण नकदी में होना महारों के हित में है। आजकल महारों को हर खलिहान में जाकर लेहना वसूल करना पड़ता है। कहीं पर यह उन्हें मिलता है तो कहीं नहीं मिलता। हमारा सुझाव अमल में आया तो यह अव्यवस्था टल जाएगी और जो निश्चित मिलना है वह सरकारी खजाने से निश्चित समय पर मिलेगा।

3. निश्चित लेहना में समय-समय पर आवश्यकता के अनुसार बढ़ोत्तरी होनी चाहिए इसलिए हक़दारी कानून की धारा 21 में सुधार किया गया है। वह यह कि महारों को लेहना कितना देना चाहिए इससे सम्बन्धित प्रस्ताव, इस साल तक लागू होना चाहिए इसलिए कम-से-कम हर साल महारों को अपना लेहना बढ़ाकर लेने का अधिकार प्राप्त होगा।

4. जिन महारों को रैयत के काम नहीं करने उन्हें उनकी हक़दारी में खतरा मोल लिए बगैर उन्हें वैसा करने की इजाजत हो, यह हमारी योजना का चौथा उद्‌देश्य है। यह सफल हो इसलिए हक़दारी कानून की धारा 19 और अन्य दो धाराएँ जोड़ दी गई हैं। इन जुड़ी धाराओं के द्वारा महार लोगों को लेहना की बजाय निश्चित महारकी टैक्स में से सरकारी काम के लिए कितना और रैयत के काम के लिए कितना लेना चाहिए इसका कलेक्टर की ओर से बँटवारा करने का अधिकार महारों को दिया गया है। इस तरह का बँटवारा करने के बाद जिन महारों को रैयत के काम करने की इच्छा नहीं होगी उन्हें रैयत के काम से अपनी मुक्ति कर लेनी चाहिए, इस तरह की व्यवस्था की गई है।

5. अब जिन महार लोगों को सरकारी काम करने की इच्छा नहीं है या जिन्हें हक़दारी छोड़नी है, ऐसे लोगों को उनकी इच्छा के अनुसार मौका मिले, इसलिए हक़दारी कानून की धारा 15 में हमने संशोधन पेश किया है। उसके अनुसार जो महार अपनी जमीन पर लगान देने के लिए तैयार होंगे उन्हें सरकारी काम से अपनी मुक्ति कर लेने का मौका प्राप्त होगा। कई महार लोग सरकारी काम से परेशान हो गए हैं। लेकिन हमने काम करना बन्द किया तो सरकार हमारी ईनामी हक़दारी जमीन ले लेगी, इस बात का उन्हें डर है और यह सही भी है। लेकिन हमारी योजना अमल में आई तो किसी भी महार के सरकारी काम बन्द करने पर भी उसकी जमीन छिन जाने का कोई कारण नहीं। उसकी जमीन उसके पास रहे, उसे केवल अन्य रैयत की तरह लगान देना पड़ेगा। इतने कम पैसे में इतना बड़ा सौदा करने का दूसरा कोई तरीका हमें दिखाई नहीं देता।

6. महारों से जो काम करवाने हैं वे निश्चित कर लेने चाहिए, यह हमारी योजना का छठवाँ उद्‌देश्य है। वह सफल होने के लिए हक़दारी कानून की धारा 83 में एक संशोधन किया गया है, वह यह कि काम के सम्बन्ध में नियम समय के अनुकूल होने चाहिए। लेकिन वे कौंसिल की इजाजत के बगैर अमल में नहीं लाए जाने चाहिए। प्रचलित कानून के अनुसार कार्य सरकारी अधिकारी तय करेंगे। उसमें कम-ज्यादा काम करने के लिए किसी को मौका नहीं मिलता। हमारी योजना मंजूर हो गई तो सरकार के काम के सम्बन्ध में जो नियम तय किए हैं वे सही हैं या गलत, इसकी जाँच-पड़ताल के लिए विधिमंडल के अछूत वर्ग के सदस्यों को मौका मिलेगा और कानूनी काम कौन से हैं और गैरकानूनी काम कौन से हैं, उन्हें यह निश्चित करने का अवसर मिलेगा।

हमने यहाँ हक़दारी कानून में जो संशोधन सुझाए हैं उसका उद्‌देश्य क्या है और उसका स्वरूप किस प्रकार का है, इसका खुलासा किया गया है। हमारी योजना समझने

की जिनके पास अक्ल है ऐसे महारों में से कुछ मूर्ख शिरोमणि लोग ऐसी नासमझी पैदा कर रहे हैं, कि 'महार लोगो जरा सँभलो! तुम्हारी हक़दारी समाप्त होगी', और महारों के अज्ञान का लाभ उठा रहे हैं। इसलिए इस सम्बन्ध में खुलासा करना हमें जरूरी लगता है। महार की हक़दारी इतनी विनाशकारी है कि इससे महार लोग जितनी जल्दी मुक्त हो सकें। उतना ही अच्छा है। उससे मुक्ति के लिए महारों पर यदि जबर्दस्ती करना जरूरी हुआ तो भी उसके लिए हमें कभी बुरा नहीं लगेगा। लोगों को अज्ञानी नहीं रहना चाहिए इसलिए सरकार जोर-जबर्दस्ती उन्हें शिक्षा देकर उनका अज्ञान दूर करती है; तो फिर हक़दारी से गुलामी में मर रहे लोगों की गुलामी को सख्ती से क्यों समाप्त नहीं करना चाहिए? महार हक़दारी को सख्ती के साथ समाप्त कर देना चाहिए। इसके लिए महार समाज की ओर से अधिक समर्थन नहीं मिलेगा, लेकिन जो समझदार लोग हैं उन्होंने उचित क्या है और अनुचित क्या है यह तय करते समय अज्ञानी लोगों का समर्थन जुटाने का कोशिश की तो महारों का किसी भी प्रकार का उत्थान होना सम्भव नहीं है।

कोल्हापुर के शाहू छत्रपति महारों के दुश्मन नहीं थे। उनके जैसा दोस्त उन्हें इससे पहले कभी नहीं मिला था। और आगे मिले या नहीं, इस बारे में हमें सन्देह है। उन्होंने इस बात को अच्छी तरह समझा कि हक़दारी की वजह से ही महारों का पतन हुआ है और इसलिए उन्होंने अपनी सत्ता के बल पर कोल्हापुर संस्थान में महारों की हक़दारी को सख्ती से समाप्त किया था, उस समय कोल्हापुर संस्थान की महार प्रजा ने उसका विरोध नहीं किया था, ऐसी बात नहीं। कुछ भी क्यों न हो, लेकिन अज्ञानी जनता पुरानी परम्पराओं से अन्धी हो जाती है। जो चीज हाथ में है वह फिर कितनी ही छोटी क्यों न हो, उसे छोड़कर बड़ी चीज के पीछे भागने का साहसी खेल सामान्य जनता खेलने की हिम्मत नहीं करती।

अमेरिका के गोरे लोगों में बहुत दिनों तक काले शिद्दी लोगों को गुलाम बनाकर रखने की प्रथा थी। लेकिन आदमी को बाजार की चीज की तरह खरीदा-बेचा जाए यह बात अमेरिका के कुछ समझदार गोरे लोगों को पाप जैसी लगी और उन्होंने इस अमानुषी प्रथा के विरोध में आन्दोलन शुरू किया। अमेरिका के गोरे लोगों में आपस में काले गुलामों को इस गुलामी प्रथा से मुक्त करने के लिए भयंकर लड़ाई शुरू हो गई, उसमें गुलामी का समर्थन करनेवाले गोरे लोगों की हार हुई। अन्त में 22 सितम्बर, 1862 में सभी अमेरिकी राष्ट्रों की ओर से अमेरिकी राष्ट्राध्यक्ष अब्राहिम लिंकन साहब ने घोषणा-पत्र निकाला और तमाम काले शिद्दी लोगों को इस गुलामी प्रथा से 1 जनवरी, 1863 में मुक्ति दे दी गई। यह बात चारों ओर फैलते ही हर गोरे मालिक ने अपने गुलामों को इकट्ठा करके कहा कि, "अब तुम लोग स्वतन्त्र हो गए, मेरे यहाँ अब तुम लोगों को भोजन या नाश्ता नहीं मिलेगा। अब तुम अपनी व्यवस्था स्वयं करो।" अफसोस की बात यह है कि स्वतन्त्रता का सन्देश सुनकर खुश हुए गुलाम यह सुनते ही हड़बड़ा गए और स्वतन्त्रता देनेवाले अब्राहिम लिंकन के प्रति क्रोधित हो उठे। यही स्थिति कोल्हापुर के महारों की भी हुई थी। फिर भी अच्छी बातों के अच्छे परिणाम

छिपकर नहीं रहते। इस न्याय से देखा जाए तो पैतृक हक़दारी प्रथा समाप्त होना उनके हित में है यह बात अन्त में कोल्हापुर संस्थान के महारों की समझ में आई और बाद में उन्होंने कोल्हापुर संस्थान को निवेदन भेजा कि हमारी पैतृक हक़ प्रथा समाप्त की जाए। जिस तरह अमेरिका के काले लोगों को आज यदि गोरा अमेरिकी कहने लगे कि हम लोग तुम्हें भोजन-नाश्ता देते हैं, तुम लोग हमारे गुलाम रहो, तब भी वे लोग अब गुलामी स्वीकार नहीं करेंगे। उसी प्रकार कोल्हापुर संस्थान के महारों से कोई कितनी भी विनती करे कि हम लोग तुम्हारे पैतृक हक़ तुम्हें देते हैं, उन्हें ले लो, तब भी वे लोग उन्हें बिल्कुल स्वीकार नहीं करेंगे। क्योंकि नरक में रहनेवाले जन्तु को नरक से बाहर निकालने के पहले इस बात का डर रहता है कि उसने नरक छोड़ दिया तो क्या होगा! लेकिन वही जन्तु एक बार बाहर निकल गया तो वह पुनः कभी भी नरक में रहना पसन्द नहीं करेगा। वही स्थिति आज कोल्हापुर संस्थान के महारों की है। अब उनकी स्थिति पैतृक हक़दारी छोड़ देने की वजह से अच्छी बन गई है। इतना ही नहीं, पैतृक हक़दारी छोड़ने से कोल्हापुर संस्थान के महारों का जो भला हुआ उसे देखकर कागल संस्थान के महारों में भी चेतना आई और उन्होंने अपने पैतृक हक़ समाप्त करने के उद्देश्य से हमारे पास एक निवेदन-पत्र भेजा है।

महारकी हक़दारी आवश्यक हो तो जबर्दस्ती समाप्त करनी चाहिए, यही हमारा कहना है। फिर भी हक़दारी कानून में जो संशोधन हमने सुझाया है उसे अमल में लाना न लाना इस बात को हमने पूरी तरह से महारों की मर्जी पर छोड़ दिया है। यदि उन्हें पसन्द हो तो उन्हें कानून में सुझाए गए संशोधन को अपना लेना चाहिए। उन पर किसी भी प्रकार की जोर-जबर्दस्ती नहीं। महार जाति में पैतृक हक़दारी के विरोध में जो आन्दोलन चल रहा है उसमें हमें यह बात समझ में आई कि हक़दार महारों के तीन वर्ग हैं। कुछ महार ऐसे हैं जिन्हें प्रचलित हक़दारी छोड़ने की बिलकुल इच्छा नहीं है। लेकिन उन्हें लगता है कि पैतृक हक़दारी प्रथा में सुधार होना चाहिए। इन दोनों के अलावा हक़दार महारों का तीसरा ऐसा एक वर्ग है जो इस पैतृक हक़दारी से परेशान है और जो भूमि उनके पास से चली गई उसके अलावा वे सारी पैतृक हक़दारी छोड़ देने के लिए तैयार हैं। हमने जो योजना तैयार की है उसमें इन तीनों वर्गों का ध्यान रखा गया है। जिन महारों को लगता है कि पैतृक हक़दारी प्रथा अच्छी है, उन्हें वह प्रथा छोड़ने की जोर-जबर्दस्ती नहीं की गई। वे लोग जिस स्थिति में हैं उसी में उन्हें सुख से रहना चाहिए। लेकिन जिन्हें हक़दारी में सुधार चाहिए ऐसे महारों को कलेक्टर से निवेदन करके लेहना की बजाय नकद तय कर लेना चाहिए और उसे सरकार को वसूल करने के लिए कहना चाहिए। उसी प्रकार रैयत के काम न करने के बारे में निवेदन पत्र कलेक्टर को भेजना चाहिए। इस तरह वे लोग उससे अपनी मुक्ति कर सकते हैं। लेकिन ये सारी बातें महारों की मर्जी पर छोड़ दी गई हैं। जिन्हें हकदारी नहीं चाहिए उनके पीछे डंडा लेकर कोई चलनेवाला नहीं है। जिन्हें नहीं चाहिए उनकी जमीन जाएगी इस डर से हक़दारी के जाल में फँसकर रहने की आवश्यकता नहीं। कुल मिलाकर तीनों

प्रकार के हक़दार महारों को हमारी योजना से सुविधा होगी। इसलिए इस योजना का विरोध करनेवाले लोग या तो मूर्ख हैं या धूर्त होने चाहिए। धूर्त लोगों का समाधान करना मुश्किल है। आज हम यह जो खुलासा कर रहे हैं वह धूर्त लोगों का समाधान करने के लिए बिल्कुल नहीं है। लेकिन मूर्ख लोग समझदार होकर उनके षड्यन्त्र के शिकार नहीं होने चाहिए इसी उद्देश्य से यह खुलासा किया गया है। हमारा यह उद्देश्य सफल होगा और महार पैतृक हक़दारी प्रथा की जंजीरें तोड़कर अपने उत्थान का रास्ता साफ़ कर लेगा, इस बात का हमें पूरा भरोसा है।

# अछूतपन और सत्याग्रह की सफलता

*दि. **13 और 14 नवम्बर 1927** को अमरावती (विदर्भ) के इन्द्रभवन थिएटर में वरहाड प्रान्त अछूतवर्गीय परिषद् का आयोजन किया गया था। डॉ. बाबासाहेब अम्बेडकर इस परिषद् के अध्यक्ष थे। **दि. 13 नवम्बर** को अपने अध्यक्षीय व्याख्यान जो **दि. 25 नवम्बर 1927** के 'बहिष्कृत' भारत का अग्रलेख भी है।*

*न जानपदिक दुःखमेकः शोचितुयर्हसि!*
*अशोचन्प्रति कुर्वीत यादि पश्मेदुपक्रमम्! ॥*

'जो पीड़ा सार्वजनिक है उसके लिए विलाप करते रहना उचित नहीं है। उसके लिए रोते रहने की बजाय उससे मुकाबला करने के लिए यदि कुछ निदान खोजा जा सके तो (बुद्धिमान आदमी को) खोजना चाहिए।'

*वपहाय निजं कर्म कृष्ण कृष्णेति वादिनः।*
*ते हरेर्व्देषिणः पापः धर्मार्थ जन्म यद्धरे : ॥*

'अपना कर्म छोड़कर (सिर्फ़) हरि हरि कहनेवाले लोग हरि से घृणा करनेवाले और पापी हैं क्योंकि हरि का जन्म तो धर्मरक्षण के लिए है।'

अछूत और सवर्ण लोग ये दोनों एक ही धर्म को माननेवाले लोग हैं, यह बात दोनों वर्ग के लोगों को कबूल है। सवर्ण लोग अछूतों को यह कभी नहीं कहते कि तुम लोग हिन्दू नहीं हो। बल्कि 1910 की जनगणना के समय कुछ मुस्लिम लोगों की होशियारी से जब एक नई बात चल पड़ी कि अछूतों की गिनती हिन्दुओं में न की जाए, उस समय अछूतों के कुछ सुधारकों ने ही नहीं, सनातनियों ने भी एक आवाज में कहा कि अछूत लोग हिन्दू ही हैं। उसी तरह अछूतों ने भी कबूल किया कि हमें अहिन्दू न गिना जाय बल्कि हिन्दुओं में ही हमारी गिनती होनी चाहिए।

हम एकधर्मी लोग हैं, इस तरह की भावना दोनों वर्गों में प्राचीनकाल से चली आई है। यह होने पर भी आज अछूतों की सोच में बहुत बड़ा फर्क दिखाई दे रहा है। हम लोग यदि हिन्दूधर्मी हैं तो अन्य हिन्दूधर्मियों को जो हक़ प्राप्त हैं वे हक़ हम लोगों के क्यों नहीं होने चाहिए? जिस कुएँ पर वे लोग पानी भरते हैं उस कुएँ पर पानी भरने का हक़ हम लोगों को क्यों नहीं होना चाहिए? जिस मन्दिर में वे लोग पूजा करते हैं उस मन्दिर में पूजा करने का हक़ हमें क्यों नहीं होना चाहिए? इस प्रकार के सवाल

वे लोग कर रहे हैं और उन सवालों के अनुरूप जो हक़ उन्हें प्राप्त होने चाहिए, उन्हें प्राप्त करने का आग्रह वे लोग कर रहे हैं।

कोई भी आदमी पुरानी चीजों को छोड़कर नए के पीछे भागता है तब उसके मन में इस बारे में सन्देह पैदा होता है कि मैं जो कर रहा हूँ वह सही है या गलत। जो पुराना है वह परम्परा से पुनीत हो जाता है। सभी को उसकी सच्चाई के बारे में भरोसा होता है। नए की परम्परा नहीं होती इसीलिए वह दिखने में कितना भी प्यारा हो तब भी उसका अनुकरण करने से लोग घबराते हैं। समान हक़ का आग्रह करनेवाले अछूतों की भी ऐसी मानसिक स्थिति होना स्वाभाविक है। इससे पहले हम कभी मन्दिर में नहीं गए। कभी कुएँ पर नहीं गए। इसलिए वैसा करने का आग्रह हमें रखना चाहिए, ऐसा लोग कहते हैं। लेकिन अछूतों के मन में यह सन्देह पैदा होना कि उनका यह आग्रह सत्याग्रह होगा या नहीं, मानव-स्वभाव के अनुकूल ही है। क्योंकि किसी भी कार्य में सफलता मिलेगी या नहीं, यह बात साधन सामग्री की उपलब्धता पर जितनी निर्भर करती है उतनी ही कार्य के नैतिक स्वरूप पर भी निर्भर है।

कार्य के मूल में यदि सत्य हो तो उसमें सफलता हासिल होने में चिन्ता की कोई विशेष वजह नहीं रहती क्योंकि हमेशा अन्त में सत्य की विजय होती है। किसी कार्य के मूल में असत्य हो तो उसमें सफलता हासिल करना मुश्किल है। इसलिए अपने कार्य का नैतिक स्वरूप क्या है, इस बात की अछूत समाज के हर आदमी को पूरी पहचान कर लेनी चाहिए। यह पहचान हो इसलिए मन्दिर में जाने का अछूतों का आग्रह सत्याग्रह है या दुराग्रह, इस बात पर सोचना बहुत जरूरी है।

सत्याग्रह के बारे में पहली बात यह है कि सत्य क्या है और वह निश्चित करना जरूरी है। क्योंकि सत्य क्या है यही निश्चित करना मुश्किल है तो सत्याग्रह की इमारत डगमगाती ही रहेगी। यदि सत्याग्रही को यह भरोसा न हो कि उसका आग्रह सत्याग्रह है या नहीं तो उसका सत्याग्रह कैसे सफल होगा? क्योंकि सत्याग्रह की सफलता हमेशा ही सत्याग्रही आदमी के मनोबल पर निर्भर करेगी। यह मनोबल प्रकट रूप से सत्य है या असत्य, यदि यह सन्देहात्मक हो तो उसमें सत्याग्रह के लिए आवश्यक मनोबल प्रकट नहीं होगा इसलिए सत्य क्या है इसके लक्षण सत्याग्रही आदमी के समझ में आना बहुत जरूरी है। हमारी मान्यता के अनुसार संक्षेप में कहा जाए तो जो कार्य जनसमुदाय के हित में होता है वही सत्कार्य है और उसके लिए किए जा रहे आग्रह को सत्याग्रह कहना चाहिए।

अब जन एकीकरण के बारे में मतभेद हो सकता है। एक आदमी को जो जन एकीकरण का कार्य करता है वही दूसरे को जन विग्रह का कार्य लगेगा, मतलब कर्त्ता की बुद्धि यदि शुद्ध न हो, स्वार्थी भावना से यदि वह प्रेरित होगा तो उसका जन विग्रह के काम की ओर झुकाव होगा। वहीं कर्त्ता के मन में यदि समभाव होगा तो उसके हाथों जन विग्रह का काम होगा ही नहीं। क्योंकि स्वार्थ की ओर झुकाव न होने की वजह से उसकी अभिलाषा जनसंग्रह की ओर ही होगी। इसलिए दो सिद्धान्तों का आधार

लेकर जहाँ समभाव है वहाँ जनसंग्रह है, वहाँ सत्कार्य है और ऐसे कार्य के लिए जो आग्रह है वही सत्याग्रह है। इस तरह से हमने सत्याग्रह की परिभाषा की है।

लेकिन यह विचारधारा हमारी नहीं है। हमने इसे गीता से लिया है। सत्याग्रह के लिए हम गीता का आधार ले रहे हैं, इसलिए कुछ लोगों को आश्चर्य होगा। क्योंकि सत्याग्रह गीता का विषय नहीं है, यह आम तौर पर लोगों की समझ है। लेकिन हमारी सोच के अनुसार यह समझ एकदम गलत है। गीता के विवेचन का मूल विषय ही सत्याग्रह है। और गीता का उपदेश क्यों दिया गया इस बात को गहराई से समझ लिया जाए तो इस कथन में जो सच्चाई है वह आसानी से समझ में आएगी। गीता में अर्जुन ने क्या सवाल पूछा और उसे कृष्ण ने क्या जवाब दिया, इस बात की ओर यदि किसी ने ध्यान दिया तो यह दिखाई देगा कि अर्जुन के रथ से नीचे उतरकर कृष्ण ने अर्जुन से कहा, 'बैठना मत, जिन्होंने तेरा राज्याधिकार लिया है उनसे युद्ध करने का आग्रह कर' तब अर्जुन ने सवाल किया कि तेरा आग्रह सत्याग्रह कैसे है? उस अकेले एक सवाल का कृष्ण द्वारा दिया गया जवाब ही गीता है। मतलब इस गीता ग्रन्थ में सत्याग्रह के अलावा दूसरा बुनियादी चर्चा का विषय है ही नहीं।

अछूत वर्ग सवर्णों से समान हक़ माँगने का जो आग्रह कर रहा है वह आग्रह सत्याग्रह है या नहीं, यह निश्चित करने के लिए हमने गीता का जो आधार दिया है वह गीता के सत्याग्रह पर एक मीमांसा है। लेकिन इसके लिए गीता का आधार देने का दूसरा भी एक कारण है, और वह यह कि यह धर्मग्रन्थ दोनों वर्गों—अछूतों तथा सवर्णों को मंजूर है। यदि हमने अन्य किसी ग्रन्थ का उद्धरण दिया होता तो सवर्ण लोगों ने हमें यह कहने में कोई संकोच न किया होता कि तुम्हारे उद्धरण का आधार हमें मंजूर नहीं। अछूतों ने जो सत्याग्रह शुरू किया है वह यदि गीता की कसौटी पर सही उतरा तो उसका विरोध करने का सवर्णों में कोई मानसिक बल नहीं रहेगा क्योंकि उनका ऐसा करने का मतलब एक तरह से गीता को नामंजूर करना समझा जाएगा।

अब अछूतों का यह सत्याग्रह गीता की कसौटी पर खरा उतरता है या नहीं यह देखना है। हमारा शुरू किया हुआ कार्य जनसंग्रह का है या नहीं? कुछ लोग यह कहते हैं कि अछूतपन से मुक्ति पाकर हम सवर्ण (छूत) हों, यही इस आन्दोलन का विस्तार है। लेकिन ऐसा मानना गलत है। अछूतपन की वजह से अछूतों का ही नुकसान हुआ हो ऐसी बात नहीं, बल्कि उनके साथ सवर्णों का और देश का भी नुकसान हुआ है। अछूतपन के कलंक से केवल अछूत ही कलंकित हुए हैं ऐसी बात नहीं, बल्कि सवर्ण भी कलंकित हुए हैं। जिन्हें नीच समझा जाता है इसमें उनका अपमान तो है ही, लेकिन जो लोग दूसरों को नीच समझते हैं उनकी नैतिकता भी नीच हो जाती है। अछूत लोग अछूतपन के नरक से निकलकर उन्हें आत्मस्वतन्त्रता प्राप्त हुई तो वे केवल अपना उत्थान करेंगे ऐसी बात नहीं बल्कि अपनी बहादुरी से, बुद्धि से, मेहनत से देश के विकास में महान योगदान भी करेंगे। इस दृष्टि से देखा जाए तो अछूतपन उन्मूलन का आन्दोलन पतितोद्धार का आन्दोलन नहीं है बल्कि यही जनसंग्रह का आन्दोलन है।

अछूतों को अपने स्वार्थ की ओर नजर रखकर केवल अपना ही उद्धार करने के लिए सत्याग्रह जैसा कठिन असिधारा व्रत स्वीकार करने की आवश्यकता नहीं है। क्योंकि जिस इनसानियत के लिए और जिस समानता की माँग के लिए जो लोग आज मेहनत कर रहे हैं, इनसानियत को पाने के लिए उन्होंने यदि धर्मान्तरण किया तो उनका उद्‌देश्य आसानी से सफल होगा, इसमें कोई सन्देह नहीं। और अछूतपन के विनाश के लिए उन्हें जिस शक्ति को खर्च करना पड़ रहा है, उसी शक्ति को उन्हें अपने शैक्षणिक और आर्थिक विकास पर लगाने का मौका मिलेगा।

हिन्दू धार्मिक लोगों के आचार में एक बहुत बड़ा विरोध दिखाई देता है, वह यह कि जब तक कोई आदमी हिन्दू समाज की इकाई रहता है तब तक उस पर हिन्दू धर्म के हित-अहित, पाप-पुण्य और छूत-अछूत के नियम लागू होते हैं। लेकिन उसी आदमी ने अगर हिन्दू धर्म से अपना रिश्ता-नाता तोड़ दिया और किसी अन्य धर्म या समाज की इकाई बन गया तो उस पर हिन्दू धर्म के हित-अहित, पाप-पुण्य और छूत-अछूत के जानलेवा नियम लागू नहीं होते। उससे मानव धर्म द्वारा बताए गए हित-अहित, पाप-पुण्य और छूत-अछूत के नियमों के अनुसार बर्ताव किया जाता है।

सवर्ण लोग जिस तरह से अछूतों को अपवित्र मानते हैं उस प्रकार कुत्ते-बिल्लियों को या मुस्लिमों को क्यों नहीं मानते? इस सवाल का जवाब इसी बात में है। अछूतों का हिन्दू धर्म के साथ रिश्ता होने की वजह से उन्हें हिन्दू धर्म के जानलेवा नियमों के अनुसार रखा जाता है। लेकिन कुत्ते-बिल्लियों का, मुस्लिमों का, हिन्दू धर्म से कोई लेन-देन न होने की वजह से उनके साथ मानव धर्म के नियमों के अनुसार बर्ताव किया जाता है, यह राज अछूतों को मालूम नहीं ऐसी बात नहीं। उन्हें पूरी तरह से मालूम है कि यदि कोई अछूत हिन्दू धर्म में रहा तो उसे सवर्ण हिन्दुओं की ओर से हीन समझा जाता है। लेकिन यदि वही अछूत ईसाई या मुस्लिम हो गया तो उसे वे सवर्ण हिन्दू लोग अपनी बराबरी का मानते हैं। फिर भी, अछूतपन विनाश का यह सीधा-सरल उपाय अपनाने की बजाय दूसरे धर्म में जाकर हिन्दू धर्म को पतन के रास्ते पर ले जाने के बजाय उसी में रहकर अपने पास जितनी शक्ति हो उसे लगाकर इनसानियत हासिल करनी चाहिए, इस तरह उन्होंने जो फैसला किया है, उससे उनका कार्य सिर्फ अपने उत्थान तक ही नहीं है बल्कि हिन्दू धर्म के उत्थान के लिए भी है।

उसी प्रकार जो अछूत लोग इस आन्दोलन को चला रहे हैं उनमें समता का भाव नहीं है, ऐसा कोई नहीं कह सकता। क्योंकि अछूतों की माँग विशेष हक़ के लिए नहीं है, बल्कि समान हक़ों के लिए है। हिन्दुओं के जो हक़ हैं वे केवल हमें ही होने चाहिए अन्य हिन्दुओं को नहीं, यह अछूत आन्दोलन की माँग नहीं है। उनकी यही माँग है कि सवर्ण हिन्दुओं को जो हक़ हैं वे हक़ हमें भी होने चाहिए। इसलिए गीता की जो कसौटी है उसके अनुसार अछूतों का आग्रह वास्तव में सत्याग्रह है।

कुछ ऐसे भी समाजद्रोही लोग हैं जो यह कहते हैं कि अछूतों का कार्य वास्तव में राष्ट्रकार्य है। लेकिन अछूतों को मन्दिर में प्रवेश पाने का बिल्कुल अधिकार नहीं,

ऐसा भी वे कहते हैं। इनमें से कुछ लोगों की दलील ऊपरी तौर पर अच्छी लगती है उसके समक्ष अपना पक्ष दुर्बल तो नहीं, ऐसी शंका मन में पैदा होती है। इन विरोधी लोगों का यह कहना है कि सवर्णों के मन्दिर में जाने से ही भक्ति-लाभ होता है। इसलिए यदि अछूत लोग मन्दिर में जाने का प्रयास करते हों तो वह सही नहीं है। क्योंकि नमाज पढ़ना मुस्लिम धर्म-पालन का लक्षण है। उसी तरह सवर्णों के मन्दिर में भगवान के दर्शन के लिए जाना हिन्दू-धर्मपालन का लक्षण है, ऐसी बात नहीं। हिन्दू धर्म में साकार का प्रत्यक्ष पूजन, निराकार का ध्यान और परमेश्वर का केवल नामोच्चार, ये उपासना के मार्ग बताए गए हैं। हम यह नहीं कहते कि अछूतों को इन तीन उपासना मार्गों में से कोई भी नहीं अपनाना चाहिए। इन तीनों में से किसी एक का भी पालन करना हिन्दुत्व के लिए पर्याप्त है। जब तक उपासना के और उपास्य के कई प्रकार हिन्दू समाज में प्रचलित हैं तब तक सवर्णों के मन्दिर में जाने से ही उपासना-लाभ होता है, अछूतों का यह कहना कोई मतलब नहीं रखता है।

इस आपत्ति पर हमारा जवाब है कि हिन्दू समाज में उपासना के कई प्रकार हैं और उनमें से किसी एक प्रकार की उपासना से भी हिन्दू धर्म का पालन होता है, ऐसा यदि मान भी लिया जाए तब भी जिस किसी को साकार की प्रत्यक्ष पूजा करने की इच्छा हो उसे वैसा करने की आजादी क्यों नहीं होनी चाहिए? इस उपासना का मार्ग एक के लिए खुला और दूसरे के लिए बन्द क्यों होना चाहिए? जिन अछूतों के लिए वह बन्द है उन्होंने उस बन्द दरवाजे को खोलने का आग्रह किया तो वह उचित है या नहीं? जहाँ उपासना के कई मार्ग हों वहाँ हर एक व्यक्ति को स्वयं के लिए उपासना का उचित मार्ग तय करने का हक़ होना चाहिए। अछूत लोग जो झगड़ रहे हैं वे इसी हक़ के लिए झगड़ रहे हैं। उनका उद्देश्य गलत है, ऐसा कहना एकदम बेवकूफी है।

इन विरोधी लोगों की दूसरी दलील है कि सवर्ण लोग अपने मन्दिर में अछूतों को भगवान का दर्शन नहीं करने देते लेकिन हर किसी को अपने भगवान की स्थापना करने की स्वतन्त्रता है। जिन अछूतों को साकार की प्रत्यक्ष पूजा की उपासना का मार्ग पसन्द हो उन्हें अपना अलग मन्दिर बनाना चाहिए। सवर्ण हिन्दू समाज ने उस तरह की स्वतन्त्रता उन्हें दे दी है। केवल उपासना के लिए अछूतों को भगवान पर हक़ जताने की कोई आवश्यकता नहीं है। इस तरह की दलील जो मूर्ख लोग देते हैं उनसे हमारा यही सवाल है कि जब रेलवे के अफ़सरों ने गोरे लोगों के लिए अलग और काले लोगों के लिए अलग-अलग रेल के डिब्बे आरक्षित किए तब उनकी वह व्यवस्था आपको क्यों पसन्द नहीं आई? और उसके विरोध में तुम लोग शिकायत क्यों करते हो? रेलवे अफ़सरों ने गोरे लोगों के अलग डिब्बे सुरक्षित किए तब भी दूसरे डिब्बों से यात्रा करने की तुम लोगों को आजादी है। तुम लोगों को यात्रा ही करनी है और उसके लिए अलग डिब्बे में जाने की आजादी तुम्हें दी गई, फिर भी गोरे लोगों के लिए आरक्षित किए गए डिब्बे में बैठने का हक़ तुम लोग क्यों जता रहे हो? इसका एक ही जवाब है और वह यह कि यह बात सिर्फ यात्रा तक ही सीमित नहीं है, इसमें समानता का भी सवाल है।

इस दलील पर अछूतों का जवाब भी उसी प्रकार का है। अछूत लोग मन्दिर में जाने का जो आग्रह कर रहे हैं वह केवल साकार का प्रत्यक्ष दर्शन के लिए नहीं। अछूतों को मन्दिर में प्रवेश पाकर जो बात हासिल करनी है वह यह कि उनके प्रवेश से मन्दिर अपवित्र नहीं होता या मन्दिर में मूर्ति को छूने से उसकी पवित्रता नष्ट नहीं होती। इस बात को सिद्ध करने के लिए अलग मन्दिर की स्थापना करने की कोई आवश्यकता नहीं। इसलिए भगवान में पवित्रता की कल्पना करके सवर्ण लोग जिसकी उपासना करते हैं उसी भगवान की उपासना करने का आग्रह अछूतों का करना सही है। उसके बिना अछूतों का उद्देश्य सफल नहीं होता। सिर्फ पानी छूने से ही भगवान की पवित्रता नष्ट होती है। हमारे छूने से वह नष्ट नहीं होगी क्योंकि हम पानी नहीं हैं, ऐसा सवर्ण लोग मानते हैं। इससे यह साबित होता है कि भगवान के उपासकों में कोई पवित्र, कोई अपवित्र ऐसा भेदभाव नहीं है, यही उनके आन्दोलन का सिद्धान्त है और इसीलिए वे सवर्णों द्वारा स्थापित मूर्ति की उपासना करने का आग्रह कर रहे हैं। उनका यह आग्रह सत्याग्रह नहीं है, ऐसा कौन कह सकता है?

अछूतों के सत्याग्रह के विरोध में उन्होंने उपर्युक्त प्रकार की आपत्तियाँ उठाई हैं ऐसी बात नहीं, उन्होंने कुछ व्यावहारिक आपत्तियाँ भी उठाई हैं। इस मुद्दे पर उनका कहना है कि सवर्णों को अपने मन्दिर अछूतों के लिए खुले कर देने चाहिए। अछूतों का कहना कि तुम लोग अपने मन्दिर हमारे लिए खुले कर दो वरना हम सत्याग्रह करेंगे और उन पर अपना हक़ जताएँगे, क्योंकि छूत-अछूत का भेद सनातन काल से गलती से हुआ हो या जानबूझकर लेकिन यदि हम सवर्णों ने अपने मन्दिर बनाए होंगे तो उन पर अपना हक़ अछूतों को क्यों जताना चाहिए और इस तरह से यदि वे जताने लगे तो क्या वह उचित होगा? अछूतों के सत्याग्रह का सवाल केवल छूतअछूत की समस्या तक ही नहीं है, वह न्याय-अन्याय का भी सवाल है। इस विचारधारा पर इन विरोधी लोगों का इतना बल है कि उनके अनुसार अमरावती के अम्बादेवी मन्दिर के पंचों ने अछूतों का निवेदन पत्र कूड़े के ढेर में डाल दिया तब भी रिवाज और कानून उनके पक्ष में था। क्योंकि समाज के सभी क्षेत्रों से अछूतपन पूरी तरह समाप्त हो गया तब भी यदि एक पंच ने कहा कि ऐसा रिवाज नहीं है, तो कानून के बल पर और न्याय के हक़ से वह अछूतों को मना कर सकता है, यह आपत्ति भी एकदम बेबुनियाद है।

सवर्णों ने मन्दिर बनाए और चलाए इस बात को अछूत लोग भी कबूल करते हैं। इसकी वजह से सवर्णों का यह कहने का हक कि तुम अपने मन्दिर हमारे लिए खोल दो, यह हक़ अछूतों को नहीं है, इस बात को कोई भी नाकबूल नहीं करेगा। क्योंकि मन्दिर सवर्णों ने बनाए हैं फिर भी वे हिन्दू धर्म के हैं और हिन्दू धार्मिक लोगों के लिए बनाए हैं। यह काम किसी एक ने किया है तब भी वह सभी हिन्दुओं के उपयोग के लिए किया है, उस हर आदमी को इस मन्दिर में जाकर उपासना करने का हक़ प्राप्त होता है। उसी प्रकार हिन्दुत्व जिस तरह सवर्णों की सम्पत्ति है उतना ही वह अछूतों की सम्पत्ति भी है। इस हिन्दुत्व की स्थापना जितनी वशिष्ठ जैसे ब्राह्मणों ने, कृष्ण जैसे क्षत्रियों ने, हर्ष जैसे वैश्यों ने, तुकाराम जैसे शूद्रों ने की उतनी ही वाल्मीकि, चोखामेला

और रैदास आदि अछूतों ने भी की है। इस हिन्दुत्व के रक्षण के लिए हजारों अछूतों ने अपनी इनसानियत को दाँव पर लगाया है। गीता के अछूत समान व्याध से लेकर खडर्या की लड़ाई में सिदनाक महार तक जिन अछूतों ने हिन्दुत्व के रक्षण के लिए अपना सिर हथेली पर रखा था उनकी संख्या कम नहीं होगी। जिस हिन्दुत्व का ढेर सवर्ण-अछूत दोनों ने मुट्ठी-मुट्ठी डालकर बढ़ाया है और उस पर डाका पड़ते ही जान की बाजी लगाकर उसका संरक्षण किया उस हिन्दुत्व के नाम पर बनाए गए मन्दिर जितने सवर्णों के हैं उतने वे अछूतों के भी हैं। उन पर अछूतों का भी उतना ही हक़ है। एक मालिक है और दूसरा सेवक है, ऐसा नहीं कहा जा सकता। अछूत लोग पराए हैं ऐसा कहना गलत होगा। अछूत लोग पराए नहीं हैं। वे हिन्दू हैं, हिन्दू धर्म उनका है और वे हिन्दू धर्म के हैं। हिन्दू मन्दिरों पर अछूतों का भी हक़ है, इस बात को सभी कबूल करेंगे।

यह हक़ स्वीकार करने पर पुराने रिवाज का सवाल ही नहीं उठता। क्योंकि कानून की दृष्टि से देखा जाए तो सार्वजनिक दृष्टि से व्यक्ति का हक़ किसी को अधिकार-पत्र देकर स्थापित नहीं किया जाता। वह हर किसी को स्वाभाविक रूप से प्राप्त होता है। उसका इस्तेमाल न हो या बीच में कहीं उसका इस्तेमाल न हुआ हो तब भी केवल इसी वजह से वह छीना नहीं जा सकता। कोई आदमी पहले किसी रास्ते से नहीं गया इसलिए उसे उस रास्ते से जाने का हक़ प्राप्त नहीं होगा यह कहना मूर्खता होगी। इसी तरह वह किसी सार्वजनिक कुएँ पर या मन्दिर में पहले कभी नहीं गया इसलिए वह अब नहीं जा सकता, यह कहना मूर्खतापूर्ण होगा। इसलिए न्याय का पलड़ा अपनी ओर से हलका नहीं होता। इसलिए अपना जो आग्रह है वह सत्याग्रह है, इसके बारे में किसी भी अछूत को अपने मन में किसी भी प्रकार की शंका रखने का कोई कारण नहीं। इतना ही नहीं, हिन्दू धर्म को पतन से बचाकर उत्थान की अवस्था में लाकर उसे सारे मानव मात्र का धर्म बनाने की दृष्टि से हम देवदूत हैं, ऐसा यदि उन्होंने कहा तो वह गलत नहीं होगा। इस तरह अछूतों का समान हक़ प्राप्त करने का जो आग्रह है वह सत्याग्रह है या नहीं, हमने इस बात की चर्चा की है।

इस सत्याग्रह को अछूतों को किस प्रकार सफल बनाना चाहिए, इस बात पर सोचना जरूरी है। सबसे पहले यह तय होना चाहिए कि सत्याग्रह का तरीका किस प्रकार का हो? महात्मा गांधी आधुनिक काल में सत्याग्रह आन्दोलन के समर्थक हैं और सत्याग्रह का वही तरीका अच्छा है जो महात्मा गांधी ने दिया है। इसके अलावा दूसरा तरीका हो ही नहीं सकता, इस तरह की गलत धारणा लोगों में फैली हुई है। महात्मा गांधी के सत्याग्रह का जो तरीका है उसमें उन्होंने हिंसा के लिए कोई गुंजाइश नहीं रखी है। इतना ही नहीं, उनका यह कहना है कि जहाँ हिंसा है वहाँ सत्याग्रह नहीं है। महात्मा गांधी की यह मान्यता सही है, इसमें कोई दो राय नहीं, ऐसा हमें लगता है।

अमुक एक आदमी का आग्रह सत्याग्रह है या दुराग्रह है यह उस आग्रह की सफलता के लिए जुटाए गए साधनों पर निर्भर नहीं होता, बल्कि वह किसी कार्य के नैतिक स्वरूप पर निर्भर होता है। वह कार्य यदि सत्कार्य हो तो उसके लिए किए गए

आग्रह को सत्याग्रह कहना ही चाहिए और यदि वही असत्य हो तो उसके लिए किए गए सत्याग्रह को दुराग्रह कहना चाहिए। हिंसा-अहिंसा यह केवल आग्रह की सफलता के साधन हैं। जिस प्रकार कर्म के या कर्त्ता के रुझान से क्रियापद का रूप बदलता है, उसी प्रकार कुछ साधनों के रुझान से आग्रह का नैतिक स्वरूप नहीं बदलता। क्योंकि किसी दुराग्रही ने अपना आग्रह सफल बनाने के लिए अहिंसा का तरीका अपनाया, इसलिए उसके दुराग्रह को सत्याग्रह नहीं कहा जा सकता। या किसी सत्याग्रही ने सत्याग्रह की सफलता के लिए हिंसा की तो उसके सत्याग्रह को दुराग्रह नहीं कहा जा सकता। यदि वैसा हुआ तो गीता में कृष्ण ने अर्जुन को सत्याग्रह की सफलता के लिए जो हिंसा का मार्ग अपनाने के लिए मजबूर किया उसे क्या कहना चाहिए? क्या वह सही में भगवान था? वैसा कहने के लिए कोई हिन्दू तैयार होगा, ऐसा नहीं लगता। और दूसरा कोई उस तरह से कहने के लिए तैयार हुआ तो भी उसका कहना सभी को मंजूर होगा, ऐसा नहीं कहा जा सकता। क्योंकि अहिंसा परमोधर्मः ऐसा कहा जाता है, तब भी सभी जगह अहिंसा धर्म का पालन करना सम्भव नहीं है।

आँखों से दिखाई न देते हों लेकिन तर्क से जिनका अस्तित्व समझ में आता है ऐसे सूक्ष्म जन्तु इस दुनिया में इतने हैं कि हम लोगों ने अपनी आँखों की पलकें भी हिलाईं तो उससे ही इन जीवों के हाथ-पाँव टूट जाएँगे। हवा में, पानी में, फल आदि में सभी जगह जो सैकड़ों सूक्ष्म जीव-जन्तु हैं, उनकी हत्या कैसे बन्द होगी? डॉ. जगदीशचन्द्र बोस ने जो वैज्ञानिक खोज की है उससे यह सिद्ध होता है कि पेड़-पौधों में भी जान है। फिर इन पेड़-पौधों का नाश करनेवाले ब्राह्मण, नाक पर पट्टी बाँधकर घूमनेवाले जैन साधुओं को अहिंसा की इतनी शेखी बघारने की क्या आवश्यकता है? इसलिए अहिंसा से सभी प्रकार का व्यवहार नियन्त्रित होगा, यह कहना उचित नहीं है। मान लो, हत्या करने के लिए, अपनी औरत-कन्या से बलात्कार करने के लिए या अपने घर को आग लगाने के लिए अथवा अपनी सारी जायदाद लूटने के लिए कोई दुष्ट आदमी हाथ में हथियार लेकर आया और दूसरा कोई आदमी बचाने के लिए नहीं है, तो हमें क्या करना चाहिए? ऐसे दुष्ट आदमी की अहिंसा परमोधर्मः कहकर आँखें बन्द करके उपेक्षा करनी चाहिए या वह प्यार से न सुनता हो तो उसे अपने ढंग से सजा देनी चाहिए? कोई भी आदमी क्यों न हो, ऐसे समय में इन दोनों में से आखिर वह कौन-सा रास्ता अपनाएगा? क्योंकि ऐसे समय में हत्या का पाप हत्या करनेवाले को नहीं लगता। बल्कि जो दुष्ट मरता है वह अपने अधर्म से मरता है, ऐसा शास्त्र कहते हैं। प्राचीन शास्त्रकर्त्ताओं की ही बात नहीं, आधुनिक फौजदारी कानून ने भी आत्म- संरक्षण के लिए हिंसा करने का हक़ कुछ मर्यादा रखकर कबूल किया है।

हिंसा जबकि अनुचित है फिर भी आत्मसंरक्षण का कार्य उसके बगैर न होता हो तो हिंसा करना उचित है, ऐसा हम समझते हैं। भ्रूणहत्या का मतलब बहुत ही घृणित माना गया है। लेकिन वही भ्रूण यदि जीवन के लिए संकट बन गया तो उसे खत्म कर देने में किसी को कोई आपत्ति नहीं होती। यही दलील सत्याग्रह की सफलता के लिए

आवश्यक है। सत्याग्रही हिंसा करनी पड़ी तो वह किसी के लिए भी माफ़ करने योग्य है, ऐसा कुछ कारणों के आधार पर कहा जाएगा। गांधी का अहिंसात्मक सत्याग्रह का रास्ता इस दृष्टि से देखा जाए तो अव्यावहारिक सिद्ध होता है। लेकिन वह अहिंसात्मक है, ऐसा कहना सिर्फ ग़लतफहमी है।

हिंसा का मतलब हत्या करना, यही यदि हिंसा का संकीर्ण अर्थ लिया गया तो हिंसा और अहिंसा में कुछ भेद किया जा सकता है। लेकिन हिंसा का मतलब सिर्फ जान लेना ही नहीं, दूसरे जीवों के मन या देह को पीड़ा पहुँचाना भी है। मतलब अहिंसा का अर्थ किसी भी सचेतन प्राणी को पीड़ा न देना है। इस तरह से हिंसा शब्द का व्यापक अर्थ किया जाए तो महात्मा गांधी की अहिंसा एक तरह से हिंसा ही है, ऐसा कहना पड़ेगा। क्योंकि उनके सत्याग्रह का जो तरीका है उससे दूसरे प्राणियों के शरीर पर आघात नहीं पहुँचता लेकिन उनके मन को पीड़ा पहुँचती है; इसमें कोई सन्देह नहीं। गांधी के सत्याग्रही आदमी ने मनुष्य की हत्या यदि नहीं की तब भी वह अपने आग्रह से अपने विरोधियों के मन की शान्ति भंग करता है। यह होते हुए भी अपने सत्याग्रह में हिंसा बिल्कुल नहीं है यह महात्मा गांधी का कहना है। यह आधा सत्य है, ऐसा कहा जा सकता है।

देखा जाए तो जब तक सम्भव हो, अहिंसा और गरज हो तो हिंसा इस तरह की नीति रखना सत्याग्रही आदमी के लिए सफलता की दृष्टि से उचित है। इतना ही नहीं, नीति की दृष्टि से भी उचित है, गांधी ने अहिंसा पर जो इतना बल दिया है वह सिर्फ गांधी अहिंसावादी है इसलिए नहीं। बल देने का उनका कारण एकदम अलग है। गांधी अपने सत्याग्रह की मीमांसा में सत्य क्या है और वह कैसे तय किया जा सकता है इस बारे में हम कुछ निश्चित बात स्थापित नहीं कर सकते, ऐसा कहते हैं। जिसे हम सत्याग्रह कह सकते हैं उसी को लोग दुराग्रह भी कह सकते हैं, ऐसा उन्हें लगता है और अपना यह विचार उन्होंने हंटर कमेटी के सामने जो कैफियत लिखकर दी है उसमें साफ़ तौर पर लिखा है। जहाँ सत्य के बारे में ईमानदारी से मतभेद हो वहाँ हिंसा करना उचित नहीं होगा, यही उनका कहना है और इसी वजह से उन्होंने अपने सत्याग्रह के साधनों से हिंसा को अलग कर दिया। इससे स्पष्ट होता है कि यदि कार्य की सत्यता के बारे में संकीर्ण मानसिकता नहीं इस तरह का किसी ने यदि उन्हें यकीन दिलाया तो उसके लिए शुरू किए गए सत्याग्रह की सफलता के लिए हिंसा करने की आवश्यकता हुई तो गांधी उसमें रुकावट पैदा नहीं करेंगे। यह जो विवेचन किया है वह इसीलिए कि हिंसा सत्य के नैतिक स्वरूप के लिए रुकावट नहीं है। इससे इस सवाल की अधिक चर्चा करने में तत्त्वों की दृष्टि से रुकावट नहीं है। फिर भी आज की स्थिति में इस तरह करने की किसी को फुरसत नहीं है।

इस देश की सारी प्रजा निःशस्त्र है इसलिए सत्याग्रह की सफलता के लिए अहिंसा का एक ही रास्ता है और सत्याग्रह के लिए तैयार अछूतों को इसी एक उपाय पर सारा भरोसा रखकर चलना आवश्यक है। इसके अलावा वह उपाय अछूतों का

सवाल हल करने के लिए अधूरा है, ऐसा मानने के लिए आज कुछ अनुभवों की गवाही लेने की आवश्यकता नहीं है। क्योंकि अछूतपन के विनाश के लिए सत्याग्रह की मुहिम अभी-अभी शुरू हो रही है, इसलिए जो सत्याग्रह करना है वह अहिंसक तरीके से होगा। इसके अलावा उसमें और कुछ नहीं, इस बात को अच्छी तरह ध्यान में रखना चाहिए।

अब यह सत्याग्रह किसके विरोध में करना होगा? इसकी चर्चा करना जरूरी है। अछूतों को न्याय का हक़ देने के लिए यदि कोई विरोध कर रहे हैं तो वे सवर्ण लोग हैं। मतलब जो सत्याग्रह करना है वह सवर्ण लोगों के विरुद्ध करना है, ऐसा अछूतों को लगना स्वाभाविक है। लेकिन यह समझ पूरी तरह सही नहीं है। मान लीजिए, कल अछूत लोग किसी सार्वजनिक तालाब पर या किसी सार्वजनिक मन्दिर में अपना हक़ कायम करने का आग्रह करें और सवर्ण लोग उनका प्रतिकार करने के उद्देश्य से रुकावट बन गए तो आगे क्या होगा? इस सवाल पर सोचे बगैर सत्याग्रह किसके विरोध में करना है इसकी पूरी समझ सम्भव नहीं। अछूत लोग सत्याग्रह के लिए तैयार हुए और सवर्ण लोग उसमें रुकावट बन गए तो उनके गलत व्यवहार से शान्ति भंग होने की सम्भावना होगी तो शान्ति बनाए रखने के लिए सरकार को इस आन्दोलन में उतरना पड़ेगा। क्योंकि शान्ति बनाए रखना यह सरकार का बुनियादी काम है और सरकार यदि इस आन्दोलन में उतर पड़ी तो वह किस नीति को स्वीकार करेगी यह कहना आसान नहीं है। यदि सरकार ने सवर्ण लोगों का पक्ष लिया और न्याय के हक़ों को अमल में लानेवाले लोगों ने सरकार की उचित मदद की तो यह सवाल एक पल में ही हल हो जाएगा। लेकिन ऐसा होने की बजाय सरकार ने यदि रवैया बदला और सत्याग्रही अछूतों से कहा कि तुम लोग ऐसी बातें करके गलती कर रहे हो, इससे शान्ति भंग हो रही है, ऐसा हुक्म यदि सरकार ने जारी किया तो आगे क्या होगा? मतलब यदि ऐसा हुआ तो अछूतों को जो सत्याग्रह करना है वह बाहरी तौर पर भले ही सवर्णों के विरोध में हो लेकिन अन्त में वह सरकार के विरोध में होगा, यह बात एकदम सच है। इसलिए इस सत्याग्रह की जिम्मेदारी क्या है यह बात अछूतों को अच्छी तरह से समझ लेनी चाहिए। संक्षेप में कहना हो तो इस सत्याग्रह में अछूतों के पास अपने मन्दिर या तालाब में जाने का आग्रह सफल बनाने के लिए सरकारी हुक्म नकारने के बगैर और कोई रास्ता नहीं है। और सरकारी हुक्म को भंग करने की वजह से सरकार सत्याग्रह करनेवाले अछूतों को जेल में बन्द किए बगैर नहीं रहेगी, कुल मिलाकर सत्याग्रह करनेवाले अछूत लोगों को इस बात को अच्छी तरह ध्यान में रखना चाहिए कि इस काम के लिए समय आने पर अछूतों को जेल भी जाना पड़ सकता है, इसलिए उन्हें अपनी पूरी तैयारी रखनी चाहिए।

सचमुच में अछूतपन इतनी अमानवीय प्रथा है कि उसे समाप्त करने के लिए कुछ लोगों ने अपनी जान भी गँवाई तब भी गलत नहीं होगा। सवर्ण लोगों का कहना है कि अपने छूने से अपवित्र होनेवाली चीज गौमूत्र छिड़कने से पवित्र हो जाती है। अपने ही धर्म के आदमी के छूने से जो चीज अपवित्र होती है वह पशु के मूत्र के छिड़कने से पवित्र

होती है, इस तरह के गन्दे विचारों की यह मान्यता नफरत करने योग्य है। पशु के मूत्र से शुद्धि की कल्पना नफरत करने योग्य है, इससे एक बात साफ़ है कि पशुओं के मलमूत्र में जितनी पवित्रता है, उतनी भी पवित्रता सवर्णों की दृष्टि से अछूतों में नहीं है। इसलिए यह स्थिति जीने योग्य है ऐसा किसी भी स्वाभिमानी आदमी को नहीं लगेगा।

जीना कोई दुनिया का पुरुषार्थ नहीं है। जीने के कई तरीके हैं। काकबलि खाकर कौवे भी बहुत दिन जीते हैं। लेकिन उनके जीने में पुरुषार्थ है, ऐसा कोई नहीं कहेगा। आज नहीं तो कल, कम-से-कम सौ साल बाद मौत से कोई बच नहीं सकता। तो फिर उसके लिए डर या रोना क्यों? यह शरीर नष्ट होनेवाला तो है ही। आत्मा के कल्याण के लिए जो कुछ इस दुनिया में करना होता है उसके लिए नष्ट होनेवाला यह मनुष्य शरीर ही एकमात्र साधन होने की वजह से 'आत्मा नाम् सततं रक्षेत दारैरपि धनैरपि', 'बीवी-बच्चे या सम्पत्ति से भी स्वयं की रक्षा पहले करनी चाहिए', ऐसा शास्त्रों में कहा गया है। फिर भी यह दुर्लभ है और नष्ट होनेवाला मानवी शरीर गँवाकर उससे भी ज्यादा शाश्वत इस प्रकार की कोई वस्तु प्राप्त करने के लिए जैसे–देश के लिए, सत्य के लिए, शब्द के लिए, ध्येय के लिए, सफलता के लिए, इज्जत के लिए या मानव मात्र के लिए कई महापुरुषों ने कई समय कर्त्तव्य की अग्नि में अपने प्राणों की बलि चढ़ा दी है।

हमें ऐसा लगता है कि जिस प्रकार महाभारत में वीर पत्नी विदुला ने अपने बेटे से कहा था कि बिछौने पर पड़े सड़ते या सौ साल बेकार जीवन बिताने के बजाय पलभर के लिए बहादुरी दिखाकर मर गया तो भी अच्छा होगा। उसी प्रकार हर अछूत माता को अपने बेटों को बताने का समय आ गया है। लेकिन इतना बड़ा असिधाराव्रत पालने के लिए कोई अछूतों को कहता ही नहीं। सिर्फ जेल में जाने के लिए तैयार रहो, इसके आगे उनसे अन्य किसी कुर्बानी की अपेक्षा नहीं रखी जाती। और यदि उतना भी न हो तो यह कहना पड़ेगा कि अछूत लोग आदमी नहीं, हिजड़े हैं क्योंकि महाभारत में एक जगह पर कहा गया है–

*एतावानेच पुरुषो यदमर्षी यदक्षमी।*
*क्षमावान्निरमर्षश्च नैवस्त्री न पुनः पुमान् ॥*

'जिस आदमी को (जुल्म-ज्यादतियों से) नफरत है और जो (अपमान) बर्दाश्त नहीं करता उसे ही आदमी समझना चाहिए। जिस आदमी में गुस्सा या नफरत नहीं होती उसे हिजड़ा जैसा मानना चाहिए।'

लेकिन हमें उम्मीद है कि अछूतपन के विनाश के लिए जान कुर्बान करने का इरादा बहुत कम अछूतों का हो सकता है लेकिन अछूतपन विनाश के लिए जेल में जाने की तैयारी बहुत लोगों की है। और यदि यह बात सच है तो इस कार्य में उन्हें निश्चित तौर पर सफलता प्राप्त होगी क्योंकि सरकार ने अन्याय से अछूत सत्याग्रहियों को जेल में डाला तब भी वे कितने लोगों को कितने दिन तक जेल में डालेंगे? और सवर्ण लोग सरकार का आधार कितने दिन तक लेंगे! अन्त में शिकस्त मिलने पर सरकार को भी इस बात पर सोचना पड़ेगा। क्योंकि सरकार को भी लोगों की भावनाओं की कद्र करनी

पड़ती है और यदि कुछ दिनों तक सरकार ने उस पर ध्यान नहीं दिया तो भी उसकी ओर सरकार का ध्यान आकर्षित करवाना अछूतों के ही हाथ में है। यदि सरकार शान्ति भंग के नाम पर हमारे अधिकारों के खिलाफ जाती है तो हमें प्रगत राष्ट्रों के कोर्ट जो संयुक्त राष्ट्र संघ है, उसके पास जाकर सरकार को उसकी अन्यायी प्रवृत्ति के लिए शर्मिंदा करना पड़ेगा। उसी प्रकार जिन सवर्ण लोगों की हेकड़ी के लिए, हक़ के लिए नहीं, सरकार अछूतों को सजा देगी उन सवर्ण लोगों को भी इस बात पर सोचना पड़ेगा।

सवर्ण लोगों को अछूतों के बारे में हमदर्दी न भी हो तब भी उन्हें अपने संरक्षण की चिन्ता है और उस चिन्ता की वजह से वे व्यथित न भी हों तब भी उन्हें व्यथित करना हमारे हाथ में है और वह सत्याग्रह के रास्ते से ही सम्भव है। अछूतों की हिम्मत देखेंगे यदि ऐसा सवर्णों ने तय किया तो हो सकता है कि सत्याग्रह असफल हो लेकिन वैसा होने से जो नुकसान होगा वह किसका? सवर्णों का ही! सत्याग्रह के बाद भी जब अछूतों को इस बात का पता चल जाएगा कि हमें हिन्दू धर्म में कोई स्थान नहीं मिल रहा है तो जो लोग आज धकेलने के बाद भी हिन्दू धर्म से बाहर नहीं जा रहे वे ही लोग इस अनुभव के बाद कि हिन्दू धर्म पत्थरों का धर्म है, इसलिए उसके सामने अपना सिर फोड़ने से भी कुछ होनेवाला नहीं है, समझकर कहेंगे कि सवर्णो! ले लो अपना धर्म और अपने आप दूसरे धर्म में जाने के लिए तैयार हो जाएँगे। लेकिन इस बात को सवर्ण लोग यहाँ तक पहुँचने देंगे, ऐसा हमें नहीं लगता। लेकिन अपना सत्याग्रह हमें इतने बड़े पैमाने पर करना चाहिए कि उसके लिए सरकार की जेलें पूरी तरह से भर जाने के बाद भी सत्याग्रहियों को और जेलों की आवश्यकता होनी चाहिए। हमारा यह आन्दोलन सवर्णों को बच्चों का खेल नहीं लगना चाहिए।

सत्याग्रह की सफलता की बात सोचते समय सत्याग्रह किसके विरोध में करना है, इस बात को जानना जितना जरूरी है उतना ही यह भी जानना आवश्यक है कि सत्याग्रह किसे करना चाहिए। अपने मानवी हक़ प्राप्त करने का एक उपाय सत्याग्रह तो है ही, लेकिन वह उपाय कामयाब होने के लिए उसमें अछूत समाज के नर-नारियों को जितनी बड़ी मात्रा में हिस्सा ले सकते हैं, उतनी बड़ी मात्रा में उन्हें हिस्सा लेना चाहिए, और वह हिस्सेदारी सफलता की दृष्टि से बहुत आवश्यक है। लेकिन हमारी दृष्टि से सत्याग्रह सिर्फ एक व्यावहारिक उपाय है, इतना ही नहीं, वह एक तरह से अपने आपको भी उन तमाम विकारों से, बुराइयों से शुद्ध बनाने का प्रयास है। इसमें हर किसी अछूत को सम्मिलित होकर अपने आपको शुद्ध बनाने का प्रयास करना चाहिए।

सवर्ण लोग अछूतों को अपवित्र और अशुद्ध मानते हैं यह बात जितनी सही है, उसी तरह अछूत लोग भी अपने आपको अशुद्ध और अपवित्र समझकर व्यवहार करते हैं, यह बात सही है। आज तक सवर्ण लोगों का वर्चस्व स्थापित होने की वजह से जो वे कहेंगे वैसा ही अछूत करेंगे, यह अछूत समाज की आदत बन गई है। सवर्ण लोग ऊँचे हैं और हम नीच हैं, वे हमारे नायक हैं और हम उनके दास हैं, इस भावना का मैल जो अछूतों के दिलो-दिमाग पर जम गया है उसी की वजह से अछूतपन टिका हुआ

है। इस मैल को निकाले बगैर अछूतों में आत्मसम्मान की भावना जाग्रत नहीं होगी और वह जाग्रत हुए बगैर अछूतपन का विनाश नहीं होगा।

इस आत्मशुद्धि की दृष्टि से हर अछूत का इस सत्याग्रह में भाग लेना जरूरी है फिर भी झंझटों में उलझे हुए अछूतों को यह आत्मशुद्धि कर लेने के लिए प्रत्यक्ष रूप से सत्याग्रह में भाग लेना सम्भव होगा या नहीं, इस बारे में सन्देह होना एकदम स्वाभाविक है। और यदि सम्भव हुआ भी तो बहुत कम लोगों को इसमें भाग लेना होगा और पर्याप्त लोगों ने इस सत्याग्रह में भाग नहीं लिया तो उससे कुछ ज्यादा फायदा होगा ऐसा हमें नहीं लगता। क्योंकि दुराग्रही आदमी को बेचैन होना पड़े इतने बड़े पैमाने पर यह सत्याग्रह नहीं हुआ तो वह आदमी अपना दुराग्रह छोड़ेगा नहीं। इसलिए हमारा यह सुझाव है कि दुनिया की झंझट से मुक्त हुए या झंझट में फँसे 5,000 अछूत तरुणों का एक सत्याग्रही दल बनाना चाहिए और उस दल के द्वारा जहाँ सत्याग्रह करने का मौका आएगा वहाँ-वहाँ सत्याग्रह किया जाना चाहिए। यह योजना यदि अमल में लाई गई तो सत्याग्रह की तैयारी में कमी नहीं रहेगी। और इतने बड़े 5,000 सत्याग्रही दल का दबाव बना तो सत्याग्रह की सफलता में किसी को भी कोई सन्देह नहीं रहेगा। लेकिन इस तरह का दल बनाने के लिए आर्थिक मदद भी होनी चाहिए, उसी प्रकार कुछ समय भी चाहिए। यह होने तक अछूतों को मामूली तौर पर ही सही लेकिन सत्याग्रह शुरू कर देना चाहिए, यही अच्छा है।

अछूतों के सत्याग्रह के विरोध में कुछ सवर्ण लोग आगे आ रहे हैं इस बात को हम अच्छी तरह जानते हैं। इन सवर्णों में कुछ लोगों की यह राय है कि अछूतों के समान हक़ का सवाल अछूतों के सत्याग्रह से हल नहीं होगा। बल्कि वह सवाल सवर्णों को सवर्णों में ही हल करना चाहिए। और जिस दिन तक मन्दिर पर वे इस तरह का सूचना पट नहीं लगाते कि, 'अछूतों को भगवान के दर्शन के लिए आना चाहिए' तब तक अछूतों को जाना नहीं चाहिए। लेकिन जिस दिन ऐसा सूचना पट लग जाएगा उस दिन अछूतों को हँसी-खुशी के साथ मन्दिर में आना चाहिए, लेकिन तब तक उन्हें किसी तरह की गड़बड़ या झंझट नहीं खड़ी करनी चाहिए। लेकिन सवाल यह है कि क्या सवर्ण लोग इस समस्या को अपने आप हल करेंगे? हमें इस बात की बिल्कुल उम्मीद नहीं है। क्योंकि इन लोगों का यह कहना है कि यह सवाल बहुमत का, दया का, माया का, नीति का या समान हक़ का है ही नहीं। यह केवल धर्म-सिद्धान्त का सवाल है। अछूत लोग स्वधर्म रूपी विराट पुरुष का कोई भी अंश नहीं बन सकते। क्योंकि ब्राह्मण मुख, क्षत्रिय बाहु, वैश्य जंघा और शूद्र पाँव बन जाने की वजह से अछूतों को इस विराट पुरुष में कोई स्थान है ही नहीं। अछूत लोग इस विराट हिन्दू पुरुष के पाँव की जूतियाँ हैं और जूतियाँ कभी भी शरीर का हिस्सा बनना सम्भव नहीं। अछूत लोग हिन्दुओं से कभी भी एक जान नहीं बन सकते। वैसा होना चाहिए यह कहना मूर्खता और पागलपन है। अछूत वर्ग मुस्लिमों की तरह सीमा से बाहर है। स्वधर्मरूपी विराट पुरुष के पाँव के बाहर का और शरीर से सीधा सम्बन्ध न रखनेवाला वह एक अलग अंश है, इस तरह से जिन

लोगों की सोच है उन लोगों की नीयत और चरित्र पर अछूतों को भरोसा रखकर शान्त रहना, यह सलाह धूर्ततापूर्ण नहीं लेकिन बेवकूफी से भरी हुई है।

अन्य कुछ सवर्ण लोग यह कहते हैं कि यदि अछूतों ने सत्याग्रह शुरू किया तो वह उनके हाथों सफल होना सम्भव नहीं है। क्योंकि सत्याग्रह का हथियार यदि उन्होंने सवर्ण लोगों पर चलाया तो सवर्ण लोगों का अछूतपन-विनाश के कार्य में जो सहयोग है उसे वे गँवा देंगे। क्योंकि यह वार सारे सवर्ण समाज पर होगा इसलिए सुधारवादी और सनातनी सवर्ण इस सत्याग्रह के वार का मुकाबला करने के लिए एक हुए बगैर रहेंगे नहीं। लेकिन इन लोगों को हम यह पूछना चाहते हैं कि सवर्ण लोगों में से कुछ लोग हमारे विरोध में हैं यह तुम्हें हमें बताने की आवश्यकता नहीं। हम इस बात को जानते हैं। तुम लोगों को यदि हमारे प्रति सद्भावना है तो कुछ सवर्ण लोग हमारे विरोध में हैं इस तरह का कारण बताकर हमें सत्याग्रह से अलग रखने की कोशिश मत करो। तुम लोग यदि हमारे साथ हो, हम पर होनेवाले अन्याय के प्रति यदि तुम्हें गुस्सा या नफरत है तो तुम लोगों को हमारे सत्याग्रह में शामिल हो जाना चाहिए। इसी में तुम्हारी सद्भावना की सही पहचान है। वरना तुम्हारी दोस्ती रही भी तो क्या और न भी रही तो क्या, उससे हमें बिल्कुल फर्क नहीं पड़ेगा।

*अमर्ष शून्मेन जनस्य जन्तुना न।*
*जातहार्देन न विद्विषादशः॥*

जब अमेरिका में (काले लोगों की) गुलामी को समाप्त करने के लिए मुहिम शुरू की गई तब अमेरिका के गोरे लोगों में दो समुदाय थे। दक्षिण अमेरिका के गोरे लोग इस मुहिम के विरोध में थे और उत्तर अमेरिका के गोरे लोग इस मुहिम के समर्थन में थे। फिर भी उत्तर अमेरिकी प्रदेशों के गोरे लोगों ने दक्षिण अमेरिका के गोरे तुम्हारे विरोध में हैं इसलिए तुम लोगों को गुलामी के विरोध में आन्दोलन नहीं करना चाहिए, ऐसा ब्राह्मणवादी उपदेश उन गुलाम शिद्दियों को नहीं दिया बल्कि उन्होंने काले शिद्दियों के साथ मिलकर और उनकी सलाह से उनकी आजादी का विरोध करनेवाले अपने ही जाति के लोगों की हत्याएँ कीं। और इसमें उन्होंने कोई बुजदिली नहीं दिखाई। उसी प्रकार सवर्ण समाज के जो लोग यह कहकर सद्भावना दिखाते हैं कि तुम्हारी माँगें सही हैं, उन्हें शिद्दी लोगों के गोरे हमदर्दों ने जो कर दिखाया वही करके हम दिखाएँगे तो ही हम लोग तुम लोगों पर भरोसा रखेंगे, इस तरह से खुलेआम साफ-साफ शब्दों में कह देना चाहिए। वरना ये लोग सद्भावना का जाल बिछाकर जो अन्याय एक दिन के लिए भी बर्दाश्त करना पाप है वही अन्याय उसी तरह आगे भी बर्दाश्त करवाएँगे।

तीसरे प्रकार के सवर्ण लोग कहते हैं कि सवर्ण और अछूत ये दोनों एक ही समाज के अंग हैं। सत्याग्रह करना होता है, वह अपने ही लोगों के विरोध में नहीं करना पड़ता ऐसी बात न भी हो फिर भी हिन्दू समाज पर जब बाहर से हमले हो रहे हैं ऐसे समय में अछूतों का उनसे बचाव के लिए मदद करने की बजाय आपस में लड़ना उचित नहीं है। बात तो बड़ी अच्छी है! लेकिन उसे अछूतों को क्यों सुनना चाहिए? जिस धर्म में

उन्हें बिल्कुल स्थान नहीं, जहाँ उन्हें पाँव की जूतियों के समान रखा जाता है, उस धर्म के संरक्षण के लिए उन्हें क्यों मरना चाहिए? यह जिम्मेदारी तो सवर्ण लोगों की है। क्योंकि हिन्दू धर्म के हक़ तो उनकी जमींदारी है। 'खाने को हम और लड़ने को तुम' इस तरह का उपदेश पागलपन है। और इस बहकावे में आनेवाले अछूत लोग मूर्ख नहीं हैं। उन्हें इस बात का अफसोस हो रहा है कि आज तक हमने बेमतलब हिन्दू धर्म का रक्षण किया है। ऐसी मान्यता वाले अछूतों को उपदेश करने का अधिकार सवर्णों को है, ऐसा हमें नहीं लगता। विरोधियों की कमजोरी का फायदा उठाकर अपना हित साध लेना यह व्यवहार मान्यसिद्धान्त है, उसी नीति को अपनाकर अपने सामाजिक हक़ हासिल करने के लिए 'सरकार की मजबूरी में ही अपना भला कर लो' ऐसी घोषणा ऐन युद्ध के समय करने में सरकार की परवाह न करनेवाले सवर्णों को अछूतों को दोष देने का क्या अधिकार है, यही हमें समझ में नहीं आ रहा।

अब हमें लड़ाई शुरू नहीं करनी चाहिए, इस तरह का उपदेश जो लोग हमें देते हैं, उन्हें हम ऐसी सलाह देते हैं कि तुम्हारी गीता क्या कहती है, उसे देखो। गीता में कृष्ण ने जो उपदेश अर्जुन को किया है उससे अलग हमने क्या कहा है। कौरव और पांडवों की सेना युद्ध के लिए तैयार होकर कुरुक्षेत्र में खड़ी थी और युद्ध शुरू होने से पहले अर्जुन ने अपना रथ युद्धस्थल के बीचोबीच ले जाकर दोनों ओर के सैनिकों की ओर अपनी नजर दौड़ाई और देखा तो वहाँ सभी अपने ही लोग हैं, उसे अपने रिश्तेदार और गुरु कौरवों की सेना में दिखाई दिए। फिर यह युद्ध प्रसंग कैसा? यह बात उसके सामने आई और उसने युद्ध करने से इनकार कर दिया और अपने हाथ के धनुष-बाण नीचे रख दिए और खुद जमीन पर बैठ गया। कौरव और पांडव दोनों भाई हैं यह बात कृष्ण को मालूम नहीं थी, ऐसी बात नहीं। कौरव-पांडवों को हक़ देने के लिए तैयार नहीं थे फिर भी भीष्म, द्रोण, विदुर आदि शिष्ट लोग इस पक्ष में थे और कुछ समय के बाद उनके विचारों का प्रभाव कौरवों पर पड़ा। यह बात कृष्ण को मालूम थी। आपस में युद्ध नहीं करना चाहिए यह सिद्धान्त यदि सही होता तो अर्जुन का बर्ताव देखकर कृष्ण ने यह क्यों नहीं कहा कि, "सचमुच जो तू कहता है वही सच है। तुझे जो युद्ध से घृणा हुई उसे देखकर मुझे खुशी होती है।" बल्कि कृष्ण ने कहा कि, "यह नासमझी तुझमें कहाँ से आई? यह हिजड़ापन तुझे शोभा नहीं देता, इस दुर्बलता को छोड़कर तू युद्ध के लिए तैयार हो जा", इतना ही नहीं, इस युद्ध में अनगिनत लोगों का नुकसान होगा यह दिखाई देने के बाद भी उसे इस बात की कोई परवाह नहीं होनी चाहिए। इसलिए कि कौरवों ने पांडवों का जो राज छीन लिया था उसे प्राप्त करने के लिए, जिस चीज के लिए अर्जुन सत्याग्रह कर रहा था वह चीज और जिस चीज के लिए अछूत सत्याग्रह कर रहे हैं उस चीज की तुलना में उसकी कीमत फूटी कौड़ी की भी नहीं है। पांडव राज्य के लिए लड़ रहे थे, अछूत लोग इनसानियत के लिए लड़ रहे हैं। इनसानियत छिन जाने से आदमी का सबकुछ छीन लिया जाता है। लेकिन राज्य जाने से इनसानियत बच सकती है। राज्य के बिना पांडव मरे नहीं होते लेकिन इनसानियत के बिना अछूत

लोग जिन्दा होकर भी मर गए। राज्य जैसी मामूली बात के लिए यदि पितृहत्या, गुरुहत्या, बन्धुहत्या या कुल-विनाश जैसे घोर कुकर्म करने के लिए कृष्ण अर्जुन से कहता है तो इनसानियत पाने के लिए अछूतों को सत्याग्रह क्यों नहीं करना चाहिए, इस तरह का उपदेश अछूतों को देना केवल मूर्खता है।

वास्तव में देखा जाए तो इन सवर्णों की सलाह मानने की हमें कोई आवश्यकता नहीं है। क्योंकि वे हमारे कितने भी हितचिन्तक हों फिर भी वे इस सम्बन्ध में हमें उपदेश करने के लायक नहीं। क्योंकि यह सवाल अधिकार का, जाति का, स्वार्थ का, मानसिकता का है, विद्या, ज्ञान या बुद्धि का नहीं। इसलिए उनका यह बेमतलब का उपदेश सुनने के बजाय हमें उन्हें यह साफ़ तौर पर बता देना चाहिए कि तुम लोगों को हम लोगों को उपदेश देने की झंझट में नहीं पड़ना चाहिए।

किसी भी तरह की लड़ाई हो उसमें मध्यस्थता होती है और यदि मध्यस्थता का उपयोग नहीं हुआ तो युद्ध की नौबत आती है। अछूतपन विनाश के कार्य में बहुत समय तक मध्यस्थता हुई, ऐसा हमें लगता है। हिन्दू धर्म में जब से अछूतपन आया तब से उसके खिलाफ कई महापुरुषों ने प्रयास किए। लेकिन इस सम्बन्ध में सवर्ण लोगों का दुराग्रह इतना भयंकर है कि आवश्यक अवसरों को छोड़ दिया जाए तो उन्होंने इस बारे में सूई की नोक जितनी मिट्टी भी पांडवों को न देनेवाले पत्थरदिल और अधर्मी दुर्योधन के प्रति ज्यादा उदारता दिखाई हो, ऐसा किसी को नहीं लगेगा। और इससे आगे भी उनके स्वभाव में अछूतों के प्रति अनुकूल बदलाव आएगा, ऐसा भी नहीं लगता।

सचमुच देखा जाए तो इस अन्याय को हमने बर्दाश्त किया है, इसलिए वह इतने दिनों से आज तक चलता आ रहा है। उसे फेंक देने का यदि हम लोगों ने मन से प्रयास किया तो उसे हम पर पुनः लादने की किसी में भी हिम्मत नहीं होगी। जिस ब्राह्मण धर्म ने हमें इतनी नीच अवस्था तक पहुँचाया उसी ब्राह्मण धर्म ने कायस्थ जैसी जाति पर भी नीचता का ठप्पा मारने का कई बार प्रयास किया है। लेकिन कायस्थों ने समय पर प्रयास करने से अपना सम्मान बरकरार रखा। काल का चक्र उलटा घूम रहा था, हमारे पुरखों ने गहरी नींद ले ली थी। दूसरे लोगों की तरह हमारे पुरखों ने भी आँखें खुली रखकर हो रहे अन्याय का मुकाबला उसी समय किया होता तो, आज 'अछूत' शब्द इतिहास का एक शब्द बनकर रह गया होता। लेकिन ऐसा करने का इरादा पिछली पीढ़ी ने नहीं किया, यह बहुत शर्म की बात है। लेकिन पिछली पीढ़ी में शिक्षा का प्रसार न होने की वजह से उनके बेफिक्र बर्ताव को माफ़ करने योग्य माना जा सकता है। लेकिन इस पीढ़ी की बात अलग है। अछूतों को कभी न मिलनेवाला ज्ञान इस पीढ़ी को मिला है। इसलिए पिछली पीढ़ी के हाथों जो बात नहीं हुई, उस बात को हासिल करना इस पीढ़ी का काम है। उसके लिए इस पीढ़ी के लोग सचेत नहीं होंगे तो वे खानदानी नहीं माने जाएँगे बल्कि खानदानद्रोही माने जाएँगे, ऐसा कहना पड़ेगा।

# अछूतों के उत्थान की आर्थिक नींव

***दि. 26 और 27 नवम्बर 1927** को सोलापुर में सोलापुर जिला वतनदार महार परिषद् आयोजित की गई थी। डॉ. बाबासाहेब अम्बेडकर इस परिषद् के अध्यक्ष थे। इस परिषद् में दिए गए डॉ. अम्बेडकर के अध्यक्षीय व्याख्यान को* **दि. 23 दिसम्बर 1927** *के 'बहिष्कृत भारत' में अग्रलेख के रूप में प्रकाशित किया गया था।*

राष्ट्र के विकास के लिए सम्पत्ति का बड़ा महत्त्व है। इस दृष्टि से उसका संग्रह करना बहुत आवश्यक है। लेकिन सम्पत्ति का उपयोग जब धनवान लोग गरीब प्रजा के शोषण के लिए और अपना घमंड तथा प्रभाव बढ़ाने के लिए करते हैं तब उनकी सम्पत्ति को शास्त्रकारों ने 'असुरी सम्पत्ति' कहा है और उन्होंने उसका निषेध किया है। धर्मशास्त्र का यह उपदेश, जो हमें पढ़ा रहे हैं, उन्हें भी मंजूर है। यदि वैसा न होता तो मुम्बई जैसे शहर में जब मालिक और मजदूरों का संघर्ष बेकाबू हो जाता है, तब ये सभ्य लोग इस तरह का उपदेश देने के लिए तैयार न हुए होते। ये यह न कहते कि मालिक लोग तुम्हारा बहिष्कार कर डालेंगे, जरा सँभलो! तुम्हारे जीने के साधन उनके हाथ में हैं, लेकिन ये लोग मजदूर वर्ग को सिर्फ लड़ने के लिए भड़काते हैं। वे मालिक लोगों में इस तरह का भी उपदेश देते हैं कि तुम लोग सम्पत्ति के बल पर अपने हक़ों के लिए लड़नेवाले गरीबों को दबाने का आसुरी काम मत करो। उसके लिए हमें कुछ भी बुरा नहीं लगता बल्कि हम उनका अभिनन्दन करते हैं।

लेकिन उनसे हम एक सवाल पूछना चाहते हैं और वह यह कि आर्थिक स्वतन्त्रता के लिए लड़नेवाले लोगों के विरोध में धन का गलत उपयोग करना, क्या यह धर्म है? यदि वह अधर्म है तो फिर जिस सत्याग्रह के बारे में उपदेश करने का तुम लोगों ने संकट मोल लिया है, उन्होंने हमारे विरोधियों को धन के बल पर हमारा बहिष्कार करना और हमारे उत्थान को रोकना यह पाप है, ऐसा क्यों नहीं कहा? ऐसा यदि उन्होंने किया होता तो उनके मन की निर्मलता हमें पसन्द आई होती। लेकिन उन्होंने वैसा न करने की वजह से अपना उपदेश केवल अछूतों को सचेत करने के लिए किया है, इस बात पर हमारा भरोसा नहीं है। उसमें हमें भड़काने का जहर भरा हुआ है, ऐसा हम मानते हैं। कुछ लोग खुलेआम निषेध करने में शर्माते हैं इसलिए

कभी-कभी उपदेश के बहाने निषेध करने की अपनी इच्छा शान्त कर लेते हैं। उसी का यह एक प्रकार है। लेकिन यह तरीका मामूली उपदेश या मामूली निषेध का है। जिन सवर्णों के विरोध में यह सत्याग्रह किया जा रहा है उन लोगों को 'फाज़िल उत्साही' अछूतों को सजा देकर काबू पाने के लिए उसके हाथ में किस प्रकार का हथियार है इसकी याद दिलाने के लिए यह संकेत है, ऐसा हमें लगता है। जिन लोगों की इस कार्य में सही हमदर्दी है, ऐसे अछूतों का निर्वाह सवर्णों के हाथ है और सवर्ण लोग अपना सहारा बन्द करके अछूतों को सत्याग्रह से बाज रखेंगे ऐसा जिन्हें अच्छी तरह मालूम है, उन्होंने जैसे अछूतों को संकेत दिया कि सवर्णों के हाथ में किस प्रकार का हथियार है, इसका ध्यान रखो, उसी तरह सवर्णों को भी संकेत दिया होता कि सत्याग्रह जैसे सत्कार्य को असफल करने के लिए अपने पास के हथियार का गलत इस्तेमाल मत करो, तो बहुत अच्छा होता, लेकिन यह बात उनके ध्यान में नहीं आई। वास्तव में कहा जाए तो सत्याग्रह का प्रतियोग कहकर बहिष्कार किया जाएगा, यह बात अछूत लोगों को बार-बार बताने की कोई आवश्यकता नहीं। जिन अछूतों ने सत्याग्रह आन्दोलन शुरू किया है उन्हें इस भविष्य की पहले से ही कल्पना थी। लेकिन इस बहिष्कार से डरेगा कौन? जिनके सामने कोई उद्देश्य नहीं, वे ही लोग डरेंगे। जिनकी आँखों के सामने जगमगाता लक्ष्य है वे कभी घबराएँगे नहीं। क्योंकि ध्येयवादी लोगों को यह पूरी तरह से मालूम होता है कि कोई भी ध्येय कितना भी हलका हो, उसे हासिल करने के लिए तप की आवश्यकता होती है। वह लक्ष्य जितना ऊँचा होगा उतना उसे पाने के लिए जो मेहनत करनी पड़ेगी वह उतनी ही कठोर होनी चाहिए। कड़ी मेहनत के बिना किसी ने लक्ष्य पाया हो, इसका प्रमाण इतिहास में नहीं है। केवल सुख और तन्दुरुस्ती पाना ही आदमी का जीवन-कार्य है, ऐसी बात नहीं। यदि वैसा होता तो, मनुष्यत्व को शोभा देनेवाले महान कार्य इस दुनिया में हुए ही नहीं होते। जानवरों का साधारणता में समाधान होना सम्भव है। लेकिन मनुष्य और पशु में आहार, निद्रा, डर आदि शारीरिक धर्म समान होने पर भी मनुष्य को बुद्धि की अनोखी देन प्राप्त है। और जब बुद्धि जाग्रत नहीं होती तब मनुष्य पशु ही होता है। और मामूली सुविधा को वह सुख मान सकता है। लेकिन जाग्रत बुद्धि होकर जिन्देपन की समझ वाले आदमी को श्मशान की शान्ति अच्छी लगना सम्भव नहीं। उसे मामूली सुधार चाहिए या अपनी बुद्धि से तय किए हुए लक्ष्य चाहिए, इसका फैसला करना पड़ता है।

अछूत वर्ग जाग गया है और उसे मामूली सुविधा चाहिए या समानता चाहिए इन दोनों में से किसी एक बात को अपनाने का समय आना था, वह आ गया है। इस तरह उसने समानता प्राप्त करने का निर्णय कर लिया है। हमारा यकीन है कि जाग्रत अछूत समाज अपने रास्ते को रोकनेवाली हर रुकावट को दूर करने के लिए हर तरह की कुर्बानी करके अपने स्वार्थ का त्याग करेगा। इतना ही नहीं, जान की भी कुर्बानी करने के लिए पीछे नहीं हटेगा। इस अवस्था को पहुँची हुई जनता को बहिष्कार की कोई परवाह नहीं है। और जिन्होंने जानबूझकर उस तप को स्वीकार किया है उन्हें इशारा

करने का क्या मतलब? इन दुष्ट लोगों द्वारा बजाए गए घंटे की डरावनी आवाज सुनकर हड़बड़ाने का कोई कारण नहीं क्योंकि बहिष्कार जैसे आत्मविनाशी हथियार का प्रयोग कोई कर नहीं सकता और यदि कर ही लिया तो उसे बहुत दिनों तक सान नहीं चढ़ा सकता। हम अछूत हैं इस बात को हम अछूत लोग कबूल करेंगे नहीं, ऐसा अछूत लोग कहते हैं, इसी प्रकार हम लोग स्वराज्य के लायक हैं ऐसा भी हम कबूल नहीं करेंगे, ऐसा अंग्रेज लोग भी सवर्ण लोगों के लिए कहते हैं। जैसे आज अछूत लोगों को अपने बस में करने के लिए बहिष्कार करने का इशारा किया जा रहा है, उसी प्रकार अंग्रेज सरकार को होश में लाने के लिए स्वदेशी बहिष्कार की मुहिम शुरू की गई थी और वह कई साल चली। लेकिन सभी को मालूम है कि उससे अंग्रेज सरकार का बाल-बाँका तक न हो सका। उसका कारण भी सभी को मालूम है।

जहाँ आपस में आर्थिक सम्बन्ध दाता और याचक का होता है, वहीं इस बहिष्कार की सम्भावना होती है। क्योंकि दाता ने यदि याचक का बहिष्कार किया तो उससे दाता का कुछ भी नुकसान नहीं होता। लेकिन जहाँ आपस के सम्बन्ध दान के रूप में न होकर विनिमय के रूप में होते हैं, वहाँ बहिष्कार का तन्त्र नहीं चलता। ऐसी स्थिति में बहिष्कार करने का मतलब विनियोग से होनेवाला स्वार्थ है। इसी प्रकार उसका परिणाम भी होता है। हर किसी की स्वार्थ पर नजर होने की वजह से एक-दूसरे के बहिष्कार के विनिमय से होनेवाले स्वार्थ को डुबोने के लिए कोई भी तैयार नहीं होता। यदि वैसा न होता तो मिल के मालिकों के लिए पेटभरन मजदूरों का हमेशा-हमेशा के लिए बहिष्कार सम्भव हुआ होता। अंग्रेज व्यापार के विरोध में स्वदेशी के काल में किया गया बहिष्कार सफल नहीं हो सका, यह बात सभी को मालूम है। इसका कारण यह है कि बहिष्कार से यदि दुश्मन को डर लगता है, तो उस जैसा दूसरों को नियन्त्रण में रखने का अन्य दूसरा हथियार नहीं। लेकिन उस हथियार की ऐसी अजीबोगरीब स्थिति है कि उसके वार से दुश्मन के साथ अपने को भी चोट पहुँचती है।

जो लोग बहिष्कार की धमकी देते हैं, उनको बहिष्कार का यह हथियार एकपरता है या दोहरे परतवाला है, इसकी समझ नहीं आई होगी या अछूत समाज दूसरों पर निर्भर है, सवर्ण समाज उसका पोषण करता है, इस तरह की उनमें गलत समझ होगी। हिन्दू समाज की रचना दूसरे समाजों की तरह विनिमय पर ही हुई है, ऐसी स्थिति में कौन किस पर एहसानमन्द है ऐसा समझने की कोई आवश्यकता नहीं। मालिक ने नौकर को सेवा के लिए रखा, तो नौकर पर यह एहसान मालिक बड़े घमंड से करता है। लेकिन मैं एहसान नहीं कर रहा हूँ, यह बात तो सच है। लेकिन तू भी मुझ पर कोई एहसान नहीं कर रहा है, यह बात नौकर भी मालिक को ऐंठ से कह सकता है। जो काम स्वयं किया जा सकता है, वह काम आम तौर पर दूसरों से कोई नहीं करवाता। अपने से न होनेवाले काम ही दूसरों से करवाने की आवश्यकता होती है। मालिक ने सम्बन्ध तोड़ दिया तो नौकर परेशान होंगे, लेकिन यदि नौकर ने सम्बन्ध तोड़ दिया तो, पास में पैसा होने पर भी मालिक की हालत खराब होगी। मतलब यह कि हर किसी को एक-दूसरे

की आवश्यकता होती है। इसलिए यह आपसी सम्बन्ध स्थापित होता है। और स्वार्थ की बुनियाद पर स्थापित यह सम्बन्ध कोई भी आसानी से तोड़ नहीं सकता क्योंकि उसमें दोनों का नुकसान होता है। वही न्याय अछूत और सवर्ण के सम्बन्धों पर लागू होता है। अछूत लोग जो सवर्णों की नौकरी करते हैं वे यह नहीं कहते कि हम सवर्णों पर मेहरबानी कर रहे हैं। उसी प्रकार सवर्णों को भी इस घमंड में नहीं रहना चाहिए कि हम उन्हें पालते हैं। दोनों का सम्बन्ध केवल स्वार्थ का है। एक-दूसरे का एक-दूसरे के बगैर काम चल नहीं सकता इसलिए दोनों एक-दूसरे पर निर्भर हैं। इस तरह की व्यवस्था से बँधे हुए लोगों का एक-दूसरे का बहिष्कार करना सम्भव नहीं और यदि किया गया तो वह बहुत दिन चलनेवाला नहीं है।

सवर्ण और अछूत में आर्थिक सम्बन्ध एक-दूसरे की स्वार्थ की भावना पर आधारित हैं फिर भी इन दोनों वर्गों में रहन-सहन के तौर-तरीकों में कुछ फर्क है, इस बात को कबूल करना जरूरी है। इसी की वजह से अछूतों की स्थितियाँ उनके लिए जितनी मारक हो सकती हैं उतनी सवर्णों की नहीं हो सकतीं। जिनका रहन-सहन कम दर्जे का है वे ऊँचे दर्जे के रहन-सहनवालों से झगड़ें तो उन्हें सफलता मिलनी मुश्किल है। क्योंकि बलवान आदमी से दो-दो हाथ करना आसान नहीं होता, इसीलिए जिनकी जीवन स्थिति अच्छी है उनका विरोध करके जिस शाश्वत हित को हासिल करना है वह भी उन्हें छोड़ देना पड़ सकता है। इसका अच्छा उदाहरण महाभारत में देखने को मिलता है।

कौरव-पांडवों के सैनिक युद्ध भूमि पर युद्ध के लिए तैयार थे। युद्ध प्रारम्भ करने के पहले भीष्म, द्रोण और शल्य जैसे महापुरुषों के चरणों की वन्दना करके उनका आशीर्वाद लेना चाहिए ऐसा युधिष्ठिर को लगा और उसने युद्ध भूमि पर अपने बख्तर उतारकर बड़ी नम्रता के साथ उनका आशीर्वाद लिया। शिष्टता का उचित पालन करने वाले युधिष्ठिर को आशीर्वाद देना उन्हें जरूरी था। लेकिन आशीर्वाद देते समय उन्हें अपनी स्थिति का ज्ञान हुआ कि उनका पक्ष सही है, कौरवों का पक्ष गलत है इस बात को कबूल करने के बावजूद भी तुम लोग सत्य की ओर से क्यों नहीं लड़ रहे हो? इस तरह का सवाल शायद युधिष्ठिर उन्हें पूछेगा, इस बात का ध्यान आते ही वे मन-ही-मन शर्मिंदा हुए और सवाल पूछने से पहले ही उन्होंने युधिष्ठिर को बताया।

*अर्थस्यपुरूदासो दासस्त्वर्थो न कस्याचित।*
*इति सत्यं महाराजबद्धोऽस्म्यर्थेन कौरवेः ॥*

'मनुष्य अर्थ का (पैसे का) गुलाम है। अर्थ किसी का गुलाम नहीं। इस तरह, हे महाराज युधिष्ठिर, कौरवों ने हमें अर्थ से बाँध रखा है।' इस तरह कहने का अवसर अछूतों को क्यों नहीं मिला। यह बात ऊपर बताई गई है।

अछूतों के रहन-सहन को कैसे ऊँचा उठाया जाए और वे स्वावलम्बी कैसे होंगे, इस बात का विचार करना बहुत जरूरी है। इसलिए इस विषय पर अपने विचार व्यक्त करने आवश्यक हैं।

सबसे पहले अछूत वर्ग में जिन जातियों की गिनती होती है उन जातियों में से किस-किस जाति को बहिष्कार की मार पड़ेगी इस बात को ध्यान में रखना चाहिए। चमार और ढोर दो व्यवसायी जातियाँ हैं। उन पर इस बहिष्कार का कोई प्रभाव नहीं पड़ेगा। बल्कि यदि उन्होंने ही सवर्ण समाज का बहिष्कार किया, नए जूते बनाने और पुराने जूते सिलने का काम बन्द किया तो उनकी बात चल सकती है। उसी प्रकार मातंग जाति भी व्यवसायी है। उन्होंने रस्सी, दोर, झाड़ बनाने का काम बन्द कर दिया तो उनसे भी सवर्ण लोगों का काम रुक सकता है। क्योंकि बैलों की लगाम और चरसा की नहन आदि किसानों की आवश्यक वस्तुएँ हैं। वे मातंग लोगों के हाथ में होने की वजह से उनका सवर्ण लोगों द्वारा बहिष्कार नहीं होगा। बल्कि इस जाति वालों ने ही यदि सवर्णों का बहिष्कार किया तो सवर्ण लोगों को उनके सामने झुकना पड़ेगा। भंगी लोग तो एक पल में सवर्ण लोगों को झुका सकते हैं। उनका धन्धा भले ही नीच माना गया हो तब भी उस धन्धे की इतनी उपयोगिता है कि उन्होंने ठान लिया तो वे सारे शहर में रोग फैला सकते हैं और सारी बस्ती का नाम शेष करने का कारण बन सकते हैं।

अब महारों की स्थिति क्या है, इस बात को देखेंगे। महारों का अपना कोई जाति धन्धा नहीं है। वे एकदम अन्तिम स्तर के क्यों न हों लेकिन वे राजपुरुष ही हैं। क्योंकि सरकारी नौकरी पर ही उनका जीवन है। सरकारी नौकरी में किसी का न लेना है न किसी को कुछ देना है। उन्हें भी बहिष्कार का डर नहीं, ऐसा महार कह सकते हैं। लेकिन वह कब? जब महार कहेंगे कि सरकारी नौकरी भली और हम भले तब! लेकिन दुर्भाग्य से आज ऐसा कहना सम्भव नहीं, ऐसा हमें लगता है।

इसका मूल कारण है महारों की हक़दारी। इसी हक़दारी की वजह से महार लोग सवर्णों के गुलाम बने हैं। उनके सवर्णों के गुलाम होने की वजह यही है जिनके नीचे महारों को नौकरी करनी पड़ती है वे सारे अधिकारी सवर्ण लोग हैं। ये लोग महार से सरकारी सेवा लेने तक ही अपने अधिकार का उपयोग करते हैं, ऐसी बात नहीं। बल्कि वे लोग अपने अधिकारों का उपयोग, महार लोग अपनी मर्यादा में चलते हैं या नहीं, इस बात की निगरानी रखने के लिए भी करते हैं। उन्होंने यदि अपनी मर्यादा छोड़ दी तो उन्हें सजा देने के लिए भी वे अधिकारों का उपयोग करते हैं। जरूरत पर महारों द्वारा मना करने की वजह से महारों को सजा मिलने के उदाहरण निम्न प्रकार हैं—चौधरी के घर के लिए लकड़ियाँ काटने पर, गाँव में रोटी माँगने का काम छोड़ देने पर, तहसीलदार के घोड़े को घास न डालने पर, कुलकर्णी पटवारी की जमीन में हल न चलाने पर, मरे हुए जानवरों का मांस खाना बन्द करने पर, अच्छा कपड़ा पहनने पर महारों को सजा मिलने के हजारों उदाहरण गिनाए जा सकते हैं। लेकिन महारों के इस तरह के कामों का और सरकारी नौकरी का कोई सम्बन्ध नहीं है। यदि चौधरी मुस्लिम चौधरी होता, पारसी कुलकर्णी-पटवारी होता तो हक़दारी एक तरह से महारों के लिए सुख की छाया होती। उन्होंने उन्हें यदि सजा दी होती तो सरकारी सेवा में लापरवाही की सजा

दी होती। लेकिन महारों के अच्छा कपड़ा पहनने पर, रोटियाँ माँगना छोड़ने पर, मरे हुए जानवरों का मांस खाना बन्द करने पर नहीं दी होती। महारों ने गन्दगी छोड़ दी और साफ़-सुथरा रहना शुरू किया तो इससे उनका अपमान हुआ या महार चढ़ गया ऐसा उन्हें नहीं लगा होता। लेकिन चौधरी कुलकर्णी की जोड़ी सवर्ण हिन्दू होने की वजह से उन्हें महार की मर्यादा छोड़ने पर गुस्सा आता है। और गुस्से में यह जोड़ी आपस में कानाफूसी करके हक़दारी से प्राप्त अधिकारों का दुरुपयोग करके, महार लोग सरकारी काम नहीं करते ऐसी झूठी रिपोर्ट तहसीलदार के पास भेजते हैं। तहसीलदार उसे सही मानकर उच्च अधिकारियों के पास भेजता है और हुक्म दिया जाता है कि महारों को सस्पेंड करो, इस तरह सभी बड़े अधिकारी सवर्ण जाति के होने की वजह से झूठे धर्माभिमान में फँस जाने की उनकी मार महारों पर पड़ती है। इसी वजह से महारों के पास सवर्णों का गुलाम बनने के अलावा और कोई विकल्प नहीं रहता।

हक़दारी (वतन) की वजह से महारों को जिस तरह सवर्णों का गुलाम बनकर रहना पड़ता है उसी प्रकार उन्हें हक़दारी की वजह से सवर्णों पर निर्भर रहना पड़ता है। महार लोग हक़दार सेवक के नाते सरकार के नौकर हैं। लेकिन इस नौकरी के लिए उनको मिलनेवाला वेतन सरकार से नहीं मिलता। उनका वेतन है लेहना और वह उन्हें देनेवाली है सवर्ण जनता। इस तरह इस हक़दारी की व्यवस्था होने की वजह से महार जाति स्वाभाविक रूप से सवर्णों पर निर्भर हो गई है। जबकि वे काम सरकार का करते हैं लेकिन उस काम के लिए वेतन देना चाहिए या नहीं, यह तय करने का अधिकार रैयत को दिया गया है। वह रैयत भी झूठे धर्माभिमान के जाल में फँस जाने की वजह से महार लोग अपनी मर्यादा में रहते हैं या नहीं, इस बात की खबरदारी लिए बगैर लेहना नहीं चुकाते। इसी तरह अधिकारों के और रैयत की कैंची में फँसी महार प्रजा को इस हक़दारी व्यवस्था की वजह से सवर्णों की गुलामी स्वीकार करनी पड़ रही है। इस गुलामी से यदि महारों को अपनी मुक्ति करनी हो तो उन्हें आर्थिक स्वतन्त्रता प्राप्त करनी चाहिए। इसलिए हम कहते हैं कि सबसे पहले महार की हक़दारी में परिवर्तन होना चाहिए।

उसमें पहला परिवर्तन यह हो कि ईनामी जमीन पर लगान देकर उनको यदि जमीन रखनी सम्भव हो तो उन्हें हक़दारी सेवा छोड़ देनी चाहिए। मतलब सवर्णों के गुलाम और सवर्णों पर निर्भर महार प्रजा एक पल में आर्थिक दृष्टि से स्वतन्त्र हो जाएगी। यदि इतना भी नहीं कर सके तो उन्हें रैयत से लेहना लेने के बजाय उसे वेतन के रूप में सरकार से लेना चाहिए। उससे महार सवर्णों के गुलाम रहने पर भी कम-से-कम सवर्णों पर निर्भर नहीं रहेंगे। जब इस तरह का परिवर्तन होगा तो हमें बहिष्कार की परेशानी भोगनी पड़ेगी, इसमें कोई सन्देह नहीं। लेकिन महारों को अब इस बात की परवाह नहीं करनी चाहिए।

जब हम महारों से कहते हैं कि हक़दारी छोड़कर तुम स्वतन्त्र बनो, तब उलटा सवाल किया जाता है कि हक़दारी छोड़ने पर हमारे जीने का दूसरा रास्ता क्या है? महार

लोगों को इस तरह का सवाल पूछना ही नहीं चाहिए। जब आदमी पैदा होता है तो वह पेट भरने का कोई स्वतन्त्र धन्धा लेकर पैदा नहीं होता। बल्कि पैदा होने के बाद अपनी योग्यता के अनुसार कोई भी धन्धा करके अपना पेट भरता है। तो फिर क्या महारों को ही अपना पेट भरना नहीं आएगा? फिर आर्थिक स्वतन्त्रता के उपाय के रूप में हम उन्हें कुछ तरीके बताना चाहते हैं।

हमारा महार लोगों को पहला सुझाव यह है कि तुम लोग अपनी स्वतन्त्र बस्तियाँ बनाओ। महार लोगों को अपने-अपने गाँवों का बड़ा अभिमान है। उन्हें पिता का गाँव छोड़कर जाना अच्छा नहीं लगता है। जहाँ पिता का मरण हुआ वहीं अपना भी होना चाहिए, यही उनकी मान्यता होती है। यदि गाँव में महारों को सम्मान के साथ देखा गया होता तो गाँव के बारे में अभिमान उचित था। लेकिन जहाँ गाँव के लोग महारों को कूड़े के ढेर की तरह समझते हैं, छोटे-छोटे कारणों के लिए उनका गाँव बन्द किया जाता है, जिस गाँव में उन्हें गाली-गलौच किए बगैर नहीं बुलाते उस गाँव में रहने का आग्रह महारों को करना, यह बहुत शर्म की बात है। इस प्रकार के जुल्मों की कहानी महारों को किसी को बताने की आवश्यकता नहीं। सोलापुर जिले में सासणूर, रातजन, राड़ेरास, पानगाँव, सुरडी, मालवंडी, कासेगाँव, शिरबावी आदि गाँवों में महार लोगों पर गाँव के लोगों द्वारा किस प्रकार से जुल्म ढाए जा रहे हैं, यह बात 'बहिष्कृत भारत' के पाठक अच्छी तरह जानते हैं। इन गाँवों में से कई गाँववासियों ने महारों का बहिष्कार करने का फैसला किया है और उसे वे सफल करने का प्रयास कर रहे हैं। ऐसी स्थिति से मुकाबला करना महारों के लिए आसान काम नहीं है। क्योंकि दो-ढाई सौ मकानों के गाँव में महारों के पाँच-दस मकान होते हैं। ऐसे अल्पसंख्यक लोगों को बहुसंख्यक जाति के बदमाश लोगों के जुल्म को बर्दाश्त करना बेकार है। इसलिए हर गाँव में पाँच-पाँच, दस-दस मकानों की बिखरी हुई बस्तियाँ रखकर उलझन में पड़ने के बजाय अलग-अलग गाँव, छोटी-छोटी बस्तियाँ बसाईं तो यह व्यवस्था उनके फायदे की होगी। इस प्रकार की स्वतन्त्र बस्तियाँ जहाँ-जहाँ जंगल जमीन है, वहाँ-वहाँ बसाई गईं तो हक़दारी जाने से होनेवाला नुकसान खेती करके महारों को हजारों गुना अधिक सम्भव होगा और किसी की गुलामी करने के बजाय स्वतन्त्र रूप से कर सकेंगे। ऐसी स्वतन्त्र बस्तियों से उनकी केवल जीविका ही चलेगी ऐसी बात नहीं, बल्कि उससे दूसरे कई फायदे होने की सम्भावना है।

गाँव में रहने की वजह से महारों को किसी प्रकार का स्वतन्त्र धन्धा करने की स्वतन्त्रता नहीं है। लेकिन उन्हीं महार लोगों ने अलग बस्ती बसाई तो उनके सभी प्रकार के रास्ते खुले होंगे। महार गाँव का मुखिया बन सकता है। महार किराना सामान की दुकान लगा सकेगा। जो धन्धा गाँव में रहकर महार कर नहीं सकते, वही धन्धा स्वतन्त्र बस्ती बनाने पर महार कर सकेंगे। स्वतन्त्र बस्तियाँ बनाने से इतना ही फायदा हो ऐसी बात नहीं। इसके अलावा हमारी दृष्टि से और भी फायदे हैं।

पैदा होते ही महार के बच्चे को छूत-अछूत का डर लगा रहता है। इसलिए वह बच्चा प्रारम्भ से ही अपने आपको अपवित्र और नीच मानने लगता है और वह संस्कार उसके मन पर हमेशा के लिए पड़ जाता है। उस पर छुआछूत का बोझ एक बार पड़ गया तो वह हमेशा के लिए रहता है। उसका मन इस तरह से दुर्बल होने की वजह से उसके हाथों अच्छे पुरुषार्थ के काम होने की सम्भावना नहीं रहती। इन नई स्वतन्त्र बस्तियों में पले हुए महारों के बच्चे निर्भय होकर पलेंगे-बढ़ेंगे। गाली-गलौच सुनने का कुयोग उन्हें नहीं देखना पड़ेगा। उन्हें यह नहीं लगेगा कि कुछ लोग हमसे ऊँचे हैं और कुछ लोग हमसे नीचे हैं, वे बच्चे मन से दुर्बल नहीं होंगे। यह फायदा महत्त्व का है। उसी प्रकार यदि खेती जैसा स्वतन्त्र जीविका का साधन हाथ में आ रहा है तो उसका फायदा महार लोगों को अवश्य उठाना चाहिए।

नई स्वतन्त्र बस्तियाँ बसाने के लिए दो प्रकार से मदद की आवश्यकता है–(1) सरकार की सहायता और (2) महार लोगों में गाँव छोड़ने का इरादा। इसमें सरकार की सहायता मिलना मुश्किल नहीं है। महसून संस्थान में अछूत वर्ग के लोगों के हर परिवार को 7 एकड़ जमीन देकर उनकी स्वतन्त्र बस्तियाँ बसाने की बात तय हो गई है। इस इलाके में भी अंग्रेज सरकार ने बेरड लोगों की अलग बस्ती बसाने का फैसला किया है। इसलिए महार लोगों के लिए इस योजना में सरकार पीछे हटेगी, ऐसा नहीं लगता। सवाल इतना है कि महार लोग अपना गाँव छोड़कर अपनी स्वतन्त्र बस्तियाँ बसाने के लिए तैयार होंगे या नहीं?

सभी महार लोगों को खेती पर अपनी जीविका चलाना सम्भव हो इतनी जमीन मिलनी चाहिए। इसलिए खेती के साथ दूसरा कोई धन्धा भी महारों को जरूर करना चाहिए। महार जाति व्यवसायी जाति नहीं है। मतलब महार लोग जो धन्धा कर सकते हैं उसे उन्हें करना चाहिए। यह बात भी स्वीकार करना जरूरी है कि पैसा और अनुभव के अभाव में बड़े, अच्छे ज्यादा मुनाफा देनेवाले धन्धे इस जाति के लोग नहीं कर पाएँगे। सम्भव हुआ तो कोई छोटा धन्धा ही ये लोग कर पाएँगे। लेकिन ब्राह्मणों के भूत-पिशाच के प्रभाव से परेशान महार लोग कोई नीच धन्धा करने के लिए तैयार होंगे, ऐसा नहीं लगता। जिस धन्धे पर जाति का कलंक नहीं लगा है या जो किसी एक जाति का धन्धा नहीं है, ऐसा कोई भी धन्धा करना सम्भव हो तो उसे करने के लिए शायद महार लोग तैयार होंगे।

हमारी दृष्टि से इस प्रकार का एक ही धन्धा है और वह है खादी बुनने का। महार लोगों को हमारा सुझाव है कि, तुम खादी बुनने का काम करो। इसमें शायद उन्हें यह लग सकता है कि हमसे तैयार की हुई खादी को कौन खरीदेगा! उसे यदि किसी ने खरीदा नहीं तो खादी बुनने का क्या मतलब है? लेकिन इस सवाल को हल करना मुश्किल काम नहीं है। महार लोगों को खुद के इस्तेमाल के लिए कपड़ा खरीदना ही पड़ता है। इसलिए यदि सभी महारों ने खादी का कपड़ा पहनने का फैसला किया और महारों द्वारा बनाई हुई खादी के अलावा दूसरों की खादी नहीं खरीदने का फैसला किया

तो महारों को अपनी ही जाति का इतना बड़ा खरीददार वर्ग मिलेगा कि वही उनके लिए पर्याप्त होगा। इन दो बातों को अमल में लाने के लिए आर्थिक सहायता मिलने में ज्यादा परेशानी नहीं उठानी पड़ेगी। महार लोगों ने यदि इस तरह का फैसला किया तो भी काफ़ी है।

महार लोगों को यदि अपनी इनसानियत हासिल करनी हो तो उन्हें रैयत की गुलामी से मुक्त होना चाहिए। और उन्हें मुक्त होना हो तो उपर्युक्त बातें इरादे से करनी चाहिए, इसके बगैर उनका मार्ग आसान नहीं होगा, इस बात को उन्हें ध्यान में रखना चाहिए।

# दूसरों की तरह हम भी इनसान हैं

*दि. 25, 26 और 27 दिसम्बर 1927 को महाड में महाड सत्याग्रह परिषद् आयोजित की गई थी। डॉ. बाबासाहेब अम्बेडकर इस परिषद् के अध्यक्ष थे। दि. 25 दिसम्बर को परिषद् प्रारम्भ हुई। उसी दिन परिषद् को सम्बोधित करते हुए डॉ. अम्बेडकर ने अपने भाषण में कहा–*

सज्जनो,

सत्याग्रह कमेटी के निमन्त्रण पर आज आप लोग यहाँ इकट्ठा हुए हैं इसलिए कमेटी के अध्यक्ष की हैसियत से मैं आप सभी का स्वागत करता हूँ।

आपमें से कई लोगों को याद होगा कि आप हम सभी मिलकर पिछले मार्च महीने की 19 तारीख को (1927) यहाँ के चवदार तालाब पर गए थे। महाड के सवर्ण लोगों ने हम लोगों के सामने तालाब पर कोई रुकावट पैदा नहीं की थी फिर भी उनका इस काम में विरोध है, यह बात उन्होंने बाद में हमला करके हमें दिखा दी है। इस हमले का अन्त जिस ढंग से होना चाहिए था उसी ढंग से हुआ। हमला करनेवाले सवर्ण हिन्दुओं को चार-चार माह की सश्रम कारावास की सजा हुई और वे लोग आज जेल में हैं। पिछली 19 तारीख को यदि हम लोगों के सामने रुकावटें पैदा न की गई होतीं तो इस तालाब पर पानी भरने का हमारा हक़ सवर्ण लोगों को मंजूर है, ऐसा सिद्ध हुआ होता और हम लोगों को आज की इस सभा का आयोजन करने की कोई जरूरत नहीं पड़ी होती।

किन्तु दुर्भाग्यवश ऐसा नहीं हुआ, इसलिए आज की इस सभा का आयोजन करना जरूरी हो गया था। महाड के सवर्ण लोग इतने समझदार हैं कि वे स्वयं ही इस तालाब का पानी ले जाते हैं ऐसी बात नहीं, उन्होंने किसी भी धर्म के आदमी को इस तालाब का पानी भरने की खुली छूट दे रखी है। और उसी की वजह से मुस्लिम आदि अन्य धर्मी लोग भी उस तालाब का पानी ले जाते हैं। उसी प्रकार मानव जाति से कम समझे गए जानवरों, पंछियों और अन्य जीव-जन्तुओं को भी इस तालाब पर पानी पीने के लिए उनकी कोई रुकावट नहीं है। इतना ही नहीं, अछूत लोग जिन पशुओं को पालते हैं उन पशुओं को भी वे आसानी से पानी पीने देते हैं।

सवर्ण हिन्दू लोग बड़े दयालु हैं। वे कभी हिंसा नहीं करते और किसी को सताते तक नहीं। यह झूठे हाथ से कौआ न भगानेवाले दुष्ट और स्वार्थी लोगों का वर्ग नहीं

है। साधु-सन्तों की और भिखारियों की जो बेहिसाब संख्या बढ़ी है वह उनकी दानशूरता की जलती ज्योति की गवाही दे रही है। उसी प्रकार परोपकार पुण्य और परपीड़ा पाप है, इस प्रकार का उनका व्यवहार है।

यही नहीं 'दिया दुख दूसरे का लौटाएँ नहीं बर्दाश्त करें' यही उनका धर्म स्वभाव है और इसीलिए गाय जैसे गरीब प्राणी को वे जिस प्रकार दयाभाव से पालते हैं उसी प्रकार वे साँप जैसे घातक प्राणी को भी दूध पिलाते हैं। मतलब 'सर्वाभूति एक आत्मा' यही उनका शील है। इस तरह के ये सवर्ण हिन्दू लोग अपने ही धर्म के कुछ लोगों को उसी चवदार तालाब का पानी पीने के लिए लेने से टोकते हैं। फिर वे हम लोगों को ही क्यों रोकते हैं, इस तरह का सवाल किसी के भी मन में पैदा हो सकता है, इसमें कोई शक नहीं।

इस सवाल का जवाब क्या है, इस बात को सभी लोगों को अच्छी तरह समझ लेना बहुत जरूरी है, उसके बगैर आज की इस सभा का महत्त्व क्या है यह बात आपकी समझ में नहीं आएगी, ऐसा मुझे लगता है। हिन्दू लोगों में शास्त्र के आधार पर चार और परम्परा के आधार पर पाँच वर्ण हैं–जिनमें ब्राह्मण, क्षत्रिय, वैश्य और शूद्र और अतिशूद्र हैं। हिन्दू धर्म के यमनियमों का पहला नियम है वर्णव्यवस्था। इसी धर्म के यमनियमों का दूसरा नियम यह है कि सभी वर्ण असमान हैं। एक से दूसरा हलका, इस प्रकार की उतरती मालिका है।

इस नियम के अनुसार केवल स्तर तय किए गए हैं, यही नहीं, कौन किस स्तर का है, यह पहचाना जाए इसलिए हर वर्ण की सीमा तय की गई है। हिन्दू धर्म की बेटीबंदी, रोटीबंदी, लोटीबंदी और भेंटबंदी आदि आपस में सम्पर्क की सीमाएँ हैं, इस प्रकार की आम समझ है, किन्तु यह समझ अधूरी है। क्योंकि यह चार प्रकार की पाबन्दियाँ, सम्पर्क की सीमाएँ तो हैं ही किन्तु वह असमान स्तर के लोगों को उनका स्तर क्या है, यह दिखाने के लिए बनाई गई हैं। मतलब यह असम्पर्क की सीमाएँ असमानता के लक्ष्य हैं।

जैसे जिसके सिर पर ताज हो उसे राजा समझा जाता है, हाथ में धनुष हो तो क्षत्रिय समझा जाता है, उसी प्रकार जिसको इन चार पाबन्दियों में से कोई पाबन्दी नहीं वही सबसे श्रेष्ठ माना जाता है। और जिसको इन चारों पाबन्दियों ने बाँध रखा है उस वर्ग का स्तर सबसे नीचा समझा जाता है। इन चारों पाबन्दियों को बरकरार रखने के लिए जो इतनी दौड़-धूप की जाती है, वह इसीलिए कि धर्म द्वारा तय की गई असमानता को नष्ट करके उसकी जगह समानता की स्थापना न हो।

महाड के सवर्ण हिन्दू लोग अछूतों को चवदार तालाब का पानी पीने नहीं देते इसका कारण अछूतों के छूने से वहाँ का पानी मैला हो जाएगा या वह भाप बनकर उड़ जाएगा इसलिए नहीं, वे लोग अछूतों को पानी नहीं पीने देते, इसका कारण यही है कि जिन जातियों को धर्मशास्त्रों ने असमान करार दिया है उन जातियों को अपने तालाब का पानी भरने की स्वीकृति देकर उन जातियों को अपनी बराबरी का मानना, ऐसी बात स्वीकार करने की उनकी इच्छा नहीं है।

सज्जनो, हम लोगों ने जिस युद्ध को छेड़ा है उसका मतलब क्या है, यह आपको इससे समझ में आएगा। सत्याग्रह कमेटी ने आपको महाड में बुलाया है। वह महाड के चवदार तालाब का पानी पीने के लिए बुलाया है, ऐसा समझने की कोई जरूरत नहीं है।

चवदार तालाब का पानी पीने से हम लोग अमर हो जाएँगे, ऐसी कोई बात नहीं है। हम लोगों ने आज तक चवदार तालाब का पानी नहीं पिया था, इसलिए हम मरे नहीं। चवदार तालाब पर जाना है वह केवल इस तालाब का पानी पीने के लिए नहीं, बल्कि दूसरों की तरह हम भी इनसान हैं इस बात को सिद्ध करने के लिए ही हमें इस तालाब पर जाना है। मतलब यह सभा समानता की नींव कायम करने के लिए ही आयोजित की गई है, यह बात साफ तौर पर दिखाई दे रही है।

इस दृष्टि से इस सभा के बारे में सोचा जाए तो यह बेमिसाल है, इस बारे में कोई सन्देह नहीं है, इस बात का मुझे पूरा यकीन है। आज के अवसर की हिन्दुस्तान के इतिहास में कोई तुलना हो सकती है, ऐसा मुझे बिल्कुल नहीं लग रहा है। इसकी तुलना में इसके बराबरी की इससे पहले आयोजित की गई किसी सभा की खोज की जाए तो हमें यूरोप के, फ्रांस के इतिहास में जाना पड़ेगा। 138 साल पहले फ्रांस के सोलहवें लुई राजा ने 24 जनवरी, 1789 के दिन एक आज्ञापत्र जारी कर अपने राज्य की प्रजा के प्रतिनिधियों की इसी प्रकार की एक सभा आयोजित की थी। इतिहासकार इस फ्रेंच राष्ट्रीय सभा के नाम पर भला-बुरा कहते हैं। इस सभा ने फ्रांस के राजा-रानी को सूली पर चढ़ाया, ऊँचे वर्ग में हड़कम्प मचा दिया था और उनको मौत के घाट उतार दिया और बचे हुए लोगों को तबाही की कगार पर खड़ा कर दिया था। धनवानों की जायदाद तो जब्त कर ली और पन्द्रह साल से अधिक समय तक सारे यूरोप में गृहयुद्ध फैलाया। इस तरह का उनका इस फ्रेंच राष्ट्रीय परिषद् पर आरोप है, मेरी राय में यह आरोप अस्थायी है, यही नहीं, ऐसे इतिहासकारों के लिए इस फ्रेंच राष्ट्रीय परिषद् ने जो काम किया उसका असली स्वरूप उन्हें समझ में नहीं आया, यही कहना पड़ेगा। इस परिषद् के कार्य की वजह से फ्रांस का ही कल्याण हुआ ऐसी बात नहीं, सारे यूरोप का कल्याण हुआ है। आज योरोपियन राष्ट्र सुख-सुविधाएँ भोग रहे हैं उसका एक ही कारण है और वह यह कि इस 1789 में आयोजित क्रान्तिकारी फ्रेंच राष्ट्रीय सभा ने समाज संगठन के पुराने तत्त्व तबाह किए और नए निर्माण योग्य तत्त्वों को तत्कालीन फ्रेंच राष्ट्र के सामने रखा। वे तत्त्व समाज पर जबर्दस्ती थोपे गए किन्तु उन्हीं तत्त्वों को यूरोप ने स्वीकार किया और उन पर अमल किया।

इस फ्रेंच राष्ट्रीय परिषद् का महत्त्व और उसके तत्त्वों के महत्त्व को समझने के लिए उस समय के फ्रेंच समाज की स्थिति को ध्यान में रखना जरूरी है। अपना यह हिन्दू समाज वर्णाश्रम धर्म पर आधारित है, इस बात को आप सभी लोग जानते हैं। उसी प्रकार की वर्णाश्रम व्यवस्था फ्रांस में भी 1789 से पहले थी। फर्क इतना है कि फ्रेंच समाज त्रैवर्णिकों का था। हिन्दू समाज की तरह ही फ्रेंच समाज में भी ब्राह्मण और क्षत्रिय वर्ण थे। लेकिन फ्रेंच समाज में वैश्य, शूद्र और अतिशूद्र तीन अलग-अलग वर्ण

नहीं थे, तीनों का एक ही वर्ण बनाया गया था। यह फर्क एकदम सामान्य है। महत्त्वपूर्ण बात यह है कि वर्णाश्रम व्यवस्था एक जैसी ही थी। वर्णाश्रम व्यवस्था की वजह से दोनों में पैदा होनेवाला भेद ही समानता की दृष्टि से ध्यान में रखनेवाली बात है, ऐसा नहीं है, वर्णव्यवस्था की असमानता भी फ्रेंच समाज में थी। फ्रांस में असमानता का स्वरूप अलग प्रकार का था। वहाँ एक-दूसरे वर्ण के बीच की असमानता आर्थिक रूप में थी। लेकिन वह खतरनाक थी। कुल मिलाकर ध्यान में रखनेवाली बात यह है कि आज की अपनी इस सभा में और फ्रांस के वर्साय शहर में 5 मई, 1789 में आयोजित फ्रेंच लोगों की क्रान्तिकारी राष्ट्रीय सभा में बहुत बड़ी समानता है। उनमें एक-दूसरे की स्थिति में समानता दिखाई देती है, इतना ही नहीं, उनके लक्ष्यों में भी बड़ी समानता है। फ्रेंच लोगों ने उस परिषद् को फ्रेंच समाज का संगठन करने के लिए आयोजित किया था। आज भी इस परिषद् का आयोजन हिन्दू समाज का संगठन करने के लिए किया गया है। मतलब यह संगठन किन तत्त्वों के आधार पर किया जाए इसकी चर्चा करने के पहले इन फ्रेंच लोगों की परिषद् ने फ्रांस का संगठन करने के लिए कौन-सी नीति अपनाई और इसके लिए किन तत्त्वों को आधार बनाया, इन बातों को हम सभी लोगों को समझना जरूरी है। इस फ्रेंच सभा की व्यापकता अपनी आज की परिषद् की व्यापकता से कहीं अधिक थी। फ्रेंच लोगों की उस सभा को राजनीतिक, सामाजिक और धार्मिक आदि अलग-अलग प्रकार के संगठन बनाने थे। हम लोगों को सिर्फ सामाजिक और धार्मिक संगठन के बारे में ही सोचना है। फिलहाल हमें राजनीतिक संगठन से कोई लेना-देना नहीं है। इसलिए धार्मिक और सामाजिक संगठन के बारे में इस फ्रेंच राष्ट्रीय परिषद् ने क्या काम किया, इसके बारे में हम यहाँ बात करना चाहेंगे। इस फ्रेंच परिषद् ने सामाजिक और धार्मिक संगठन के बारे में जो नीति तय की थी वह नीति किस प्रकार की थी यह बात उस सभा ने जो तीन महत्त्वपूर्ण घोषणापत्र प्रकाशित किए थे, उससे स्पष्ट रूप से समझ में आ सकती है। पहला घोषणापत्र 17 जून, 1789 में प्रकाशित किया गया था। वह घोषणापत्र फ्रांस के वर्णाश्रम धर्म के सम्बन्ध में था। जैसे पहले कहा गया है फ्रेंच समाज त्रैवर्णिक था। इस घोषणापत्र से इस त्रैवर्णिक समाज को नष्ट करके सारा समाज एकवर्णीय बनाया गया। यही नहीं, राजनीतिक सभागृह में इन त्रैवर्णिकों के लिए जो अलग-अलग स्थान सुरक्षित रखे गए थे वे सभी समाप्त कर दिए गए। दूसरा घोषणापत्र धर्मोपदेशकों के सम्बन्ध में था। पुरानी परम्परा के अनुसार इन धर्मोपदेशकों की नियुक्ति या उन्हें हटाना राष्ट्र के अधिकार में नहीं था बल्कि यह पोप जैसे विदेशी धर्माधिकारी के एकाधिकार में था। पोप जिसे धर्मोपदेशक नियुक्त करेगा, वही धर्मोपदेशक होता था। फिर यह धर्मोपदेशक जिन लोगों को धर्म का उपदेश देगा वही धर्माधिकारी होंगे चाहे वे उस अधिकार के योग्य हों या न हों। इस घोषणापत्र ने धर्माधिकारी वर्ग का स्वयंभूपन समाप्त कर दिया। और इस काम को किसे करना चाहिए, उसके लिए लायक कौन है और नालायक कौन है, उसे तनख्वाह दें या न दें आदि बातें तय करने का अधिकार फ्रेंच राष्ट्र को दिया गया। तीसरा घोषणापत्र

राजनीतिक, आर्थिक और धार्मिक व्यवस्था के बारे में नहीं था। वह सामान्य था और उसमें सारी सामाजिक व्यवस्था किन सिद्धान्तों के आधार पर स्थापित की जाए, इस बारे में था। उस दृष्टि से यह घोषणापत्र उन तीनों घोषणापत्रों में बहुत महत्त्वपूर्ण था। बल्कि वही इन सभी घोषणापत्रों में मुख्य था, ऐसा कहना गलत नहीं होगा। यह घोषणापत्र 'जन्मसिद्ध मानवीय अधिकारों का घोषणापत्र' के नाम से सारी दुनिया में प्रसिद्ध हो गया। वह घोषणापत्र फ्रांस के इतिहास की एक बेमिसाल चीज तो है ही लेकिन सम्पूर्ण प्रगत राष्ट्रों के लिए इतिहास की एक बेमिसाल चीज बनकर रह गई है। क्योंकि इस सभा के नक्शेकदम पर चलकर यूरोप के हर राष्ट्र ने अपनी राज्यव्यवस्था में उसे महत्त्वपूर्ण स्थान दिया है। मतलब उस घोषणापत्र ने सिर्फ फ्रांस में ही क्रान्ति की है ऐसी बात नहीं, उसने सारी दुनिया में क्रान्ति की, ऐसा कहना गलत नहीं होगा। इस घोषणापत्र में कुल मिलाकर 17 कालम हैं, उनमें से निम्न कालम महत्त्वपूर्ण हैं।

(1) सभी लोग जन्म से समान हैं और वे मरने तक समान ही रहेंगे। जनहित के लिए उनमें फर्क किया जा सकता है। बाद में उनमें उसी तरह से समानता बरकरार रहनी चाहिए।

(2) उपर्युक्त जन्मसिद्ध मानवीय हक़ बरकरार रहने चाहिए, यही राजनीति का अन्तिम उद्देश्य होना चाहिए।

(3) अखिल प्रजा सभी अधिकारों की जननी है। किसी भी व्यक्ति, समुदाय या ख़ास वर्ग के हक़ यदि वे प्रजा ने न दिए हों तो वे अन्य किसी आधार पर मंजूर नहीं किए जाएँगे, फिर वह आधार राजनीति का हो या धर्म का हो।

(4) किसी भी व्यक्ति को अपने जन्मसिद्ध हक़ के मुताबिक रहने की पूरी आजादी है। यदि उस पर बन्धन लगाया गया तो दूसरे व्यक्ति को उसके जन्मसिद्ध हक़ का उपभोग लेने का अवसर मिलना चाहिए सिर्फ इसलिए बन्धन लगाया जा सकता है। वह मर्यादाएँ कानून से लगाई जा सकती हैं। वह धर्मशास्त्र के आधार पर या अन्य किसी भी आधार पर तय नहीं की जाएँगी।

(5) जो बातें समाज के लिए विघातक होंगी उन्हीं बातों पर कानूनी पाबन्दी लगाई जाएगी। जिन बातों पर कानूनी पाबन्दी नहीं होगी उन बातों की सभी को आजादी होगी। उसी प्रकार जो बातें कानून के द्वारा अनिवार्य नहीं मानी गई होंगी उन बातों के लिए किसी को भी मजबूर नहीं किया जाएगा।

(6) कानून का मतलब किसी एक वर्ग द्वारा तय किए गए बन्धन नहीं हैं। कानून किस प्रकार का होना चाहिए यह तय करने का हक़ प्रजा को या उसके प्रतिनिधि को है। यह कानून संरक्षात्मक हो या दंडात्मक हो, वह सभी के लिए समान होना चाहिए। सभी व्यक्ति किसी भी प्रकार के मान-सम्मान के लिए, अधिकार के लिए और व्यवसाय के लिए समान रूप से लायक हैं, इस बारे में यदि कुछ भेदभाव हुआ तो सिर्फ व्यक्ति के गुणभेद के कारण ही हो सकता है; जन्म के आधार पर नहीं हो सकता।

आज की अपनी इस सभा को इस फ्रेंच राष्ट्रीय सभा का स्वरूप सामने रखना चाहिए, ऐसा मुझे लगता है। और राष्ट्र के संवर्धन के लिए उसने जिस मार्ग का प्रारूप तैयार किया है और जो सभी प्रगत राष्ट्रों ने स्वीकार किया है, वही मार्ग हिन्दू समाज के संवर्धन के लिए इस सभा को स्वीकार करना चाहिए। बेटीबन्दी से लेकर भेंटबन्दी तक वर्णाश्रम की चौखट के किले उखाड़कर हिन्दू समाज का एक वर्ण बनाना चाहिए। उसके बगैर अछूतपन समाप्त नहीं होगा और समानता की भी स्थापना नहीं होगी।

अब हममें से कुछ लोगों को ऐसा लगता होगा कि हम अछूत हैं इसलिए हमारी लोटीबंदी और भेंटबन्दी खत्म हो गई। वर्णव्यवस्था से हमारा कोई लेना-देना नहीं है। वह जैसी है वैसी रही तो क्या आपत्ति है? किन्तु इस तरह की समझ हर दृष्टि से गलत है। वर्णाश्रम व्यवस्था बरकरार रखी गई और सिर्फ अछूतपन समाप्त करने की नीति अपनाई गई तो लोग कहेंगे कि अपना लक्ष्य बहुत छोटा है। मानव समाज के उत्थान के लिए जिस तरह से बाहरी प्रयासों की जरूरत होती है उसी प्रकार इच्छा की भी जरूरत होती है। वास्तव में इच्छा के बगैर मनुष्य के द्वारा बड़े प्रयास नहीं किए जा सकते हैं। इसलिए बड़ा प्रयास करना हो तो उतनी बड़ी इच्छा भी होनी चाहिए। इच्छा करते समय हम उसे हासिल कर सकते हैं या नहीं, इस बात से लज्जा करने या डरने की कोई जरूरत नहीं है। लज्जा होनी चाहिए वह सिर्फ छोटी इच्छाएँ रखने में। ऊँची इच्छाएँ करने के बाद असफलता मिली तो उसमें शर्म की कोई बात नहीं है। अछूतपन नष्ट होने से आज हम जो अतिशूद्र हैं वे कल शूद्र हो जाएँगे। लेकिन अतिशूद्र से शूद्र हो जाने से अछूतपन समाप्त हो गया, ऐसा कहा जा सकता है? अछूतपन निर्मूलन के लिए भेंटबन्दी और लोटीबन्दी समाप्त करने जैसी छोटी इच्छा रखकर हमारा काम नहीं चल सकता, इसीलिए मैंने आप लोगों से यह आग्रह रखने के लिए नहीं कहा होता कि अछूतपन समाप्त नहीं होता है तो वर्णव्यवस्था को नष्ट कर दो।

सज्जनो, आप सभी को मालूम है कि साँप को मारना हो तो उसकी दुम पर मारने से काम नहीं चलता। उसका मुँह कुचलना पड़ता है। किसी भी उपसर्गकारी कारण का नाश करना हो तो उसकी जड़ें कहाँ हैं, उनकी खोज करके उसकी जड़ों पर प्रहार करना चाहिए। उसकी मौत किसमें हैं, यह पहचान करके ही उस पर वार करना पड़ता है। भीम ने दुर्योधन की जंघा पर अपनी गदा चलाई इसलिए दुर्योधन मर गया। यदि उसने गदा को उसके सिर पर मारा होता तो वह नहीं मरा होता। क्योंकि दुर्योधन की मौत उसकी जंघा में थी, सिर में नहीं। शारीरिक रोग का कारण किसमें है, इस बात की पूरी समझ न होने की वजह से रोग दूर करने के लिए हक़ीम द्वारा किए गए प्रयास कैसे व्यर्थ चले जाते हैं, इस बात के जिस तरह से कई उदाहरण मिलते हैं उसी प्रकार सामाजिक रोग का निदान किसमें है, इस बात की पूरी समझ न होने की वजह से उन्हें नष्ट करने के लिए किए गए प्रयास बेकार हो जाने के उदाहरण इतिहास में दर्ज नहीं हैं, इसीलिए वे हमें पढ़ने के लिए नहीं मिलते हैं। फिर भी उस तरह का एक उदाहरण जो मेरे पढ़ने में आया है, उसके बारे में मैं आपको कुछ बताना चाहूँगा। यूरोप के एक

रोम नाम के प्राचीन राष्ट्र में पैट्रीशियन ऊँच वर्ण के और प्लेबियन नीच वर्ण के लोग माने जाते थे। पैट्रीशियन लोगों के हाथ में सम्पूर्ण सत्ता थी और वे इस सत्ता के बल पर प्लेबियन लोगों के साथ गलत ढंग का व्यवहार करते थे। इस उत्पीड़न से मुक्त होने के लिए उन्होंने अपनी एकता के बल पर यह आग्रह किया कि, 'मन चाहे वह कानून' इस तरह की जुल्म-ज्यादतियों को समाप्त करके सभी की जानकारी के लिए और न्याय की सुविधा के लिए कानून बनाने चाहिए। उनके विरोधी जो पैट्रीशियन लोग थे उन्होंने उन कानूनों को स्वीकार किया और उन्होंने बारह कानून लिखकर तैयार किए। किन्तु उससे भी इन उत्पीड़ित प्लेबियन लोगों की परेशानी खत्म नहीं हुई। क्योंकि कानून का अमल करनेवाले अधिकारी सभी पैट्रीशियन थे, यही नहीं, रोमन राष्ट्र का मुख्य अधिकारी जिसे 'ट्रायब्यून' कहा जाता था वह भी पैट्रीशियन वर्ग का ही होता था, इसलिए कानून समान होने के बावजूद भी उसका अमल करते समय सौतेला व्यवहार होना ही था। इसलिए अन्तिम समाधान के तौर पर उन्होंने इस तरह की माँग की कि रोमन राष्ट्र की सत्ता एक ट्रायब्यून के हाथ में होने की बजाय वह दो ट्रायब्यूनों के हाथ में होनी चाहिए। उनमें से एक पैट्रीशियन लोगों को चुनना चाहिए और दूसरा प्लेबियन लोगों को चुनना चाहिए। इस माँग को भी पैट्रीशियन लोगों ने कबूल किया। प्लेबियन लोगों को इस बात की खुशी हुई कि अब सारे दुखों का नाश हो जाएगा। लेकिन उनकी खुशी बहुत दिनों तक नहीं टिक सकी। रोमन जनता में यह परम्परा थी कि कोई भी बात डेल्फी नाम के ग्रामदेवता को मंजूर हुए बगैर नहीं करनी चाहिए। उसी प्रकार ट्रायब्यून चुना भी गया लेकिन वह यदि उस ग्रामदेवता को स्वीकार नहीं हुआ तो उसका चुनाव रद्द समझा जा सकता है। इस पर दूसरा आदमी चुनना पड़ता था। देवता को कौन-सा ट्रायब्यून पसन्द है और कौन-सा नापसन्द है, यह तय करने का काम वह पुरोहित करता था जो रोमन लोगों में शादियाँ करवाता था। शादियों की कई प्रणालियों में एक कानफेराशिया प्रणाली थी। इस प्रकार के शादी किए हुए माँ-बाप से पैदा होनेवाला ट्रायब्यून ही योग्य समझा जाता था, इस तरह का उनका तर्क था। कानफेराशिया प्रणाली से शादी करने का रिवाज सिर्फ पैट्रीशियन लोगों में ही था। और इस डेल्फी देवता का पुरोहित पैट्रीशियन वर्ग का आदमी ही होता था।

इस पुरोहित की कार्रवाई का अन्त इस प्रकार से हुआ कि प्लेबियन लोगों ने अपने समर्थन से यदि कोई ट्रायब्यून चुना तो देवता उसे अस्वीकार कर देता था। ट्रायब्यून के रूप में प्लेबियन लोगों द्वारा चुना गया कोई पुरुष यदि पैट्रीशियन लोगों के सामने भीगी बिल्ली की तरह रहा तो वही देवता को पसन्द आता था और उसे सत्तासीन होने का अधिकार प्राप्त होता था। फिर सवाल खड़ा होता है कि ट्रायब्यून चुनने का अधिकार प्राप्त कर प्लेबियन लोगों ने क्या हासिल किया है? जवाब है कि कुछ नहीं। उनका यह प्रयास असफल हुआ इसकी वजह यही थी कि रोगी की मौत का असली कारण क्या है, इस बात को उन्होंने अच्छी तरह नहीं समझा था। यदि यह उनके समझ में आया होता तो अपने ट्रायब्यून के चुनाव के लिए पुरोहित कौन होना चाहिए, इस

सवाल को भी उन्होंने हल किया होता। रोग का अन्त सिर्फ ट्रायब्यून चुनने से नहीं हो सकता था। पुरोहित के बारे में भी उन लोगों को सोचना चाहिए था। हम लोगों को भी अछूतपन उन्मूलन के समय इस बात को ध्यान में रखते हुए पूरी सावधानी बरतनी चाहिए वरना अपना सारा प्रयास असफल होने की सम्भावना बनी रहेगी। सिर्फ भेंटबन्दी या लोटीबन्दी खत्म होने से अछूतपन समाप्त होगा, ऐसा मानने की मूर्खता मत कीजिए।

इस बारे में एक बात ध्यान में रखनी चाहिए वह यह कि लोटीबन्दी और भेंटबन्दी या हज़ पर जाने से अछूतपन समूल नष्ट नहीं होता। शायद इस वजह से घर के बाहर का अछूतपन मिट सकता है लेकिन घर के भीतर के अछूतपन को कोई फर्क नहीं पड़ेगा। दरवाजे के बाहर के अछूतपन को समाप्त करने के साथ ही घर के भीतर के अछूतपन को भी समाप्त करना पड़ेगा और इसके लिए बेटीबन्दी को समाप्त करना पड़ेगा। इसके बगैर दूसरा कोई हल नहीं है। दूसरी तरह से सोचा जाए तब भी अन्त में बेटीबन्दी को खत्म करना ही समानता स्थापित करने का सही रास्ता है। ऐसा किसी को भी स्वीकार करना पड़ेगा कि प्रमुख भेद समाप्त हो जाने से उपभेद अपने आप समाप्त हो जाते हैं। रोटीबन्दी, लोटीबन्दी और भेंटबन्दी आदि सभी बंदिशें एक बेटीबन्दी के कारण पैदा हुई हैं। उसे समाप्त करने से बाकी प्रयास करने की जरूरत ही नहीं है। बाकी बंदिशें अपने आप खत्म हो जाएँगी। मेरी राय में बेटीबन्दी की दीवारों को तोड़ने में ही अछूतपन उन्मूलन की बात सफल हो सकती है और उसी से समानता स्थापित की जा सकती है। यदि हम लोग अछूतपन समाप्त करना चाहते हैं तो अछूतपन का मूल है बेटीबन्दी में, इस बात को नहीं भूलना चाहिए। और अपना आज का हमला लोटीबन्दी के बाद उसकी मार अन्त में बेटीबन्दी तक ले जानी चाहिए। बगैर उसके अछूतपन को समूल नष्ट नहीं किया जा सकता। सवाल है कि इस काम को कैसे सफल बनाया जा सकता है? इसे ब्राह्मण वर्ग सफल नहीं बना सकता, इस बात को विस्तार से बताने की कोई जरूरत नहीं है।

जब तक वर्णव्यवस्था बरकरार है तब तक ब्राह्मण वर्ग का श्रेष्ठत्व बरकरार है। कोई भी आदमी अपनी इच्छा से हाथ आई सत्ता को नहीं छोड़ता है। ब्राह्मण वर्ग ने अन्य वर्गों पर सदियों से अपना-अपना वर्चस्व कायम किया है। उसे छोड़कर दूसरों की बराबरी में रहने के लिए यह वर्ग अपने आप तैयार होगा, यह बात सम्भव नहीं है। जापान के सामुराई वर्ग का राष्ट्र-प्रेम ब्राह्मण लोगों में नहीं है। सामुराई वर्ग ने अपने विशेष सामाजिक हक़ों को त्याग करके राष्ट्रीय एकता कायम करने और समानता की नींव पर राष्ट्र की एकता कायम करने के लिए जो स्वार्थत्याग किया था उतना स्वार्थ त्याग करना हमारे यहाँ के ब्राह्मण लोगों के लिए सम्भव होगा, ऐसी उम्मीद करना बेकार है। अब्राह्मण समाज मतलब मराठा और अन्य जातियों का वर्ग अधिकारप्राप्त और अधिकारहीन इन दो वर्गों के बीच का वर्ग है।

अधिकारप्राप्त वर्ग को कुछ स्वार्थ त्याग करके उदारता दिखानी सम्भव हो सकती है। जो वर्ग अधिकारहीन होता है वह हमेशा ध्येयवादी होता है क्योंकि उसे अपने स्वार्थ

के लिए ही क्यों न सही लेकिन सामाजिक क्रान्ति करनी पड़ती है। और उसी की वजह से उसमें स्वार्थप्रियता की बजाय तत्त्वप्रियता ज्यादा होती है। अब्राह्मण वर्ग इन दोनों के बीच का वर्ग है। इस वजह से एक के लिए जो उदारता सम्भव है वह दूसरे के लिए सम्भव नहीं है और दूसरे में जो तत्त्वप्रियता है वह पहले से सम्भव नहीं है। इसीलिए यह वर्ग ब्राह्मणों के साथ समान अधिकारी होने की बजाय अछूतों से अपना विशेष अधिकार बरकरार रखने की ज्यादा कोशिश करता हुआ दिखाई देता है।

इस समाज-क्रान्ति के लिए वह वर्ग अपाहिज है। हम लोग उससे मदद की आशा करेंगे तो फसल को काटने के लिए पड़ोसी पर निर्भर रहनेवाले किसान की जो हालत होती है वही हालत हमारी भी होगी।

हम लोगों ने अछूतपन समाप्त करके समानता स्थापित करने का यह जो कार्य हाथ में लिया है, उसे अन्तिम सफलता तक ले जाने का काम हम लोगों को ही करना है। हमारे अलावा दूसरों से इस तरह का काम होना सम्भव नहीं है। हमारा जन्म इसी काम के लिए हुआ है, ऐसा समझकर उसे करने के लिए तैयार होना, इसी में हमारी जिन्दगी की सार्थकता है। यह फूल जो आपके आँचल में गिर रहा है, उसे सँभालने के लिए तैयार रहिए।

यह कार्य अपनी मुक्ति का भी है। इसलिए इस काम को अपने उत्थान के मार्ग की कठिनाइयों को दूर करने के लिए हम सभी को उसे अपने सिर पर लेना जरूरी है। आप लोग इस बात की कल्पना कीजिए कि अछूतपन की वजह से किस प्रकार हमारे खाने में मिट्टी मिला दी गई है। आप सभी को मालूम ही है कि एक समय फौज में हमारे लोगों की बहुत बड़ी तादाद थी। हमारे लोगों के लिए फौज में नौकरी एक तरह से वतनदारी ही थी। और इस वतनदारी की वजह से अपने लोगों को अपने पेट की ज्यादा चिन्ता करने की कोई जरूरत नहीं थी। अपनी बराबरी के अन्य वर्गों के लोग फौज में, पुलिस, कोर्ट-कचहरी में घुसकर बड़ी खुशी से अपना जीवनयापन करते हैं। किन्तु आज उसी विभाग में अपना एक भी आदमी नहीं मिलेगा।

इसका कारण हम लोगों पर कानूनी पाबन्दी लगाई गई है, ऐसा नहीं है। कानून की दृष्टि से सभी बातें खुली हैं। लेकिन अन्य हिन्दू लोग हमें अछूत मानते हैं, और नीच समझते हैं इसलिए सरकार कुछ नहीं कर पा रही है और वे सरकारी नौकरी में हम लोगों को नहीं आने देना चाहते। उसी प्रकार हम लोगों का सिर उठाकर कोई भी काम करना मुश्किल है। पैसे नहीं हैं इसलिए हम काम नहीं कर रहे हैं, ऐसी बात नहीं है। यदि इस बात को कुछ हद तक सच भी मान लें तब भी अपने अछूतपन की वजह से हमारे हाथ का सामान लेने के लिए कोई तैयार नहीं है। यही हमारे कई लोगों के धन्धा करने के रास्ते में कठिनाई है।

कुल मिलाकर अछूतपन सीधी-सादी बात नहीं है। बल्कि वह अपनी दरिद्रता की और अपनी हीनता की जननी है। उसी की वजह से आज हम लोग इस अवस्था में

पहुँचे हैं। यदि हम लोगों को इस हीन अवस्था से ऊपर उठना है तो हम लोगों को यह काम अपने हाथों में लेना चाहिए। उसके सिवा हमारे पास कोई विकल्प नहीं है। यह कार्य जिस तरह से स्वहित का है उसी प्रकार वह राष्ट्रहित का कार्य भी है।

चातुर्वर्ण्य व्यवस्था द्वारा स्थापित अछूतपन नष्ट होना जरूरी है। उसके सिवा हिन्दू समाज के पास कोई विकल्प नहीं है। एक-दूसरे के जीवन संघर्ष में किसी भी समाज को विकल्प के रूप में जिन चीजों की आवश्यकता होती है उन चीजों में समाज की नैतिकता एक बहुत बड़ा साधन है। इस बात को किसी को भी स्वीकार करना पड़ेगा कि जिस समाज की नैतिकता ऐसी है कि जिस बात की वजह से समाज संगठित नहीं होता उन बातों को अच्छा समझा जाता है और जिन बातों के कारण वह संगठित हो सकता है, उन बातों को गलत माना जाता है, उस समाज को जीवन संघर्ष में हार खानी पड़ेगी। बल्कि जिस समाज की नैतिकता इस प्रकार की है कि जिन कारणों से समाज संगठित होता है उन कारणों को अच्छा माना जाता है और जिन कारणों से समाज का विघटन होता है उन्हें गलत माना जाता है, उस समाज को जीवन संघर्ष में सफलता हासिल होगी, इसमें कोई सन्देह नहीं है।

वही न्याय हिन्दू समाज व्यवस्था में लागू करना जरूरी है। चातुर्वर्ण्य व्यवस्था जन-विग्रहकर्ती संस्था है। और एकवर्णीय व्यवस्था जनसंग्रहकर्ती व्यवस्था है, इन बातों को हम खुली आँखों से देख रहे हैं फिर भी जिससे आग्रह होता है इस प्रकार की व्यवस्था की तारीफ करनेवाले हिन्दू समाज को बार-बार पराजित होना पड़ा है, तो उसमें आश्चर्य की क्या बात है? इस प्रकार की कुव्यवस्था को समाप्त करना हो तो चातुर्वर्ण्य की चौखट को मटियामेट करके उसे एकवर्णीय बनाना चाहिए।

इससे ही काम चलनेवाला नहीं है, उसी के साथ चातुर्वर्ण्य द्वारा निर्मित असमानता को भी समाप्त करना होगा। कई लोग समानता के सिद्धान्तों का मजाक उड़ाते हैं। नैसर्गिक दृष्टि से कोई भी आदमी दूसरे के समान नहीं होता है। किसी की शरीर-प्रकृति विशाल होती है तो किसी की एकदम छोटी, कोई जन्म से ही बुद्धिमान होता है तो कोई कम अक्लवाला होता है। मनुष्य जन्म से ही असमान पैदा हुए हैं, उनको समान मानना चाहिए, इस तरह का समतावादियों का कहना इन लोगों की दृष्टि में मूर्खतापूर्ण है। किन्तु ऐसे कमअक्ल लोगों को समानता के सिद्धान्तों का पूरा अर्थ समझ में नहीं आया होगा, ऐसा कहना ही उचित लगता है।

अधिकार प्राप्ति की बात किसी के जन्म पर, दौलत पर या अन्य किसी बात पर निर्भर रखने की बजाय उसे उसके गुणों पर निर्भर रखने में ही समानता के सिद्धान्तों का अर्थ है। जो बेअक्ल हैं, गन्दे हैं और बदचलन हैं ऐसे लोगों में जो अक्लमन्द हैं, साफ-सुथरे हैं, सदाचारी हैं ऐसे लोगों को समानता का बर्ताव करना चाहिए, इस प्रकार की माँग की जा सकती है, ऐसा विरोधी सवाल किया जाता है। गुणों से समान व्यक्तियों को समानता से देखा जाए इस प्रकार की समानता की परिभाषा ही अधिकार देते समय लागू है, ऐसा कहा जाता है।

फिर भी व्यक्ति के आन्तरिक गुणों का विकास करके उसे अधिकारों के लिए लायक बनाने से पहले सभी को समान रूप से देखना यही न्याय है, फिर वे कितने भी असमान हों। समाजशास्त्र की दृष्टि से जिनके पास जो गुण हैं उनका पर्याप्त विकास करने में सामाजिक व्यवस्था ही सबसे बड़ा कारण है। गुलामों को हमेशा ही असमानता से देखा जाए तो उनमें दासता के गुणों के अलावा अन्य कोई गुण पैदा ही नहीं होगा। और गुलाम अन्य किसी अधिकार के लायक नहीं होगा। उसी प्रकार गन्दे आदमी को साफ-सुथरे आदमी ने दूर रखा और उसके साथ किसी भी प्रकार का व्यवहार वर्जित रखा तो गन्दी आदतवाला आदमी साफ-सुथरे ढंग से रहने की इच्छा ही नहीं करेगा। गुनाहगार जातियों को मतलब अनैतिक आचरण करनेवाली जातियों को नैतिक आचरण करनेवाली जातियों ने यदि आधार नहीं दिया तो अनैतिक जातियों को नैतिकता का पाठ कभी मिलेगा ही नहीं।

उपर्युक्त उदाहरणों से यह साबित होता है कि समानता के व्यवहार में जिसके पास जो गुण नहीं होंगे उनमें वे गुण पैदा करने का कारण न भी बनता हो तब भी इतना सच है कि समानता के व्यवहार के बगैर नैसर्गिक गुणों का विकास नहीं होता। जैसे यह बात सच है उसी प्रकार समानता के व्यवहार के बगैर भीतरी गुणों का विकास नहीं होता।

एक ओर हिन्दू समाज की असमानता व्यक्ति के विकास को नहीं होने देती और समाज को मटियामेट कर देती है, दूसरी ओर यही असमानता व्यक्ति की संचित शक्ति का समाज के लिए उचित उपयोग नहीं होने देती। इस तरह दोनों ओर से चातुर्वर्ण्य व्यवस्था से बिखरे हुए इस हिन्दू समाज को यह असमानता दुर्बल कर रही है।

इसलिए हिन्दू समाज को शक्तिशाली बनाना हो तो चातुर्वर्ण्य और असमानता को नष्ट कर देना चाहिए और हिन्दू समाज की संरचना एकवर्णीय तथा समानता के सिद्धान्तों पर खड़ी करनी चाहिए। अछूतपन को समाप्त करने का रास्ता हिन्दू समाज को मजबूत करने के रास्ते से अलग नहीं है। इसलिए मैं कहता हूँ कि अपना कार्य जितना स्वहित का है उतना ही वह राष्ट्रहित का भी है, इसमें कोई सन्देह नहीं।

इस कार्य को सही अर्थों में सामाजिक क्रान्ति के लिए ही शुरू किया गया है। यह केवल मीठे शब्दों से मन को मोहित करने का खेल नहीं है। ऐसा किसी को भी समझने की जरूरत नहीं है। इस कार्य के लिए अच्छी भावना और अच्छी समझ जरूरी है। अच्छी भावना से इस कार्य की गति को रोकना अब किसी के लिए भी सम्भव नहीं है। आज यहाँ जिस सामाजिक क्रान्ति की नींव रखी जा रही है वह सामाजिक क्रान्ति बगैर किसी अशान्ति से सम्पन्न हो, यही मेरी आप सभी से प्रार्थना है।

यह सामाजिक क्रान्ति बगैर किसी प्रकार की अशान्ति पैदा हुए हो इसकी जिम्मेदारी हमसे भी हमारे विरोधियों पर ज्यादा है, इसके लिए किसी के मन में कोई सन्देह नहीं होना चाहिए। यह सामाजिक क्रान्ति हिंसा के रास्ते से होगी या अहिंसा के रास्ते से होगी, यह बात पूरी तरह से सवर्ण हिन्दू लोगों के व्यवहार पर निर्भर करेगी।

जो लोग 1779 की फ्रेंच राष्ट्रीय सभा को हिंसा का रास्ता अपनाने का दोष देते हैं उन लोगों को शायद एक बात ध्यान में नहीं रहती कि फ्रेंच राष्ट्रीय सभा के साथ यदि फ्रांस के राजा ने दुष्टता का व्यवहार न किया होता, ऊँची जाति के लोगों ने यदि विरोध न किया होता, विदेशियों की मदद से उसे दबाने का पाप न किया होता तो क्रान्ति के कार्य में अत्याचार, हिंसा करने की कोई जरूरत नहीं होती और सम्पूर्ण सामाजिक क्रान्ति शान्ति के साथ सम्पन्न हुई होती।

अपने विरोधियों से हम यह कहना चाहते हैं कि आप लोग हमारा विरोध मत कीजिए, अपने धर्मशास्त्रों को उठाकर फेंक दीजिए। न्याय की साधना कीजिए और हम लोग आप लोगों को पूरा यकीन दिलाते हैं कि हमारा यह कार्य पूरी शान्ति के साथ सम्पन्न होगा।

# हिन्दुओं के जन्मसिद्ध अधिकारों का घोषणापत्र

*दि. **25 दिसम्बर 1927** को परिषद् के उद्घाटन के बाद डॉ. बाबासाहेब अम्बेडकर का अध्यक्षीय भाषण हुआ। उनके भाषण के बाद निम्न प्रस्ताव मंजूर किए गए थे।*

**पहला प्रस्ताव :** सामाजिक अन्याय, धार्मिक पतन, राजनीतिक पतन और आर्थिक गुलामी की वजह से राष्ट्र का कैसे पतन होता है, इस बात का जीता-जागता और हड़बड़ाहट पैदा करनेवाला उदाहरण है आज का हिन्दू समाज, यह आज की इस जनसभा की निश्चल राय है। हिन्दू समाज को इस तरह की भयंकर स्थिति तक पहुँचने का मुख्य कारण यह है कि बहुजन समाज के जन्मसिद्ध हक़ क्या हैं, इस बात को समझ लेने की सजगता नहीं दिखाई गई है। उसी प्रकार उन हक़ों को बरकरार रखने की पहरेदारी नहीं की। और स्वार्थी लोगों के छल-कपट पर रोक लगाने का कोई प्रयास नहीं किया है। अपने जन्मसिद्ध हक़ों को जान लेना, उनकी आपातकाल में रखवाली करना और उनकी एक-दूसरे के साथ व्यवहार में उनके प्रति पूरी सावधानी बरतना यही समाज के हर आदमी की पवित्र जिम्मेदारी है। हर हिन्दू व्यक्ति के जन्मसिद्ध हक़ क्या हैं, यह हमेशा हिन्दू जनों की आँखों के सामने रहे इसलिए भगवान को गवाह रखकर और उसका आशीर्वाद स्वीकार करते हुए यह सभा निम्न प्रकार का घोषणापत्र सभी की जानकारी के लिए प्रसारित कर रही है :

1. जन्म के आधार पर सभी लोग समान हैं और वे मरने तक समान ही रहेंगे। जन-उपयोग की दृष्टि से ही उनके स्तर में फर्क पड़ सकता है अन्यथा उनका समान स्तर उसी तरह से बरकरार रहना चाहिए। जिससे व्यवहार में समानता के सिद्धान्त में कोई रुकावट पैदा हो इस प्रकार की किसी भी नीति को और विचारों को आधार न मिले, यही इस सभा की राय है।

2. उपर्युक्त जन्मसिद्ध मानवीय हक़ बरकरार रहे यही राज्यव्यवस्था का और समाजव्यवस्था का अन्तिम लक्ष्य होना चाहिए। इसके लिए हिन्दू समाज की विषमता पर आधारित संरचना का समर्थन करनेवाले प्राचीन और वर्तमान ग्रन्थ वचनों का यह सभा जबर्दस्त निषेध करती है।

3. अखिल प्रजा ही सभी प्रकार के अधिकारों की और सत्ता की जननी है, किसी भी व्यक्ति के, समूह के या वर्ण के हक़ यदि वे बहुजन समाज द्वारा नहीं दिए गए होंगे तो वे अन्य किसी भी आधार पर स्वीकार होने योग्य नहीं हैं, फिर वह आधार राजनीति का हो या धर्मनीति का क्यों न हो। इसीलिए समाजव्यवस्था के बारे में श्रुति, स्मृति और पुराण आदि ग्रन्थों का प्रमाण कबूल करने के लिए यह सभा तैयार नहीं है।

4. किसी भी व्यक्ति को अपने जन्मसिद्ध हक़ों के अनुसार व्यवहार करने की पूरी स्वतन्त्रता है। यदि उस पर मर्यादा लगाई गई तो दूसरे व्यक्ति को उसका वही जन्मसिद्ध हक़ उपभोग करने का अवसर मिलना चाहिए, वह मर्यादा स्वयं लोगों द्वारा बनाए गए कानून से तय करनी चाहिए। उसे धर्मशास्त्रों या अन्य किसी भी आधार पर तय नहीं किया जा सकता। इसलिए अष्टाधिकार जैसी बातों के बारे में जाति-जाति में कायम की गई असमानता की व्यवस्था का यह सभा गहरा निषेध करती है।

5. जितनी बातें समाज के लिए विघातक होंगी उतनी बातें न करने की कानूनी पाबन्दी होनी चाहिए। जिस बात को करने के लिए कानून के द्वारा रोक नहीं लगाई गई उसे करने के लिए किसी पर भी जबर्दस्ती नहीं होनी चाहिए। इसलिए रास्तों का, सार्वजनिक स्थलों का, सार्वजनिक जलस्थानों व मन्दिरों का उपयोग करने के लिए किसी पर रोक लगाने के प्रयास करनेवाले लोग सही में सुव्यवस्थित समाज-रचना के और न्याय के दुश्मन हैं, यही हम सभी की मान्यता है।

6. कानून का मतलब किसी एक वर्ग द्वारा निश्चित किए गए बन्धन नहीं हैं। कानून किस प्रकार का होना चाहिए यह तय करने का हक़ सम्पूर्ण प्रजा को या उसके प्रतिनिधियों को होना चाहिए। यह कानून संरक्षणात्मक हो या प्रशासनात्मक हो, वह सभी पर समान रूप से लागू होना चाहिए। और समाज-रचना समानता की नींव पर खड़ी करनी है इसलिए मानसम्मान-अधिकार और व्यवसाय के बारे में जाति की रुकावट नहीं होनी चाहिए। भेद सिर्फ व्यक्ति के गुण-भेद के आधार पर ही करना चाहिए, जन्म के आधार पर नहीं। इसके लिए प्रचलित जातिभेद प्रणाली का और उससे सम्बन्धित विषमता का यह सभा निषेध करती है।

**दूसरा प्रस्ताव :** शूद्र जाति को बदनाम करनेवाली, उनके उत्थान को रोकनेवाली, उनका आत्मबल नष्ट करके उनकी सामाजिक, राजनीतिक और आर्थिक गुलामी को बरकरार रखनेवाली मनुस्मृति के वचनों को ध्यान में रखते हुए और हिन्दुओं के उपर्युक्त जन्मसिद्ध हक़ों के घोषणापत्र में व्यक्त तत्त्वों से तुलना करते हुए प्रस्तुत धर्मग्रन्थ पवित्रता के नाम पर अशोभनीय, अयोग्य हैं, यह इस परिषद् की निश्चित राय है और उस राय को व्यक्त करने के लिए ऐसे जनद्रोही, जनता में विघटन पैदा करनेवाले और इनसानियत का नाश करनेवाले ग्रन्थ का यह परिषद् दहन कर रही है।

**तीसरा प्रस्ताव :** सभी हिन्दूधर्मीय लोगों को एकवर्णीय समझा जाए। यह वर्ग हिन्दू नाम से पहचाना जाए और सम्बोधित किया जाए। स्वयं को या दूसरों को ब्राह्मण, क्षत्रिय, वैश्य और शूद्र आदि जातिदर्शक संज्ञा से सम्बोधित करने पर कानूनी प्रतिबन्ध

लगाया जाए, यही इस परिषद् की आम राय है। उसी प्रकार मराठा, कोंकणस्थ, देशस्थ आदि प्रदेश या देश निदृष्ट नाम इस्तेमाल करने में हमें कोई आपत्ति नहीं है।

**चौथा प्रस्ताव :** इस परिषद् की यह मान्यता है कि–

1. धर्माधिकारी संस्था को जनमतानुकूल और जननियुक्त बनाया जाए।

2. इस धन्धे को स्वीकार करने का और उसके लिए स्वयं को लायक बनाने का हक़ और अवसर हर हिन्दू को दिया जाना चाहिए।

3. धर्माधिकारियों की परीक्षा ली जाए और बाद में उन्हें प्रमाणपत्र दिए जाएँ। जिनके पास प्रमाणपत्र नहीं हैं ऐसे किसी भी व्यक्ति को स्वयं को धर्माधिकारी कहलवाने या धार्मिक विधि-कर्म करने पर कानूनी पाबन्दी लगानी चाहिए।

4. ग्राम धर्माधिकारी, तहसील धर्माधिकारी और प्रदेश धर्माधिकारी आम तौर पर इस तरह धर्माधिकारियों की नियुक्ति की जानी चाहिए।

5. उपर्युक्त तरीके से नियुक्त किए गए धर्माधिकारी को धर्मविधि करने के लिए दक्षिणा या अन्य प्रकार का मेहनताना या ईनाम लेने का अधिकार नहीं होना चाहिए। उसकी बजाय अन्य सभी विभागों के अधिकारी वर्ग की तरह इस विभाग के सभी छोटे-बड़े अधिकारियों को सरकारी नौकर समझा जाए। और उन्हें सरकार की ओर से उचित वेतन दिया जाना चाहिए।

परिषद् के तीसरे दिन दि. 27 दिसम्बर को सत्याग्रह को स्थगित करने का प्रस्ताव डॉ. अम्बेडकर ने रखा था। उस प्रस्ताव के सम्बन्ध में बोलते हुए डॉ. अम्बेडकर ने अपने भाषण में कहा–

**प्रस्ताव :** जो सवर्ण हिन्दू लोग अछूतों को चवदार तालाब का पानी नहीं लेने देते उसके विरोध में सत्याग्रह करने के लिए इस सभा का आयोजन किया गया है, किन्तु उन्हीं सवर्ण हिन्दुओं ने सरकार को गफलत में रखकर ऐन मौके पर दीवानी कोर्ट का तात्कालिक स्टे ऑर्डर अछूत वर्ग के विरोध में प्राप्त कर लिया है, इसलिए यह सभा सरकार के विरोध में सत्याग्रह करने के लिए मजबूर है, इस बात को जानते हुए कलेक्टर साहब ने अपने भाषण में इस सम्बन्ध में जो खुलासा किया है कि इस सम्बन्ध में सरकार का कोई दुराग्रह नहीं है बल्कि अछूतों ने समान हक़ों के लिए जो संघर्ष चलाया है उसमें उनके प्रति सरकार की पूरी हमदर्दी है, इस बात पर गम्भीर रूप से सोचते हुए यह परिषद् दीवानी मुकदमे का फैसला होने तक अपना सत्याग्रह स्थगित कर रही है।

## प्रस्ताव पर भाषण

मैंने कल यह प्रस्ताव रखा था कि सत्याग्रह कीजिए और मैं ही आज यह प्रस्ताव रख रहा हूँ कि फिलहाल सत्याग्रह रोक दीजिए। यह देखकर आप लोगों को यह लग रहा होगा कि यह आदमी चंचल है, स्थिर नहीं है। पर वैसी कोई बात नहीं है। दोनों बातें

मैं पूरे सोच-समझ के आधार पर ही कह रहा हूँ। कल मुझे यह जानना था कि आप लोगों में कितनी हिम्मत है। उसे मैंने जान लिया है। आप अपने फैसले पर अटल हैं, इस बारे में अब किसी के मन में कोई सन्देह नहीं, इससे मैं पूरी तरह सन्तुष्ट हुआ हूँ, आपमें निर्णय का बल नहीं था, यही हमारी सबसे बड़ी कमजोरी थी। उस कमजोरी को आपने निकाल बाहर कर दिया है। आप लोगों को मैं जो यह कह रहा हूँ कि हम लोग सत्याग्रह न करें, वह भी मैं पूरी सोच-समझ के बाद ही कह रहा हूँ। शारीरिक ताकत का उपयोग तुरन्त करना चाहिए, यह जरूरी नहीं है। समय देखकर ही ताकत का उपयोग करना चाहिए। गम्भीर रूप से सोचने के बाद मेरी समझ में यह आया कि हमें आज इस ताकत का उपयोग नहीं करना चाहिए। आज का सत्याग्रह सरकार के विरोध में होगा। सरकार का दुराग्रह हो तो सरकार के विरोध में सत्याग्रह करने में कोई कठिनाई नहीं है। लेकिन इसमें सरकार का दुराग्रह है या नहीं, इस बात पर सोचिए। हमारे साथ सरकार की पूरी हमदर्दी है। फिर सरकार को क्यों बेवजह कठिनाई में डाला जाए।

दूसरी बात यह है कि अपने आन्दोलन के प्रति सवर्ण हिन्दू लोगों में कोई हमदर्दी नहीं है, इस बात को आप जानते ही हैं। सवर्ण हिन्दू लोग आप लोगों के साथ पूरा असहयोग कर रहे हैं। व्यापारियों ने व्यापार बन्द रखा है। मालगुजारों ने (खोत) खेतों को छीनने की कार्यवाही शुरू की है। और कुनबियों ने हमारे जानवरों को कांजी हाउस में बन्द करना शुरू कर दिया है। इन जुल्म-ज्यादतियों से हमें पार निकलना है। इसके लिए जरूरी सहयोग देने का आश्वासन सरकार दे रही है, ऐसी स्थिति में सरकार के विरोध में सत्याग्रह करना उचित नहीं है, इस तरह से कुछ लोगों ने कहा तो वह उचित है, ऐसा कोई नहीं कह सकता। इसलिए आप लोगों को इस अवसर पर मेरी बात समझते हुए इस प्रस्ताव को स्वीकार करना चाहिए। आप लोगों का कोई मजाक नहीं उड़ा सकता। स्वयं कलेक्टर साहब आप लोगों से अनुरोध कर रहे हैं।

इसलिए आप लोग घबराकर सत्याग्रह स्थगित कर रहे हैं, ऐसा कोई नहीं कह पाएगा। शायद कोई यह कह सकता है कि आपके नेताओं ने अपने कदम पीछे हटा लिए हैं। किन्तु उसके लिए अफसोस करने की कोई बात नहीं है। इस बारे में मुझे कोई अफसोस नहीं है। क्योंकि मैंने जो कदम पीछे हटाए हैं वे आप लोगों के लिए ही। मेरे अनुयायी मुझसे चार कदम आगे हैं यह बड़ी खुशी की नहीं बल्कि बड़े गर्व की बात है, ऐसा मैं समझता हूँ। मैं आज यह कह रहा हूँ कि इस समय इस सत्याग्रह को वापस ले लीजिए तब भी हम तालाब पर अपना हक़ कायम करके ही रहेंगे, यह जो आपका अन्तिम फैसला है, वही मेरा भी है। उसे हासिल किए बगैर मैं चैन से नहीं रहूँगा, इस बात को ध्यान में रखिए।

# आपके वारिस आपको नामर्द कहेंगे

*दि. 27 दिसम्बर 1927 को महाड में चमार समाज की बस्ती में डॉ. बाबासाहेब अम्बेडकर को निमंत्रित किया गया था। वहाँ चमार समाज के लोगों को सम्बोधित करते हुए डॉ. अम्बेडकर ने कहा–*

दो-चार चमारों को छोड़कर बाक़ी चमार लोग सत्याग्रह जैसे महत्त्व के कार्य में हिस्सा नहीं ले रहे हैं, यह बड़े अफसोस की बात है। इसका कोई कारण मेरी समझ में नहीं आ रहा है। मैं यह भी नहीं समझ पा रहा हूँ कि महार लोगों के साथ सहयोग करने में आप लोग घबरा क्यों रहे हैं? आप लोगों ने स्वयं सत्याग्रह जैसे बड़े कार्य को करने की बात सोची तो वह आपके लिए सम्भव क्यों नहीं है? ऐसा मुझे लगता है क्योंकि आप लोगों की संख्या बहुत कम है। इसलिए महार लोगों जैसे बहुसंख्यक लोगों के साथ सहयोग करने से आपकी जात नापाक हो जाएगी, इस तरह का डर मन में लाने का आप लोगों के सामने कोई कारण नहीं है।

सचमुच देखा जाए तो सत्याग्रहियों का समूह योद्धाओं का समूह होता है। और युद्ध में लड़नेवालों के समूह में जात-पाँत का कोई महत्त्व नहीं होता है, यह बात तो पेशवाई जैसे ब्राह्मणी राज्य में भी स्वीकार की गई थी। यदि वैसा नहीं होता तो सिदनाक महार का तम्बू मराठा सरदारों की छावनी में न रहने दिया गया होता। इसलिए आप लोग अपनी जाति को समाप्त कर दीजिए। इस तरह का आग्रह आपसे कोई नहीं कर रहा है। वास्तव में आप लोग सुखी-धनी व्यापारी हैं। आप लोगों को हमें मदद करनी चाहिए। आप लोग सवर्ण हिन्दुओं को चप्पल-जूतियाँ न देने का सत्याग्रह कर सकते हैं। इस तरह की शक्ति आप लोगों के समाज के पास है इसके बावजूद भी आप उसका उपयोग नहीं कर रहे हैं। क्या इसे आपकी लापरवाही या आलस कहना चाहिए? यही बात मेरी समझ में नहीं आ रही है। आप लोग इस बात को तय कीजिए कि आपको सुख-सुविधाएँ चाहिए या इनसानियत चाहिए? इनसानियत के बगैर आपका वैभव बेकार है। आप जैसे स्वतन्त्र और सुखी लोगों को अछूतों को उनके इनसानियत के हक़ वापस लौटाने के काम में बड़ी लगन से हिस्सेदारी करनी चाहिए। इस अच्छे काम के हिस्सेदार बनिए। इसमें यदि आप लोगों ने हिस्सा लिया तो इतिहास में महारों के साथ आप लोगों का नाम भी रोशन होगा अन्यथा आपकी अगली पीढ़ी आपको यह कहकर गाली देगी कि आप लोग नामर्द थे। आप लोगों ने कुछ नहीं किया है।

बहिष्कृत भारत : दि. 3 फरवरी 1928

# अछूतपन को समाप्त करने के लिए नारियों की जिम्मेदारी

*दि. 27 दिसम्बर 1927 को चमार समाज की बस्ती की सभा को सम्बोधित करने के बाद डॉ. बाबासाहेब अम्बेडकर ने दलित महिलाओं की सभा को सम्बोधित किया। उस सभा में उन्होंने कहा–*

आप लोग इस सभा गें आईं इसलिए मैं आज अधिक खुश हूँ। जिस प्रकार घर-गृहस्थी की कठिनाइयाँ नारी और पुरुष मिलकर हल करते हैं, उसी प्रकार समाज संसार की कठिनाइयाँ नारी और पुरुषों को मिलकर हल करनी चाहिए। इस काम को करने की जिम्मेदारी को पुरुषों ने अपने ऊपर लिया तो इसमें अधिक समय लगेगा, इसमें कोई सन्देह नहीं है। इसी काम की जिम्मेदारी यदि नारियों ने अपने ऊपर ली तो उस काम में वे आसानी से सफलता हासिल कर सकती हैं, यह मेरी राय है। किन्तु उन्होंने अकेले उस काम की जिम्मेदारी को अपने सिर न लिया तब पुरुष वर्ग जो काम कर रहा है उसमें उन्हें सहयोग करना जरूरी है। इसके लिए आप लोगों को हमेशा सभाओं में आना चाहिए, यही मेरा आप लोगों से निवेदन है। सचमुच में देखा जाए तो अछूतपन समाप्ति का सवाल पुरुषों का नहीं है बल्कि आप सभी नारियों का ही है।

आपने हम पुरुषों को जन्म दिया है। हमें अन्य लोग किस प्रकार से जानवरों की तरह देखते हैं इस बात को आप अच्छी तरह जानती हैं। वे लोग कुछ जगहों पर हमारी छाँव भी बर्दाश्त नहीं करते। अन्य लोगों को कोर्ट-कचहरियों में मान-सम्मान के पद मिलते हैं लेकिन आपकी सन्तान हम बच्चों को पुलिस विभाग में सिपाही की भी नौकरी नहीं मिलती। इतना हमें नीच समझा जाता है। आपको इतना सारा मालूम होते हुए भी आप लोगों ने हमें जन्म क्यों दिया, इस तरह का सवाल यदि आपसे कोई करे तो आप उसका जवाब क्या दे पाएँगी? इस सभा में बैठी हुईं कागस्थ और अन्य सवर्ण नारियों के पेट से पैदा हुए बच्चों में और आपके पेट से पैदा हुए बच्चों में क्या फर्क है? आप लोगों को सोचना चाहिए कि ब्राह्मणों की नारियों में जितना शील है उतना आपमें भी है। ब्राह्मण नारियों में जितनी पवित्रता है उतनी आपमें भी है। और आपमें जितनी हिम्मत, संकल्प और शक्ति है उतनी ब्राह्मण नारियों में भी नहीं है। यह सब होते हुए ब्राह्मण नारियों के बच्चों को क्यों सम्मान मिलना चाहिए? और आपके पेट

से पैदा हुआ बालक हर जगह अपमानित क्यों होना चाहिए? उसे सामान्य इनसानियत के हक भी प्राप्त नहीं हैं, इस बात पर क्या आपने कभी सोचा है? मुझे लगता है, आपने इस पर कभी सोचा ही नहीं है। यदि आप लोगों ने कभी सोचा होता तो पुरुषों के पहले ही आप नारियों ने सत्याग्रह किया होता। क्योंकि आपके पेट से हम लोगों ने जन्म लिया है, यही पाप हमसे हुआ है और उसी पाप की वजह से हमें अछूतपन की यह सजा भोगनी पड़ रही है। इसलिए आपको सोचना चाहिए कि आपके पेट से पैदा होना पाप क्यों समझा गया? और अन्य नारियों के पेट से पैदा होना शुभ क्यों समझा गया? यदि आपने इस सवाल पर अध्ययन किया तो आपको शायद प्रजा उत्पत्ति बन्द करनी पड़ेगी या आप लोगों की वजह से उन पर जो कलंक लगा है उसे धोना पड़ेगा। इन दोनों में से किसी एक बात को तो आपको करना ही होगा। आप इस तरह की प्रतिज्ञा कीजिए कि, ‘‘इस तरह की कलंकित अवस्था में हम इससे आगे कभी नहीं रहेंगे।’’ जिस प्रकार समाज उत्थान करने का संकल्प पुरुषों ने किया है उसी प्रकार आपको भी करना चाहिए। आप लोगों को दूसरी बात यह करनी है कि आप लोगों को पुरानी और घटिया परम्पराओं, रिवाजों को छोड़ देना चाहिए। देखा जाए तो अछूत आदमी अछूत है ऐसा कोई निशान उसके माथे पर नहीं है। किन्तु अछूतों के जो कुछ रिवाज हैं उन रिवाजों के आधार पर फलाँ आदमी अछूत जाति का है, ऐसा कहा जाता है। मेरी यह मान्यता है कि इस तरह के रिवाज किसी समय हम पर जबरन लाद दिए गए थे। किन्तु अंग्रेज सरकार के राज में उस तरह की जबर्दस्ती नहीं हो सकती। इसलिए जिन बातों की वजह से लोग हमें अछूत समझते हैं उन सभी बातों को आपको खत्म कर देना चाहिए। आपका साड़ी (लुँगड़ा) पहनने का ढंग भी आपके अछूतपन को व्यक्त करता है। उस ढंग को आपको बदल देना है। ऊँची जाति की औरतें जिस ढंग से साड़ी पहनती हैं उस ढंग से आपको भी पहननी चाहिए। वैसा करने में आपका कुछ भी अतिरिक्त खर्च नहीं होगा।

उसी प्रकार गले में ढेर सारी मालाएँ और हाथों में काँच या चाँदी की बड़ी-बड़ी चूड़ियाँ ही आपके अछूतपन की पहचान हैं। गले में एक माला से अधिक की कोई जरूरत नहीं है। उससे पति की उम्र घटती है या बढ़ती है, शरीर का सौन्दर्य बढ़ता है ऐसी कोई बात नहीं है। गहनों से कपड़ों का ज्यादा महत्त्व है। इसलिए काँच या चाँदी के गहनों पर ज्यादा पैसे खर्च करने के बजाय अच्छे कपड़ों पर पैसा खर्च कीजिए। गहना पहनना ही हो तो सोने का पहनिए वरना मत पहनिए। उसी तरह साफ-सुथरे रहने की पूरी कोशिश कीजिए।

आप घर की गृहदेवी हैं। घर में कोई गलत काम न हो इसके लिए आपको सावधानी बरतनी चाहिए। पिछले कुछ महीनों से सभी लोगों ने मरे हुए जानवरों का मांस खाना छोड़ दिया है, यह बड़ी अच्छी बात है। अगर किसी घर में वैसा न हुआ हो तो वैसा करने-करवाने की जिम्मेदारी आप लोगों की है। जो पति मरे हुए जानवरों का मांस घर में लाता हो उसे आपको साफ़ शब्दों में बता देना चाहिए कि इस तरह की हरकतें

हमारे घर में अब नहीं चलेंगी। मुझे पूरा यकीन है कि यदि इस बात को आपने अपने दिल में उतार लिया तो इस तरह की अमंगल बातें पूरी तरह से समाप्त हो जाएँगी। इसी तरह आपको अपनी लड़कियों को भी इसी तरह की तालीम देनी चाहिए।

पढ़ाई-लिखाई की बातें सिर्फ पुरुषों के लिए ही नहीं हैं, नारियों को भी उसकी जरूरत है। इस बात को हमारे पुरखों ने भी समझा था अन्यथा जो लोग फौज में रहे उन लोगों ने अपनी लड़कियों को जो शिक्षा दी वह न दी होती। जैसी जमीन वैसे फल, इस बात को ध्यान में रखते हुए यदि आपको अपनी अगली पीढ़ी दुरुस्त करनी है तो आपको अपनी लड़कियों को पढ़ना-लिखना सिखाना चाहिए। मैंने आपको अभी जो उपदेश किया है उन्हें आप हवा में नहीं छोड़ देंगी, इस बात की मुझे पूरी उम्मीद है। उन्हें अमल में लाने में किसी भी प्रकार की देर नहीं करनी चाहिए। इसलिए आप सुबह अपने घर जाने से पहले आपके कपड़े पहनने के तौर-तरीके में फर्क आया है, यह मुझे दिखाने के बाद ही अपने अपने-अपने घर जाइए।

# बदलती स्थिति के मुताबिक बदलना होगा

*दि. **27 दिसम्बर 1927** को महाड में डॉ. बाबासाहेब अम्बेडकर ने महार जाति के पंचों की सभा को सम्बोधित किया। उस सभा में उन्होंने कहा–*

अभी आप लोगों के सामने मैं जो कुछ कहने जा रहा हूँ, उसके लिए गुस्सा मत होइए। क्योंकि मैं भी आपका ही बच्चा हूँ। यदि मैं गलती कर रहा हूँ तो मुझे माफ कीजिए। हमारे पुरखों ने पंचों की व्यवस्था की, वह बहुत अच्छी बात है, ऐसा मेरा मानना है। हर समाज के रिवाज रूढ़ियों से तय होते हैं। उन रिवाजों और रूढ़ियों पर सभी को चलना पड़ता है। यदि कोई जाति के रिवाजों के मुताबिक न चला तो उसे रास्ते पर लाने के लिए उसका बहिष्कार या उस पर जुर्माना जैसी सजा करने का अधिकार जाति को होता है। यह सजा देने का अधिकार जाति ने आप जैसे मुखियाओं को दिया है। इससे तुम्हारी अपने समाज में कितनी बड़ी योग्यता है, यह तुम्हें दिखाई देगी। तुम लोग समाज के न्यायाधिकारी और धर्माधिकारी हो। तुम लोग जिस प्रकार के धर्म की शिक्षा दोगे और जिस प्रकार का न्याय करोगे उस तरह समाज की अच्छी-बुरी आदतें बनेंगी। किन्तु तुम लोगों पर सभी का यह आरोप है कि तुम लोग 'जिधर दम उधर हम' इस न्याय पर चलते हो और सच का झूठ तथा झूठ का सच करते हो। और उसी की वजह से समाज में अधर्म बढ़ रहा है। इन तमाम बातों के लिए तुम लोग जिम्मेदार हो।

इसलिए मैं आप लोगों से जो कहना चाहता हूँ वह यह है कि आप लोग अपनी जिम्मेदारी को पहचानिए, समय कैसे चल रहा है, इस बात को ध्यान में रखिए, और बदलती स्थिति में हम लोगों को क्या करना चाहिए, इस बात को समझ लीजिए। तुम लोगों को पुराने रिवाजों को छोड़कर समाज में नए रिवाजों का प्रचार करना चाहिए। यदि ऐसा कार्य करने के लिए आप लोग तैयार हों तो आप लोगों की वंश-परम्परा से चली आ रही सत्ता को हम स्वीकार कर सकते हैं और यदि इस तरह से करने के लिए आप तैयार नहीं हैं तो नए विचारों तथा नए आचारों के पंचों का चुनाव करके आप लोगों का अधिकार वापस ले लेना पड़ेगा। बदलती स्थिति में अपनी जाति के लिए किस प्रकार के नियम उचित हैं, इस बात पर विचार करने के लिए मैंने सभी मुखिया लोगों की सभा का यहाँ आयोजन किया है। उस सभा में जो नियम सभी के साथ विचार-विमर्श के बाद मंजूर किए जाएँगे उनको अमल में लाने की पूरी कोशिश आप लोग करेंगे, ऐसी मुझे पूरी उम्मीद है।

# परिशिष्ट : एक

दक्षिण महाराष्ट्र के अछूत वर्ग की परिषद् माणगाँव, संस्थान कागल में 21 और 22 मार्च, 1920 को आयोजित की गई थी। डॉ. बाबासाहब अम्बेडकर इस परिषद् के अध्यक्ष थे। इस परिषद् में निम्न प्रस्ताव मंजूर किए गए।

1. महायुद्ध में ब्रिटिश सरकार को और दोस्त राष्ट्रों को जो सफलता मिली उसके लिए यह परिषद् अपनी प्रसन्नता व्यक्त करती है।

2. राजा शाहू छत्रपति करवीर संस्थान, इन्होंने अपने राज्य में अछूतों को समानता के हक़ देकर उनका उत्थान करने के महान कार्य को शुरू किया है, इसलिए उनका जन्मदिन हर अछूत को उत्सव के रूप में मनाना चाहिए। इस तरह की राय परिषद् जाहिर कर रही है।

3. जो राजा, महाराजा और संस्थान अछूतों के उत्थान के लिए प्रयास कर रहे है, उनके प्रति यह परिषद् अपना आभार व्यक्त कर रही है।

4. हर व्यक्ति के उत्थान के लिए अनुकूल सामाजिक स्थिति होनी बहुत जरूरी है। जन्म से अयोग्यता और अपवित्रता की वजह से हिन्दुस्तान की सामाजिक स्थिति अछूत वर्ग के उत्थान के लिए अनुकूल नहीं है। इतना ही नहीं, इसकी वजह से यह वर्ग अपने सामान्य मानवीय हक़ों से वंचित रखा गया है। अछूत लोग हिन्दी स्वराज्य की इकाई हैं। और अन्य हिन्दी लोगों की तरह उन्हें निम्न प्रकार के मानवीय हक़ हैं।

अ. सार्वजनिक रास्ते, कुएँ, तालाब, स्कूल, धर्मशाला उसी प्रकार लाइसेंस के तहत आनेवाले मनोरंजन के स्थान, भोजनालय, वाहन आदि सार्वजनिक सुविधाओं का उपभोग का उन्हें अधिकार है।

ब. गुणों के आधार पर उन्हें व्यापार करने का और नौकरी हासिल करने का अधिकार है।

उपर्युक्त हकों का उपयोग करते समय यदि रुकावट आए तो उसे समाप्त करने के लिए सरकार को कानूनी मदद करनी चाहिए, यह इस परिषद् की राय है।

5. लड़के-लड़कियों में बगैर कोई फर्क किए प्राथमिक शिक्षा सभी को जितनी जल्दी हो सके अनिवार्य और मुफ्त मिलनी चाहिए।

6. अछूत वर्ग में शिक्षा का प्रसार होना बहुत जरूरी है, उसके बगैर उनका उत्थान नहीं होगा। उनमें शिक्षा का प्रसार करने के लिए स्कूल मास्टर, डेप्युटी असिस्टेंट, डेप्युटी

एज्यूकेशनल इन्स्पेक्टर उन्हीं में से होने चाहिए। अन्य वर्ग के लोग अछूत वर्ग की शिक्षा की ओर ध्यान नहीं देते या उन्हें टालने की कोशिश करते हैं, इसलिए उपर्युक्त अधिकारी अछूत वर्ग के होने चाहिए। यह परिषद् की राय है। इसी प्रकार अछूत वर्ग के अनट्रेंड शिक्षकों को ट्रेनिंग की विशेष सुविधाएँ देकर उन्हें नियमित करने की व्यवस्था सरकार को करनी चाहिए। यह इस परिषद् का नम्र निवेदन है। अछूत वर्ग में शिक्षा के प्रसार के लिए हर जिले में अछूत वर्ग का कम-से-कम एक डेप्युटी या असिस्टेंट डेप्युटी एज्यूकेशनल इन्स्पेक्टर होना चाहिए और इस ओहदे के लिए ट्रेनिंग कॉलेज का थर्ड इयर इम्तिहान पास या मैट्रिक तक पढ़ा-लिखा आदमी लायक समझा जाना चाहिए। यह इस परिषद् की राय है।

7. जिस प्रकार खालसा में मुस्लिमों और मैसूर संस्थान के बहुजन तथा अछूत छात्रों को माध्यमिक और ऊँची शिक्षा के लिए पर्याप्त छात्रवृत्तियाँ दी जाती हैं उसी प्रकार अछूत वर्ग के छात्रों को ब्रिटिश शासन में छात्रवृत्तियाँ मिलनी चाहिए इस तरह से यह परिषद् विनती करती है।

8. सभी ओर सवर्ण और अछूतों के स्कूल एक होने चाहिए यही इस परिषद् की राय है।

9. आजकल महार हक़दारी की जो स्थिति है वह बहुत खतरनाक है यह बात बड़े दुख के साथ कहनी पड़ रही है। परिषद् के अनुसार इस खतरनाक स्थिति के दो कारण हैं—

अ. महार हक़दारों को लाचारी से घटिया काम करने पड़ते हैं इसलिए उनकी हक़दारी में हीनता का भाव है।

ब. ईनाम हक़दारी जमीन हक़दारों में पीढ़ी-दर-पीढ़ी चले आने की वजह से जमीन के इतने छोटे टुकड़े हो गए हैं कि हर महार हक़दार को पर्याप्त पैदावार न होने की वजह से उसकी आर्थिक हालत बहुत ही खराब है। इसलिए हक़दारी प्रथा में परिवर्तन होना बहुत जरूरी है। यह इस परिषद् की मान्यता है। महारों की हक़दारी सभी महार लोगों में बाँटकर सभी की गरीबी और कंगाली को समाप्त कर उनकी स्थिति सम्मानित और सुखदायी बनाई जाए। महारों की हक़दारी की जमीन कुछ महारों को बड़े पैमाने पर बाँटकर, जिन महारों की जमीन बाँट देने से हक़दारी जमीन छोड़नी पड़ेगी उन्हें जहाँ तक सम्भव हो, परती जमीन रैयत रिवाज के अनुसार देने की व्यवस्था की जानी चाहिए। फिलहाल जो ईनामी जमीन जिन महार किसानों को दी जाएगी उनकी ओर से अपने लड़के-लड़कियों को शिक्षित करने की शर्त लिखवा लेनी चाहिए।

10. मरे हुए जानवरों का मांस खाना किसी भी जाति के आदमी के लिए जुर्म है। ऐसा कानून बनाया जाना चाहिए, यही इस सभा की राय है।

11. अछूत वर्ग के लोगों की नियुक्तियाँ पटवारी के पद पर करनी चाहिए, इस तरह की माँग यह परिषद् कर रही है।

12. अछूत वर्ग के उत्थान के लिए जो गैर अछूत समाज की संस्थाएँ या व्यक्ति

बड़ी लगन के साथ काम कर रहे हैं उनके प्रति यह परिषद् आभार व्यक्त करती है। अछूत वर्ग के राजनीतिक या सामाजिक हितों की रक्षा के लिए उनकी ओर से जो सुझाव दिए जाते हैं वे सुझाव अछूत वर्ग को पूरी तरह मंजूर होते हैं, यह सरकार को समझना चाहिए, यह बात यह परिषद् बड़े आग्रह के साथ कहना चाहती है।

13. भावी विधि कौन्सिल में अछूतों के प्रतिनिधि उनकी जनसंख्या और आवश्यकता के अनुपात में उनके स्वतन्त्र मतदाता संघों से चुने जाएँ। यह परिषद् के अधिकार की माँग है।

14. इस परिषद् को आयोजित करने में जिन लोगों ने मेहनत की उन्हें और खास तौर पर आप्पा दादगौडा पाटिल का यह परिषद् आभार व्यक्त करती है।

15. उपर्युक्त सभी प्रस्तावों को अधिकारियों और अन्य सम्बन्धित लोगों तक प्रेषित करने का अधिकार यह परिषद् अपने अध्यक्ष को प्रदान करती है।

---

मूकनायक, 10 अप्रैल, 1920

# परिशिष्ट : दो

अछूतों ने महाड में चवदार तालाब के पानी को हाथ लगाकर अपने जन्म से प्राप्त हक़ की तामील की। इसलिए वहाँ के कुछ ब्राह्मण, बनिया और ब्राह्मणवादी अन्य बहुजनों ने अछूतों से मारपीट की। इस सम्बन्ध में अखबारों में अलग-अलग प्रकार की खबरें आ रही हैं। ऐसे समय में अछूतों को पुनः हिम्मत बाँधकर उस तालाब पर जाकर पानी को हाथ लगाने के हक़ की तामील करनी चाहिए। हम भी अछूतों के साथ आने के लिए तैयार हैं और अपने सभी बहुजन भाइयों से विनती कर रहे हैं कि उन्हें अछूतों के हक़ों के संरक्षण के लिए साथ आना चाहिए। सार्वजनिक कुएँ, हौज, बावड़ी, मन्दिर आदि के जरूरी सवालों का हमेशा के लिए फैसला कर लेना चाहिए। हम सभी अछूत वर्ग के नेताओं से यह विनती कर रहे हैं।

आपके नम्र

दिनकरराव जवलकर
केशवराव जेधे

*महाड में सत्याग्रह कैसे करें?*

अछूतों के हक़ों की तामील महाड में सत्याग्रह करके करनी चाहिए। ऐसी हम पुनः विनती कर रहे हैं। लेकिन सत्याग्रह कैसे करना है इसके लिए हमारी जो योजना है उसे हम इस पत्र में प्रकाशित कर रहे हैं :

1. सत्याग्रह का रूप पूरी तरह से अहिंसक होना चाहिए।
2. सत्याग्रह सफल बनाने के लिए किसी भी ब्राह्मण को उसमें सम्मिलित नहीं किया जाना चाहिए।
3. एक-दो आदमियों को भेजने के बजाय एक साथ हजार-पाँच सौ आदमियों को मंगल बाजे बजाते हुए हिन्दू धर्म का झंडा लेकर तालाब पर पानी पीने के लिए भेजना चाहिए।
4. मन्दिर, कुएँ और बावड़ी पर जाकर अपने हक़ों की तामील करने की मुहिम शुरू करने के लिए महाड में एक ख़ास परिषद् बुलाई जाए और उसी दिन जुलूस निकालकर तालाब पर जाने का कार्यक्रम बनाया जाए।

हिन्दू धर्म की इज्जत बचाने के लिए महाड में अछूतों के साथ सैकड़ों बहुजन युवा आने के लिए तैयार हैं। इसलिए अछूत वर्ग के नेताओं को तुरंत अपनी निश्चित नीति प्रकाशित करनी चाहिए और बहुजनों को हिन्दू धर्म पर लगे अछूतपन के कलंक को धोने में सहयोग करना चाहिए।

आपके नम्र

अहमदनगर केशवराव जेधे

19.6.1927 दिनकरराव जवलकर

---

बहिष्कृत भारत : 1 जुलाई, 1927

## *महाड में सत्याग्रह की पूर्व तैयारी*

महाड में कुलाबा जिला बहिष्कृत परिषद् के बाद यहाँ के चवदार तालाब पर जाकर परिषद् के प्रतिनिधियों ने पानी पी लिया इसलिए सवर्ण हिन्दुओं ने परिषद् के प्रतिनिधियों पर जुल्म-ज्यादतियाँ कीं और तालाब की शुद्धि कर अछूत वर्ग पर अपवित्रता की मुहर लगाई है। इसलिए अपने पर लगाए हुए अछूतपन के कलंक को और अपने पर लादी गई अपवित्रता को समाप्त करने की जिनकी इच्छा हो, ऐसे स्वाभिमानी अछूतवर्ग के नर-नारियों और अन्य जातियों के लोगों को बहिष्कृत हितकारिणी सभा के तत्त्वावधान में महाड में कुछ दिनों बाद होनेवाले सत्याग्रह में सम्मिलित होने के लिए, अपने नाम बहिष्कृत हितकारिणी सभा के ऑफिस दामोदर हॉल, परले, मुम्बई में रजिस्टर्ड कराने का प्रयास करना चाहिए।

आपका

सीताराम नामदेव शिवतरकर

23. 6. 27 जनरल सेक्रेटरी, ब. हि. सभा

---

बहिष्कृत भारत : 1 जुलाई, 1927

# परिशिष्ट : तीन

मतदाताओं के सम्बन्ध में मंजूर किए गए कुछ महत्त्वपूर्ण प्रस्ताव निम्न प्रकार हैं :

1. अपना उत्थान करने के लिए महार समाज की ओर से जो प्रयास शुरू किए गए हैं उनमें महारों की पैतृक हक़दारी (महारकी वतन) एक बहुत बड़ी रुकावट है, अनुभव के आधार पर ऐसी इस परिषद् की मान्यता है इसलिए पूरे विचार-विमर्श के बाद परिषद् की यह राय बनी है कि मुम्बई इलाके के हक़दारों से सम्बन्धित (The Bombay Hereditary Offices Act 15बी) धारा के अनुसार महारों को पैतृक हक़दारी का मुआवजा देकर हक़दारी का रूपान्तरण कर देना चाहिए। परिषद् की इस राय के अनुसार उसकी सरकार से विनती है कि जिन महारों की हक़दारों के बन्धनों से खुद को मुक्त करने की इच्छा हो उन्हें वैसा करने की आजादी होनी चाहिए। इसलिए महारों को पैतृक हक़दारी का मुआवजा देकर जितनी जल्दी हो उतनी जल्दी सरकार को रूपान्तरण की शर्तें स्पष्ट करनी चाहिए। दोनों वर्गों को मंजूर होनेवाली शर्तें तय करने के लिए महार और सरकार के दरमियान जो बातचीत होगी उसमें महारों की ओर से बोलने का अधिकार यह परिषद् बहिष्कृत हितकारिणी सभा को दे रही है।

2. हक़दार महारों को भूमि, लेहना और रोटी के हक़ के रूप में उनके काम का मुआवजा देने की जो प्रथा है वही महार समाज की असहायता और घटिया स्थिति का बुनियादी कारण है। यह इस परिषद् की मान्यता है। इसलिए परिषद् का सरकार से अनुरोध है कि महार हक़दारी का मुआवजा लेहना की बजाय नकद रूप में जमीन महसूल के साथ सरकार को वसूल करना चाहिए और चौधरी कुलकर्णी (पटवारी) को जिस तरह दिया जाता है उसी तरह महारों को वेतन सरकारी खज़ाने से दिया जाना चाहिए।

3. हक़दार कर्मचारियों से सम्बन्धित कानून महारों के पैतृक हक़दारी पर लागू किया गया है। इसका मतलब उपर्युक्त कानून की चौथी धारा में सम्मिलित होनेवाले काम के उचित अमल के लिए महारों को जिम्मेदार मानना चाहिए। इसलिए इस परिषद् का विचार है कि हक़दारी मुशाहिरा प्राप्त करने के बारे में महारों को रैयत के प्रचलित रिवाज से काम करना चाहिए जैसाकि उपर्युक्त कानून की धारा 18 में है, यह इस कानून की चौथी धारा से मेल नहीं खाती। सरकार को उपर्युक्त कानून की धारा 18 रद्द करनी चाहिए, यह इस परिषद् का अनुरोध है।

4. महारों के नौकरी के काम कौन-से हैं इस बारे में कुछ तय नहीं है, इसलिए उन पर सरकारी दोयम अधिकारियों की ओर से जो भयंकर जुल्म किया जाता है, उस पर रोक लगनी चाहिए। इस उद्देश्य से इस परिषद् का सरकार से अनुरोध है कि हक़दार कर्मचारियों से सम्बन्धित कानून की धारा 69 और 83 में सुधार करके महारों की नौकरी के काम जितनी जल्दी हो सके उतनी जल्दी तय करने चाहिए।

5. कई जगहों पर पुरखों की हक़दारी जमीन बेच देने की वजह से और उसे

वापस लेने की मियाद टल जाने की वजह से महारों को मुशाहिरा के मुआवजे की बजाय अपने काम करने पड़ते हैं। लेकिन हक़दार कर्मचारियों के कानून के अनुसार दूसरों के हाथ में गई हुई हक़दारों की जमीन वापस दिलाने का जो अधिकार कलेक्टर को दिया गया है उससे मियाद में रुकावट नहीं आ सकती। फिर भी कलेक्टरों को इस अधिकार का उपयोग कर महारों को उनकी जमीन वापस दिलानी चाहिए। इस बारे में सरकार को कलेक्टरों को सर्क्युलर तुरन्त भेजने चाहिए, इस बात का अनुरोध परिषद् कर रही है।

6. गाँव में साफ-सफाई रखना महारों का एक काम है इस तरह से 28 जून, 1888 के (सं. 4273) सरकारी प्रस्ताव में तय किया गया है। लेकिन हक़दार सरकारी नौकरों से सम्बन्धित कानून की चौथी धारा से इस प्रस्ताव की विरोधी है इसलिए उस प्रस्ताव को सरकार को तुरन्त रद्द कर देना चाहिए। यह परिषद् सरकार से यह अनुरोध करती है।

7. महारों को लेहना का जो हक़ है वह गाँव के लोगों के निजी काम करने के मुआवजे के रूप में है। ऐसा मानने का कोई आधार नहीं है, यह बात 3 मई, 1899 के (सं. 3074) के सरकारी प्रस्ताव में कही गई है। महारों को उनके हक़दारी के मुआवजे में लोगों को निजी काम के लिए कहने का कोई कानूनी आधार नहीं है यह बात हक़दार नौकरों से सम्बन्धित कानून की धारा चार और उपर्युक्त प्रस्ताव से स्पष्ट होती है। तब भी महारों को रैयत के निजी काम की जिम्मेदारी से मुक्त करना जरूरी है, यह इस परिषद् का मानना है।

---

बहिष्कृत भारत : 2 सितम्बर, 1927

# परिशिष्ट : चार

## *डॉ. अम्बेडकर का हक़दारी कानून में संशोधन बिल*

महार हक़दारों की दृष्टि से हक़दारी कानून में जिन सुधारों की आवश्यकता है उन सुधारों की डॉ. अम्बेडकर ने जो योजना तैयार की है उसे हक़दारी कानून में संशोधन के बिल के रूप में मुम्बई गवर्नर की विधि कौन्सिल में 17 मार्च, 1928 की सभा में पेश करने के लिए डॉ. अम्बेडकर को इजाजत दी गई थी। और उसका पहला पाठ भी पारित हो गया था। दूसरा और तीसरा पाठ होना था। उस एक्ट के प्रारूप का मराठी अनुवाद 7 जून, 1928 के सरकारी गजट में प्रकाशित हुआ था। पुनः वही अनुवाद निम्न दिया जा रहा है।

1874 में वंशपरम्परा के ओहदे से सम्बन्धित कानून (The Bombay Hereditary Offices Act, 1874) मंजूर किया गया था। इसी को '1874 का मुम्बई

का एक्ट 3रा' (Bombay Act No. III of 1874) कहते हैं। आम लोगों में यह 'हक़दारी का कानून' नाम से प्रसिद्ध है। इस कानून में अन्तिम सुधार 1923 में किया गया था। बाद में जो सुधार डॉ. अम्बेडकर ने सुझाया था, वह निम्न प्रकार है :

**1928 के मुम्बई एक्ट का 12वाँ प्रारूप :** 1874 का वंशपरम्परा के ओहदे से सम्बन्धित मुम्बई एक्ट, और सुधार के सम्बन्ध में एक्ट का प्रारूप :

जिस वजह से वंशपरम्परा के ओहदे से सम्बन्धित मुम्बई का एक्ट आगे बताई गई प्रणाली से सुधारना उचित है और जिस वजह से हिन्दुस्तानी सरकार से सम्बन्धित एक्ट की धारा 80क के अनुसार आलिजा गवर्नर की पहले से मंजूरी प्राप्त हुई है उसी आधार पर निम्नलिखित कानून मंजूर किया जा रहा है।

1. इस एक्ट को 1928 के वंशपरम्परा के ओहदे से सम्बन्धित मुम्बई एक्ट में सुधार सम्बन्धी एक्ट कहना चाहिए।

2. 1874 का मुम्बई के एक्ट 3रा की 9वीं धारा की दुरुस्ती में 9वीं धारा के (1) ली रक़म में 'कारिन्दे का मेहनताना लगा दिया गया हो या न हो' इस शब्द के बदले 'कारिन्दे का मेहनताना लगाया गया न हो' वाक्य लिखा जाना चाहिए।

3. 1874 का मुम्बई एक्ट 3रा, उसमें नई धारा 9अ दर्ज करना। 9वीं धारा के अनुसार निम्न प्रकार के शब्द दर्ज किए जाने चाहिए।

''9अ. (1) कोई भी हक़दारी या उसका कोई भी हिस्सा या कारिन्दे का मेहनताने के रूप में बोआई दी हुई या उसकी कोई आमदनी, उसकी हक़दारी का हक़दार नहीं, ऐसे किसी भी व्यक्ति के स्वामित्व में, या फायदेमन्द कब्जे में कोई भी ब्रिटिश कोर्ट के हुक्मनामे के अलावा या हुक्म के अलावा या उसे तामील किए बगैर दूसरे तरीके से और कलेक्टर की मंजूरी के बगैर और रेव्हेन्यू दफ्तर में उनके नाम पर स्वामित्व दर्ज हुए बगैर 1874 का वंशपरम्परा के ओहदे से सम्बन्धित मुम्बई एक्ट अमल में आने की तारीख के पहले किया गया होगा इसमें कलेक्टर को उपर्युक्त जागीर रद्द है, ऐसा प्रस्तावित करना चाहिए। और उसने उस हक़दारी पर या उसके किसी भाग पर या उससे किसी उपज पर जिस हक़दार का पहले हक़ था उस हक़दार को वह हक़ या हक़दारी का अंश या हक़दारी की वह आमदनी ऐसे हुक्म की तारीख से होगी ऐसा हुक्म करना चाहिए। उसके अनुसार उसकी कोई भी आमदनी वसूल करके उपर्युक्त प्रकार के हक़दार को देनी चहिए।

यदि हक़दारी का उपर्युक्त प्रकार का अंश जमीन हो तो कलेक्टर को वह जमीन हक़दार के नाम करने का हुक्म करना चाहिए।

4. 1874 के मुम्बई एक्ट 3रा की 15वीं धारा में सुधार : धारा 15, कॉलम 1 में निम्न विशेष प्रस्ताव अतिरिक्त जोड़ना चाहिए :

''यदि ऐसा तय किया जा रहा है कि इस एक्ट की 63वीं धारा के मतलब के मुताबिक वंशपरम्परा का ओहदा प्राप्त करनेवाले हक़दारी जमीन कब्जे में होनेवाले हक़दार के सम्पूर्ण समूह या उनमें से बहुसंख्य लोगों को ऐसी नौकरी करने की अपनी

योग्यता से लगातार मुक्त किया जाना, यदि इस प्रकार से स्वेच्छा के अनुसार मुक्त किए जाने के बारे में कलेक्टर को लिखित निवेदन देकर सूचित किया गया तो–यह मर्जी पर होना चाहिए। और यदि ऐसी जमीन के सर्वे का सम्पूर्ण कर-निर्धारण भरने की बात कबूल की जाए तो उसे उन्हें वह जमीन कब्जे में रखना व जोतने-बोने का हक़ जारी होना चाहिए।''

5. 1874 का मुम्बई एक्ट 3रा की धारा 19 में सुधार : धारा 19 से 'और वह नकद या प्रत्यक्ष माल या अनाज के रूप में दिया जाना चाहिए यह तय करने का' ये शब्द निकाल दिए जाएँ।

6. 1874 का मुम्बई का एक्ट 3रा इसमें नई धाराएँ 19अ, 19ब, 19क और 19ड को जोड़ देना। धारा 19 के बाद जो निम्न धाराएँ जुड़नी चाहिए वे इस प्रकार हैं :

19अ. जिनकी हक़दारी प्राप्ति मतलब नकद या प्रत्यक्ष माल या अनाज के रूप में वसूल करने का हक़ भी होता है इस तरह का रोज का हक़दारों का सारा समूह या उसमें से बहुसंख्यक लोग जब इस तरह के हक़ का पैसे के कर के रूप में रूपान्तरण करने के बारे में कलेक्टर से निवेदन करेंगे तब कलेक्टर को उसका बराबरी के पैसे के कर के रूप में रूपान्तरण कर देना चाहिए।

19ब. जब इस प्रकार के नकद या प्रत्यक्ष माल या अनाज के रूप में वसूल करने के हक़ का उस बराबरी के पैसे के कर के रूप में रूपान्तरण किया गया हो तब सम्बन्धित वारिस हक़दार के सम्पूर्ण समूह को या उनमें से बहुसंख्यक लोगों को वह देने के लिए जो लायक होंगे उनकी ओर से वसूल कर लेने के लिए कलेक्टर से निवेदन करने का अधिकार है। बाद में कलेक्टर ने उसे जमीन महसूल के साथ और उसके बारे में हक़दार होनेवाले उस हक़दार को सरकारी खजाने से वह देने का आदेश देना चाहिए।

19क. जब नकद या प्रत्यक्ष माल या अनाज के रूप में वसूल करने का हक़ रैयत या सरकार इन दोनों की भी नौकरी करने के लिए इकट्ठा मुआवजा समझा जाता हो तो इस बारे में नकद या प्रत्यक्ष माल या अनाज के रूप में वसूल करने के बारे में जिनके हक़ का पैसे के कर में रूपान्तरण किया गया हो ऐसे रोज के हक़दारों के सारे समूह को या उनमें से बहुसंख्यक लोगों को उपर्युक्त पैसे के कर में से सरकार की नौकरी के बारे में उसको कितने पट्टे मिलने हैं और रैयत की नौकरी करने के लिए उसे कितना लगान मिलना है यह तय करने के लिए कलेक्टर से निवेदन करने का अधिकार है। बाद में कलेक्टरों को इस तरह का फैसला देना चाहिए और उसका फैसला अन्तिम समझना चाहिए।

19ड. 19क धारा में कहा गया है उसके मुताबिक फैसला करने के लिए जिन्होंने निवेदन किया हो तो ऐसे रोज के हक़दारों के सारे समूह या उनमें से बहुसंख्यक व्यक्तियों का रैयत की कोई भी नौकरी करने को नकारना, मर्जी पर होना चाहिए। इस तरह मर्जी की वाले (नौकरी करने को नकारना) हक़दार रैयतों की नौकरी करने के लिए उसको प्राप्त होनेवाले पैसे के लगान के उतने अंश से वंचित रहेंगे।

7. सन 1874 का मुम्बई एक्ट 3रा इसके 21वीं धारा में सुधार : 21वीं धारा में 'उस मुद्दत के' ये शब्द दर्ज होने चाहिए।

8. 1874 का मुम्बई एक्ट 3रा की 83वीं धारा के बजाय निम्न धारा जुड़नी चाहिए :

'83, यह एक्ट मंजूर होने के बाद 18वीं धारा में अन्य तरह का प्रस्ताव किया है वह रद्द करके, सरकार की किसी भी वंशपरम्परा के ओहदे की जो जिम्मेदारी होगी उसे जाहिर करनेवाले राजनियम बनाने चाहिए।

लेकिन ऐसा तय किया जा रहा है कि इस तरह बनाए गए राजनियम मुम्बई की विधि कौन्सिल की अगली सभा से पहले मुम्बई सरकारी गजट में प्रकाशित किए गए बगैर अमल में नहीं लाने चाहिए और उपर्युक्त कौन्सिल की अगली बैठक में पेश किए गए प्रस्ताव से रद्द या दुरुस्त किए गए समझे जाएँगे।

### *उद्देश्य और कारणों की परिभाषा*

1. कारिन्दे हक़दारों के मेहनताने के सम्बन्ध में अधिक-से-अधिक व्यवस्था करना।
2. निचले दर्जे के वंशपरम्परा के गाँव कर्मचारियों की हक़दारी में परिवर्तन करने की इजाजत देना।
3. लेहना का पैसे के लगान में रूपान्तरण करने के सम्बन्ध में प्रस्ताव करना।
4. निचले दर्जे की हक़दारी प्राप्त करनेवाले को रैयत की नौकरी करने की लायकी से अपने को मुक्त करने देना।
5. कारिन्दे हक़दारों की जिम्मेदारी तय करना।

---

बहिष्कृत भारत : 7 दिसंबर, 1928

# परिशिष्ट : पाँच

## *डॉ. अम्बेडकर का वतन (हक़दारी) बिल और उसकी धाराएँ*

मुम्बई के गवर्नर की विधानसभा के 19 मार्च, 1928 की सभा में डॉ. बी. आर. अम्बेडकर (एम.एल.सी.) को कानून का प्रारूप प्रस्तुत करने की इजाजत दी गई थी और जिसका पहला पाठ मुम्बई की विधानसभा में पारित हुआ है और जिसका दूसरा-तीसरा पाठ होना बाकी है उस कानून के प्रारूप का मराठी अनुवाद 7 जून, 1928 के सरकारी गजट में प्रकाशित हुआ है। उसकी नकल अपने पाठकों की जानकारी के लिए हम अगले पृष्ठ पर दे रहे हैं :

**1928 के मुम्बई एक्ट का 12वाँ प्रारूप :** 1874 के वंशपरम्परा के ओहदे से सम्बन्धित मुम्बई एक्ट[1] में और अधिक सुधार के सम्बन्ध में एक्ट का प्रारूप।

जिस वजह से वंशपरम्परा के ओहदे से सम्बन्धित मुम्बई का एक्ट आगे बताए गए सुझावों के मुताबिक संशोधित करना उचित है और जब हिन्दुस्तानी सरकार सम्बन्धी एक्ट की धारा 80क के मुताबिक आलिजा गवर्नर की पहले ही मंजूरी प्राप्त हुई है उस आधार पर निम्नलिखित कानून मंजूर किया जा रहा है।

1. इस एक्ट को 1928 के वंशपरम्परा के ओहदे से सम्बन्धित मुम्बई एक्ट में सुधार सम्बन्धी एक्ट कहना चाहिए।

2. 1874 के मुम्बई एक्ट तीसरे की 9वीं धारा में सुधार–9वीं धारा के पहले कॉलम में 'कारिन्दे का मेहनताना निश्चित किया गया हो या निश्चित न किया गया हो' इस मजमून के बजाय 'कारिन्दे का मेहनताना निश्चित न किया गया हो' इस प्रकार का मजमून होना चाहिए।

3. 1874 के मुम्बई एक्ट तीसरे में नई धारा 9अ दर्ज करना–

9वीं धारा के बाद जो मजमून दर्ज किया जाना चाहिए, वह इस प्रकार है–

"9अ. (1) कोई भी वतन (हक़) या उसका कोई भी हिस्सा या कारिन्दे के मेहनताने के रूप में निश्चित की गई उसकी कोई भी आय, जो उसी वतन (हक़दारी) का वतनदार (हक़दार) नहीं ऐसे किसी भी व्यक्ति के स्वामित्व में या लाभदायक कब्जे में किसी भी ब्रिटिश कोर्ट के बगैर हुक्मनामे के या बगैर हुक्म के या उसे तामील किए बगैर अन्य प्रकार से और कलेक्टर की मंजूरी के बगैर और रेव्हेन्यू दफ्तर में उसने नाम पर स्वामित्व दर्ज हुए बगैर 1874 के वंशपरम्परा के ओहदे से सम्बन्धित मुम्बई का एक्ट अमल में आने की तारीख से पहले निश्चित किया गया हो तो कलेक्टर को उपर्युक्त प्रकार का हक़ रद्द है इस प्रकार का प्रस्ताव मंजूर करना चाहिए। उसे उस वतन पर (हक़) या उसके किसी भी हिस्से या उसकी किसी आय पर पहले जिस वतनदार (हक़दार-अछूत) का हक़ था उस वतनदार का वह वतन (हक़) या वतन का (हक़) वह हिस्सा या वतन की वह आय इस प्रकार के आदेश की तारीख से मंजूर की जाएगी इस प्रकार का आदेश जारी करना चाहिए। और उसके मुताबिक उसकी किसी भी प्रकार की आय वसूल करके उपर्युक्त प्रकार के वतनदार (हक़दार-अछूत) को देना चाहिए। (2) यदि वतन का (हक़दारी) उपर्युक्त प्रकार का हिस्सा जमीन हो तो कलेक्टर को उस जमीन को वतनदार (अछूत-हक़दार) के नाम परिवर्तित करने का आदेश देना चाहिए।

4. 1874 के मुम्बई एक्ट तीसरा की 15वीं धारा में सुधार–धारा 15, कॉलम 1 को निम्न विशेष प्रस्ताव में अतिरिक्त जोड़ना चाहिए–

---

1. 1874 में वंशपरम्परा के ओहदे से सम्बन्धित कानून (एक्ट) The Bombay Hereditary Offices Act 1874, मंजूर किया गया था। इसी को 1874 का मुम्बई एक्ट तीसरा (Bombay Act No. III of 1874) कहते हैं। यह एक्ट आम लोगों में 'हक़दारी का कानून' के नाम से प्रसिद्ध है। इस कानून में अन्तिम सुधार 1923 में किया गया था। बाद में डॉ. अम्बेडकर ने उपर्युक्त संशोधन सुझाए थे।

"लेकिन यह तय किया जा रहा है कि इस एक्ट की 63वीं धारा के अर्थ के मुताबिक वंशपरम्परा का ओहदा धारण करनेवाले, वतनदारी जमीन जिनके कब्जे में है ऐसे निश्चित वतनदारों के सम्पूर्ण समूह के या उनमें से बहुसंख्यक लोगों के, इस प्रकार की नौकरी करने की अपनी योग्यता से लगातार मुक्त किया जाना, मतलब यदि इस तरह से मुक्त किए जाने की उनकी इच्छा कलेक्टर को लिखित निवेदन देकर सूचित की गई तो यह उनकी मर्जी पर होना चाहिए। और यदि वे इस तरह की जमीन के सर्वे का सम्पूर्ण कर-निर्धारण चुकता करने की बात स्वीकार करते हैं तो उन्हें उनकी प्राप्त की हुई जमीन को अपने कब्जे में रखने, जोतने-बोने का हक़ होना चाहिए।

5. 1874 का मुम्बई एक्ट तीसरे की धारा 19 में सुधार–19वीं धारा से इन शब्दों को, 'और वह नकद या प्रत्यक्ष वस्तु या अनाज देना चाहिए यह तय करने का' हटा देना चाहिए।

6. 1874 का मुम्बई एक्ट तीसरे में नई धाराएँ 19-अ, 19-ब, 19-क, और 19-ड को सम्मिलित करना। धारा 19 के बाद निम्न धाराएँ सम्मिलित करनी चाहिए, वे इस प्रकार हैं :

19-अ. जिनकी हक़दारी (वतनी) आय मतलब नकद या प्रत्यक्ष वस्तु या अनाज वसूल करने का हक़ भी होता है इस प्रकार का निश्चित हक़दारों का (वतनदार) सम्पूर्ण समूह या उनमें से बहुसंख्यक लोग, जब इस प्रकार के हक़ का पैसे के कर के रूप में रूपान्तरण करने के लिए कलेक्टर से निवेदन करेंगे, तब कलेक्टर को उसका उस बराबरी के पैसे के कर के रूप में रूपान्तरण कर देना चाहिए।

19-ब. जब इस प्रकार के नकद या प्रत्यक्ष वस्तु या अनाज वसूल करने के हक़ का उस बराबरी के पैसे के कर के रूप में रूपान्तरण किया गया हो, उस समय सम्बन्धित निश्चित हक़दारों (वतनदारों) के सम्पूर्ण समूह को या उनमें से बहुसंख्यक लोगों को उस कर को वसूल करने के लिए कलेक्टर से निवेदन करने का हक़ है जो उसे देने के लिए योग्य समझे जाएँगे। बाद में कलेक्टर को उस जमीन महसूल के साथ और उसका हिस्सा समझकर वसूल करना चाहिए और उसके लिए हक़दार समझे गए उस हक़दार को सरकारी खजाने से वह देने का आदेश देना चाहिए।

19-क. जब नकद या प्रत्यक्ष वस्तु या अनाज वसूल करने का हक़, रियाया और सरकार इन दोनों की भी नौकरी करने के लिए संयुक्त मुआवजा समझा जाता हो तो इस बारे में, नकद या प्रत्यक्ष वस्तु या अनाज वसूल करने के बारे में जिनके हक़ का पैसे के कर में रूपान्तरण किया गया हो ऐसे निश्चित वतनदारों (हक़दारों) के सम्पूर्ण समूह को या उनमें से बहुसंख्यक लोगों को, उपर्युक्त पैसे के कर में से, सरकार की नौकरी करने के एवज में उसे कितना लगान मिलना है और रियाया की नौकरी करने के एवज में उसे कितना लगान मिलना है इसे तय करने के लिए कलेक्टर से निवेदन करने का हक़ है। बाद में कलेक्टर को इस प्रकार का फैसला देना चाहिए और उसका फैसला अन्तिम मानना चाहिए।

19-ङ धारा 19-क में जिस प्रकार के फैसले का उल्लेख किया गया है उसके लिए जिन्होंने निवेदन किया होगा ऐसे निश्चित हक़दारों (वतनदारों) के सम्पूर्ण समूह के या उनमें से बहुसंख्यक व्यक्तियों की मर्जी पर होना चाहिए कि वे रियाया की किसी भी प्रकार की नौकरी करने से इनकार करें। लेकिन उन्हें इस सम्बन्ध में अपना निर्णय कलेक्टर को लिखित रूप में सूचित कर देना चाहिए। इस तरह अपनी मर्जी के मुताबिक नौकरी करने से इनकार करने के कारण, इस प्रकार की मर्जी चलानेवाले (नौकरी करने से इनकार करनेवाले) वतनदार (हक़दार) रियाया की नौकरी करने के कारण उसे जो लगान मिलनेवाला था उससे वे वंचित रहेंगे।

7. 1874 के मुम्बई एक्ट तीसरे की धारा 21 में सुधार–धारा 21 में 'उस मुद्दत के' इस वाक्यांश की बजाय, 'वे दस साल से ज्यादा नहीं इस मुद्दत के' यह वाक्यांश जोड़ देना चाहिए।

8. 1874 के मुम्बई एक्ट तीसरे की धारा 83 में सुधार–धारा 83 की बजाय निम्न धारा जोड़ देनी चाहिए।

83अ एक्ट मंजूर होने के बाद धारा 18 में अन्य प्रकार का प्रस्ताव किया गया है उसे रद्द करके, सरकार की, किसी भी वंशपरम्परा के ओहदे की जो जिम्मेदारी होगी, उसे जाहिर करनेवाले राजनियम बनाने चाहिए।

ऐसा तय किया जा रहा है कि इस तरह बनाए गए राजनियम मुम्बई की विधि कौन्सिल की अगली सभा से एक माह पहले मुम्बई के सरकारी गजट में प्रकाशित किए बगैर अमल में नहीं लाने चाहिए। और उपर्युक्त कौन्सिल की अगली सभा में पेश किए गए प्रस्ताव से रद्द या दुरुस्त किए जाने योग्य समझे जाएँगे।

## *उद्देश्य और कारणों की परिभाषा*

इस एक्ट के प्रारूप के उद्देश्य निम्न प्रकार हैं–

1. कारिन्दे हक़दारों के (वतनदार) मेहनताने के सम्बन्ध में अधिक-से-अधिक अच्छी व्यवस्था करना।

2. निचले दर्जे के वंशपरम्परा से चले आ रहे गाँव-मजदूरों (अछूत आदि) की हक़दारी में परिवर्तन करने की इजाजत देना।

3. लेहना (बलुत) का पैसे के लगान में रूपान्तरण करने के सम्बन्ध में प्रस्ताव स्वीकार करना।

4. निम्न दर्जे की हक़दारी प्राप्त करनेवाले को रैयत की सेवा (गुलामी) करने के बन्धन से अपने आपको मुक्त करने के लिए कोई रुकावट पैदा न करना।

5. कारिन्दे हक़दारों (वतनदार) के काम को निश्चित करना।

# परिशिष्ट : छह

**काशी में आयोजित ब्राह्मण महासम्मेलन में चर्चा के लिए प्रस्तुत प्रश्नावली और धर्मगुरुओं के निर्णायक जवाब :**

(काशी में आयोजित अखिल भारत ब्राह्मण महासम्मेलन के सामने चर्चा के लिए एक प्रश्नावली आई थी उसका धर्मगुरुओं ने जवाब दिया, जिसका मराठी अनुवाद वक्तव्य के रूप में प्रकाशित हुआ है। इस वक्तव्य के नीचे रंगाचार्य रेड्डी, गोपाल शंकर दण्डगाँवकर, रंगनाथ शास्त्री नासिककर, विश्वास डावरे, विष्णु नारायण मवाड़, विद्याधर कृष्णाजी शहरकर और त्र्यंबक नरहर श्रीगोंदेकर आदि के दस्तख़त थे। ये लोग पूना की विद्वत्सभा और शुक्ल यजुर्वेदीय माध्यंदिन महाराष्ट्रीय ब्राह्मण सभा के प्रतिनिधि के रूप में काशी के सम्मेलन में मौजूद थे।)

**सवाल** : स्त्रियों और पुरुषों के विवाहकाल की सीमा कहाँ से कहाँ तक शास्त्र स्वीकृत है तथा स्त्री के रजोदर्शन के बाद होनेवाले विवाह को मुख्य या दोयम या आपद्धर्म के रूप में क्यों समझना चाहिए?

**जवाब** : स्त्रियों के विवाह का गर्भ-स्थिति में आठवाँ साल ही मुख्य काल है। नौवाँ और दसवाँ साल मध्यम काल है। बाद में रजोदर्शन तक दोयम काल और रजोदर्शन के बाद का काल हर तरह से निन्दा योग्य है।

**सवाल** : वर्तमान स्थिति में और शास्त्र के आधार पर विवाह काल-मर्यादा का नियमन (कानून) कितनी उम्र तक उचित होगा?

**जवाब** : वर्तमान स्थिति को ध्यान में रखते हुए आठ साल से लेकर रजोदर्शन होने तक स्त्रियों का विवाह नहीं करना चाहिए, इस तरह का कानून बनाना पूरी तरह अनुचित है।

**सवाल** : कन्या को रज उत्पन्न होने पर वृषलीत्व बतानेवाले वचनों का आशय क्या है?

**जवाब** : वृषलीत्वबोधक वचनों का तात्पर्य धर्मकार्यानर्हत्व के बारे में समझना चाहिए। (20-11-1928 के 'केसरी' में कहा गया है कि प्रायश्चित से भी उसकी निवृत्ति नहीं होती, वह सही नहीं है।)

**सवाल** : ब्राह्मणादि जातियों में उपजाति में आपस में विवाह सम्बन्ध होना शास्त्र स्वीकृत है या नहीं?

**जवाब** : उपजाति में आपस में विवाह करना निंद्य है।

**सवाल** : धर्मज्ञ कौन हैं? वे किस प्रकार के धर्म-परिवर्तन कर सकते हैं? (संकोच स्वरूप में या प्रवृत्ति स्वरूप कर सकते हैं?)

**जवाब** : धर्मज्ञ मन्वादिक हैं। वे भी स्वतन्त्र रूप से धर्म-परिवर्तन करने के लिए समर्थ नहीं हैं।

**सवाल** : विधवा-विवाह और विवाह सम्बन्ध परित्याग शास्त्र की दृष्टि में योग्य है या अयोग्य है या निंद्य है?

**जवाब** : ब्राह्मण, क्षत्रिय और वैश्य इन त्रैवर्णिकों में विधवा-विवाह सम्बन्ध परित्याग की बात पूरी तरह से वर्जित है।

**सवाल** : अछूत वर्ग का अछूतपन जन्म के आधार पर है या कर्म के आधार पर है?

**जवाब** : म्लेच्छ, चंडाल आदि का अछूतपन जन्म पर आधारित है और अन्यों का कर्म की वजह से ही है।

**सवाल** : म्लेच्छ और अछूत इनका छूना, सभा में प्रवेश, कुएँ से पानी लेना और मन्दिर में प्रवेश आदि बातों में दूसरों की बजाय न्यूनाधिक्य क्रम उचित है या अनुचित? यदि वह उचित हो तो वह किस प्रकार से रखना चाहिए?

**जवाब** : धर्म की दृष्टि से देखा जाए तो म्लेच्छों को और चंडालों अछूतों के मन्दिर, सभा आदि में प्रवेशानर्हत्व और उनके बर्तनों से छूए गए कूपोदकों का अग्राह्यत्व आदि बातें शास्त्रों ने पूरी तरह बताई हैं। इन शास्त्राज्ञाओं का पालन करना जरूरी है।

**सवाल** : भागवत धर्म की दीक्षा (इसी जन्म में) ऊँची जाति प्राप्त करवानेवाली है या नहीं?

**जवाब** : मंत्रग्रहणादिस्वरूपी भागवत दीक्षा इसी जन्म में ऊँची जाति की प्राप्ति नहीं दिला सकती।

**सवाल** : यवनादि जाति कर्म से हुई है या जन्म से हुई है?

**जवाब** : यवनादि जाति जन्म से ही सिद्ध है।

**सवाल** : भागवत धर्म दीक्षा के बारे में जाति विशेष पर प्रतिबन्ध है या नहीं?

**जवाब** : ओंकाररहित कुछ नाममन्त्रों के बारे में जाति विशेष पर प्रतिबन्ध नहीं है (इसके लिए सभी आर्यों की स्वीकृति है।) ख़ास धर्म के बारे में जो मन्त्र है उन्हें छोड़कर दूसरी ओर (जाति विशेष पर) प्रतिबन्ध है ही। (तेंगल सम्प्रदायी श्री वैष्णवों की ऐसी मान्यता है ही।)

**सवाल** : शूलपाणि आदि ग्रन्थकारों की व्यवस्था की तरह देवलस्मृति को प्रमाण मानना चाहिए या नहीं?

**जवाब** : शूलपाणि ने जो व्यवस्था स्वीकार की है उसी प्रकार देवलस्मृति को प्रमाण मानने में कोई रुकावट नहीं है।

**सवाल** : म्लेच्छ संयोग से आनेवाली प्रायश्चित सीमा कितने काल तक?

**जवाब** : बलात्कार से दास्य करने के लिए लगाए गए पुरुष को तीन साल तक म्लेच्छों का संयोग होगा तो मन्वादिकों की बताई गई व्यवस्था के अनुसार प्रायश्चित से शुद्धि होती है यह बात सभी निर्बन्धकारों को मंजूर है।

इच्छा से म्लेच्छ स्त्री के साथ एक मेल हो गया तो पतितता आती है। एक बरतन में भोजन करना इस तरह का ख़ास संसर्ग अपनी इच्छा से चौबीस बार होगा तब भी पतितता आती है। एक कतार में बैठकर भोजन आदि अपनी इच्छा से किया गया तो एक साल के लिए व्यक्ति पतित होता है।

**सवाल** : एक संवत्सर तक म्लेच्छों से संयोग करनेवाले और उससे ज्यादा समय तक सभी प्रकार के म्लेच्छों के साथ संयोग करनेवालों के प्रायश्चित के बारे में और व्यवहार के बारे में समानता है या कुछ भिन्नता है?

**जवाब** : उपर्युक्त काल के बाद प्रायश्चित किया तब भी अव्यवहार्यता होती है। उसी प्रकार उपर्युक्त कहने के मुताबिक ही संयोग होगा यह परदेश (यूरोप से) लौटकर आए हुए के बारे में समझना चाहिए।

**सवाल** : व्रात्य संस्कार कितनी पीढ़ियों तक शास्त्र के द्वारा किए जा सकते हैं?

**जवाब** : व्रात्य संस्कार को तीन पुरुषों तक बाप, बेटा, नाती और पोता तक उत्तम है।

**सवाल** : जाति इस जन्म के कर्म से प्राप्त होती है और वह अनिश्चित होती है या जन्म से प्राप्त होती है और निश्चित होती है?

**जवाब** : चातुर्वर्ण्य तो जन्म से सिद्ध है। वह इस जन्म के कर्म से सिद्ध होनेवाली नहीं है।

---

बहिष्कृत भारत : 21 दिसम्बर, 1928

# शब्दानुक्रमणिका

**ख**



**ग**



**च**



**ज**



**झ**



**ट**



**ठ**



**ड**

## भ



## म



## य



## र

## ल



## व



## श

## स



## ह



●●●